한국 방송의 이론과 역사

국립중앙도서관 출판시도서목록(CIP)

한국방송의 이론과 역사
조항제 지음. -- 서울 : 논형, 2009
 p. ;   cm. -- (논형학술 ; 43)

참고문헌과 색인 수록
ISBN 978-89-90618-89-4 94300 : ₩20000
ISBN 978-89-90618-29-0(세트)

언론학[言論學]
방송[放送]

326.70911-KDC4
384.5409519-DDC21   CIP2009000063

The theory and history in broadcasting in Korea

한국방송의 이론과 역사

| 조항제 지음

한국방송의 이론과 역사

지은이 조항제

초판 1쇄   2008년 12월 31일
초판 2쇄   2010년 4월 30일

펴낸곳   논형
펴낸이   소재두
편집   김현경, 최주연
디자인   김예나
홍보   박은정

등록번호   제2003-000019호
등록일자   2003년 3월 5일
주소   151-805, 서울시 관악구 성현동 7-77 한립토이프라자 6층
전화   02-887-3561
팩스   02-887-6690

ISBN 978-89-90618-89-4 94300
값   20,000원

이 책은 저작권법의 보호를 받는 저작물이므로 무단 전제와 복제를 금합니다.

책머리에

이 책은 지난 2004년부터 2008년까지 4년 동안 썼던 글들을 책의 제목에 맞춰 일부를 고르고 수정·보완한 것이다. 책 전체를 관통하는 문제의식과 나름의 고민은 서문의 형식으로 따로 집필해 책의 앞머리에 붙였다. 이 책에서 나는 크게 세 가지 부분에 주력했다.

첫째는 주로 이론적인 부분으로, 지금까지 내가 공부한 지식을 어떻게 모델화 할 수 있는가, 또 어떻게 한국적 조건에 맞는 것으로 맥락화 할 수 있는가에 대해 고민했다. 내가 지속적으로 비교연구를 시도해서 한국방송의 좌표를 찾으려 했던 것도 이 때문이고, 공영방송이나 멜로드라마 같은 서구적이기도 하면서 한국적이기도 한 프로그램을 서구의 비판적 지식에 견주어 공부해왔던 것도 이 때문이었다. 한국의 비판언론학에 대해서는 벌써 세 번째로 리뷰를 쓰는데, 이번에는 범위를 넓혀 서구의 이론가 일부도 한국적 맥락에서 (재)검토했다. 이 과정에서 다소 유감스러웠던 것은 한국 연구자들이 자신의 지식을 모델화하는 데 다소 소극적이고 이에 대한 논의 자체에 별반 가치를 두지 않는다는 점이다.

둘째, 한국방송의 역사에 대한 나름의 분석과 고찰이다. 학위논문으로

1970년대 한국의 텔레비전을 써보겠다고 마음먹었을 때부터 한국방송사는 나의 관심의 대상이었다. 지난번 냈던 책(한국방송의 역사와 전망)에서는 주로 구조에 주목했고, 이번에는 역사의 지식체계의 문제, 내러티브, 멜로드라마의 의미 등 지식·내용의 문제를 분석해 보았다. 이 역시 단순히 역사적 문제의식으로 과거를 돌이키기 보다는 이론적 지식과 연계시켜 사료로는 '보이지 않는 것'을 보려고 애썼다. 이 과정에서 나는 내가 가졌던 과거의 생각도 일부는 수정했다.

그간 내가 한국방송을 보았던 시각은 (주로 일부에 의한) '전횡'과 (다수의) '배제'였다. 설사 대중이 방송에서 즐거움을 느꼈다 하더라도 그것은 '중요한 것', '꼭 알아야 하는 것'을 잃어버린 상태에서 느끼는 주변적인 것에 불과했다. 그러나 나는 이번 책을 통해 중심과 주변을 나누는 이전의 내 시각이 상대화 될 수 있다는 생각을 했고, 이것을 대중성/포퓰리즘/페미니즘 등에 담아보려 했다. 특히 '사적인 것이 정치적인 것'이라는 명제는 방송을 이해하는데 매우 중요한 것임을 깨닫게 되었다. 물론 그렇다고 과거의 생각을 완전히 부정한 것은 아니고 그 사이에서 나름대로의 균형을 잡아보려 애썼다.

셋째, 지역 방송에 대한 지속적인 관심과 공부이다. 지역 방송은 결국 '지역'에 대한 시각의 문제이고 이는 지리학적 문제의식이 아니면 풀 수 없다고 생각했다. 지리학에 관심을 가지자 그동안에는 읽었어도 들어오지 않았던 여러 개념과 연구자들이 오히려 손쉽게 떠올랐고 비교적 단기간에 두 개의 글을 쓸 수 있었다.

이 책은 나의 세 번째 저서이다. 지난 책에서도 그랬지만, '해도 그만 안 해도 그만'인 발표와 일회용 지식이 판치는 동네에서 한번 인쇄한 글에 다시 눈을 돌리기란 참으로 쉽지 않은 일이었다. 그러나 그냥 놔두기에는 보완할 것과 잘못된 것이 너무 많았다. 이번 책을 내면서 여러 번 고쳐 읽고, 관련 참고문헌을 다시 꺼내들어 보면서 조금 더 상세하고 오류가 없는 글을 만들기 위해 전력을 다했다. 어차피 그저 그런 글을 가지고 그나마 더 괜한 짓을 하는 게 아닌가 하는 자괴감도 있었지만 그래도 처음보다는 나을 것이라는 일념으로 세 계절을 보낼 수 있었다.

이만한 책을 내는 데에도 많은 사람들의 도움이 필요했다. 지금도 기도 중이신 부모님과 헌신하는 아내 혜인, 아빠의 부재를 크게 원망하지 않았던 두 아이 정래와 영은에게 이 책으로 고마움을 전하고 싶다. 늘 성심어린 격려와 비판을 아끼지 않으셨던 부산대학교의 선배·동료 교수들, 허술했던 초고를 꼼꼼하게 토론·심사해주셨던 학회의 많은 학형들에게도 보잘 것

없지만 이 책이 보답이 되었으면 한다. 20년 가까운 세월 동안 우정을 이어온 죄로 출판의 부담도 기꺼이 안아준 논형의 소재두 사장과 난삽한 원고로 괴로움을 끼쳐드린 편집부 여러분께도 이 자리를 빌려 심심한 사의를 표하고자 한다. 조교인 죄로 마지막 교정의 어려움을 감당해야 했던 허윤철 군의 노고도 빼놓을 수 없다. 물론 이 책의 모든 책임은 저자인 나에게 있다. 이 책의 주제에 관심 있어 하는 모든 독자들의 애정 어린 질정을 기대한다.

2008년 겨울
조항제

CONTENTS

5   책머리에
10 서문

31 1부 | 민주주의, 공영방송, 비판언론학

32   1장 | 민주주의·미디어체제의 유형화
76   2장 | 공영방송의 대중성과 질과 미학
118 3장 | 한국의 비판언론학에 대한 비판적 성찰

167 2부 | 한국 방송의 관점과 역사

168 4장 | 방송의 역사적 지식체계의 한계와 대안적 접근
209 5장 | 한국 방송사의 관점들
269 6장 | 한국 방송의 근대적 드라마의 기원에 관한 연구

317 3부 | 지역 방송과 지리학

318 7장 | 지역 방송과 (탈)근대적 지리학
345 8장 | 지역 방송의 지역성 변화

379 원고출처
380 찾아보기

서문

 연륜을 더하면서 다소 완화된 감은 있지만 여전히 다른 학문에 비해 정체성이 약한 언론학에서 이론 탐구는 매우 필요하다고 여겨지지만, 그런 작업을 하다 보면 의외로 그 약한 정체성을 더 드러내게 되어 당황스러운 때가 있다. 그도 그럴 것이 실용성이 강한 언론학에서 이론의 (엄격한) 학문적 정의를 충족시키는 것은 별반 없고, 그나마 몇 있다 해도 그 사상적 기반이나 연원 등에서 다른 학문이 이미 자신의 것이라 주장하거나 그렇게 인정받는 것이 대부분이기 때문이다.

 이 점에서 비판언론학은 주류 연구에 비해 더 심한 것 같다. 상대적으로 언론(대중매체, 미디어, 커뮤니케이션 등)을 '독립변수'로 보아 그 효과가 어느 정도냐를 따져왔던 주류 연구에 비해 비판언론학은 언론이 더 큰 사회관계(체제)에 의해 영향 받아 왔다고 주장하는 거시성을 자신의 특성으로 삼아 왔던 탓이다.

서구 유형의 맥락화

 책 이름을 따 '4이론'(Four Theories of The Press)으로 자주 불렸던 '언론

체제론'은 주류/비판의 거친 이분법으로는 재단하기 어렵지만 굳이 따지자면 후자에 더 가깝다. '자유주의/사회적 책임'의 미국식 체제를 하나의 목적론적 이념형으로 삼아 권위주의와 사회주의를 비판하는 이 체제론은 이면에 깔린 냉전적 정치성에도 불구하고 수 십 년간 읽혔던 언론학의 정전 중의 하나다. 이 책의 미덕은 각 체제에 대한, 지금 시점에서도 찾아보기 어려운 풍부한 사상적·역사적 설명, 그리고 구조적·거시적 관점에 있다. 소비에트 모델에 대해서는 (한국의 맥락에서) 당시로서는 구하기 힘든 정보적 가치도 있었다. 그러나 이 책을 접한 누구라도 쉽게 그 유형들 중에 왜 민주주의는 없을까 하는 의문을 가졌을 정도로 이 책은 민주주의에 대해서는 자유주의의 이념적 근본성을 부각시켰던 책이기도 하다.

그러나 자유주의 보다는 민주주의로 더 많이 고민하고 진통했던 한국과 같은 곳에서 민주주의와 언론이 맺는 관계에 대한 이념형적 분류가 있다면 좋지 않을까 하는 생각은 누구나 한번쯤 해봤을 것 같다. 많은 한계가 있다 해도 '4이론'은 우리 체제가 어느 방향으로 가야 하는가, 우리의 좌표는 지금 어디 있는가에 대한 사고의 필요성을 일깨워주고 그런 거시적 논의에 밑그림 역할을 해주었기 때문이다. 또 매우 서구적 맥락에서 진행된 논의이므로 동양적, 아시아적 현재와 가치가 반영될 수 있다면 우리에게 더 적합한 모델이 될 수 있지 않을까 하는 생각도 마찬가지다. 실제 이런 시도는 불충분하기는 하지만 일부 아시아 연구자들에 의해 시도된 적이 있다.

이 체제론에 불만을 느끼기는 서구의 비판연구자들도 마찬가지였던 것으로 보인다.[1] 이들의 불만은 한편으로는 이 책이 자유주의/사회적 책임이

---

[1] 4이론의 필자들이 재직했던 일리노이대학 연구자들이 편찬한 『최후의 권리 Last rights』(Nerone, 1995)가 그 대표적 결실 중의 하나다.

라는 나름의 이상형을 미국 경험에 국한시켜 놓은 것과 다른 한편으로는 '과도기'에 있는 제3세계가 이런 미국식 모델로 수렴될 것이라는 일종의 진화론적 목적론에 있었다. 사회주의가 패망한 이후에는 이 책의 예측도 어느 정도 맞는 듯 해 이러한 불만이 줄어들었지만, 역설적으로 '4이론' 역시 한 축을 잃어버림으로써 이전에 비해 비중이 크게 축소되었다. 이 책의 '사회주의'는 구 사회주의 국가들의 언론이 얼마나 달라졌는지를 보여주는 비교의 '바로미터'로 전락했고, '사회적 책임'은 신자유주의라는 또 다른 조류에 밀려 마치 1940년대라는 한때의 시대정신을 반영한 정도에 불과해졌다. (서구에서는 더 이상 남아있지 않은 '권위주의'를 제외한다면) '자유주의'만 비교적 온전하게 남은 것 같지만 이미 미국식 자유주의의 실체가 분명해진 터라 그 규범적 빛깔이 크게 퇴색되어 버렸다.

    이 점은 이 체제론이 이론적·경험적 측면에서 모두 적합성을 잃어버렸다는 점을 말해준다. 신생 민주주의국가인 한국에서도 이 체제론은 큰 의미를 갖지 못한다. 그러나 문제의식의 측면에서는 오히려 이 책의 중요성이 높아졌다고 본다. 최근 들어 한국사회는 염원하던 민주주의가 막상 정착되면서 기대와는 다르게 더 자주 '위기'에 부딪히고, 또 너무 쉽게 방향을 잃어버리고 있다. 특히 조정과 절충이 '기능'인 언론의 장에서 언론 스스로가 참여자가 되어 벌이는 첨예한 갈등과 반목은 이러한 진통을 더욱 증폭시키고 있다. '도대체 언론과 민주주의는 어떤 관계를 맺어야 하는 것인지', '우리만 이렇게 문제가 되는 것인지', '정부와 언론의 갈등에서 정말 언론이 항상 옳은 건지', '우리보다 민주주의를 먼저 경험한 선진국들은 어떻게 했는지' 등의 의문은 끝없이 이어지는데 해답은 좀처럼 보이지 않는 것이다. '4이론'의 체제론·유형화의 문제의식은 이렇게 잃은 좌표를 찾는 데 매우 유용하다. 다른 나라들은 어떤 지향점을 가지고 어떻게 발전을 도모하는가, 그 나라들은 어떤 조건과 상황에서 어떤 유형을 만들어내는가 등.

이런 의문을 해결하기 위해서는 (적어도 '공고화 시기'에 들어선) 민주주의 사회를 대상으로 현실에 존재하는 민주주의의 유형, 그 민주주의 내부에서 작동하는 언론들의 다양한 면모, 국가와 언론의 역사적 관계 등이 밝혀져야 한다. 이런 큰 틀의 분석이 저널리즘 문화와 같은 세부 개념으로 이어질 수 있다면 더욱 유용할 것이다. 그렇게 될 경우, '체제(민주주의) - 다양한 언론형태 - 저널리즘 문화'로 이어지는 거시/미시의 일관된 이론틀이 구성되어 민주주의별 언론체제가 가진 특징도 밝힐 수 있고 그 가운데서 한국의 현재와 지향점이 가진 좌표도 파악할 수 있다.

그러나 이 문제는 '4이론'의 바탕이 된 냉전이 청산되고, 서구적 문제의식이 글로벌화 되면서 또 서구 내에서도 서로에 대한 비교의식이 생겨나면서 최근에서야 비로소 아카데믹한 주목의 대상이 되었다. 1990년대 이전에는 비교연구가 필요하다는 정도의 문제의식에 머물렀다. 그러나 그나마도 미국과 유럽에 국한된 것이었다. 이 점은 인접 학문인 정치학 등에 비하면 형편없이 낙후된 것이다. 이런 가운데서 이들에게 한국에 관한 충실한 참고자료를 얻겠다는 것은 무망한 노릇이었다.

2004년도에 나온 핼린과 만시니의 선진 민주주의 비교연구(Hallin & Mancini, 2004)는 과거 비교연구의 문제의식에 부응하면서 신생 민주주의의 지향에도 좌표 역할을 해줄 수 있는, 즉 민주주의 - 미디어의 체제를 유형화하는 나름의 시도에 많은 시사점을 제공했다. 여기에 민주주의의 유형, 공론장의 성격 비교, 공영방송의 차이 등의 관련연구를 결합시킬 수 있게 되면서 선진 민주주의들이 어느 길을 어떻게 가고 있고 대체로 그 방향성은 어떻게 되고 있는지가 비교적 분명해지고 어떤 부분을 어떻게 지키고 육성해야 하는지 또한 밝힐 수 있는 시도가 가능해졌다.

이를테면, 미국과 독일은 둘 다 선진 자본주의의 정상에 있는 나라들이지만, '낙태'와 '이라크전쟁'을 논의하는 양태가 매우 다르다. 독일 같은 경우 낙태와 같은 여성적·사적인 성격을 띠는 문제에 대해서는 정보원도 제한되고 논의에 참여하는 인자들도 미국에 비해 다양하지 못하다. 반면 미국의 경우 국제적·정치적 어젠다인 이라크전쟁에서는 정보원에서나 논의의 폭 면에서 국익을 벗어나지 못하는 수준을 보인다. 물론 둘 다 넓고 깊게 논의하면 좋겠지만, 그렇지 않은 것이 공론장의 성격이고 저널리즘 문화다. 정치제도, 정당문화, 시민사회 등 그 사회를 이루는 주요 얼개들이 같이 맞물려 있기 때문이다.

한국은 어떠할까? 또 만약 선택할 수 있다면 어떤 유형이 더 바람직할까? 미국과 독일의 약점을 모두 극복할 수는 없을까? 최근 한국 언론의 생래적 보수성이나 정치성이 불거지고, 이전의 권위주의가 아닌 민주주의 정부와의 갈등이 커지면서 꾸준하게 문제가 되었던 것은 언론에 대한 국가 개입의 정당성에 관한 점이었다. 과연 민주 정부는 언론에 대해 개입해서는 안 되는 걸까? 민주주의 - 미디어 체제 유형화 연구에 따르면, 그러한 방임의 통념이 오히려 잘못된 것이며, 국가의 개입 정도와 언론의 자유가 같이 높은 스웨덴 같은 나라도 얼마든지 있을 수 있다. 문제는 자유주의가 가진 선입견, 곧 정부 외에 다른 권력은 인정하지 않는 것 때문에 정부가 문제되는 만큼 언론도 문제된다는 생각을 하지 못하는 것이다. 필자가 보기에는 언론과 국가 모두가 문제이며, 그렇게 되는 이유는 간단하다. 둘 다 권력을 갖고 있기 때문이다. 푸코의 말을 빌리면, 둘 다 위험한 것이다.

그러나 단순 비교는 그것이 규범화 될 수 있는 여지를 만들어놓지 않으면 공들여 놓고도 의외로 얻는 것이 별로 없는 경우가 발생한다. 왜냐하면 대부분의 비교연구는 지향점이 아니라 현재 존재하는 요소, 그것도 단지 몇 가지만을 비교한 것에 불과하기 때문이다. 그래서 필요한 것은 비교연구의 결론을 규범적 모델과 다시 견주어 보는 것이다. 이 과정은 현재의 체제와 규범적 체제 사이의 거리를 짐작하게 해주고, 현재에 부족하거나 없는 부분과 필요한 인식·조치를 알게 해준다.

상호비판, 절충, 종합

방송을 논의할 때, 연구자들이 자주 마주치는 문제가 미학이다. 일반적으로 방송학자들은 지배, 이데올로기, 차별 등에는 익숙하지만 미학, 감동, 즐거움 등에 대해서는 아무런 설명거리를 갖고 있지 못하다. 만약 방송이 대중미디어이고, 그 대중이 사회과학에서 중시하는 대상이라면, 방송학은 방송을 논의하면서 대중과는 동떨어진 연구만을 했던 셈이다. 지배 등이 중요하지 않다는 것이 아니라 미학 등도 중요하다는 말이다.

따라서 지배와 미학이 공존하는 이론틀이 있다면 그것을 공부해야 하고, 만약 없다면 그것에 가까운 무언가를 만들어내야 한다. 이렇게 미학/사회학을 종합하는 것이라면, 가장 먼저 떠오르는 연구자는 단연 부르디외(Bourdieu, Pierre)다. 비록 방송에 대해서는 전혀 언급하지 않았지만, 계급적 차별에 따른 미학적 관점과 향유 유형을 밝혀준 그의 초기 이론은 이에 더할 나위 없이 적합하다. 그러나 칸트의 보편적 미학에 반발해 '미학은 사회적 차별의 한 표상일 뿐'이라고 주장하는 그의 이론은 '대중이 왜 감동받는지'에 대해서는 설명할 수 없다는 약점이 있다. 대중 내부에서 발생하는 취향 차이에 대해서도 마찬가지다. 물론 이러한 감동이나 취향에 계급이나 성, 민족 등 각종 사회학적 범주들이 개입할 여지가 없다는 것은 전혀 아니다. 부르디외의 '구별 짓기'는 계급과 감동이 함께 어울릴 수 있는 종합의 마당이 될 수 없다는 뜻이다.

필요한 것은, 사회학과 미학의 절충과 종합, 한 때 월프가 주장한 바 있는 '사회적 미학'의 관점이다. 물론 이는 매우 어려운 작업으로, 이를 주창한 영국의 문화학자 프리스조차도 양 편향을 극복하지 못하고 (미학) 비평가와 사회학자 등의 '두 개의 프리스'(Two Friths)가 있다는 힐난을 들을 정도다. 그러나 그렇다 하더라도 최소한 지향점에서라도 두 관점은 공존할 수 있어야 한다. 이 점에서는 프라우가 역할을 해준다고 생각하는데, 우선 프라우는 취향(그는 이를 '가치의 레짐'으로 부른다)이 가진 고유성을 인정해 취향 사이의 위계를 설정하지 않으면서 사회적 차별이 미학적 가치로 연장되는 것을 차단한다. 그러면서 각 취향 사이의 대화와 합의의 여지를 미약하게나마 열어놓아 미학적·보편적 차원을 위한 가능성도 없애지 않는다.

이를 텔레비전의 다양한 취향별 시청자군에 적용시켜 보면, 솝오페라 (soap opera)를 좋아하는 시청자군과 코미디를 좋아하는 시청자군 사이에서 각자의 취향을 무시하지 않고 각 취향에 적용되는 가치를 나누면서 공감할 수 있고(물론, 그 가치들이 함께 작용하는 프로그램도 얼마든지 있다), 그 과정에서 보편적인 것에 가까운 새로운 텔레비전의 미학적 체계가 나올 수 있다. 물론 이 과정에서 양자는 상대방에 리쾨르(Ricoeur, Paul)가 말한 일종의 '번역의 에토스', 다시 말해 자신을 상대방에 맞춰 설명하는 '수용의 언어'가 필요하다(Ricoeur; Couldry, 2004, p.8에서 재인용). 이러한 '해석적 분석틀 사이의 중재'(Frow, 1995, p.160)는 비단 솝오페라/코미디뿐만 아니라 뉴스·다큐멘타리/솝오페라 같은 대각적 입장 사이에서도 얼마든지 가능하다.

공영방송의 질 논의가 미학적·사회학적으로 더 정치(精緻)해지기 위해서는 이러한 사회적 미학과 같은 적극적 가치를 주창해야 한다. 공영방송에 대한 비판이 많이 있지만, 그 중에서 큰 비중을 차지하는 한 가지는 공영방송이 '근대적·국가적 사고'에 입각해 감정적·여성적·사적·개인적·지방적 사고방식을 폄하한다는 점이다. 물론 간햄을 비롯한 공영방송주의자들은 이 점을 수긍하지 않으며, 늘 공영방송이 둘 다 겸비하고 있다고 하거나 '공식적 정치'가 더 중요하다고 주장하면서 공영방송을 방어한다. 그러나 이들은 말과 실제가 좀 차이가 있다. 즉 말로는 여성을 존중한다고 하나 실제 그 여성적 감수성에 대해서는 좀처럼 '인정'하지 않는다(간햄 등이 이론적으로 기대고 있는 하버마스 자신 또한 그런 비난을 들었다). 그러나 공영방송의 '분배' 기능을 강조하는 간햄(Garnham, 2003) 역시 이런 비판론자들이 인정을 내세우면서도 사실은 분배가 따르지 않으면 불가능한 주장을 한다고 반박한다. 어느 한 쪽이 일방적으로 옳다고 하긴 어렵지만, 양적으로 보아 적어도 지금의 탈희소적(post-scarcity) 방송시장에서 비판론자들이 주장하는 대중적 감수성이 열세에 몰릴 것 같지는 않다는 정황 조건 때문에 공영방송주의자들의 (정책적) 입장이 더 많은 공감을 얻는 것으로 보인다. 물론 그렇다고 해서 이미 거부된, 과거의 구체제의 공영방송이 그대로 추인되는 것은 결코 아니다. 그렇다면 사회적 미학 같은 자기비판적이면서 절충적인 관점이 나름의 탈출구로 유력하다고 할 수 있다.

이러한 자기 비판적 절충을 다른 한편에서 보완하는 것은 최근에 나타난 '대중성'에 대한 새로운 해석이다. '대중성'이 '상업성'의 전유물이 아니라는 주장이 공감을 얻으면서 이전에는 타기되었던 타블로이드 뉴스를 긍정적으로 보려는 시각이 대두되고 있다(Harrington, 2008; Örnebring & Jönsson, 2004). 이 점에는, 비록 이전의 "진부한 관습적 반대"의 관점으로 결론을 맺었지만, 타블로이드의 반 엘리트성과 대중성은 인정한 정치경제학의 입장 변화(Sparks, 2000)도 한 몫을 했다. "어떤 뉴스가 시민의 참여를 증대 시키는가"와 같은 정치적 질문을 통해 역시 기성의 통념이 가진 이분법―고급/타블로이드 저널리즘―의 허실을 비판하고, 새로운 뉴스 포맷을 모색하는 시도(Lewis, 2006) 역시 같은 맥락의 것이다. 이들 역시 이론의 적실성을 높이려는 노력으로 기존의 관점을 비판·절충한다.

근대와 탈근대, 정치경제학과 문화 연구 사이

사회학적 인식과 미학적 감상 사이의 사회적 미학처럼 오랜 대립을 겪고 있는 근대주의와 탈근대주의 역시 절충과 종합이 필요하다. 새로운 패러다임을 통한 종합이 불가능하다면, 양자 간에 일치와 차이를 분명히 하는 '합의'를 하는 이른바 '복합적 합의'(complex consensus)(Mclennan, 2004)도 이러한 기능을 어느 정도 할 수 있다. 사실 이성적/감성적, 남성적/여성적, 거시적/미시적, 공적/사적, 분배/인정, 수직적/수평적, 서구(중심)적/탈식민적, 하버마스/푸코 등의 거리는 쉽게 좁혀지기 어렵다.

그러나 첸의 '비판적 콜라주' 같은 비유가 보여주듯이 하버마스의 착상에 기본적으로 동의하면서도 그의 '공론장'을 '서발턴 공론장들'(subaltern public spheres)로 비판·보완한 프레이저처럼, 그리고 자유주의와 공화주의 사이의 오랜 평행선을 '복합적 민주주의'(complex democracy)로 결합한 베이커처럼, 또 홀이나 그로스버그 같은 문화 연구자들 일부가 주장하는 '생산적 절충주의'처럼 다소 산술적이기는 하지만 '공존시키는 방식으로의 종합'은 어느 정도는 가능하지 않을까 한다. 방송 영역에 적용한다면, 공영방송과 인터넷의 공존을 그렇게 볼 수도 있다는 것이다(그러니까 둘 사이는 결코 대립적인 것이 아니다).

특히 근대를 '정상적'으로 거치지 않은 한국에서 근대 비판은 서구와는 사뭇 다른 의미가 있다. 한국의 근대는 서구적 의미에서의 '미완성된 근대'가 아니라 바로 그 (서구적) 근대에 의해서 '좌절된 근대'로 '식민지적 근대'와 '압축된 근대' 등으로 이루어지는 '(재)창조된 근대'이다. 그렇다면 이를 비판하는 탈근대 역시 상당 부분 이렇게 '다른 근대'를 향한 것이어야 한다. 물론 한국 사회의 많은 부분이 서구적 근대를 지향했으므로 서구적 탈근대의 근대 비판도 상당 부분 유효하다(성차별의 경우처럼 사안에 따라서는 서구적 관점이 비판의 톤이 더 높을 수도 있다). 서구적 근대 역시 한국적 근대에 대해서는 탈근대 못지않게 비판적일 수 있을 것이다. 이 점에서 보다 유효한 비판적 지식으로서의 한국적 탈근대는 한국적 근대를 극복하면서 완성시키는, 서구적 근대와 탈근대의 복합적 합의일 필요가 있다.

(비판언론학의 근대/탈근대로 볼 수 있는) 정치경제학과 문화 연구 사이에서도 이러한 복합적 합의는 가능하고 이 점이 평행선을 달리는 패러다임 논쟁보다 서로에게 훨씬 생산적인 결과를 낳게 할 수 있다. 공통 주제의 개발, 방법론의 다변화는 이와 관련해 검토해볼 만한 가치가 있는 방법이다. 이 둘은 다른 방법인 것 같지만, 동시에 진행되는 경우도 적지 않다. 예들 들어 정치경제학과 문화 연구가 같이 주목하고 있으면서 다른 결론을 내고 있는 '소비' 같은 경우가 그러하다. 정치경제학은 소비행위가 외양으로는 적극적인 것 같지만 사실은 자본주의 사회의 불평등구조를 벗어나지 못하는 '패턴'으로 이루어져 있다고 보는 데 반해, 문화 연구는 이보다 훨씬 대중적 분별을 높게 평가해 이른바 '기호학적 민주주의'나 (외부의 간섭이나 지도 없이) '스스로 알아서 하는 시민권'(Do It Yourself citizenship)(Hartley, 1999)을 주장한다. 그런데 몰리의 "Nationwide" 데이터를 통계적으로 재처리한 김수정의 연구는 몰리의 데이터가 몰리보다는 오히려 정치경제학적인 주장에 더 가까운 것으로 결론을 내고 있다(Kim, 2004). 이를 통해 우리는 모스코가 왜 정치경제학과 민속지학을 결합시킨 펜다커의 방법론적 시도를 높이 평가했는지를 알 수 있다.

정치경제학이 시장화나 상업화 같은 지금의 지배적 경향에 가장 반대편에 있다는 점은 잘 알려진 것이나 이 경향이 더 강해진 1990년대 이후가 되면서 적어도 한국사회에서는 오히려 정치경제학의 추종자가 크게 줄어드는 역설적인 변화가 나타난다(물론 정치경제학이 주창하는 주요 명제들이 '상식화'되는 또 다른 실질적인 변화는 별개의 문제다). 이는 연구자가 어떤 하나의 '주의'를 추종하거나 주창하는 것이 반드시 현실의 변화와 그 주의의 주장이 상응하기 때문이 아니라는 점을 말해준다. 즉, 한 주의에는 그 주의가 추구하는 세계관과 대안이 있기 마련이고, 만약 이에 찬성할 수 없다면 설사 그 주의의 설명력이 크다 하더라도 그 주의를 따를 수 없는 것이다. 정치경제학은 그것이 민주주의든, 공론장이든, 글로벌화든, 현 체제하에서의 나름의 적정 모델, 또는 변화의 이행 모델을 아직도 갖고 있지 못하고, 보다 구체적이고 치밀한 방법론 역시 개발하지 못하고 있다. 따라서 정치경제학은 일단 '반대'의 목소리는 큰 반면, 기존 (공영방송을 비롯한) 제도에 대한 분명한 입장과 미래에 대한 비전이 없다.

장소와 미디어, 본질주의와 비본질주의 사이

근대주의의 본질주의적 인식을 근저에서부터 비판한 탈근대주의 이후 본질주의나 근본주의, 기능주의 등은 상대편을 비판하는 용어로 자주 쓰인다. 그러나 사실 인간의 인식에서 본질주의와 비본질주의는 동전의 앞뒷면일 뿐이다. 문제는 본질 여부에 있지 않고, 그 본질(이라고 간주되는 것)을 인식하는 사회적 맥락과 조건에 있다.

장소는 오래전부터 장소를 '영토화'하는, 곧 고정된 정체성으로 인식하는 맥락과 조건 속에서 영토로 본질화 되었다. 그러나 이러한 주장을 펴는 기든스에게 매시는 성(性) 문제를 제기하면서 과거 봉건주의 시절에도 결코 장소는 모든 구성원에게 안정된 정체성을 제공하는 본질은 아니었다고 비판한다. 남성 지배의 사회에서 남성과 여성이 느끼는 장소에 대한 인식은 완전히 다르므로 그것이 영토화 되었다는 명제는 큰 의미를 갖기 어렵다는 것이다.

이러한 인식은 미디어로도 연장될 수 있다. 미디어가 마치 장소가 가진 구속력을 모두 파괴하고 자기 영역을 어떠한 경계도 없이 하나로 통일시켜버린 것 같지만, 사실은 자신을 중심으로 새로운 지도, 새로운 경계를 만든 것이라는 분석 또한 미디어가 어떻게 장소적 차별을 만드는지를 보여준다. 한국의 방송지도에는 네트워크와 지역 방송 사이의 일방적 지배만 있지 지역 방송 사이에는 (광역화 움직임을 포함한 최근의 교류를 제외한다면) 아무런 교류가 존재하지 않는다. 이렇게 수직적 지배만 있고 수평적 연계와 교류는 없는 지도야말로 카스텔이 말한 '흐름의 지도'의 한 단면이다.

그리고 미디어의 경계 초월능력이 지역 방송을 동시적 커뮤니케이션의 시대에 어울리지 않는 것으로 만들어버린 것 같지만(위성방송을 예로 보면 쉽게 알 수 있다), 최근의 일부 선진국에서는 지역미디어의 입지가 오히려 강화되고 있어 이 역시 미디어의 기술적 본질은 맥락과 조건에 따라 다른 사회적 현상을 낳는다는 점을 보여준다. 이 점 등을 종합해서 보면, 장소(장소의 공간)와 미디어(흐름의 공간)는 서로의 이해를 놓고 협상과 절충을 반복하고 있는 듯 보인다.

역사와 이론 사이

"나는 자본주의 그 자체에는 관심이 없다. 나는 자본주의가 1960년대에는 왜 그와 같았고 1990년대에는 왜 또 그랬는지에 흥미를 느낀다"(Hall, 1977, p.28)고 말할 때, 홀은 그의 '비결정·구체론'이 이론과 역사를 대하는 방식을 단적으로 보여준다. 그러나 과연 그러한 사고 속에 '자본주의'라는 이론적 개념은 아무런 역할을 하지 않는 것일까? 코젤렉이 반문했듯이 우리가 민족이나 국가 같은 개념으로 역사를 서술할 때 우리의 머릿속에는 정말 이론적 실재 없이 '역사적 경험'만이 있는 것일까?

코젤렉의 주장을 따른다면 이는 전혀 그렇지 않다. 은연중에 역사가는 자신이 쓰고 있는 개념의 논리적 틀을 자신이 다루는 사실 속에 개입시켜 '이론적·실재적 총합'을 시도한다. 법령 한 줄이나 질그릇 한 조각이라도 그 개념, 더 크게는 내러티브의 얼개 속으로 편입되어야 역사의 한 부분으로 의미를 갖게 되는 것이다. 물론 역사 내러티브(또는 이와 유사하게 관점·시각·해석(틀) 등)가 추상화와 일반화를 목표로 하는 사회과학의 이론과 같을 수는 없다. 그러나 그렇다고 해서 "역사가들이 무작정 자료실이나 문헌을 섭렵하지는 (더더욱) 않는다"(Calhoun, 1998, p.855; 괄호는 인용자).

역사가가 집필 이전에 머릿속에 그리는 '그림'의 이름을 어떻게 부르든─(결과를 알고 원인에 접근하는)'역 목적론', '역사적 상상력', '깊은 인과적 유추', '사고 실험' 또는 '반 사실적 사유' 등으로 다양하게 부를 수 있다─역사가는 결코 극단적 귀납주의 속에 있지는 않다. 그러나 이러한 그림과 나중의 귀납적 결론을 바탕으로 시도하는 이론화─하버마스의 공론장 이론이나 셧슨의 '시민 이론' 같은─의 특징은 역사학자의 그림과 사회과학자의 모델 사이의 차이를 밝혀준다.

하버마스 스스로가 역사로부터 추론한 공론장 이론은, 비록 나중에는 하버마스 자신이 '역사'를 포기했고, 심지어 이미 그의 아이디어와 비슷한 것이 많아 하버마스는 아무 것도 발명한 것이 없다는 혹평을 듣기도 했지만 (Peters, 2001), '대표되지 않으면 존재하지 못하는 공중'의 존재를 처음으로 등장시켰다는 점에서 역사학과 사회과학 모두에 큰 반향을 불러왔다. 공론장 이론이 역사와 맺는 관계는 크게 네 가지 형태[2]로 분류할 수 있는데 (Pinter, 2004), 이 중에서 역사학과 사회과학의 차이가 가장 두드러지는 형태는,

공론장을 "공시성(publicity)이라는 자유주의 이데올로기를 '방패'로 사회의 근대화를 도모하고 권력의 봉건적 구조를 변화시키는 새로운 모델"(pp.221~222)로 정립하는 네 번째 형태다. 즉 사회과학과 달리 역사학은 결코 이런 형태의 규범적 논의를 전개하지 않는 것이다. 하버마스의 초기 역사관은 헤겔이나 마르크스를 벗어나지 못한 목적론적인 것이었지만, 오히려 공론장 이론은 공중과 참여의 중요성이 더 커진 지금에 이르러 이론적·실천적 지향을 모두 아우를 수 있는 모델로 각광받고 있다.

하버마스에 비해서는 덜 알려져 있지만, 최근 들어 관련 연구가 급증하고 있는 셧슨(Schudson, 1998a; 2000)의 '시민적·공적 생활' 이론은 미국 정치사의 발전방향을 토대로 현실에 개입하는 역사적 이론이다. 셧슨이 보기에 최근의 정치·미디어와 시민의식에 대한 수많은 비판, 특히 그 비판의 규범적 모델이 되는 '교양 시민'(informed citizen)은 미국인에게는 매우 몰역사적인 것이다. 왜냐하면 미국사를 돌이켜 볼 때, 19세기 후반에 나타난 교양 시민을 강조했던 정치개혁은 오히려 이민자나 소수 인종의 권리를 빼앗고 투표율을 급감시키는 역효과를 낳았기 때문이다. 이 점에서 그는 미국의 역사와 민주주의는 하버마스를 지지하지 않는다고 강하게 주장한다. 그리고 당시의 '정보에 기초한 공적 생활'에 비해 지금은 '권리에 기초한 공적 생활'

2) 그 네 가지 형태는 다음과 같다. 첫째는 공론장을 권위주의가 쇠퇴하고 사회가 근대화하는 과정에서 나타난 서구의 역사적 사실(史實)로 보는 방법, 둘째는 이를 현재에 존재하는, 계몽적 이성의 규범적 산물로 보고 이의 발전을 역사 속에서 탐구하는 방법, 셋째, 정치, 사회, 합리성, 그리고 공적 생활 전반에 걸쳐 지속되어 온 논쟁과 토론을 공론장의 핵심으로 보고 다양하면서도 모순적이기도 한 아이디어들을 통합하는데 이 개념을 사용하는 방법이다. 넷째, 초기 하버마스가 의도했지만 지금은 다소 침체된, 정치·사회사 또는 지성사의 재구성을 위한 모델로서 삼는 방법 등이다.

의 시기로 비록 공식적 참여율(투표율)은 낮다 해도 다양한 시민운동을 통한 '다원적 평등성'이 주창되므로 '감시 시민'(monitorial citizen)의 개념에 잘 어울린다고 한다.

　역사를 통해 추론된 이러한 이론이 사회과학의 절차를 따른 이론보다 더 이론의 유용성에 적합하다고 단언할 수는 없다. 그러나 사회과학 이론이 수학처럼 몇몇 주요 변수 중심으로 간결하거나 정밀하게 논리를 전개한다면, 역사적 이론은 풍부함, 질감, 그리고 심층성을 강조하는 '깊은 인과적 유추'(deep causal analogies)에 더 친화성을 가진다. 또 만약 "형식적·추상적이고 기계적인 개념"이 아니라 "우연적이면서 역사적이고 사회적인 과정을 통해 구성되는 특정 사회의 맥락이 충분히 반영된 개념"을 원한다면 당연히 역사를 공부하지 않으면 안 된다(Streeter, 1996, p.355).

　역사를 중시하는 시각은 고려하는 대상이 무엇이든 (자본주의든, 민주주의든, 공영방송이든) 그것이 역사적으로 발전된 형식, 또 지금도 변화하고 있는 진행형적인 것으로 본다. 이 점은 추상화가 가지는 단면적 사고와는 전혀 다르다(이들에게는 시간 변수가 없다). 더 나아가서는 이 진행형이 나아가는 방향·경향성에 대한 추론은 역사적 이론이 목표하는 가장 큰 발견이라 할 수 있다. 영국 미디어사에 대한 커런의 내러티브들은 이러한 경향성—자유화, 포퓰리즘화, 여성의 부상, 테크놀로지화 등—을 잘 보여준다.

한국 방송사: 근대적 공중주의와 탈근대적 포퓰리즘/다양성 사이

　우리 현대사가 그렇듯 한국방송의 지난 길 또한 순탄했을리 없다. 역사 서술 역시 마찬가지다. 한국방송의 기원을 어디로 잡아야 하느냐부터 어려운 논쟁에 휩싸이게 된다. 그러나 쉽게 가능한 합의도 있는데, 그것은 지난 한국방송이 뚜렷하게 발전의 길을 걸어 왔다는 점이다. 물론 이에는 부대조건을 붙이는 이들이 적지 않다.

한국 같은 제3세계에서 방송이 살아남는 길은 비교적 단순했다. 즉 권력에 거스르지 않게 사실(뉴스·다큐멘터리)을 다루면서, 여건이나 인프라가 취약했던 초기에는 미국의 시리즈드라마와 할리우드 영화에 의존하다가, 어느 정도 기반을 닦은 후에는 자국 시청자, 특히 여성과 중하층 도시노동자, 어린이·청소년층에 어울리는 드라마, 코미디 등의 흔히 대중저급문화로 불리는 것으로 대중성을 얻었다. 축구 같은 국가대항 경기를 비롯한 스포츠 중계도 이 대중성에서 빼놓을 수 없다. 저변이 워낙 취약하므로 재원도 광고료, 수신료, 국고 등 가능한 것은 모두 모아야 생존이 가능했다. 당시의 정치경제적 조건을 상수로 본다면 방송이 걸어온 이러한 역정은 '역사적 필연'이라 해도 과언이 아니다.

그러나 다른 한편으로 이러한 상업주의/포퓰리즘 편성은 문화적으로 보수적일 수밖에 없는 '권력자'·'식자'·'아버지'·'남성'·'고급예술 종사자'·'학부모'·'유림' 등의 불만을 불러왔고, 그 때부터 방송은 끊임없이 이들의 압력과 주요 시청자의 욕구 사이에서 줄다리기를 해야 했다. 이러한 방송에게 공영방송의 이념은 정치권력으로부터의 독립 못지않게 취약한 시장으로부터의 '해방', 곧 시청률·상업주의·저급문화로부터의 해방을 의미했다. 공영방송만 제대로 하면 지난 줄다리기의 상흔과 피로를 모두 벗어날 수 있을 것으로 생각했다. 그러나 이러한 염원은 나름으로는 큰 의의를 지니고 있었지만, 방송 자체의 권력적 대중성, 곧 스스로 대중의 이목을 모으지 않으면 안 되는 숙명성은 크게 주목하지 않은 것이다. 또 줄다리기가 가진 적극적 측면도 간과했다.

멜로드라마는 여성/남성, 주부/가장, 여성계/유림, 사적·가정/공적·노동 사이의 줄다리기의 정점에서 수난도 함께 겪었던 드라마 장르였다. 한국

'최초의 성인대상 연속극' "청실홍실"은 첫 멜로드라마였는데, 멜로드라마 특유의 정치성을 돌아보기 전에는 그저 첫 시도로 기억되는 것에 불과했다. 브룩스의 멜로드라마 이론은 신을 잃은 인간(계급적으로 보면, 이제 구체제의 지배를 떨친 부르주아)에게 '시적 정의'(poetic justice; 부르주아 자신의 승리의 정당성)를 대리 실현하는 무언가가 필요했다는 것이 핵심인데, 멜로드라마의 '도덕적 비학'(moral occult)은 이를 잘 보여주는 논리다. 이러한 브룩스를 통해 멜로드라마는 '실패한 장르'가 아니라 '비유의 장르', '도피의 장르'가 아니라 '우회의 장르'가 될 수 있었다. 그러나 멜로드라마는 그 사적·여성적 소재 때문에 자주 여성적 장르로 간주되고, 자신보다는 남의 장르 관습(특히 리얼리즘)으로 평가되어 본의 아니게 손해를 입게 되었다. (영국에서도) 최근 등장한 제로티의 멜로드라마론은 브룩스 - 글레드힐의 연구의 연장선에서 잊혀진 멜로드라마 고유의 관습과 정치성을 상기시킨다.

　멜로드라마의 수난은, 양산으로 인해 더욱 얄팍해진 상혼 때문에 방송 스스로 자초한 부분이 컸지만, 장르 자체에 대한 몰이해와 그 주요 시청자(여성)에 대한 전통적 폄하 또한 무시 못 할 원인 중의 하나였던 것으로 보인다. 특히 한국 멜로드라마의 단골 소재였던 고부·처첩 사이 같은 여 - 여의 갈등관계는 한국사회 같이 가부장적 가족 안에 여성이 중심이 되는 비공식적 가족(이른바, '자궁가족')이 있는 곳에서는 여성의 생존권에 매우 중요한 것이었지만, 남성에게는 그야말로 비생산적·비현실적이고 또 사소한 것에 지나지 않아 멜로드라마는 비난을 면할 수 없었다.

　이러한 비판의 극단적인 한 형태는 '근대적 공중'의 중요성을 강조하면서 대중문화를 체제 비판적 메시지와 직접적으로 대립시킨다. 즉 '불필요하거나 해로운' 대중문화 때문에 '반드시 필요한' 체제비판이 시장에서 설 땅을 잃어버린다는 것이다. 그러나 이러한 연관은 간접적 측면에서라면 몰라도 직접적 인과나 (체제·사회를 막론하고 적용될 수 있는) 보편적 관계로 설정하기는 무리가 따른다. 즉 체제비판과 포퓰리즘/상업주의는 어느 정도는 양립할 수 있으며, 그 사회가 민주적일수록 그 가능성은 높아지고, 경우에 따라서는 이 둘을 같이 목표로 삼는 방송 또한 얼마든지 있을 수 있다는 것이다. 물론 방송에 따라서는 그 관계가 간접의 수위를 넘을 수 있고, 시간이 제한되어 있으므로 둘 사이의 관계가 대체재로 놓이는 경우도 적지 않을 것이다. 그러나 적어도 논리적 측면에서 이 둘이 서로 '배제적'인 이유로 움직인다고 단언할 수 없다(단적으로, 체제 비판이 상업적으로 성공할 수도 있다는 뜻이다). 이 점은 앞서 언급했던 방송의 대중성, 좁혀 말해 공영방송의 대중성 전략을 어떻게 볼 것인가 와도 밀접하게 연관된다. 사회적 미학은 이런 공영방송이 주장할 수 있는 논리로 체제비판과 포퓰리즘을 양립시킬 수 있는 가능성을 열어놓는다.

비판적 지식/공영방송의 성찰

한국 방송의 가장 큰 특징은 역시 공영방송이다. 비판론자든 옹호론자든 공영방송이 지난 한국방송을 이끌어왔다는 것은 부정하기 어렵다. 이렇게 공영방송이 지지를 받아온 가장 큰 이유는 과거 권위주의하에서 지속적으로 억제되어 왔던 '근대적 공중'의 형성에 공영방송이 가장 '기능적'이었고, 이러한 명제가 역사적으로도 증명되었기 때문이다. 한국 언론의 역사에서 비판적 지식이 공헌한 것이 있다면 아마도 가장 큰 것이 공영방송(론)이 아닌가 한다.

그러나 앞서 보았던 체제 비판과 포퓰리즘의 관계가 단적으로 보여준 바대로 지금의 공영방송은 결코 서구조차 버린 과거의 모델이 될 수는 없다. 또 시장화와 상업화, 자유화의 최근 경향에 맞춰 공영방송 역시 새로운 변화

모델을 찾지 않으면 안 된다. 현재에 만족하지 않으면서도 새로운 경향성에 반대하기 위해 현재를 긍정하는 '부정적 연합'이 예증했듯 공영방송에게는 나름의 지지 세력이 적지 않다. 그러나 '부정'이라는 표현이 보여주는 바대로 이는 결국 소극적으로 현상을 유지하는 효과만 낼 뿐이다.

　여기에 다시금 비판적 지식의 역할이 있다. 비판 언론학은 우선 공영방송이 자신의 기존 모델을 지속적으로 수정하는 데 있어 스스로를 돌아볼 수 있는 '재귀적 성찰'의 거울이 되어야 한다. 그러기 위해서는 비판적 지식 스스로도 성찰의 대상이 되지 않으면 안 된다. 공영방송의 뼈대를 이루는 것은 전형적인 근대의 틀이며 이를 옹호했던 지식 역시 이의 한 얼개임을 부정하기 어렵기 때문이다. 특히 한국사회에서 재창출된 근대는 서구적 근대에 비해 더 많은 약점과 모순을 노출하고 있어 비판적 지식과 공영방송은 자신과 사회의 동시적 쇄신을 꾀하지 않으면 안 된다. 여기에 더해 새로운 경향에 대한 대응력을 길러야 하는 어려운 숙제 역시 마찬가지다. 두 가지는 다른 숙제 같지만 사실은 같은 것이다.

　지금의 경향이 심화되면 될수록 점점 공영방송과 비판적 지식은 사면으로 내몰릴 가능성이 높다. 지식의 성격이 이러한 변화를 선점하고자 하는 도구적 이성과 대각에 있기 때문이다. 외견상 비판적 지식이 반대와 회의(懷疑)로 시종하는 것처럼 보이는 것도 이러한 사정에 있다. 그러나 도구적 이성은 '누구를 위한 테크놀로지인가', '누구를 위한 발전인가' 같은 근본적 질문에 언제나 취약하다. 이에 대한 대답은 비판적 지식으로만 가능하며 그러기에 도구적 지식은 비판적 지식에 의해 비판 받지 않으면 안 된다. 물론 비판적 지식이라 해서 반대만 해야 하는 것은 아니다. 스스로도 비전을 제기하고 그에 맞는 논리적 얼개와 방법적 절차를 개발해야 한다. 지식의 성격만큼 중요한 것은 지식의 능력이기도 하기 때문이다.

■ 참고문헌

Calhoun, C. (1998). Explanation in historical sociology: Narrative, general theory and historically specific theory. *American Journal of Sociology*, 104(3), pp.846-871.
Couldry, N. (2004). In the place of a common culture, what? *The Review of Education, Pedaogy, and Cultural Studies*. 26, pp.3-21.
Frow, J. (1995). *Cultural studies & cultural value*. Oxford: Oxford Univ. Press.
Garnham, N. (2003). A response to Elizabeth Jacka's "democracy as defeat". *Television & New Media*, 4(2), pp.193-200.
Harrington, S. (2008). Popular news in the 21st century. *Journalism*, 9(3), pp.266-284.
Hallin, D. & Mancini, P. (2004). *Comparing media systems: Three models of media and politics*, NY: Cambridge Univ. Press.
Hartley, J. (1999). *Uses of television*, London: Routledge.
Lewis, J. (2006). News and the empowerment of citizens. *European Journal of Cultural Studies*, 9(3), pp.303-319.
Örnebring, H. & Jönsson, A. (2004). Tabloid journalism and the public sphere: A historical perspective on tabloid journalism. *Journalism Studies*, 5(3), pp.283-295.
Peters, J. (2001). Realism in social representation and the fate of the public. In S. Splical(ed.), *Public opinion & democracy* (pp.85-102), Cresskill. NJ: Hampton Press.
Schudson, M. (1998). *The good citizen: A hisory of American civic life*, Cambridge, MA: Harvard Univ. Press.
Schudson, M. (2000). Good citizens and bad history: Today's political ideals in historical perspective. *The Communication Review*, 4(1), pp.1-19.
Sparks, C. (2000). Introduction: The panic over tabloid news. In C. Sparks & J.

Tulloch(eds.), *Tabloid tales, global debates over media standards* (pp.131-146), Lanham, MD; Rowman & Littlefield.
Streeter, T. (1996), The "New Historicism" in media studies. *Journal of Broadcasting & Electronic media*, 40, pp.553-557.

01
민주주의, 공영방송, 비판언론학

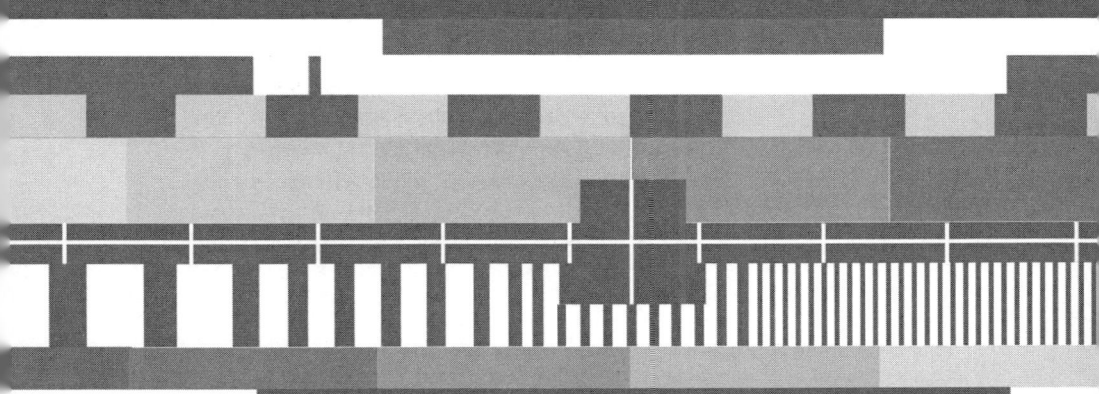

1장
민주주의 · 미디어체제의 유형화

1. 민주주의와 미디어: 유형론의 필요성

미디어가 정치를 비롯한 사회 각 부문에 질적으로 다양하면서 양적으로도 적지 않은 영향을 끼친다는 인식은 이제 상식이 되었다. 또한 미디어가 단순한 '통로'나 '출구'가 아닌, 일정한 자기 이해와 평가 준거를 가진 조직적 실체라는 인식 역시 이제는 전혀 생소하지 않다.[1] 선거 결과를 두고 마침내 미디어가 전통적인 정치기제인 정당보다 우위에 서게 되었다고 주장하면서, 이를 '코페르니쿠스적 전환'이라고 불렀던 마졸레니(Mazzoleni, 1995)의 수사가 전혀 부자연스럽지 않을 정도로 미디어는 현대사회에 새로운 변화를 불러 오고 있다.[2]

---

1) 그래서 기왕에 쓰였던 '매개화'(mediation)에 비해, 최근에 제기된 '미디어화'(mediatization)(Mazzoleni & Schulz, 1999; Schulz, 2004)는 미디어라는 실체의 존재를 더 강하게 드러내 보이고 있다는 점에서 더 유용한 개념으로 보인다.

2) 물론 이러한 변화를 미디어가 홀로 주도하는 것은 결코 아닐 것이다. 그 진정한 원인이 자본주의 정치시스템 전반의 실패에 있다는 지적은 주로 전통적인 좌파에서 나온다(Miller, 2004).

이러한 변화가 성숙·신생 민주주의를 막론하고, 세계적인 수준에서 진행되고 있다는 보고는 수없이 많다. 그러나 사실 그 변화의 정도가 나라별로 얼마나 달리 나타나고 또 얼마나 다른 형태로 진행되고 있는지에 대한 연구는 거의 찾아보기 어렵다. 이 분야의 선구자로 볼 수 있는 구레비치와 블럼러(Gurevitch & Blumler, 2004)의 최근 언명에 따르면, 1975년에 그들이 비교연구의 필요성을 천명한 이래 많은 후속 연구가 있었지만 질적인 측면에서도 그것을 발전으로 볼 수 있는지는 단언할 수 없다.3) 특히, 같이 민주주의로 분류될 수 있는 국가 내에서 얼마나 많은 변이가 있는지는 비교연구에서 반드시 필요한 부분이지만 지금까지 이에 대한 연구는 질·양 모두에서 크게 소홀했다.

이를 위해서는 먼저 민주주의와 미디어 사이의 관계를 논의하는 데 기초가 되는 모델이 필요하다. 지금까지는 1956년에 나온 '언론의 4이론'(이하, '4이론')(Siebert, Peterson & Schramm, 1956)이 이를 대신했다. 이 연구는 언론체제 사이의 차이를 충분히 보기 위해서는 언론이 기능하는 사회체제 전반을 보아야만 한다고 전제하고, "그 사회의 기초를 형성하는 신념과 가정, 곧 인간의 본성, 사회와 국가의 성격, 개인과 국가의 관계, 지식과 진리의 본질 등"(p.11)을 중심으로 당시의 언론체제와 역사적 발전과정을 네 가지 체제—권위주의, 자유주의, 사회적 책임, 사회주의—로 분류했다. 이 연구는 그간 여러 측면에서 오류와 편견이 지적되었고(Nerone, 1994; 2004), 새로운 연구들도 속속 등장했지만4) 최근까지도 여전히 국가 간 비교연구, 또는 미디어의 체제(주

---

3) 최근에 나온 비교연구의 결정판이라 부를 수 있을 만한 핼린과 만시니(Hallin & Mancini, 2004)의 연구는 예외가 될 만한 가치를 가진다. 벤슨(Benson, 2004)의 문제제기나 하니치(Hanitzsch, 2007)의 '저널리즘 문화'의 유형화 시도 역시 이 글과 연장선상에 있다.

로, 이념적) 논의에 기초 역할을 하고 있다.[5]

그런데 이 '4이론'에 대한 이후의 논의들은 최근에 이르기까지 사회주의권에 대한 논의를 제외하면 대체로 다음의 두 가지 특성을 보이는데, 이 점은 이 글의 논지와 밀접한 관련이 있다. 첫째는 자유주의와 사회적 책임 모델을 '서구적인 것'(western)으로 통합하고 그 안에 민주주의적 참여 모델(D. McQuail)이나 민주주의적 사회주의 모델(R. Picard)을 추가해 서구의 자유 - 민주주의 체제 내부에서 세분화를 시도하는 것이다. 둘째는 제3세계를 '제3세계' 또는 '발전적' · '혁명적'인 것 등으로 명명하면서 기왕의 모델들에 아직 충분한 제 모양을 갖추지 않은 '전환기 유형'을 추가하는 것이다. 4이론의 규범적 접근[6]으로는 이러한 과도기의 가변성을 소화하기 어렵다고 보았기 때문이다(Huang, 2003).

이 점은 현실의 유럽식 참여 · 합의제 민주주의를 미국과는 다른 하나의 모델로 독립시키고, 제3세계의 발전에 일정한 독자성을 부여함으로써 '4이론'이 가진 미국 자유주의에 대한 목적론적 편향을 교정하려 했던 의도로 볼 수 있다. 따라서 '4이론'의 후속 연구들은 '4이론'의 분류체계가 자유주의체제 내의 변이, 또는 언론의 자유를 일정 수준에서 보장하는 민주주의체제 내의 다양성을 포착하는 데는 별반 유용하지 않다는 점을 간접적으로 말해준다.

4) 그 개관은 문트(Mundt, 1991)를 참조. 가장 최근의 것으로는 중국과 일본을 분류에 넣은 오스티니와 펑(Ostini & Fung, 2002)의 연구가 있다.
5) 특히 전환 중에 있는 사회주의권 연구에서 그러한 역할을 하고 있다. 중국에 대해서는 황(Huang, 2003), 러시아에 대해서는 드 스마엘레(de Smaele, 1999)를 참조.
6) 규범적 접근은, 해당 체제에서 "미디어가 어떻게 되어야 하고, 또 어떻게 작동하도록 기대할 수 있는가"(McQuail, 1994, p.109)라는 언명처럼 당위와 기대를 합친 것이다.

최근 들어 나오기 시작한 민주주의·미디어체제의 유형화에 대한 연구(Baker, 2002; Drale, 2004; Scammell, 2000; Strömbäck, 2005)와 이와 성격이 거의 같은 공론장의 유형화 연구(Ferree et al., 2002a)는 이런 필요성을 반영한다. 이들은 다양한 민주주의·공론장 모델 내에서 달라질 수 있는 미디어의 위상과 그 기능을 유형화하면서 그 각각의 장단점을 논하고 있다. 현실에 존재하는 민주주의·미디어체제에 대한 비교연구(Benson, 2004; Esser & Pfetch Eds. 2004; Ferree et al., 2002b; Hallin & Mancini, 2004) 역시 같은 문제의식을 가진 것으로 볼 수 있다. 연역적·규범적 성격이 강한 전자에 비해 후자의 비교연구는 현실의 특성을 압축시킨 귀납적인 특성이 있어 양측은 상호보완적이다. 그리고 이 모두의 이면에는 체제에 의해 규정되는 '4이론'의 미디어와 달리 일정하게 반작용도 하는 자율적 미디어의 특성과 파워가 깔려 있다.

이 글의 문제의식은 다음과 같다. 첫째, 민주주의로 분류되는 국가에서 미디어의 기능과 역할에는 얼마나 다양한 변이가 있으며, 왜 그러한 변이가 생기는가? 또 그 변이는 최근 들어 어떤 변화를 보이는가?(비교연구) 둘째, 민주주의의 다양한 이론적 모델들은 미디어에 어떤 다른 형태와 기능을 부과하고 있으며, 이러한 민주주의와 미디어의 관계는 복합적인 현대 민주주의에서 어떤 함의를 가지는가? 또 이러한 민주주의를 위해 미디어는 어떤 모델을 지향할 수 있는가?(모델과 기능연구) 셋째, 어느 민주주의는 국가의 개입을 터부시하는 데 비해 왜 어느 민주주의는 이를 그렇게 여기지 않는가? 또 같은 맥락에서 시장 역시 왜 각각에서 다른 논리의 적용을 받는가?(모델 연구의 적용)

이 글의 중점은 보다 이론적이고 기초적인 것으로 볼 수 있는 두 번째에 있지만, 첫째와 셋째 역시 둘째 문제와 불가분의 관계에 있는 만큼 논의가 하나에 국한되지는 않을 것이다. 이 목적을 위해 이 연구는 먼저 민주주의의 모델을 체계적으로 재분류하고, 각각에 맞는 미디어의 기능을 재설정한다. 공론장의 유형 설정 역시 같은 절차를 따른다. 기존의 연구는 이 분류가 자의적이고, 제시된 미디어의 기능 또한 모호해 어떤 민주주의가 어떤 기능을 필요로 하는지가 분명하지 않았다. 다음으로는 이 분류를 커런의 민주주의 개혁모델(Curran, 2002) 및 비교연구에 의해 추출된 현실 유형(Hallin & Mancini, 2004)과 대조하여 그 차별성과 의의를 검토해 보고자 한다. 커런의 모델은 현실 민주주의의 복합성과 미디어의 시장 종속성을 고려해 미디어의 목적·조직원리의 다양화를 꾀한 것으로 이 연구는 왜 이러한 개혁이 민주주의에 기능적일 수 있는지를 밝혀준다. 현실 유형과의 대조 역시 이 연구가 현실에서 어떻게 적용·구현될 수 있는지를 파악하게 해준다.

2. 민주주의의 모델과 미디어 기능

민주주의와 미디어의 관계는, 자유주의와의 관계에 비추어 보면 적극적 자유와 소극적 자유의 차이에 견줄만하다. 즉 자유주의가 정부의 불간섭이나 불개입 같은 소극적 자유의 형태로 미디어와 관계 맺는다면, 민주주의는 미디어에 대해 작위의 기능, 곧 적극적 자유를 상정한다는 것이다. 더 자세히 말해, 적극적 자유는 소극적 자유에 비해 '기회의 평등'보다는 '결과의 평등'을, 자유보다는 책임을, (천부적) 권리보다는 (도덕적) 의무를, 절대적 가치보다는 목적에 따른 상대적인 가치를 강조한다(McQuail, 2003, p.187).

따라서 민주주의자에게 미디어의 독립이나 자율성 같은 가치는 민주주의 또는 진리를 위한 하나의 수단이 되며, 이들의 주장은 민주주의라는 목표를 위해 미디어의 자유를 제한하는 것 같은 정부의 행위도 정당화 시키는 목적론의 형태를 띠게 된다(Kelly & Donway, 1990). 이들에게 "보호받아야 하는 것은 (궁극적으로) 민주주의이지 미디어의 독립이 아닌"(Curran & Seaton, 1997, p.312; 괄호는 인용자) 것이다. 이 점에서 미디어와 민주주의에 관한 기존의 논의가 현실의 미디어를 비판하는 방향으로 흐르는 것은 어쩌면 당연한 것이라 할 수 있다.[7]

그러나 민주주의 모델이 단일하지 않고 현실 또한 매우 다양하기 때문에, 미디어의 기능이 민주주의 사이에서도 상당한 차이가 있을 수 있다는 점은 지금까지는 별반 주목받지 못했다. 이는 민주주의의 정체 자체가 다양해 미디어에 대한 비판의 기준점 또한 차이가 있을 수 있다거나 개별 민주주의의 특수성에 따라 (모델에서 유추된) 기능이 다양하게 추가 또는 변형될 수 있다는 것을 의미한다. 이를 반영하듯 민주주의에 대한 이해는 최근 제기된 뉴스 품질의 표준이나 공영방송의 평가 등을 둘러싼 논쟁에서 이견과 대립을 낳는 중요한 요소 중의 하나로 부각되었다.

잴러(Zaller, 2003)는 미국 뉴스에 대한 미디어 학자들의 비판 일변도 추세에 주목, 이들이 설정한 평가기준이 이른바 '충분 뉴스 표준'(Full News Standard)으로 지금의 소극적 '감시 시민'(monitorial citizen)에는 어울리지 않는다고 지적한다. 그러면서 그는 모든 이슈를 두루 주목하는 것이 아닌 위기 시에 특정 어젠다 만을 집중적으로 부각시키는 '도난경보 표준'(Burglar Alarm Standard)으로도 뉴스가 민주주의 기능을 할 수 있고, 미국의 뉴스는 이 정도는 충실히 하고 있다고 주장한다. 또 이와 맥락은 조금 다르지만, 자카(Jacka, 2003) 역시 미디어(특히, 공영방송)에 요구되는 위상과 기능이 모더니즘의

---

7) 민주주의체제의 가장 큰 약점 중의 하나가 성문화된 합의 절차를 거쳐 성립된 정부에 대한 감시와 견제를 미디어라는 '스스로 선택한'(self-selecting) 사적 기업에 맡기는 데 있다는 에치오니 - 할레비(Etzioni-Halevy, 2001)의 주장은 이의 대표적인 예다.

비현실적 민주주의관 때문에 잘못 설정되어 있다고 비판한다. 이들의 제안이나 비판은 공통적으로 기존의 연구들이 과거의 (민주주의) 규범에 집착해 현실을 무시하는 오류를 지적한다. 그러나 이의 상대편은 현실이 규범을 도외시할 만큼 변하지 않았으며, 오히려 지금 민주주의에서 소극적 감시시민에 반대되는 적극적 '교양 시민'과 공공선은 더욱 중요해졌다고 반박한다 (Bennett, 2003; Garnham, 2003; Patterson, 2003).

이 같은 논쟁에서 양자를 갈등하게 만드는 가장 큰 쟁점은 현대 민주주의·시민의식의 규범 및 현실에 대한 판단과 이에 상응하는 미디어의 기능이다. 이를테면 잴러의 도난경보 표준은 사실상 현실(미국)의 민주주의와 미디어에 대해 어떤 규범적 주문도 필요하지 않다는 의미를 지니며, 낮은 수준의 절차(주기적 선거)와 정치적 무관심·냉소주의, 구조화된 차별, 지나치게 커진 미디어의 정치 침투 등 반대 진영이 지적하는 지금 민주주의의 문제점들을 거의 받아들이지 않는 것이다. 자카 역시 기존 민주주의자들의 위기론에 반대하면서 차이와 특수성에 따른 다양한 정체성으로 구성된 새로운 민주주의에서 ('The'로 표현되는 하나의) '일반 의지'나 '공공선'을 찾고자 하는 공영방송론자의 논리는 이 민주주의에 어울리지 않는 공동체주의를 답습하는 것이며, 미디어의 자유화나 시장화 추세야말로 새로운 민주주의의 다양한 시민의식을 구현하는 것이다.

앞서 잴러의 주장을 '미국 민주주의·시민의식(모델) ≒ 도난경보 표준'으로 요약할 수 있다면 자카의 것은 '새로운 민주주의(모델) ≠ 공영방송의 기능'으로, 그리고 이와 논쟁하는 측은 다음과 같이 도식화 할 수 있다.

(미국) 민주주의·시민의식(현재) → 참여 민주주의(모델) ≒ 충분뉴스 표준의 필요성
지금의 민주주의 → 공동체주의민주주의(모델) ≒ 공영방송의 여전한 의의

이 도식에서 화살표는 변화의 지향성 및 규범성을 가리킨다. 이렇듯 논쟁의 양측은 시민의 정치참여 수준, 현재의 민주주의에 대한 판단과 지향, 민주주의의 모델에 따라 다양할 수 있는 미디어의 기능과 뉴스 표준 등에서 모두 다른 기준을 놓고 논쟁하는 것이다.

이는 다른 연구자들, 그레이버(Graber, 2003; 2004)와 노리스(Norris, 2000)의 연구에서도 잘 드러난다. 그레이버는 통념과 달리 미국 민주주의에서 시민과 미디어가 그 정치적 의무를 달성하는 데 충분히 서로에게 (정)기능적이었다고 평가한다. 노리스(Norris, 2000) 역시 슘페터적 엘리트 민주주의의 기준으로 볼 때, 서구의 미디어는 결코 몇몇 비판적 학자들이 지적하는 '병폐'에 빠지지 않았고 민주주의에 필요한 기능을 다했다고 주장한다. 그러나 그레이버는 만약 다른 민주주의, 즉 비판적 학자들이 염두에 두고 있는 참여 민주주의 같은 것을 기준으로 설정할 경우 미국의 미디어와 시민의식은 모두 그 기대에 크게 미흡했다고 주장한다. 기준에 따라 평가가 달라질 수 있다는 뜻이다.

결국 이 점은 적절한 기준에 의해 분류된 민주주의의 모델과 이에 따라 설정된 미디어 기능에 대한 합의의 필요성으로 이어진다. 드레일(Drale, 2004)에 따르면, 민주주의는 크게 다음의 세 가지 기준에 따라 분류할 수 있다. 첫째, 정당성을 기준으로 과정의 정당성과 결과의 정당성의 두 가지 형태로 나누는 것이다. 과정의 정당성은 정해진 절차를 통한 결과는 필연적으로 옳다는 가정을 앞세워 결정 과정 자체를 강조하며, 결과의 정당성은 그 결과가 절차와는 관계없이 미리 설정된 기준을 충족시킬 수 있느냐를 중시한다. 이 기준을 적용하면 민주주의는 절차 민주주의와 실질 민주주의로 나눌 수 있다. 둘째, 단순한 투표에서 복잡한 숙의에 이르는 시민의 정치 참여 수준에 따라 나누는 것이다. 대의민주주의와 직접(촌-여) 민주주의는 참여의 양, 시장 민주주의와 숙의 민주주의의 구분은 참여의 질을 적용해 분류한 결과로 볼 수 있다. 셋째, 민주주의 사회에서의 규제의 수준이 기준이 된다. 이 규제는 최소한의 헌법적 제한에서부터 전반적인 도덕적 의무까지를 포괄한다. 이 기준에서 민주주의는 사적 자율성을 바탕으로 개별 이익의 협상과 타협이 정치의 주요 내용인 자유(민주)주의 및 입헌주의와 공적 정치의지의 형성을 목표로 윤리적 공동체를 전제하는 공화주의로 구분할 수 있다.

이러한 민주주의들에서 미디어의 기능은 상당한 차이가 있다. 일반적으로 민주주의 체제가 미디어에 부과하는 기능은 정보/교육 기능, 대표/포럼 기능, 참여/동원 기능, 감시/비판기능 등을 들 수 있는데(McLeod, Kosicki & McLeod, 1994; Norris, 2000; Scammell, 2000), 노리스의 지적대로 이 기능들은 모두 중요해 어느 하나를 특히 더 중요한 것으로 볼 수 없고, 서로간에 대립되는 부분 또한 있어 강조점이 다른 각 민주주의들은 (명시적으로 그러한 주장을 하고 있지는 않다 해도) 미디어의 어느 한 기능을 다른 것보다 더 우선하게 된다. 이를테면, 표를 얻기 위한 정치적 경쟁이 경제적 시장에서의 거래에 자주 비유되는 시장 민주주의와 서로에 대한 상호 이해를 바탕으로 합의에 도달하기 위한 논증이 중요한 절차인 숙의민주주의의 경우, 정치적 어젠다에 대한 미디어의 접근과 처리 방식은 앞서 갤러의 뉴스 품질의 표준에서처럼 크게 달라질 수밖에 없다.

헬드(Held, 1993)를 따라 민주주의를, ① 고전자유주의, ② 직접민주주의(사회주의), ③ 경쟁적 엘리트주의, ④ 다원주의, ⑤ 신다원주의, ⑥ 신 우익/자유방임주의, ⑦ 참여 민주주의 등 7가지로 나누고 있는 스캠멜(Scammell, 2000) 또한 각각의 민주주의 이론에서 미디어에 요청하는 기능이 상당한 차이가 있음을 보여준다. 즉 정보기능은 모든 민주주의에 필수적이지만, 직접민주주의의 경우에는 교육의 기능이 추가되며, 참여 민주주의에서는 공개적이면서 자유로운 정보시스템의 필요성이 더욱 강조된다. 대표 기능 역시 모두에게 중요하지만, 직접 민주주의에서는 그 필요성이 낮고, 참여 민주주의에서도 상대적으로 크지 않다. 정부에 대한 감시기능은 경쟁적 엘리트주의에서 그 필요성이 가장 크지만, 직접 민주주의에서는 낮다. 또 다원주의에서는 권력적 이익집단으로 감시의 대상이 확대된다. 이러한 논의의 의의는 민주주의의 종류에 따라 미디어의 기능에 우선순위가 있고 강조점에 차이가 있어, 민주주의와 미디어가 맺는 관계의 형태도 다양할 수 있다는 것이다.

이처럼 민주주의/미디어 기능의 차이는 어떤 민주주의인가, 어떤 민주주의를 지향하는가, 또 민주주의의 수준은 어느 정도인가에 따라 미디어에 대한 인식이나 미디어의 실제 행태, 그리고 (필요하다면) 정부의 미디어 정책 또한 일정하게 달라질 수밖에 없다는 것을 의미한다. 따라서 어떤 민주주의에서는 금기시되는 것이 어떤 민주주의에서는 권장될 수도 있다. 이 점을 좀더 명확하게 하기 위해서는 이에 대한 최근의 심화된 연구를 검토해볼 필요가 있다.

(1) 절차 민주주의와 실질 민주주의

절차 민주주의와 실질 민주주의는 민주주의의 정당성에서 각기 과정·결과에 해당하는 것으로, 과정을 중시하는 민주주의의 모델은 모두 절차 민주주의에 속한다고 볼 수 있으나, 좁은 용례의 절차 민주주의는 법적·형식적 측면만을 강조하는 것으로 민주주의가 "주기적으로 공직에 선출된 사람들에게 권위를 부여하는"(Held, 1993, p.12) 의사결정의 보조수단에 불과한 낮은 단계의 민주주의다. 즉 이 민주주의는 자유롭고 공정한 선거와 표현·언론의 자유 등을 보장하지만 시민에게 투표를 비롯해 어떤 의무도 부과하지 않는다. 이러한 민주주의에서 미디어를 결정하는 것은 사회적 규범보다는 일반 대중의 욕구가 우선하는 자유방임적 시장이다. 따라서 소유자를 위시한 미디어 종사자는 최소한의 준수 사항만 지키고 나머지는 재량으로 처리할 수 있으며, 이는 앞서 갤러가 제기한 위기 시에 경보를 울릴 수 있는 정도의 도난경보 표준과 가장 잘 어울리는 것이다(Strömbäck, 2005).

이러한 절차 민주주의와 반대되는 입장으로는 먼저 정당성의 성격을 기준으로 하면, 결과에 정당성을 두는 목적론 경향의 두 민주주의, 즉 공동체주의와 행동주의 민주주의(activist democracy)가 있다(Drale, 2004). 앞서의 좁은 용례에 비추어 볼 때면 "시민이 자율 통치와 자율 규제를 행사하는 정치형태"(Held, 1993, p.12)로서 정치적·경제적 권력의 분배와 직접적 관련을 맺는 민주주의 모델이 또한 절차 민주주의와 반대가 된다. 여기에는 정치적 권력이 민주적으로 분배된 형태로 볼 수 있는 참여 민주주의와 경제적 분배의 사회 민주주의가 있다(Huber, Rueschmeyer & Stephens, 1997).

이중 윤리적 공동체를 상정하면서 시민에 높은 수준의 규범을 요구하는 공동체주의8)는 뒤에서 살펴볼 공화주의의 한 전형이며, 참여 민주주의 역시 참여의 측면에서 대의 민주주의와 대조를 이룬다. 이 점을 감안하면, 여기에서 주목할 필요가 있는 실질민주주의의 예로서의 민주주의는 사회의 구조적 불평등에 대해 가장 비판적인 입장을 취하는 행동주의 민주주의다. 사회 민주주의도 있지만 이보다는 행동주의 민주주의가 더 많은 차별과 불평등을 지적하고 있다고 보기 때문이다.

행동주의 민주주의는 보다 급진적인 평등체계와 사회 개혁을 지향하는 민주주의이다. 이 민주주의는, 사회 내에 이미 불평등이 구조화되어 있어

---

8) 이 규범성은 이를테면 다음과 같은 바버의 목소리에서 잘 드러난다. "시민이 사적 이익의 논리를 '일반 의지'의 논리로 바꿀 수 없다면, 말하자면 사적 욕구를 공공선과 사적인 부를 본질적 사회복지와 구분할 수 없다면 민주주의는 군중 논리와 다를 게 없다"(Barber; Nicodemus, 2004, p.161에서 재인용).

민주주의로서는 체제 바깥에서 이러한 불평등을 극복할 수 있는 급진적 행동을 도모하지 않으면 안 된다. 영(Young, 2001)은 이 모델을 (절차적 민주주의로서의) 숙의 민주주의와 대비시키면서 민주주의자에게 필요한 것은 대화적 상황에서의 합리적 토론이 아니라 '반체제적'인 행동, 곧 부조리를 온존시키는 현 체제에 대한 부정이라고 주장한다. 이 민주주의에서 미디어는 이러한 목적을 위한 수단이 된다. 사회적 불평등의 극복, 차이의 인정, 다양성의 보장 등을 위해 많은 책임을 떠안아야 하는 것이다. 따라서 이 미디어는 주류·대중보다는 사회운동·대안을 추구하는 미디어에서 많이 발견되며, 기존 체제의 불평등과 차별에 대한 탐사와 비판이 이 미디어에 요구되는 가장 큰 기능이다.

(2) 대의제·엘리트 민주주의와 참여 민주주의,
또는 시장 민주주의와 숙의 민주주의

민주주의 모델 중에서 가장 현실에 가까운 것으로 평가받는 슘페터의 엘리트 민주주의 이론은 정책을 담당하는 엘리트를 일정 주기를 두고 선택하는 행위가 현대의 대의제 민주주의에 가장 어울리는 것이라고 본다. 이 점에서 대의제와 엘리트는 동의어이며, 대중의 선택이 마치 경제적 시장에서 상품을 고르는 행위와 같다는 점에서 시장 민주주의로 불리기도 한다. 이 모델은 매우 높은 현실 유사성을 갖고 있어, 경쟁적 엘리트주의(Scammell, 2000), 엘리트주의 민주주의(Baker, 2002), 자유주의의 시장모델(Drale, 2004), 경쟁적 민주주의(Strömbäck, 2005) 등 개별 명칭은 달라도 대부분의 이 분야 연구들이 빠뜨리지 않고 있는 것이다.

이러한 슘페터 민주주의의 기반은 경쟁과 선택을 통한 효율성의 구현에 있다. 곧 민주주의의 주권 행사를 경쟁하는 엘리트들에 대한 선택과 정부의 주기적 교체, 곧 선거로 대신하는 것이다. 정치 시장의 다수결 결정은 선호를 집합시켜 구매하는 소비자의 시장행위와 다르지 않다.[9] 물론 이것만으로 충분하지는 않으므로 선출 엘리트의 권력은 다양하게 분산되고, 또 견제된다. '자유롭고 독립적인 미디어' 또한 이 선출 정부의 부패와 권력 남용을 감시하는 기구이다.[10] 또 적어도 유권자들은 시장에 대한 정보처럼 정치인이나 정당에 대한 최소한의 정보를 가지고 있지 않으면 안 된다는 점에서 앞서의 절차 민주주의와 다르다.

이러한 민주주의에서는 미디어가 정치에 대해 깊이 있는 정보를 주기 위해 노력하는 이른바 '주제적 프레임'(Iyengar, 1991)을 취할 필요가 없다. 쉬우면서도 재미있는 '에피소드 프레임'이 오히려 정치 참여 의지가 약한 대중에게는 더 적절하게 정보를 주는 방편이 되기 때문이다. 사람에 대한 선택이 주가 되므로, 정치의 구조적 모순을 은폐할 수 있는 정치 인격화나 사소화(trivialization), 엘리트 위주의 보도 역시 비판받을 일이 아니다. 선거 때의 경마식 보도 또한 부동층의 이목을 모으는 효과적인 정보전달 방식이 된다(Baker, 2001). 뉴스 표준도 교양 시민이 아닌 감시 시민에 어울리는 것으로 바뀌어야 현실적이다(Zaller, 2003). 따라서 종래에 비판 받았던 미디어 관행은 오히려 전문성이 발휘된 것으로 간주되어야 한다.

그러나 다른 한편으로 미디어는 대중이 올바른 선택을 할 수 있도록 사실

---

9) 따라서 시장 모델은 이미 만들어지고 정당화된 의견이나 신념, 취향, 습관 등에 의존하며, 그래서 그것은 본질상 반동적이고 보수적일 수밖에 없다. 이 점이 커뮤니케이션 상호과정을 거친 후에만 정당화된 의견이 형성되는 다른 모델과 시장 모델의 가장 큰 차이다(Drale, 2004, p.233).

10) 사적 권력을 감시하는 임무 또한 미디어에 주어지는데, 그러나 이는 정부 다음의 이차적 문제다. 사적 기구는 미디어 외에도 시장과 정부가 이를 견제할 수 있기 때문이다.

과 허구를 엄격하게 구분하고, 사실과 의견 역시 혼동하지 않을 수 있게 해야 한다. 특히 정치인(과거 행적이나 미래 비전 등)에 대한 감시와 정보 전달에 충실해야 하며, 어느 정치인 또는 정당에 편파적이어서는 안 된다. 따라서 정치 어젠다는 미디어 스스로 제기할 수 있어야 하며, 정치적 취재원에 대해 미디어는 독립적이어야 한다(Strömbäck, 2005). 그러나 이러한 준칙은 "(대다수의) 공중보다는 (현재의) 민주주의적 정체 그 자체의 이상과 법칙"(Schudson, 1995, p.217; 괄호는 인용자)을 위해 필요한 것에 머무른다. 이 체제에서 다수의 권리와 민주주의 정체는 같은 것이 아니기 때문이다. 이를 통해 보면, 현재 통용되는 미디어의 표준적 준칙과 직업 관행은 대체로 이 민주주의를 기준으로 형성된 것임을 알 수 있다. 또 이 점은 미디어에 대한 많은 비판이 슘페터 민주주의와는 다른 민주주의 모델을 상당 부분 염두에 두었기 때문이라는 점도 알게 해준다.

이와 반대되는 것은 국민의 직접 참여도가 높은 참여 민주주의와 참여의 질적 수준이 단순한 투표(상품 구매에 비유되는)를 훨씬 뛰어넘는 숙의 민주주의로 볼 수 있다. 대의 민주주의에서 가장 중요한 것은 선거로, 이의 정당성만 충족되면 일상적인 정치 참여의 문제, 즉 낮은 정당 지지나 정치 불신은 별반 중요하지 않다. 그러나 민주주의를 단순히 의사결정방식 이상의 어떤 것, 단적으로 의사결정의 결과를 '대중의 주권'의 구현과 결부시켜 볼 경우 '주권의 대리'는 사실상 민주주의의 기본적인 공리를 해치는 것이 된다(Beetham, 1993). 즉 민주주의는 '엘리트의 쇼'에 대한 단순한 관람이 아닌, 대중의 실질적인 참여와 권리 행사를 요구한다. 이 점에서 대중은 정당 가입이나 시민 청원 등을 통해 각종 일상 정치에 참여해야 하며, 이를 위해 상당한 지식과 정보를 축적할 수 있어야 한다.

이와 유사하면서 질적인 면에서 한 단계 더 나아간 것이 숙의 민주주의

인데, 이는 참여에 강제가 없고 모두가 평등한 가운데서 벌이는 이성적·합리적 토론과 숙의를 공공적 의사결정의 필수적인 절차로 삼는 민주주의다. 이는 앞서의 참여 민주주의에 비해 참여의 질이 높아지고 구체화된 것이다. "시민과 그들의 대표자가 도덕적으로 일치할 수 없을 때, 서로 받아들일 만한 결정에 도달할 때까지 계속 논의하는"(Gutman & Thompson, 1996, p.2) 포럼 형태가 이 숙의 모델의 핵심적 내용이므로 이 민주주의는 '공평한 절차주의'로 부를 만하며, 민주주의의 절차에서 작용하는 개인의 책임과 합리적·윤리적 규준을 중시한다는 점에서 '의무적'인 성격을 가진다(Drale, 2004). 그리고 이상적으로는 거의 모든 수준의 사회적 결정에 토론을 통한 합의를 도모하고, 그것이 불가능할 경우에도 "다루는 이슈의 모든 사실적·도덕적 측면이 밝혀지고 논의될 때까지"(Strömbäck, 2005, p.337) 토론이 계속되어야 한다.

이와 같은 의무론에서 미디어는 목적론에서의 '수단'이 아닌 토론이 벌어지는 '장'이며 이의 관찰자이자 산물이다. 이는 미디어 스스로 민주주의의 일부가 되는 것을 의미한다. 미디어는 대중을 합리적인 이성과 스스로의 결정에 대해 책임을 지는 주체적 존재로 삼아야 하며, 정당과 유권자, 정치인과 일반 대중을 일상적으로 연결시키는 가교 역할을 수행해야 한다. 따라서 이 미디어에는 일반 시민의 참여를 극대화할 수 있는, 소유권 규제를 비롯한 각종 권장이나 규제가 부과될 수 있다.

(3) 자유(다원)주의와 공화주의

자유주의적 다원주의 또는 이익집단 민주주의(이하 자유 다원주의)와 공화 민주주의는 민주주의에 관한 가장 전통적인 분류 중의 하나다. 자유 다원주의의 핵심은 이익집단을 비롯해 같은 의견과 이익을 중심으로 결성된

다양한 사회집단이다. 동등하고 자율적이면서, 자신의 고유한 이해를 가진 이들의 존재로 자유 다원주의의 사회는 개인과 개인 사이, 집단과 집단 사이에 벌어지는 다양한 사적 협력과 갈등관계로 이루어진다. 이에 따라 정치(민주주의) 역시 이들의 다양한 관심과 이해의 갈등에 대처할 수 있는 공평한 협상과 거래 메커니즘을 갖춰야 한다(Baker, 2002).

미디어를 포함해 제도는 이에 맞춰 만들어진다. 이 모델에서, 미디어는 다양하게 분할된 집단의 이익을 대변하며, 각 사회집단은 자신의 미디어를 통해 지지자들을 결성하고 정치적 자본을 축적하며, 다른 미디어를 통해 상대편의 주장을 이해하고 협상의 접점을 찾아낸다. 따라서 미디어에서 정치적 당파성과 특정 주의의 옹호는 자연스러운 것이며, 미디어는 집단이나 이해의 다양성만큼 결코 독점되어서는 안 된다. 현실에서 이는, "정당 간 갈등에 합의된 경계를 세우기 어려울 만큼 그 격차가 커서 정치적 토론에서 균형 있고 중립적인 위치를 잡기가 거의 불가능한"(Kuhn, 1995, p.9) 프랑스의 저널리즘 문화에서 다소 극단적인 형태가 발견된다. 이러한 프랑스와, 여야 두 정당의 차이를 가로지르는 '합의의 중간지대'가 크고 이를 기반으로 방송의 공적 서비스, 곧 BBC를 만든 영국의 차이는 양자의 민주주의 만큼이나 다른 공영방송을 만들었다.

공화 민주주의는 자유 다원주의와 달리, 협소한 '자기 이익'에만 국한되지 않고 사회 전체의 공통 가치, 또는 공공선을 따를 수 있는 윤리적 인간관을 상정한다. 인간의 사회적 삶을 조직하는 정치 역시 이 같은 공통 가치를 토론하고, 형성하며, 추구하는 장이다. 이 가치는 덕 있는 시민의 숙고와 토의를 통해서만 찾아질 수 있는 것이다. 그러므로 이 모델에서 시민의 정치 참여는 단순히 공평한 거래를 위해서 필요한 것이 아니라 '자기 정의'와 성찰의 능력을 가진 인간의 가장 가치 있는 본성 중 하나로 간주된다. 이 모델은 이 같이 시민적 덕성과 공공선을 강조하는데, 이는 충분한 숙의의 전제이고 이를 통하면 쉽게 합의에 도달할 수 있다는 것이 이 모델의 핵심 주장이다. 이 모델에서 미디어는 단순한 정보 창구를 넘어 이 같은 공공선을 찾는 토론의 장이며, 그런 만큼 다양한 주장을 충분히 포용, 대표할 수 있어야 한다. 따라서 만약 충분한 대표성, 그리고 책임성이 확보될 수 있다면 미디어는 독점이 되어도 무방하다(Baker, 2002). 이와 같은 사고는 유럽의 구체제 공영방송에 잘 반영되어 있다.

베이커(Baker, 2002)가 설정한 독특한 민주주의 모델인 '복합 민주주의'는 이 두 가지, 즉 자유 다원주의와 공화주의의 두 측면이 혼재한 것이다. 이 모델은 '노동 연대'와 '계급 갈등'이라는 두 가지 현상을 같이 놓고 보면 쉽게 이해할 수 있다. 연대 내에서 구성원들은 공통 가치의 추구와 이타성을 보이지만, 다른 계급과의 관계에서는 조정이나 타협이 필요한 자기 이해의 주창자가 된다. 따라서 이 모델에서 중요한 덕목은 다양성의 존중, 대중적 포용, 공공선을 찾는 노력, 그리고 이에 대한 합의의 도모이다. 이 모델의 미디어는 앞의 민주주의에서의 미디어들을 합쳐놓은 것과 같다. 즉 한편으로는 자신의 이익을 주창하면서 다른 한편으로는 개별 당파의 이익을 뛰어넘는 공공선을 추구하는 것이다. 현실에서 이 미디어는 다수의 지배를 불가능하게 하는 권력분점 시스템 하에서 "(미디어가 중립적 위치에 있지 않고 특정 주장을 옹호하는) 정치화와 정치적 다원주의를 결합한 합의의 체제"(Humphreys, 1996, p.156; 괄호는 인용자)를 가진 네덜란드와 독일 등의 공영방송이 이에 어울린다 할 수 있다.

3. 미디어와 공론장

잘 알려진 공론장(public sphere) 개념은 국가와 사회를 매개하는 자발적이고 제한 없는 토론의 장을 뜻한다. 이 개념은 이전까지만 해도 비판 일변도의 부정적이고 소극적인 관점에 갇혀 있던 미디어 영역을 보다 긍정적으로 확장·변모시킬 수 있는 의미를 지녀(Garnham, 1995), 1980년대 후반부터 집중적으로 주목받았다(공론장을 주장한 하버마스의 저서가 영역된 해가 1989년이다). 이 논의는 주로 미디어를 현대적 공론장의 하나로 볼 수 있는 가능성을 확인하고, 정치·사회적 커뮤니케이션에서 미디어(또는 매개된 커뮤니케이션)가 수행하는 기능을 따지는 일부터 시작했다.[11] 논의의 성격이 민주주의와 미디어의 관계와 크게 다르지 않은 것이다. 따라서 이 부문에서도 공론장의 유형[12]과 미디어의 관계를 분석하는 연구가 등장하고, 또 이 연구결과는

---

[11] 달그렌(Dahlgren, 1995)에 따르면 공론장은 크게 다음과 같은 네 가지 영역으로 이루어진다. 첫째는 미디어 제도이며, 둘째는 미디어 표현이고, 셋째는 사회구조, 그리고 마지막은 사회문화적 상호작용이다. 또 공론장의 상호작용 차원도, 담론적인 것과 공간적인 것, 그리고 공동체적인 것 등 세 가지로 나누어진다. 이 영역들은 서로 긴밀한 관계를 맺는데 그 관계 중 가장 큰 것은 정치·사호 체제(민주주의로 바꿔 쓸 수도 있는)와 미디어가 맺는 관계, 그 체제 내부에서 미디어가 차지하는 비중과 기능이다.

[12] 논의를 시작하기 전에 확인해야 할 중요한 한 가지는 당초 하버마스의 문제의식에는 공론장이 영어의 정관사 '더(The)'로 포현될 수 있는 하나의 공론장(The Public Sphere)일 뿐이지, 한 사회에 여러 개가 한꺼번에 존재한다거나 사회마다 다양한 유형이 있을 수 없다는 점이다. 따라서 공론장의 유형을 상정하는 것은 그 자체가 이미 초기의 하버마스를 수정하거나 넘어선 것이다. 물론 나중의 하버마스는 협의의 (절차적) '숙의'를 넘어 광의의 (시민사회적) '담론'으로 가면서 '담론적 공론장론'으로 부를 수 있는 더 거시적이면서 비판적인 형태를 주장한다(이의 의미와 구체적인 내용에 대해서는, Hendricks, 2006를 참조).

민주주의·미디어 연구에도 상당한 시사점을 제공한다.

겔하르즈(Gerhards; Schulz, 2001에서 재인용)에 따르면, 공론장의 유형은 크게 두 가지, '자유주의적인 것'과 '담론적인 것'(discursive)으로 나누어진다. 이 두 모델은, 공론장이 '적극적으로 추구되어야 하는'(emphatic) 개념이며, 정치시스템에서 중심과 주변부를 연결하는 매개체계라고 보는 관점에서는 같지만, 후자가 시민사회의 사회운동과 자발적 결사, 이성적인 대화와 합의를 강조한다는 면에서 차이가 있다. 이렇게 공론장은 현실로 구체화되는 과정에서 많은 변이가 나타날 수 있다.

페레 등(Ferree et al., 2002a; 2002b)은 이러한 공론장을 누가, 어떤 과정으로, 어떻게 만들며, 어떤 결과를 낳는가에 따라 다음의 네 가지 이론 또는 모델로 나누었다. 즉 ① 대의제 자유주의, ② 참여자유주의, ③ 담론주의, ④ 구성주의(constructionist) 이론이다. 이중 대의제 자유주의 이론은 현실에서 가장 흔하게 볼 수 있는 것으로, 앞서의 민주주의 부분에서 살펴본 슘페터적 엘리트주의와 거의 유사하다. 이 모델에서는 엘리트 또는 전문가의 의견이 공론장을 지배하며 상충하는 의견끼리의 역관계는 다수결을 따른다. 공론장에 '포용'되는 일반 시민은 그들의 대표자들에게 의견을 개진할 수 있는 시간과 공간을 준다는 수준에서만 중요할 뿐이다. 이 모델은, 한번 결정이 내려지면 모든 이해관계자가 그 결과를 받아들이는 '종결'(closure)의 준칙을 준수한다. 선거와 비슷한 것이다. 따라서 이 모델은 가장 능률적이고, 또 그만큼 현실과 가깝지만, 여기에서의 합의는 진정한 합의가 아닌 일시적 봉합이거나, '잠정적 절충'에 머무를 가능성이 높다.

두 번째는 참여자유주의 이론이다. 이 모델은 앞서의 참여 민주주의와 유사하다. 이 모델에서 대중은 정보 습득, 대화, 논쟁, 숙고 등을 통해 자신의 정치적 의견을 형성한다. 참여가 '개인'을 '공적인 시민'으로 바꾸는 기제인 것이다. 따라서 이 모델에서 엘리트나 전문가의 지배, 섣부른 논의의 종결이나 의사 합의는 거부되며, 미디어의 담론은 시민에게 참여를 권장하고 이들에게 권한을 부여하는 형태가 된다. 특히 이 모델이 중시하는 것은 사회적·정치적으로 불평등한 상태에 있는 일반 대중들이 스스로를 조직, 정치에 참여하는 사회운동이다. 사회운동에 어떤 정해진 절차나 자격, 태도가 필요하지 않다는 점에서 엘리트 사이의 예의 갖춘 대화가 위주가 되는 대의제 자유주의에 비해 토론 스타일이 훨씬 자유로우며, 토론중 감정이 표출되어도 큰 결격은 아니다. 물론 이러한 방식에 반대하는 의견도 적지 않다. 그러나 이 모델에서 중요한 것은 일반 대중의 커뮤니케이션 스타일이며, 따라서 토론도 예의와 숙의성을 미리 배제하지는 않지만 반드시 그것을 필요로 하지는 않는다는 점이다.

셋째, 담론 이론은 앞서의 참여자유주의와 크게 다르지 않다. 그 차이는 토론과 숙의의 과정에 있다. 이 이론의 대표적인 주창자인 하버마스에 따르면, 담론 이론은 시민의 일상세계와 직접적으로 관련된 자율적 행위자들과 관료제 및 집중적 명령체계에 의해 지배되는 권력·규제자들을 구분한다. 이 이론은 전자, 곧 자율적 행위자들의 커뮤니케이션 행위는 돈이나 권력이 개입된 후자와 다르다고 전제한다. 그들은 결정의 의무나 조직 유지의 부담에서 자유로우므로 더 깊이 있고 자유롭게 숙의할 수 있다는 것이다.[13] 이러한 이상적 상황에서는 의견이나 사상이 말한 사람의 신분과 관계없이 스스로의 힘으로 우위를 얻을 수 있다. 그러므로 이 이론에서는 대중을 포용하는 것이 이상적인 조건을 만드는 수단이 되며, 숙의, 상호 존중, 예의는 목적(합의)을 달성하는 데 필요

---

[13] 이에 대해 대의제 자유주의자들은 이러한 숙의가 결과까지 보장하는 것으로 볼 수는 없다고 주장한다. 즉 절차와는 별개로 결과 자체는 면밀하게 다시 검증해봐야 하는 사안이라는 것이다(Ferree et al., 2002a).

한 '규칙'이 된다. '대화'(dialogue)는 이러한 조건에서 진행되는데, 이는 의견이나 요구들이 이성적이면서 이해 가능한 논거에 의해 뒷받침되고, 다른 생각을 가진 상대편을 충분히 존중하면서 자신의 주장으로 남의 주장을 포용하려는 자세를 뜻한다. 그리고 이 이론에서는 공론장에 참여해 의견을 제시하는 행위가 그에 상응하는 책임을 동반하며, 합의도 적극적으로 추구한다. 다만 이상적 조건의 규칙이 대중포용을 저해할 수 있는 측면이 있어 내부적으로 갈등의 소지가 있다. 그리고 종결은 앞서의 대의제 자유주의와 비슷하다. 즉 합의에 의해 종결을 획득하는 것이 공론장의 바람직스러운 형태다.

마지막이 구성주의 이론인데, 지금까지 살펴본 것 중에서 민주주의의 실제에 대해 가장 비판적인 태도를 갖고 있는 것으로, 앞서 보았던 행동주의 민주주의와 유사하다. 이 이론은 정치과정이 '조건제한적'(contingent)으로 만들어진 여러 측면으로 구성된다는 점을 강조해 구성주의로 불린다. 참여자유주의가 정치를 다른 영역과 분리·특화된 영역으로 보고, 그 정치에 대중을 참여시켜 스스로 권리를 강화해야 한다고 주장하는 데 비해 이 이론은 이러한 분리 자체를 차별을 낳는 인위적인 것으로 본다. 따라서 이 이론은 공적 영역과 사적 영역을 구분하지 않으며, 그런 만큼 다른 어떤 이론보다 공론장에서의 대중 포용을 강하게 외치고, 엘리트적 전문가의 지배를 거부한다. 교육이 필요한 예의 역시 이들에게는 "사람을 길들이고, 생각을 기존의 규범적 범주로 끌어넣는"(Ferree et al., 2002a, p.318) 수단일 뿐이다. 이 이론의 핵심은 차이의 인정, 다양성의 보장에 있다. 그래서 이 이론의 주창자들은 '하나의 공론장' 개념이 아닌 다양하고 독립적인 복수의 '공론장들'을 주창한다. 이들에게 바람직한 정책담론으로서의 내러티브는 "다른 것들을 같게 만들지 않으면서, 차이를 가로지르는 이해를 도모하는 것"(Young: Ferree et al., 2002a, p.313에서 재인용)이다. 이들은 섣부른 합의를 추구하지 않는다. 합의는 차이를 가치 있

[표 1-1] 다양한 공론장들 간의 유사점과 차이점 1

구분	바람직한 민주적 공적 담론을 위한 기준			
	참여자	과정	사상의 제시 방법	담론과 의사결정 관계의 결과
대의제 자유주의 이론	**엘리트의 지배, 전문가의 의견, 비례제(투표)**	사상의 자유로운 시장, 투명한 공개	이성적 공평, 예의	종결
참여 자유주의 이론	대중 포용	(대중에 대한) **권한 부여**	다양한 스타일	부과된 종결의 회피
담론 이론	대중 포용	숙의	**대화, 상호 존중, 예의**	합의에 의한 종결
구성주의 이론	주변부·피압박 계층에 혜택	권한 부여, 인정	내러티브	**배제적 종결의 거부, 정치공동체의 확대**

출처: 페레 외(Ferree et al., 2002a, p.316; 2002b, p.229)를 발췌 정리.
강조는 페레 외(Ferree et al., 2002a, p.316)에 따름.

게 여기기보다는 무시하는 것으로 보기 때문이다. 따라서 이들은 합의보다는 정치 담론의 확장과 그 정치공동체의 확대를 강조한다.

[표 1-1]은 지금까지 살펴본 다양한 공론장 유형들의 유사점과 차이점을 요약한 것이다. 이 표에서 강조된 부분은 각 유형이 지니는 특징을 단적으로 표현한다. 대의제 자유주의가 엘리트·전문가를 중시한다면 참여 자유주의는 대중의 권한을, 담론 이론은 대화와 상호존중, 그리고 마지막으로 구성주의는 섣부른 종결의 거부를 강조한다.

이러한 공론장의 유형화는 공론장 자체의 비교나 평가를 위해서는 매우 유용하지만, 벤슨(Benson, 2004)의 지적대로 공론이 전개되는 주요 장인 미디어에 주어진 비중은 매우 작다. 따라서 이를 앞서와 같은 민주주의별 미디어 기능의 유형별 대비를 하기 위해서는 약간의 재정리가 필요하다. 이에는 베넷 등(Bennett et al., 2004)의 지표가 유용하다. 베넷 등은 이 연구를 기준으로 다음과 같이 경험적으로 미디어 공론장을 평가할 수 있는 지표를 만들었다.

[표 1-2] 다양한 공론장들 간의 유사점과 차이점 2

구분	접근 대상 및 인정 범위	목적	미디어의 기능	강조점	특징
대의제 자유주의 이론	엘리트, 전문가	적극적 합의추구	정보의 공개, 감시	거래와 타협: 효율성	현재의 대의제·다수제 민주주의, 합의가 대표자 간 '잠정 절충'에 그칠 우려
참여 자유주의 이론	일반 시민 (사회운동)	의사합의 거부	정보의 공개, 대변, 정치참여의 홍보	대중주권: 공시성	참여 자체가 목적, 표현 방식 다양, 자발성의 비중이 높음
담론 이론	일반 시민 (자율적 풀뿌리조직)	적극적 합의추구, 공공선의 발견	토론의 장, 대변, 대화 교육	숙의, 대화: 호혜성	참여의 책임, 이성적 숙의 등을 통한 합의 추구, 개별 당파의 이익을 뛰어 넘는 공통의 목적이나 이념 전제, 참여의 제한 가능성
구성주의 이론	피압박소수자 (정체성운동, 여성운동)	(의사)합의 거부	탐사, 적극적 대변	차별의 비판: 다양성	가능한 모든 관점을 포용, 참여 자체는 수단

첫째의 지표는 미디어가 포괄하는 범위다. 즉 다양한 주장에 "미디어가 포용적인가, 배제적인가?", "뉴스 담론 안으로 들어오는 사람은 어떤 사람인가"를 평가하는 것이다. 둘째는 인정(recognition)이다. "누구를 인정하는가", 즉 "어떤 사람이 공식적으로 이름, 지위, 사회적 멤버십 등을 확인 받는가?", 그리고 "그들은 얼마나 많은 비중을 차지하는가?" 등의 질문은 해당 미디어 공론장의 성격을 평가하게 해준다. 셋째는 수용성(responsiveness)이다. "다양한 주장, 특히 반대되는 주장을 가진 정보원이나 입장 사이에 대화나 상호적 수용성이 있는가", "누가 누구를 어떻게 수용하는가?" 등 처럼 수용자들에게 해당 사안에 대한 의견을 제시할 때, 얼마나 대안적 관점도 같이 고려하는가와 직결된 질문으로 미디어 공론장의 평가에 중요한 지표다.[14]

---

14) 이의 비교를 간단히 해보면, 미국의 언론(인)들은 일반 국민에 비해 사회 문제에서는 더 자유주의적이고 국제·경제 문제에서는 더 보수적이다(Weaver & Wilhoit, 1996). 그래서 낙태 같은 사회 문제에서 미국은 국가나 정당원 등에 치우친 독일에

앞서 제시한 기준, 즉 공론장의 인정 범위, 목적, 미디어의 역할, 강조점 등으로 볼 때, 결국 대의제 자유주의는 엘리트(전문가), 합의(종결), 감시로 이루어지며, 전체적 논리는 거래와 타협으로 극대화되는 효율성이다. 이 모델은 그것이 잠정적인 것이라 하더라도 늘 종결을 추구한다. 그러므로 대의제 자유주의는 현대 민주주의의 가장 보편적이면서 권력적인 공론장이라 할 수 있다. 이에 비해, 참여 자유주의는 사회운동 - 참여 - 대표(또는 대변)이며, 전체적 논리는 대중 주권과 공시성(publicity)이다. 그러나 이 공론장은 자발적 참여에 대한 높은 의존과 포퓰리즘이 한계로 지적될 수 있다. 담론 이론은 자율적 조직 - 토론 - 장이며, 전체적 논리는 호혜성(reciprocity)에 입각한 이성적 숙의와 대화이다. 따라서 이 이론은 이러한 대화 자체에 대한 참여의 제한, 달리 말해 '침묵의 소수자'가 여전할 가능성이 있다(Fraser, 1993). 구성주의 이론은 피압박시민 - 의사 합의의 거부 - 적극적 탐사와 대변이며, 전체적 논리는 차별에 대한 비판이다. [표 1-2]는 이를 요약한 것이다.

4. 재범주화

이러한 공론장과 앞서의 민주주의 유형화 논의는 형태와 내용이 매우 유사하다. 그 이유는 물론 미디어 공론장과 민주주의가 의사결정 방식의

> 비해 더 다양한 정보원을 폭넓게 활용했지만(Ferre et al., 2002b), 만약 다른 사안을 비교했을 경우, 이를테면 이라크 전쟁 같은 사례를 비교해 보았다면, 반대의 결과가 나왔을 가능성이 매우 높다(Bennett et al., 2004). 공론장 유형 연구의 궁극적 목적은 이렇게 공론장의 차이가 현실 민주주의에 영향을 미치면서 낳는 다양한 (반)작용에 주목하여 공론장의 재조정 또는 재설정을 하는 데 있다.

근본적 측면을 공유하고 있기 때문이다. 앞의 고찰에서 본대로 현실의 민주주의는 대체로 시장자유주의의 형태를 취하고 있고, 이는 엘리트·전문가가 지배하는 효율적인 결정체계를 가진 공론장을 조성한다. 이에 어울리는 젤러의 도난경보 표준 역시 효율성을 가장 중시한 것이다. 우중(愚衆)을 두려워 한 슘페터의 본래 주장(Schumpeter; Street, 2005에서 재인용)에 어울리게 대중에게 주는 정보는 그렇게 깊고 넓을 필요가 없다고 이들은 주장한다.

그러나 이 민주주의와 공론장은 민주주의의 공리를 해치는 주권의 대리체제이며, 다수자를 권력의 장에서 배제함으로써 의사결정이 늘 잠정적 절충에 머물고 마는 치명적 한계가 있다. 또 미디어는 시장의 결정에 매우 취약해 이 민주주의의 느슨한 틀이 주는 규범적 기능마저도 자주 해치는 관행을 만든다.15) 따라서 앞에서 잠시 언급한 대로 이 미디어에 대한 비판은 슘페터 민주주의의 대안에 대한 모색과 맥을 같이 할 수밖에 없게 된다. 민주주의에서 경쟁에 못지않게 중요한, 참여라는 또 하나의 축을 부각시키게 되는 것이다(Rozumilowicz, 2002). 더불어 이러한 논의는 대부분 자유방임적 시장이 조성하는 미디어 조건이 반민주적이라는 문제를 제기한다. 슘페터적 미디어를 좌우하는 가장 큰 권력이 사실상 시장에 있기 때문이다. 따라서 현재의 미디어에 대한 비판과 이를 현실로 옮기려는 노력은, 시장규제적·대안적 민주주의 미디어와 슘페터 민주주의 미디어가 공존·혼재하는 여러 혼합형을 낳게 된다.

15) 정치학자 그레이버의 다음 주장은 이를 여실히 보여준다. "언론인들은 문제가 된 정치인 등에 대한 제보나 누설 등이 있을 때 조차 그 행위가 분명하고 쉽게 탐사를 할 수 없다면, 그리고 그 탐사가 뉴스 가치가 높고 대중에 어필하는 기사가 되지 않을 것 같다면 결코 행동하지 않는다. 절박한 제도의 실패와 그것에 대한 공중의 알 권리 정도로는 언론의 본격적인 탐사를 부르지 못한다"(Graber, 2003, p.147).

자유 다원주의는 슘페터 민주주의와 많은 부분을 공유하지만, 다양하게 나눠진 집단의 정치적·경제적 이익에 기초한 협상과 거래가 사회운용에서 중요한 비중을 차지한다는 점이 큰 차이다. 이 체제하의 미디어는 정치과정에 지지자들을 동원하고 참여시키기 위해 적극적으로 정치에 관여하고, 정당과 같은 행보를 취하는 '정치 병행성'(political parallelism)을 보인다. 이 모델에서 강제된 균형이나 비당파성은 오히려 사회 내에 엄존하는 다양성을 억압하는 것이다. 따라서 이 모델은 가장 강력하게 미디어의 독점과 (복수의 미디어들에게 같은 것을 생산하게 하는) 시장의 '부패한 다양성'을 거부한다(Baker, 2002). 미디어가 정치에서 분화되지 않아 전근대적이라는 평가(Alexander, 1981)를 받을 수도 있지만, 이념이 왜곡되지 않게 대변될 수 있다는 장점이 있다. 물론 이 이념이 자주 기성 정당이나 '대표되지 않은 참여자', 즉 사익성 이슈집단이나 일부 자원자의 것에 국한되는 것은 약점이 아닐 수 없다. 다른 연구자들과 달리 스트룀백은 이 유형을 상정하지 않았으나, '정치적 후견주의'(political clientelism)로 불리는 이 유형의 한 극단은 여러 나라에서 적지 않게 발견되며(Hallin & Papathanassopoulos, 2002), 따라서 상당한 설명력을 갖는 유형으로 볼 수 있다.

다음으로는 참여·숙의·공화·공동체·담론 이론 등을 포괄한 공적·참여주의16)로 가장 많이 언급된 또 그런 의미에서 가장 필요한 범주다. 이

---

16) 처음에 썼던 용어는 '공적 참여'였으나 이 용어가 사적 참여를 무시하거나 오로지 공적 참여로만 모든 것을 해결할 수 있다는 인상을 주는 것으로 보여 참여의 범위를 넓힌다는 의미에서 이를 '공적·참여'로 고쳤다. 이 점은 공론장 이론에 담긴 공적·남성적·정치적·이성적 편향을 넘어 그 함의를 여하히 사적·여성적·문화적·감정적 영역으로 확대시킬 수 있는가 하는 문제의식과 직결되어 있다고 생각한다(그 논의의 개요는 Dahlgren, 2006을, 현실적 가능성의 측면에서 이에 대한 비판은 Guttman, 2007이 해놓은 요약을 참조할 수 있다). 물론 이

모델에서 참여·숙의·담론 이론과 공화·공동체는 앞서 본대로 차원이 같지 않은 것으로 같은 범주로 묶는 것이 무리해 보인다. 그러나 양자에는, 사회 속에 개별 당파의 이익을 뛰어 넘는 '공통적 가치'가 존재하고, 이를 발견(또는 형성이나 합의)할 수 있다는 신념이 있다는 큰 공통점이 있다. 이 신념은 시장교환이나 사적 이익의 중재·협상과는 다른 '공적' 가치를 이들에 양립시킨다. 사적 당파성이나 경제적 효율성, 거래의 공평성 등은 이 가치가 고취하는 참여의 진작, 토론의 활성화, 합의의 유도 등과 결합하여 공·사적 가치의 조화를 획득하게 된다. 또 참여와 숙의의 구분 역시 숙의가 참여의 질, 즉 (예의 있는) 토론과 대화를 통한 참여를 강조한다는 점이 다르나, (맥퍼슨이나 페이트먼의 주장에 기초할 경우) 참여 민주주의론 역시 단순히 투표율 같은 양적 참여에 머무르지 않고 기존 대의제의 위기를 극복할 수 있는 새로운 정치영역—이들은 작업장이나 정당을 '공론장'화 해야 한다고 주장한다—을 주장한다는 점에서는 큰 차이가 없어 같은 범주로 묶을 수 있다(Vitale, 2006).17) 즉 참여와 숙의는 대중에게 권한을 부여하고(참여), 의사결정의 절

글에서 이는 다음의 '사회운동·대안'과 밀접한 연관을 가진다.
17) 물론 이는 개념적인 측면에서 그러하다는 뜻이지 경험적으로 나타날 수 있는 갈등의 가능성까지 무시하는 것은 아니다. 이를테면, 머츠(Mutz, 2006)는 면대면 개인 커뮤니케이션을 기준으로, 정치적 견해가 다른 친구 사이의 대화(이를 '교차 정치대화'로 부른다)가 상대편에 대한 관용과 이해는 높였지만 토론이나 투표 같은 정치적 참여는 오히려 제한한다는 경험적 결과를 발견하고 숙의 민주주의와 참여 민주주의의 대립 가능성을 주장한다. 이 견해에 따르면 숙의 민주주의와 참여 민주주의는 같은 범주로 분류될 수 없다. 그러나 이는 미국처럼 '교차대화'가 적은 나라에서, 숙의를 주로 사적 대화의 장(주로 작업장)에서 정치적 견해가 다른 반대 측과의 '면대면' 토론으로 제한한 다음의 결과다. 즉 개념적 측면에서 숙의나 참여를 제대로 포괄한 것은 아니라는 것이다. 이 연구에서 다루어지지 않은 미디어의 장이나 공식·비공식적으로 행해지는 각종 토론의 장 등은 이 연구에서의 대화보다 훨씬 더 숙의의 본래 개념에 가깝다.

차성을 강화해(숙의), 민주주의의 의의를 높이는 단계적인 것으로 볼 수 있다는 것이다. 따라서 이 모델에서 미디어는 고도의 정치적 자율성을 가지고, 소극적 비당파성이 아닌 적극적인 다원주의를 통해 다양한 주장을 대변하면서 합의점·공공선을 찾기 위해 노력해야 한다. 대중의 생리에 맞춘 정보의 사소화나 선거의 게임화 같은 현상은 이 모델에서는 수용자의 질적 수준을 낮추는 부정적 요인이 된다.

사회운동·대안으로 새로 명명할 수 있는 행동주의 민주주의와 구성주의는 섣부른 합의, 단일한 공공선을 거부하면서 기존 체제가 지닌 불평등성을 비판한다. 계급, 성, 인종, 지역, 민족 등의 차이가 차별로 발전하면서 현대 민주주의는 화해하기 어려운 부조화를 안게 된다. 이러한 조건에서 효율적 종결은 기존의 질서를 온존시키고 소수자에 대한 차별을 정당화하는 우를 범할 수 있다. 특히 대중시장을 목표하는 미디어는 소수자를 다른 부문보다 더 무시하기 쉽다. 따라서 이 모델의 미디어는 적극적인 탐사로 사회 부조리와 차별을 밝혀내고, 다양성을 제고하며, 대안을 제기할 수 있어야 한다.

베이커와 스트룀백은, 베이커의 경우는 자유 다원주의가 소수자·특수 집단을 포괄할 수 있음으로써, 스트룀백은 숙의 민주주의가 가진 소수자에 대한 포용성을 강조함으로써 이 유형을 따로 상정하지 않았다. 그러나 앞서 본대로 결과의 정당성이 바탕이 되는 실질 민주주의를 위해서는 불평등과 차별에 대한 비판과 극복이 중요하다. 당파성과 공평한 절충이 중심 가치인 자유 다원주의는 소수자 집단에 대한 배려가 마련되어 있지 않고, 숙의 민주주의는 결과보다 절차가 앞선다는 점에서 사회운동·대안은 따로 유형을 설정해야 그 분류가 온전한 포괄성을 지닐 수 있을 것으로 보인다. 물론 이 유형은 성격상 지배적 체제 유형(나중의 핼린과 만시니의 비교연구에서 볼 수 있는)이 되기는 어려울 것이다.

[표 1-3] 다양한 민주주의·공론장에서 미디어의 기능과 특징[18]

구 분		I	II	III	IV
민주주의의 대조적 분류		절차적 민주주의 대의제·엘리트 민주주의 시장민주주의	자유주의	참여 민주주의 숙의민주주의 공화주의	실질적 민주주의
이론	Scammell Baker Drale Strömbäck Ferree et al.	경쟁적 엘리트주의 엘리트주의민주주의 자유주의의 시장모델 절차주의/경쟁적 민주주의 대의제자유주의	다원주의/신다원주의 자유 다원주의 자유주의의 시장모델	참여 민주주의 공화민주주의 숙의민주주의/공동체주의 참여 민주주의/숙의민주주의 참여자유주의/담론 이론	행동주의 민주주의 구성주의
민주주의 미디어의 기능 (강조는 가장 중요한 기능)		정보의 공개(엘리트 개인의 정보 중시), 불편부당성, 비정치화, **권력 감시와 비리 폭로**	정보의 공개, **이념의 대변(외적 다원주의)**, 공평한 협상과 거래, 독점의 금지	정보의 공개, 다양한 주장의 대표(내적 다원주의) 또는 악세스권의 보장, **참여의 진작, 토론의 활성화, 합의의 유도**, 사회적 발전	기존 체제의 **불평등과 차별에 대한 탐사와 비판**
Curran의 개혁모델		사적 부문	사적 부문, 시민부문	공영방송(핵심) 부문	시민 부문, 전문직주의 부문, 사회적 시장 부문
Hallin & Mancini의 비교연구 모델		북대서양형 자유주의	(다원주의의 극단화된 형태로서) 지중해형 극화된 다원주의	(다원주의가 병존하는) 북중부유럽형 민주주의코포라티즘	
명 칭		시장자유주의	자유 다원주의	공적·참여주의	사회운동·대안

[표 1-3]은 이를 감안해 민주주의·공론장을 시장자유주의, 자유 다원주의, 공적·참여주의, 사회운동·대안의 네 가지 유형으로 재범주화하고 각각에 미디어의 특징적 기능, 즉 권력 감시, 이념의 대변, 참여의 진작·토론의 장, 불평등에 대한 비판을 배열한 것이다.

18) 두 번째 칸의 이론 부분의 몇 가지는 부연 설명할 필요가 있다. 경쟁과 선택을 강조하는 드레일의 자유주의 시장모델은 시장엘리트주의와 자유 다원주의의 공통점이 중심이 된 것으로 어느 한 쪽보다는 양쪽 모두에 소속시키는 것이 더 적절하다. 스트룀백의 절차주의는 경쟁적 민주주의의 최소한의 형태에 가까워 슘페터 민주주의에 속한다고 볼 수 있다. 베이커의 복합 민주주의는 여러 민주주의의 유형들이 혼합된 것으로 이 범주에 넣지 않았다.

이러한 유형들은 각각의 민주주의 형태에 적합하게 추론한 것이기도 하지만, 베이커의 주장대로 현대 민주주의의 다면성과 복합성을 고려할 때는 공존·병행되어야 하는 복수의 '공론장들', 다른 말로 바꾸면 구성요소이기도 하다. 현실의 민주주의가 개별 민주주의의 특성을 두루 갖고 있는 만큼 그에 상응하는 미디어의 기능 역시 같이 필요하기 때문이다.19) 물론 이는 반대의 경우, 즉 어느 한 미디어의 기능이 왜곡된다면 민주주의의 위험도 같이 커지는 것을 의미한다. 이를테면 현실의 민주주의는 "엘리트 민주주의(그리고 모든 다른 이론들)처럼 정부에 의해서든 사적 권력에 의해서든 감시견에 재갈이 물리는 것을 우려한다. 또 공화 민주주의처럼 분열이나 부패한 독점화가 효과적인 사회 전체의 담론을 훼손하는 것을 우려하며, 자유 다원주의처럼 독점화나 부패한 다양성이 미디어 다원주의를 억압·손상하는 것을 우려한다. 마지막으로 복합 민주주의는 이에 더해 다원주의 미디어가 정체성과 이해관계에 대한 사려 깊은 내부 토론이나 논쟁 속에 있는 다원주의 집단을 돕지 않는 동원이나 선전 쪽으로 흐르는 것을 우려한다"(Baker, 2002, p.187; 괄호는 원저자). 이는 현실의 복잡한 민주주의가 단일한 모델 속 민주주의와 달리 여러 우려 속에 함께 노출되어 있다는 점을 지적한다.

이 점에서 이 우려는 영국의 연구자 커런의 개혁 모델과 결부시켜 논의할 필요가 있다. 커런의 모델이야말로 이에 대한 유력한 제도적 대안 중의 하나이기 때문이다. 10년이 넘게 부분 수정되면서 잘 알려진 커런(최종본은 Curran, 2002)의 개혁모델은 가운데 핵심부문에 공영방송을 놓고, 주변에 네 가지 부문—사적 부문, 시민 부문, 전문직주의 부문, 사회적 시장 부문—을 배치한

---

19) 물론 개별 민주주의의 양적 비중도 같(아야 한)다는 뜻은 아니다. 현실에 여러 요소가 혼재되어 있다는 점을 환기시키기 위함이다.

다. 당초에 그는 자유주의를 비롯한 기존의 사회이론들(마르크스주의·비판이론과 사회주의 이론 등)이 그 사회 내의 중요한 관심을 빠짐없이 대변해야 하는 민주주의 미디어의 목표를 충족시키지 못했다고 보면서, 폴란드학자 야쿠보위츠의 개혁모델에 영향을 받은 자신의 '급진(또는 '철저한') 민주주의' 미디어 모델을 고안했다(Curran, 1991). 이 모델은 "개인과 집단, 그리고 권력 구조 사이를 연결하는 수직·수평·대각선 커뮤니케이션 채널을 복합적으로 표현"(p.31)한 것으로, 그 가장 큰 특징은 다양한 목적과 조직 원리를 가진 미디어를 공존시켜 시장 미디어에 집중된 권력을 분산하자는 것이다.

이러한 커런의 개혁 모델은 현대 민주주의의 복잡한 상태 만큼 미디어의 기능 또한 다양해야 하므로 민주주의에 적합한 미디어 질서는 하나의 조직·소유 형식으로 이루어지지 않아야 한다고 주장한다(Baker, 2002). 특히 미디어의 자율성과 미디어에 대한 외부에서의 폭넓은 접근권의 보장은 한 미디어가 동시에 성취하기 어려운 상반된 것이다.[20] 다수의 의견이 중심이 되는 여론의 조성과 소수 견해의 존중 역시 마찬가지다. 따라서 하나의 조직형태, 특히 시장조직만으로는 민주주의에 필요한 양질의 다양한 상품을 충분히 생산하

[20] 이를 두고 베이커(Baker, 2007)는 (하버마스의 주장에 기대어) 미디어정책의 핵심이 서로의 긴장에도 불구하고 절대적으로 필요한 두 가지, 즉 소유권의 평등한 분산을 통한 의견의 자유로운 표현과 경쟁(자유 다원주의; 반소유집중정책; 경쟁하는 세력 간 공평한 절충)과 가능한 모든 주장을 배제하지 않고 포괄하는 공공 담론(시민공화주의; 공영방송; 갈등하는 의견 사이의 진지한 논의와 합의)의 필요성에 있다고 주장한다[이 둘의 긴장은 윈 - 윈을 낳을 수도 있는데 베이커는 하버마스의 '공론장'과 그 단점을 보완하는 프레이저의 '서발턴 대항공중들'(subaltern counter publics)의 경쟁과 상호보완을 그 예로 들고 있다. 그러나 이는 외적 다원주의와 내적 다원주의의 구태의연한 반복으로 볼 수도 있는데, 베이커나 커런의 제안은 이를 현대 민주주의의 복합적 성격과 연관시켜 어느 한쪽의 선택이 아닌 양쪽의 공존을 정당화하고, 이를 미디어의 구조적 다양성의 모델로 정립시켰다는 데 그 의의가 있다.

지 못한다. 그리고 미디어의 기능과 (소유) 구조는 밀접한 연관을 맺으므로 미디어의 기능은 가능한 서로 다른 구조 또는 경제적 기초로 만들어진 미디어들이 많아야 다양해진다. 이 점은 정부, 그리그 시민사회의 여러 부문이 여러 방식으로, 예를 들어 정부라면 보조금이나 규제 등으로, 시민사회라면 다양한 소비자·시청자 운동 등을 통해 시장미디어의 영향력을 중화시킬 수 있다는 것을 의미한다. 물론 이 개입의 형식이나 성격은 개별 부문이 얼마나 뒤떨어져 있는가, 또는 왜곡되어 있는가에 따라 달라진다. 다른 한편으로 이 개입은 해당 미디어의 특정한 기능을 반드시 반영해야만 한다. 그래야 민주주의의 다면성을 폭넓게 지지하는 효과를 가진다.[21] 아울러 이러한 개입이 일상화되면 시장 또한 이에 상당한 영향을 받으므로 그 전횡이 줄어드는 부수효과가 있다.

이러한 커런의 의도가 논쟁을 불러일으키는 가장 큰 이유는 역시 핵심에 놓인 공영방송이나, 사회적 시장, 전문직주의 부문 등에서 볼 수 있는 특정 미디어(의 기능)에 대한 '의도적 육성' 때문일 것이다. 커런의 모델은 시장을 단순한 조절 메커니즘으로 여기면서 그 권력을 두시했던 슘페터식 효율 민주주의에 정면으로 대응해 미디어의 장에서 민주주의를 철저하게 실천하는 방법이다. 이는 미디어의 수용자를 단순한 소비자에서 적극적인 참여자나 주창자로 바뀌게 함으로써 기존 대의제에 참여적·숙의적 요소를 증가시킨다. 대의제 민주주의가 가진 비민주성을 미디어가 보완하는 것이다. 그러나 이는 자칫 국가의 개입과 미디어의 자율을 대각에 놓는 시장 자유주의자들의 우려대로 미디어의 도구화를 초래할 수 있다. 이들에게 미디어는 국가로부

---

[21] 물론 이러한 가설이 실제로도 그 의의를 달성했느냐 여부는 개별 사례마다 검토가 필요한 경험적 문제다. 필자가 강조하고자 하는 것은 처음부터 개입의 '실험'을 거부해야 할 일반화된 명제가 아직은 없다는 것이다.

터 보호받아야 하는 사적 공간의 권리 영역(시장에서 표현 및 소유의 자유)에 속하며, 국가와 민주주의는 선택이 행사되는 공적 영역의 수단에 불과하다.

그러나 사실 역사적으로 볼 때, 미디어의 영역을 포함한 '시민사회'와 민주주의 '정부'는 분리될 수 없는 것이며(Schudson, 1994), 또 미디어의 자유와 다원주의가 시장방임이 아닌 국가의 규제에 의해 보장되는 사례는 실제로도 그리 어렵지 않게 발견할 수 있다. 이를테면, 스웨덴은 국가의 개입 정도가 가장 크면서 미디어의 자유도 잘 보장되는 국가다(Freedom House, 2003; Picard, 1984).[22] 이에 따르면 자유주의가 주창하는 국가로부터의 독립은 오히려 국가를 민주화시켜 무책임한 '야경꾼'이 아닌 공정한 '백주의 심판'이 될 수 있게 하는 것이 목적을 더 쉽게 달성하는 현실적인 길일 수 있다(Harvey, 2005). 이 점은, "국가와 미디어가 (어느 한쪽만이 아니라 양쪽 모두) 동시에 문제의 일부이자 해답의 일부"(Scammell, 2000, p.xxxi; 괄호는 인용자)라는 현 민주주의의 특성대로 둘의 사이를 격리시키거나 어느 한쪽이 일방적으로 나쁜 제로섬게임으로 보지 않아야 하며, 이러한 넌제로섬의 관계 자체가 노력과 조건의 산물이라는 점을 일깨운다.

이러한 커런 모델의 특성을 앞서의 네 가지 유형에 비추어보면, 사적 부문은 시장 자유주의에 잘 어울리고, 시민 부문은 해당 (시민) 조직의 성격에 따라 자유 다원주의나 사회운동·대안 유형으로 나뉠 수 있으며, 소수자의 이익과 기호를 대변하는 사회적 시장 부문과 진리를 좇는 저널리스트의 목소

---

[22] 스웨덴의 방송과 신문은 취재원에 대해서 미국보다 더 능동적이고, 방송은 정치적 입장의 표현에서 더 적극적인데(Donsbach & Patterson, 2004), 이러한 성향은 '비중립적 전문 직주의'로 부를 수 있다. 이 용어는, 미디어가 한편으로는 고도의 정치적 자율성을 가지고, 개별 당파의 이익을 뛰어 넘는 '공통된 가치'를 추구하지만 다른 한편으로는 정치적 당파성을 피하지 않고 때로는 적극적으로 어떤 입장에 서는 것을 지칭한다.

리인 전문직주의 부문은 사회적 불평등이나 차별과 관련된 사회운동·대안과 유사하다고 볼 수 있다. 이같이 커런이 미디어에서 사회운동·대안적 요소를 중시한 이유는 자명하다. 비록 커런은 각 부문의 양적 비중까지 고려한 그림을 그리지는 않았으나 그 양적 비중을 고려할 경우 사실 사적 부문이 나머지 네 개 부분을 합친 것보다 클 수 있고, 이러한 불평등이야말로 사회운동·대안을 필요로 하는 이유로 해석할 수 있기 때문이다.

이 같은 네 유형, 또는 구성요소가 어떤 중심을 가지고 어떤 비중으로 구성되었는가 하는 것이 바로 그 나라의 미디어 체제의 특성이라고 할 수 있다. 이는 핼린과 만시니(Hallin & Mancini, 2004)가 비교연구를 통해 추출한 민주주의·미디어체제의 세 유형에 비추어보면 잘 드러난다. 핼린과 만시니는 크게 대중신문의 발전, 정치병행성의 정도, 전문직주의의 수준, 국가 개입의 정도라는 네 가지 기준으로 유럽과 미국의 미디어를 비교하여, 미국, 영국 등의 '북대서양형 자유주의'와, 이탈리아, 스페인 등의 '지중해형 극화된 다원주의'(polarized pluralism), 그리고 스칸디나비아, 독일 등의 '북중부유럽형 민주주의 코포라티즘' 등 세 가지로 민주주의·미디어 체제를 분류했다. 물론 이 역시 다양한 부문이 공존하는 가운데 지배적인 것을 특성화한 것이다.

이 중 북대서양형 자유주의는 슘페터 민주주의·미디어에 가깝다. 이 미디어의 가장 중요한 기능은 권력 감시 및 비리 폭로와 엘리트에 대한 정보 전달이며, 뉴스의 도난경보 표준이 실제적인 준칙이 되고 있다. 물론 영국의 BBC는 이에 어울리지 않아 영국의 좌표를 민주주의 코포라티즘에 좀 더 가깝게 만들었다. 지중해형 극화된 다원주의는 앞서 나왔던 자유 다원주의의 극단화된 형태로 볼 수 있다. 이 다원주의는 다양한 이념을 가진 정파적 미디어가 다수 공존하는 외적 다원주의, 미디어의 정치 도구화, 정치화된 국가 개입, 논평 위주의 보도 태도, 약한 규범 등이 그 특징으로, 갈등하는 세력들의 차이가 크고 이들을 중재·절충시켜줄 수 있는 메커니즘이 약하다는 점에서 '극화'되어 있다. 유기적으로 조직된 사회집단을 바탕으로 미디어의 공적 서비스 정향이 강하고 전문직주의의 수준 또한 높은 민주주의 코포라티즘은 공적·참여주의에 잘 맞지만, 미디어의 정치적 자기주장이 뚜렷하다는 점에서 자유 다원주의의 성격도 일부 가지는 체제다. 이 미디어는 높은 정치적 자율성과 '비판적 전문직주의', 미디어시장에 대한 국가의 개입, 합리적·법적 권위의 발전이 특징이지만, 다른 한편으로는 사회 내의 유력 집단이 주축이 되므로 다원주의가 제한될 가능성[23])이 있어 사회운동·대안의 필요성을 일깨운다고 할 수 있다.

5. 결론

이 연구의 유형화의 내용과 의의를 요약하면 다음과 같다. 첫째, 민주주의·공론장의 유형에 따라 미디어에 요구하는 기능이나 역할은 다양할 수 있으며 어느 하나만이 고유하거나 본질적인 것이 아니라는 것이다. 예를 들어, 이러한 시각에 비추어 보면, 최소 (절차) 민주주의 미디어의 두 가지 필수요소 중의 하나로 비당파성을 제시하면서,[24]) 유럽 미디어의 당파성과

---

[23]) 이 체제에 대한 가장 강력한 비판은 프라이스(Price, 1998)의 비판일 것이다. "(유럽 방송의) 법제적 이상은 방송이 사회의 구성을 닮게 하는 것이었으나, 그 결과는 지배적 정치정당들의 허가권 이용을 통한 '나눠먹기'로 귀결되었다"(p.141; 괄호는 인용자). 즉 이 체제는 방송조직과 정당 및 (대표적) 사회조직의 '겸영 독재'에 의해 방송이 좌우되는 단점이 있다(Brants & Siune, 1998).

[24]) 건터와 머갠에 따르면, 비당파성을 성취하는 방법은 두 가지인데 하나는 미디어 다원주의이고, 다른 하나는 정치의 비당

미국 미디어의 정치적 냉소주의를 같이 비판하는 건터와 머갠(Gunther & Mughan, 2000)의 경우는 두 가지 오류를 범한 것이다. 첫째는 절차 민주주의를 최소 민주주의로 여기면서 이와 차이가 있는 다른 민주주의는 감안하지 않았고, 둘째는 절차 민주주의 개념도 엄밀하게 사용하지 않은 점이다. 왜냐하면 유럽 미디어의 당파성에 대한 비판은 유럽 민주주의의 자유 다원주의적 측면을 절차 민주주의의 규범으로 비판한 것이고, 미국 미디어의 냉소주의 비판은 공적·참여주의에 가까운 기준, 잴러(Zaller, 2003)에 따르면 충분뉴스 표준을 적용한 것이기 때문이다. 건터와 머갠이 제시한 다른 하나의 요소, 즉 '정책관련 정보의 전달' 또한 시장의 수준을 넘어 정책에 대한 대중의 참여를 독려하는 것으로 보여 절차 민주주의보다는 공적·참여주의의 요소를 상당히 갖는다고 할 수 있다.

둘째, 현실 민주주의에는 다양한 모델이 혼재되어 있으며, 미디어에 요구되는 기능도 상호 모순되는 것을 포함해 다양할 수 있다. 이 점은 하나의 조직 원리나 운용 메커니즘을 가진 미디어만으로는 이러한 요구들을 온전히 소화하기 어렵다는 점을 말해준다. 이러한 미디어의 다양성을 위해서는 국가의 역할이 새삼 중요하게 부각된다.[25] 이 글이 제기한 다양한 민주주의·공론장

파적 보도다. 분명하게 설명되어 있지는 않지만, 미디어 다원주의의 방해 요인으로 소유의 집중을 거론하는 것으로 미루어 여기서의 미디어 다원주의는 자유 다원주의 내의 외적 다원주의로 보이고, 비당파적 보도는 시장자유주의의 불편부당성에 가까운 것 같다. 그런데 유럽 미디어, 특히 네덜란드 미디어의 '분화'(pillarization)를 강하게 비판하는 걸 보면, 그들이 제기하는 해결책은 다양한 논조를 갖춘 여러 미디어의 공존보다는 개별 미디어의 불편부당적 보도를 통한 방법을 중시하는 것이다. 물론 이 역시 부지불식간에 미국식 미디어의 관행을 우선시하는 태도다. 이에 비해 이 글에서 살펴본 베이커는 양자를 모두 강조하는 절충형을 지향한다.
[25] 이 점에서 미국은 오히려 예외적이다. 바꿔 말하면 미국의 사례를 유일한 규범으로만 간주해서는 안 된다(Benson, 2004).

에 따른 미디어의 공존 필요성, 베이커의 복합 민주주의 개념, 커런의 개혁 모델, 민주주의 코포라티즘, 그리고 최근 제기된 시장, 시민사회, 정부가 적절하게 역할을 분담하는 '사회적 책임과 미디어의 어카운터빌리티' 체제(Bardoel & d'Haenens, 2004) 등은 모두 국가 개입의 새로운 개념화를 요구한다.

셋째, 이 연구의 모델을 단계적·발전적인 것, 즉 시장 자유주의를 최소 단계의 민주주의로, 공적·참여주의를 이보다 더 고도화된 민주주의로 보아 전자에서 후자에 이르는 단선적 발전을 상정할 수도 있다(이는 지난 '4이론' 과 같은 형태의 목적론적 논리다). 그러나 이는 핼린과 만시니의 비교연구가 보여주는 바대로 부분적으로만 일리가 있다. 그들의 유형 중 민주주의 코포라티즘이 가장 민주주의의 충분조건에 가까이 간 것으로 여겨지지만, 이 유형들은 역사적으로 구조화된 양태를 유형화한 것으로, 어떤 목적론적 정점을 향해 나아가는 과도기적인 것이라기보다는 나름의 독특한 형태로 정착된 것으로 보는 관점이 더 적절해 보인다. 물론 이 유형들 역시 변화를 거듭하고 있어 현재를 완전히 고착된 것으로 볼 수는 없다. 그러나 앞으로 나타날 어떤 변화도 어느 한쪽이 상대편을 일방적으로 수렴시키는 수준은 아닐 것으로 전망된다.

지난 '4이론'은 미국식 자유주의와 그 변형인 사회적 책임이론에 목적론적 편향을 두었다. 이후의 연구들은 이를 비판하고 민주주의와 미디어의 관계를 다양한 역사적 맥락 속에 두면서 비자유주의적이고 비미국적인 민주주의·미디어 체제의 가능성을 제기했다.[26] 이론적으로는 이 글에서 제기한

---

[26] 하니치(Hanitzsch, 2007)가 저널리즘 문화 개념을 보편화하고 그 문화의 다원화·유형화를 시도하면서도 정작 논문의 제목은 '저널리즘 문화를 해체하기'라고 붙인 이유도 해체의 대상이 무엇인지를 떠올려보면 이 점과 밀접한 관련이 있다는 것을 알 수 있다.

자유 다원주의, 공적·참여주의, (지배적인 유형이 될 수는 없다 해도) 사회운동·대안 등이 그러하고, 현실 면에서는 핼린과 만시니가 유형화한 유럽식 극화된 다원주의와 민주주의 코포라티즘이 또한 그러하다. 만약 다른 대륙 쪽으로도 비교연구의 범위가 넓어져 그 특성도 고려된다면 다원성의 정도는 더욱 커질 것이다. 그것이 동아시아라면 (탈)권위주의 국가, 집단주의 미디어문화, 유교적 공론문화 등이 그 다원성의 내용이 될 것이다(Ostini & Fung, 2002; Winfield, Mizuno & Beaudoin, 2000).

상업화, 세속화, 자유화로 특징지울 수 있는 지금의 흐름은 슘페터 민주주의와 시장 메커니즘이 여타 다른 민주주의를 일방적으로 압박하는 양상으로 보인다. 그러나 같은 자유주의 내에서도 미국과 영국이 보여주는 최근까지의 차이만큼(Blumler & Gurevitch, 2001), 그 결과가 브펴적 동질화로 나타날 가능성은 그리 높지 않다. 물론 이 흐름에 어떤 유형이 더 취약한가를 판단하는 것은 매우 중요한 문제다.[27] 또 더욱 커지고 있는 미디어의 정치적 비중과 급속한 기술 혁신이 지금보다 훨씬 빠른 정치적·사회적 변화를 유도할 가능성도 완전히 배제할 수 없다. 그러나 아직도 여전한 공영방송의 위력이나 인터넷의 민주주의(자유 다원주의)적 성격이 보여주는 바대로 '작용'에는 반드시 '반작용'이 있다. 이 점은 민주주의·미디어의 다양성이 미래에도 여전히 세계 질서를 설명하는 주축으로 남아 있게 될 것임을 잘 말해준다.

[27] 만약 이에 대한 대응을 위해 미디어의 재구조화, 또는 공론장의 재배치를 도모한다면 이 장의 논의는 가장 먼저 필요한 1차 자료가 될 것이다.

■ 참고문헌

Alexander, J. (1981). The news media in systemic, historical and comparative perspective. In E. Katz, T. Szecskö(eds), *Mass media and social change* (pp.17-51), Beverly Hills: Sage.

Baker, C. E. (2001). *Implications of rival visions of electoral campaigns*. In W. L. Bennett & R. Entman(eds.), *Mediated politics: Communication in the future of democracy* (pp.342-361), NY: Cambridge Univ. Press.

Baker, C. E. (2002). *Media, markets and democracy*, NY: Cambridge Univ. Press.

Baker, C. E. (2007). *Media, concentration and cemocracy*, NY: Cambridge Univ. Press.

Bardoel, J. & d'Haenens, L. (2004). *Media meet the citizen: Beyond market mechanism and government regulations*. European Journal of Communication, 19(2), pp.165-194.

Beetham, D. (1993). Liberal democracy and the limits of democratization. *Political Studies*, XL(special issue), pp.40-53.

Bennett, L. (2003). The burglar alarm that just keeps ringing: A response to Zaller. *Political Communication*, 20, pp.131-138.

Bennett, L., Pickard, V., Iozzi, D., Schroder, C., Lagos, T., & Caswell, E. (2004). Managing the public sphere: Journalistic construction of the great globalization debate. *Journal of Communication*, 54(3), pp.437-455.

Benson, R. (2004). Bringing the sociology of media back in. *Political Communication*, 21, pp.275-292.

Blumler, J., & Gurevitch, M. (2001). "Americanization" reconsidered: U.K.-U.S. communication comparison across time. In W. L. Bennett & R. Entman(eds.), *Mediated politics: Communication in the future of democracy* (pp.380-403), NY: Cambridge Univ. Press.

Brants, K., & Siune, K. (1998). Politicization in decline? In D. McQuail & K.

Sinue(eds.), *Media Policy: Convergence, concentration and commerce* (pp.128-143), London: Sage.

Curran, J. (1991). Rethinking the media as a public sphere. In P. Dahlgren & C. Sparks(eds.), *Communication and citizenship: Journalism and the public sphere in the new media age* (pp.27-57), NY: Routledge.

Curran, J. (2002). *Media and power,* London: Routledge.

Curran, J., & Seaton, J. (1997). *Power without Responsibility* (5th. ed.), London: Routledge.

Dahlgren, P. (1995). *Television and public sphere,* London: Sage.

Dahlgren, P. (2006). Doing citizenship: The cultural origin of civic agency in the public sphere. *European Journal of Cultural Studies*, 9(5), pp.267-286.

De Smaele, H. (1999). The applicability of Western media models on the Russian media system. *European Journal of Communication*, 14(2), pp.173-189.

Donsbach, W., & Patterson, T. (2004). Political news journalists: Partisanship, professionalism, and political roles. In F. Esser & B. Pfetch(eds.), *Comparing political communication: Theories, cases and challenges* (pp.251-270), NY: Cambridge Univ. Press.

Drale, C. (2004). Communication media in a democratic society. *Communication Law & Policy*, 9, pp.213-235.

Esser, F., & Pfetch B. (eds.). *Comparing political communication: Theories, cases and challenges,* NY: Cambridge Univ. Press.

Etzioni-Halevy, E. (2001). Inherent contradiction of democracy: Illustrations from national broadcasting corporation. *Language & Communication in Israel-Studies of Israel Society*, pp.535-556.

Ferree, M., Gamson, W., Gerhards, J., & Rucht, D. (2002a). Four models of the public sphere in modern democracies. *Theory & Society*, 31, pp.289-324.

Ferree, M., Gamson, W., Gerhards, J., & Rucht, D. (2002b). *Shaping abortion discourse: Democracy and the public sphere in Germany and the United States,* Cambridge: Cambridge Univ. Press.

Fraser, N. (1993). Rethinking the public sphere: A contribution to the critique to the critique of actually existing democracy. In C. Calhoun(ed.), *Habermas and the public sphere* (pp.109-142), Cambridge, Massachusetts: The MIT Press.

Freedom House (2003). *Freedom of the press 2003,* Lanham, MD: Rowman &

Littlefield.

Garnham, N. (1995). The media and narratives of the intellectual, Media. *Culture & Society*, 17(2), pp.359-384.

Garnham, N. (2003). A response to Elizabeth Jacka's "Democracy as Defeat". *Television & New Media*, 4(2), pp.193-200.

Graber, D. (2003). The media and democracy: Beyond the myths and stereotypes. *Annual Review of Political Science*, 6, pp.139-160.

Graber, D. (2004). Mediated politics and citizenship in the twenty-first century. *Annual Review of Psychology*, 55, pp.545-571.

Gurevitch, M., & Blumler, J. (2004). State of art of comparative political communication research: Poised for maturity? In F. Esser & B. Pfetch(eds.), *Comparing political communication: Theories, cases and challenges* (pp.344-366), NY: Cambridge Univ. Press.

Gunther, R., & Mughan, A. (2000). The political impact of the media: A reassessment. In R. Gunther & A. Mughan(eds.), *Democracy and the media: A comparative perspective* (pp.401-447), NY: Cambridge Univ. Press.

Gutman, A., & Thompson, D. (1996). *Democracy and disagreement,* Cambridge: Harvard Univ. Press.

Guttman, N. (2007). Bringing the mountain to the public: Dilemmas and contradictions in the procedures of public deliberation initiatives that aim to get "ordinary citizens" to deliberate policy issues. *Communication Theory*, 17, pp.411-438.

Hallin, D. & Mancini, P. (2004). *Comparing media systems: Three models of media and politics.* NY: Cambridge Univ. Press.

Hallin, D., & Papathanassopoulos, S. (2002). Political clientelism and the media: Southern Europe and Latin America in comparative perspective. *Media, Culture & Society*, 24(2), pp.175-195.

Hanitzsch, T. (2007). Deconstructing journalism culture: Toward a universal theory. *Communication Theory*, 17, pp.367-385.

Harvey, S. (2005). Who rules TV? States, markets, and the public interest. In J. Wasko(ed.), *A companion to television* (pp.157-173), Malden, MA: Blackwell.

Hendricks, C. (2006). Integrated deliberation: Reconciling civil society's dual role

in deliberative democracy. *Political Studies*, 54, pp.486-508.
Huang, C. (2003). Transitional media vs. normative theories: Schramm, Altschull, and China. *Journal of Communication*, 53(3), pp.444-459.
Huber, E., Rueschmeyer, D., & Stephens, J. (1997). The paradoxes of contemporary democracy: Formal, participatory, and social dimensions. *Comparative Politics*, 29(3), pp.323-342.
Hughes, S., & Lawson, C. (2005). The barriers to media opening in Latin America. *Political Communication*, 22, pp.9-25.
Humphreys, P. (1996). *Mass media and media policy in Western Europe*, NY: Manchester Univ. Press.
Held, D. (1993). *Models of democracy*(2nd. ed), Standford: Standford Univ. Press.
Iyengar, S. (1991). *Is anyone responsible?*. Chicago: Univ. of Chicago Press.
Jacka, E. (2003). "Democracy as defeat": The importance of arguments for public service broadcasting. *Television & New Media*, 4(2), pp.177-191.
Kelly, D., & Donway, R. (1990). Liberalism and free speech. In J. Lichtenberg(ed.), *Democracy and the Mass Media* (pp.66-101), NY: Cambridge Univ. Press.
Kuhn, R. (1995). *The media in France*, London: Routledge.
Mancini, P. (2000). How to combine media commercialization and party affiliation: The Italian experience. *Political Communication*, 17, pp.319-324.
Mazzoleni, G. (1995). Towards a 'videocracy'? Italian political communication at a turning point. *European Journal of Communication*, 10(3), pp.291-319.
Mazzoleni, G., & Schulz, W. (1999). "Mediatization" of politics: A challenge for democracy. *Political Communication*, 16(2), pp.247-261.
McLeod, J., Kosicki, G., & McLeod, D. (1994). The expanding boundaries of political communication effects. In J. Bryant & D. Zillman(eds.), *Media effects: Advances in theory and research* (pp.123-162), Hillsdale, NJ: Lawrence Erlbaum Associates.
McQuail, D. (1994). *Mass communication theory* (3rd. ed.), London: Sage.
McQuail, D. (2003). *Media accountability and freedom of publication*, London: Oxford.
Miller, D. (2004). System failure: It's not just the media-the whole political system has failed. *Journal of Public Affairs*, 4(4), pp.374-382.
Mundt, W. (1991). Global media philosophies. In J. Merrill(ed.), *Global*

journalism: Survey of international communication (2nd. ed.), NY: Lonaman.

Mutz, D. (2006). *Hearing the other side: Deliberative versus participatory democracy,* Cambridge: Cambridge Univ. Press.

Nerone, J. (1994). *The last right,* 차재영(역)(1995), 『최후의 권리』, 서울: 한울.

Nerone, J. (2004). *Four Theories of the Press,* in hindsight: Reflections on a popular model In M. Semati(ed.), *New frontiers in international communication* (pp.21-32), Lanham, MD: Rowman & Littlefield.

Nicodemus, D. (2004), Mobilizing information: Local news and the formation of a viable political community, *Political Communication,* 21, pp.161-176.

Norris, P. (2000). *A virtuous cycle: Political communications in postindustrial societies.* NY: Cambridge Univ. Press.

Ostini, J. & Fung, A. (2002). Beyond the four theories of the press: A new model of national media systems. *Mass Communication & Society,* 5(1), pp.41-56.

Patterson, T. (2003). The search for a standard: Markets and media. *Political Communication,* 20, pp.139-143.

Picard, R. (1984). Levels of state intervention in the western press. *Mass Comm Review,* 11(1-2), pp.27-35.

Price, M. (1998). The market for loyalties in the electronic media. In R. Noll & M. Price(eds.), *A communication cornucopia: Markle foundation essays on information policy* (pp.138-171), Washington D.C.: Brookings Institution Press.

Rozumilowicz, B. (2002). Democratic change: A theoretical perspective. In M. Price, B. Rozumilowicz, & S. Verhulst(eds.), *Media reform: Democratizing the media, democratizing the state* (pp.9-26), Routledge: London.

Scammell, M. (2000). Democracy and the media. In M. Scammell & H. Semetko(eds.), *The media, journalism and democracy* (pp.xx-xlix), Dartmouth: Ashgate.

Schudson, M. (1994). The "public sphere" and its problems: Bringing the state (back) in. *Notre Dame Journal of Law, Ethics & Public Policy,* 8(2), pp.529-546.

Schudson, M. (1995). *The power of news,* Cambridge, MA: Harvard Univ. Press.

Schulz, W. (2001). Changes in mass media and the public sphere. In S. Splichal (ed.), *Public opinion & democracy: Vox populi-vox dei?* (pp.339-357), Cresskill, NJ: Hampton Press Inc..

Schulz, W. (2004). Reconstructing mediatization as an analytic concept. *European Journal of Communication*, 19(1), pp.87-101.

Street, J. (2005). Politics lost, politics transformed, politics colonised? Theories of the impact of mass media. *Political Studies Review*, 3, 17-33.

Strömbäck, J. (2005). In search of a standard: Four models of democracy and their normative implications for journalism. *Journalism Studies*, 6(3), pp.331- 345.

Siebert, F., Peterson, T., & Schramm, W. (1956). *Four theories of the press*, Urbana: Univ. of Ilinois Press.

Vitale, D. (2006). Between deliberative and participatory democracy. *Philosophy & Social Criticism*, 32(6), pp.739-766.

Waisbord, S. (1995). Leviathan dreams: State and broadcasting in South America. *The Communication Review*, 1(2), pp.201-226.

Weaver, D. & Wilhoit, C. (1996). *The American journalist in the 1990s: U.S. news people at the end of an era,* Mahwah, NJ: Lawrence Erlbaum Associates.

Winfield, B., Mizuno, T., & Beaudoin, C. (2000). Confucianism, collectivism and constitutions: Press systems in China and Japan. *Communication Law & Policy*, 5. pp.323-347.

Young, I. (2001). Activist challenges to deliberative democracy. *Political Theory*, 29(5), pp.670-690.

Zaller, J. (2003). A new standard of news quality: Burglar alarms for the monitorial citizen. *Political Communication*, 20, pp.109-130.

2장
공영방송의 대중성과 질의 미학

1. 공영방송의 위기와 기회

많은 논자들의 우려에도 불구하고, 1980년대의 격변 이후에도 공영방송의 지위는 크게 달라지지 않았다. "법이 분명하면서도 적극적인 임무를 부여하고 그 권리도 따르게 한 유일한 미디어"라는 맥퀘일의 정의(McQuail, 2002, p.261)에 걸맞게 이전 시대의 공영방송은 '독점'으로 표현되는 폭력적 철칙의 배려를 받을 정도로 특권적인 존재였다. 그러나 이러한 공영방송의 지위는 이를 적극적으로 옹호하는 간햄(Garnham, 2003) 역시 인정한 대로 시대를 초월한 이상의 구현은 결코 아니며, 2차 대전을 전후한 유럽의 정치사회 체제에 어울리는 미디어 거버넌스의 한 형태로 보아야 한다.[1] 이러한 관점은 공영방

---

[1] 이를테면 파도바니와 트레이시는 공영방송제도가 완전 고용, 안정된 통화가치, 지속적 성장, 확고한 국민국가로 이루어진 서구 산업사회의 전후 정립기를 요람으로 성장했다고 말한다(Padovani & Tracey, 2003). 또 공영방송은 "그것이 말을 건넬 수 있는 정해진 국민, 그리고 그러한 말이 형성될 수 있는 공인된 가치의 위계제"(Tracey, 1998, p.263)에 의존한다고 한다. 플뤼(Flew, 2006) 역시 전후의 포드주의와 텔레비전의

송의 가치와 운용이 당대의 정치·사회적 조건, 특히 국가와 사회, 시민이 맺는 관계의 역학에 따라 달라질 수밖에 없고, 변화 자체가 공영방송의 존재 조건임을 다시 한 번 일깨워준다.

지금의 2000년대 중반은 방송정책의 패러다임 변화의 도식(van Cuilenberg & McQuail, 2003)이 잘 보여주듯이 이전의 시대와는 완연히 다른 새로운 시대다. 독립성과 (타율적) 책임성, 다양성 등으로 이루어진 민주주의를 이념의 전부로 했던 전시대의 (공영) 방송 정책은, 이를 정치적 복지로 국한시키고 '선택'이나 다양한 '정체성', '상호작용', '품질', '결속' 등의 사회문화적 복지와 '경쟁', '발전', '고용', '소비자주의', '혁신' 같은 경제적 복지를 추가시켜 이전보다 더 커지고 복잡해진 '새로운 커뮤니케이션 정책'으로 탈바꿈했다. 이중 사회적인 것은 이전부터 있었던 것을 재정리를 통해 확대한 것이고, 경제적 가치는 새로 등장한 것이다. 이 점은 방송의 외연적 확대가 가지는 함의가 그만큼 전 사회적인 것이 되었음을 예증한다.

물론 공영방송이 '의무'로 가지는 시민의식, 보편성, 품질 같은 가치들(Born & Prosser, 2001)은 지금에 이르러서도 그 중요성이 부정되지 않는다. 공영방송이 1980년대의 '위기'(또는 '기회')에서 오히려 기존의 지상파 영역을 탈피해 해외시장이나 뉴미디어 시장 등에 활발하게 진출할 수 있었던 것도 이 가치들에 대한 합의가 여전했기 때문이다. 그러나 사실상의 조세(수신료)를 안정된 재정 기반으로 가지면서 시장에 대한 지배력이 여전했던 공영방송의 확장은 이 분야에 대한 실제·잠재적 경쟁자에게는 큰 위협으로 다가왔고, 이는 공영방송의 기득권에 대한 광범위한 비판으로 나타났다(Collins, 2003).

공영방송의 활동이 반드시 상업방송들이 공급하지 못하는 서비스나 내

상동성을 지적한다.

용, 곧 '시장의 실패' 부분에 국한되어야 한다는 주장은 '공정 경쟁' 논리에 힘입어 공영방송에 큰 제약이 되고 있다. 이 주장은 공공서비스 방송의 정의를 확대하여 한편으로는 공적 커뮤니케이션과 '공적부문의 방송'(public sector broadcaster)을 동일시했던 관행을 바꾸고(Collins, 2003), 다른 한편으로는 상업방송도 공공서비스 방송의 일부로 간주하여 공영방송의 의미를 축소시킨다(영국의 커뮤니케이션규제기구인 Ofcom의 입장; Harvey, 2006). 반면 이와는 반대로 디지털화를 시장이 혼자서 감당할 수 없다고 보고 공영방송에 이전보다 더 많은 책임을 지우면서 권한도 보장해야 한다는 목소리도 작지 않다. 미래의 불평등으로 불리는 '디지털 격차'를 공영방송이 가장 선두에 나서서 막아야 한다는 것이다(Born, 2006). 이러한 주장은 공영방송의 확대를 현실적 대책으로 삼고 있다.

    공영방송에 대한 비판은 이러한 시장주의자들 외에 포스트모더니스트들도 제기한다. 이를테면, 자카(Jacka, 2003)는 다양한 차이와 혼재된 특수성이 특징인 지금의 민주주의에서 '일반 의지'나 '공공선'을 찾으려는 공영방송론자의 논리는 허구에 지나지 않으며, 미디어의 자유화나 시장화 추세야말로 새로운 민주주의의 다양한 시민의식을 구현한다고 지적한다. 이들은 기존 체제와 공영방송의 이념이나 행태를 비판하지만, 시장에 대해서는 낙관적이라는 점(Garnham, 2003)에서 시장주의자들과 같은 편에 서 있다.

    이러한 비판들이 제기된 시기는 대개 1980년대 이후이지만 사실 공영방송의 문제는 공영방송의 태생부터 있었던 이념의 모순에서 출발한다. 이 모순은 BBC의 초대 국장 리스(J. Reith)가 말한 세 가지 방송의 목적 중 두 가지, '교육과 오락'의 큰 차이만큼 공영방송을 괴롭힌 것이다. 공영방송의 정의가 그토록 어려웠던 이유도 그것이 상충하는 가치를 포괄하고 있기 때문이다. 이러한 상충은 블럼러(Blumler, 1992)의 공영방송 정의에서 볼 수 있는

(장르를 편중시키지 않는) '포괄적 전송'에서의 '포괄' 및 (국민의 공감대를 중시하는) '공통분모의 중시'에서의 '공통'과, (상업주의를 배격하는) 다수자주의의 거부에서의 '다수자'(majoritarian) 사이의 유사성에서 단적으로 드러난다. 포괄과 공통분모가 다수자가 되지 않을 방법은 사실상 없다고 해도 과언이 아니다. 언론의 자유를 상징하는 편집의 자율성과 '공적 영역'을 보장하는 보편적 접근권의 인정 또한 전적으로는 아니라 해도 부분적으로는 얼마든지 상충될 수 있다. 정부로부터의 독립이라는 이념과 제도적으로 보장된 재정(수신료) 및 임명(주요 경영진)에서의 정부 권리는 이념과 실상이 부딪히는 가장 대표적인 것이다.[2)]

모순뿐만 아니라 이념의 부실함 또한 비판을 야기했다. 공영방송에 대한 비판이 1980년대 들어 거세졌다는 것은 당시에 등장한 상업방송이 상당한 대중의 인기를 얻었음을 반증한다. 이에 공영방송은 대중성을 회복하기 위해 노력했고, 그러자 인기는 회복되었으나, 이제는 수신료를 내는 방송과 그렇지 않은 방송 사이에 별반 차이가 없지 않느냐는 비판에 직면하게 되었다. 마침내 공영방송은 '보지 않는 방송'과 '상업방송과 비슷한 방송(그러므로 수신료를 낼 필요가 없는 방송)' 사이에서 이러지도 저러지도 못하는 딜레마에 빠지게 된 것이다. 그런데 이렇게 '비슷한 방송'은 이전의 엘리트주의나

2) 이에 더할 수 있는 것은 공영방송 자체의 다양성이다. 공영방송에 본질적 측면이 없지는 않지만—예컨대 가장 단적으로 꼽을 수 있는 '시민(의식)'과의 연관 같은 것—개별 공영방송은 서로 다르다는 점 또한 이러한 정의를 어렵게 했다(한 예로, Hallin & Mancini, 2004). 최근 들어 상업화나 사영화, 디지털화에 대한 대응 또한 크게 차이가 있어 같은 공영방송에서도 다양한 스펙트럼이 나타날 정도다. 유럽이란 같은 대륙 내의 것이고 또 모두 같은 모델(BBC)을 참고했다 하더라도 공영방송은 개별 사회의 특성이 맞게 다른 면모로 정착했다. 이러한 모순과 다양성은 공영방송의 정의를 보다 손쉽게 상업방송과의 상대성에서 찾게 만들었다.

수용자에 대한 둔감성을 극복한 (바람직한) 결과로 나타났고, 그런 만큼 대중들은 환영했다. 적어도 시청률에서 대부분의 공영방송은 여전히 선두를 달리고 있는 것이다. 이로부터 "좋으면서 대중적인 것, 그리고 대중적이면서 좋은 것"(the good popular and the popular good)(BBC; Murdock & Golding, 1996, p.123에서 재인용)이라는, 소극적으로 보면 '딜레마'지만 적극적으로 보면 '질과 대중을 모두 잡는 공감대'에 대한 주목이 늘어나기 시작했다. 그러나 사실 이 점을 반대로 보면, 이전까지의 공영방송의 이념이 독점이라는 특혜에 가려 대중성이라는 필수불가결한 속성을 제대로 소화해내지 못했다는 점을 예증한다. 공영방송의 목적은 상업방송과 다르지만 결코 다른 수용자를 목표하는 것이 아니고, 질적 차별화를 꾀하지만 구체적인 편성 측면(예를 들면, 장르 등)에서 수용자 다수의 기호를 무시해서는 안 되며, 재원도 다르지만 수용자를 위한 경쟁에는 적극적으로 대처해야 한다는 점을 뒤늦게 깨달았다는 것이다(조항제, 2003). 이런 공영방송은 이전의 공영방송과 질적으로 다른 제2의 공영방송 또는 방송에서의 '제3의 길'(Steemers, 2001)이라고 불려야 마땅하다.

이 글의 목적은 이러한 공영방송의 대중성과 질 개념을 디지털화가 활발하게 진행되는 지금의 조건에서 재검토해보고 이를 보다 본격적인 탐구 대상으로 삼아보고자 하는 데 있다. 지금까지 비분석적 용어인 딜레마로 자주 언급된 공영방송의 대중성이 주로 어떤 방식으로 정의되고 어떤 치유책이 제시되었는지, 그리고 그것의 문제는 무엇인지에 대해 먼저 살펴보고자 한다. 다음으로 대중성과 관련된 공영방송의 질은 어떤 근거로 주창되어야 하는지, 이 질은 상업방송과 어떤 차별성이 있는지를 미학적 측면을 중심으로 재검토해보고자 한다.

지금까지 텔레비전의 질은 전통 미학에서는 대상이 가치가 없다는 이유로, 문화 연구에서는 질이 중요한 차원이 아니라는 이유로 양쪽 모두에서 연구자들의 관심을 받지 못했다. 그 가운데서 쓰인 질의 용례들은 객관적인 기초를 갖추고 있지 않아, 때로 "공공 조작에 이용당하기 쉬운 모순적이고 상충된 의미"(Keane, 1991, p.148)로 아니면 "좋은 텔레비전이 어떤 것인가를 판단하는 (그래서 텔레비전에 대한 규제를 부른) 일종의 이데올로기적 분석틀"(Frith, 2000, p.41; 괄호는 인용자)로 비판받기 일쑤였다. 그러나 이러한 질에 대한 논의의 사상(捨象)은 실제 많은 사람들이 텔레비전에서 받는 '감동'을 해명하지 않는 것이고, 텔레비전 분석의 중요한 한 축을 외면하는 것이다. 특히 공영방송은 상업방송과의 차별성을 주장하면서 질을 내세우고 있지만 이에 대한 근거를 제시하지 않아 스스로 자신의 한계를 인정한 셈이 되었다. 이 점에서 이 글은 이러한 공백을 메우려고 시도하면서 그 '질료'를 주로 유럽을 무대로 생산된 영어권 문헌에 집중한다. 그 이유는 질 논의가 고급 문화/공영방송을 현실적 기반으로 하고 있고 이의 역사가 주로 유럽에서 발전되었기 때문이며, 이의 선행 논의가 공영방송을 '수입'한 나라들에게는 참고 이상의 의미를 여전히 전달해주고 있다고 사료되기 때문이다. 물론 이러한 논의들은 각 나라나 사회의 특수성과 접맥되어야지만 설득력 있는 분석틀로 재탄생될 수 있다.

2. 공영방송과 대중성

(1) 딜레마와 대중성

공영방송의 지위가 예전 같지 않다 해도, 과거 피콕위원회(Peacock)의 부위원장이었던 브리탄이 "(미래에) 출판과 방송 사이의 차이는 문화적 다양성 및 자유의 확장과 더불어 대부분 사라질 것이다"(S. Brittan; Collins, 2003, p.166에서 재인용; 괄호는 인용자)라고 예측했을 때의 '여러 개 중의 하나'가 되는 퇴락은 결코 겪지 않았다. 이렇게 공영방송이 여전히 힘을 발휘하는 가장 큰 이유 중의 하나는 그것의 프로그램이 대중성을 잃지 않은 데서 찾을 수 있다. 세계적 컨설팅 회사인 맥킨지의 보고서(McKinsey & Co; Biltereyst, 2004에서 재인용)에 따르면, 공영방송의 가장 큰 장점은 상업적 편성과 프로그램의 공적 차별성을 함께 갖고 있는 양날의 편성, 제작 전략과 높은 질의 프로그램이었다.[3]

그러나 이러한 공영방송의 대중성은 사실 공영방송의 기존 이념과는 잘 어울리지 않는다. 기존 공영방송의 특징을 특권과 의무, 통제구조 등의 세 가지 차원에서 제시한 시버스텐의 주장(Syversten, 2003)을 단적인 기준으로 놓고 볼 때, 공영방송은 시장의 압력으로부터 보호받으면서 국민 전체에 방송을 할 수 있는 특권을 가지는 대신, 방송에 대한 국민의 보편적 접근권 보장, 중립적인 뉴스와 정치이슈 보도, 질 높고 다양한 프로그램과 소수자나 소수 취향을 무시하지 않는 편성 등을 의무적으로 수행해야 하며, 이를 감시하는 기능이 의회나 정부, 또는 독립된 위원회에 주어져 있는 통제구조 등을 가진다. 이 같은 시장으로부터의 보호 - 국민 전체에 특권적 방송 - 높은 질 - 소수자 취향의 배려 등은 시청률로 표현되는 대중성과는 거리가 멀다.

2000년대 들어서도 공영방송이 대중성(시청률)에서 앞 순위를 차지하고 있는 것을, 상업방송에 끌려가고 있다고 보아 '동화'로 부르든, 아니면 그들을 끌어들인다는 면에서 '견인'으로 부르든 이러한 공감대의 등장은 그 자체로 중요한 문제를 낳는다고 볼 수 있다. 부정적 시각에서는 공영방송의

---

3) 맥킨지보고서는 이외에도 성공적인 공영방송의 조건으로, 높은 수신료, 새로운 미디어와 시장에 대한 적극적 진출과 확대 전략, 경량화된 재정계획, 독립제작사와의 공존 등을 꼽았다.

[그림 2-1] 공영방송과 상업방송의 공역대 유형 1

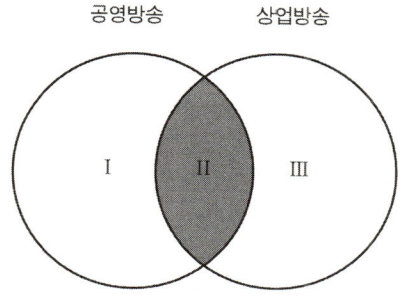

(상대적) 정체성 결여와 질 저하, 수신료의 적합성 문제 등이 제기될 수 있고, 긍정적 시각에서는 미래에 더욱 보편화될 시장에서 공영방송의 적응력의 확인, 공영방송의 대중매체적 정체성, 프로그램의 경쟁력 문제 등을 이의 대표적인 예로 꼽을 수 있다.

이 대중성은 [그림 2-1]에서 공역대인 II로 도식화할 수 있다. 이 그림은 공영방송과 상업방송의 상대적 활동영역을 단순화해 두 개의 원으로 표시한 것인데, 공영방송 역시 방송이라는 점에서 상업방송과 II라는 공역대를 가진다. 이 공역대의 설정은 대단히 중요한 의미를 갖는데, 왜냐하면 공영방송은 상업방송과 차이 못지않게 유사성도 큰 '방송' 중의 하나이며, 공영방송이 설정하는 '시민'은 상업방송의 '소비자'와 다르지 않다는 점에 텔레비전의 진정한 면모가 있기 때문이다. 공영방송과 상업방송의 경직된 대립은 텔레비전의 본질을 놓칠 위험이 있다는 것이다(Syversten, 2003).

여기에서 I은 공영방송의 이념이 전통적으로 중시하는 상업방송과 차별되는 영역으로 시민(의식), 민주주의, 사회적 통합, 높은 질 등 주로 사회적 필요가 강조되나 소비는 잘 이루어지지 않는 것으로 이루어진다. III의 영역은 1980년대 들어 새롭게 부각된 시장, 상품, (개별적) 만족, 지불의사 등이 주요

가치인 시장과 상품 위주의 영역이다. II는 이들 사이에서 공통된 여러 것, 예를 들어 필킹턴위원회(Pilkington committee)의 '수용자들이 원하는 것 가운데 가장 좋은 것'(Tracey, 1998), (뒤에서 다시 다루게 될) '대중적 질'(popular qualities)(van Zoonen, 2004) 등이 포함된다.

이 그림에서 볼 때 공영방송에 대한 비판은 대부분 공영방송이 II에 치중하면서 상업방송과의 차별적 영역인 I이 줄어들고 있다는 점에 집중되어 있다. 흥미로운 점은 서로 대립되는 입장인 사회 민주주의와 신자유주의(또는 시장자유주의)가 이러한 비판에서는 같은 목소리를 낸다는 점이다. 이들은 모두 공영방송이 상업방송과 차이가 없다면, 비싼 수신료를 따로 낼 필요가 없고 공영방송사도 존재할 이유가 없다고 주장한다. 그러나 이들은 이념적 측면에서 II가 가지는 의미, 지금의 조건에서 II의 달라진 비중에 대해서는 별다른 언급을 하지 않는다.

신자유주의자들에게 공영방송이 I을 감소시키는 것, 바꿔 말해 II에 치중하는 것(또 이들이 보기에 때로 III의 영역으로 넘어오는 것)은 명백히 시장의 영역을 침해하고 공정 거래를 해치는 것이다. 그래서 이들은 피콕(Peacock, 2003)의 주장처럼, 이를 막기 위해 I은 공적 재원(수신료)만큼 제작해 각 채널에 배분해주며, II의 영역은 오롯이 상업방송에 맡기면 된다는 구체적 대안을 제시한다. 공영방송을 '공공서비스 커뮤니케이션'으로 대체해 여러 다양한 미디어나 채널에 공적 콘텐츠를 편성하려는 이와 같은 주장은 채널보다는 콘텐츠 자체의 공급을 중시하는 것이다. 이를 그려본다면 양쪽 사이에 공역대가 없는 [그림 2-2]와 같을 것이다. 이렇게 되면 I 영역은 그대로이면서도, (공영) 방송사를 직접 운영하면서 발생하는 관료적 비용인 '자중손실'(deadweight losses)이나 특혜를 받는 공기업이 시장에 진출하면서 일으키는 '불공정 행위', '시장 교란'은 일어나지 않는다는 장점이 있다. 공영

[그림 2-2] 공영방송과 상업방송의 공역대 유형 2

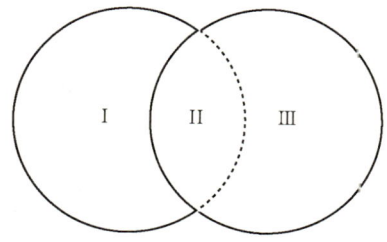

Ⅰ: 공영방송
Ⅱ: 공영방송과 상업방송의 공역대
Ⅲ: 상업방송

방송과 상업방송의 차이가 분명함은 물론이다.

그러나 이 주장은 공영방송과 상업방송의 특성을 차이를 통해서만 보는 잘못을 범한다. 과거 BBC와 ITV시대의 영국방송이 시스템적 시각(systemic perspective)에서 보면 스팍스 같은 좌파의 눈에도 바람직한 공공체제로 보였다(Sparks, 1995)는 점을 간과한다는 것이다. 당시 상업방송인 ITV가 자신의 상대인 BBC와 벌인 경쟁은 악화가 양화를 구축하는 그레샴의 법칙이 아니라 방송의 전체적 공공성이 함양되는 긍정적인 결과를 낳았다.[4] 공영방송과 상업방송의 유사성은 시스템적 측면에서 추구되는 공익이나 질, 효율성이나 경쟁력에 반하는 결과를 가져올 때 문제가 되는 것이지 그 자체가 극복되어야 할 병폐는 아니다. 신자유주의자들은 상업적 채널을 통한 고품

---

[4] 이는 지금 시점에서도 크게 다르지 않다. 유럽에서 채널의 팽창은 다양성을 증가시키지는 못했지만, 기존의 반상업주의가 규범이 될 수 없는 새로운 '현실'을 만들었다. 맥퀘일(McQuail, 1998)에 따르면, 유럽의 상업방송은 우려한 시나리오대로 행동하지 않았으며 공영방송 역시 상업주의에 수렴되지 않았다. 오히려 그들은 서로 간에 '좋은' 것에 수렴되었다. 그들 간의 차별성을 찾는 노력은 역설적으로 "더 이상 유용하지 않다. 왜냐하면 차별성이 없기 때문이다"(p.126).

질 프로그램의 공급, 예를 들어 채널 4의 디지털 채널인 E4, 미국의 히스토리·디스커버리 채널이나 아츠월드 등을 들어 BBC가 더 이상 질 차원에서도 '독점'을 주장할 수 없다고 주장한다. 그러나 전체적으로 보아 과소 공급될 수밖에 없는 이런 유형의 프로그램이 공영방송으로 인해 더 늘어날 수 있다면 이는 오히려 환영해야 할 현상이지 유사성을 들어 공영방송의 폐지를 주장할 것은 아니다.5) 공영방송이 I 영역을 위해 시청률이나 제작비 측면에서 II 영역을 적절히 활용함으로써 얻는 긍정적 효과를 완전히 무시하는 오류도 빠뜨릴 수 없다. 언제나 그렇다고 할 수는 없지만, 흔히 '기관차'로 비유되는 II 영역의 대중성은 시청자에게 필요한 I 을 전달해주는 역할을 한다(van Zoonen, 2004). 따라서 한 방송에서 I 과 II가 공유하면서 상호보조하고 시너지를 창출하는 방식은 아직까지는 유효한 것으로 보인다.

그러나 옹호론자의 주장에서도 공영방송이 II를 어떤 비중으로 어떻게 소화해야 하느냐, 바꿔 말해 매우 제한된 수용자에게만 매력이 있는 I 에 치중할 때 나타날 우려가 있는 공영방송의 '게토화'(ghettoization)의 위험은 어떻게 극복할 것인가에 대한 심층적 논의는 찾아보기 어렵다.6) 공영방송이 II를 중시하는 것에 대해 피스크 같은 대중주의자들은 공영방송이 엘리트의 도구에서 보통사람들의 경험과 일상을 표현하는 '플랫폼'으로 바뀔 수 있다는 것을 이유로 매우 환영하지만(Fiske; van Zoonen, 2004에서 재인용), 전통적인

---

5) 물론 상업방송의 이 예들은 그간의 역사적 사실로 미루어 너무 산발적이고, 믿을 수 있는 장기적 흐름으로 인정받기 어렵다(Padovani & Tracey, 2003).

6) 문화적 다양성의 과도한 강조는 수용자의 파편화 현상과 합쳐져 일부 소수 문화의 사회적 격리(social segregation)를 초래할 수 있다. 본(Born, 2006)이 디지털의 '여러 가지 길'을 말하면서 영국이 미국식으로 되지 않았다는 주장을 하는 배경에는 공영방송의 대중성이 있다.

사회 민주주의자들에게는 질을 앞세우면서 상업방송과 보완적으로 경쟁하는 전략이 더 온건하면서도 실용적이다(Blumler & Hoffmann-Riem, 1992).

그러나 이러한 '보완적 경쟁'이 구체적으로 무엇을 어떻게 해야 하는지에 대해 알려주는 바는 분명치 않다. 혼합 장르인 인포테인먼트를 둘러싸고 이를 비판하는 블럼러와 옹호하는 브랜츠 사이에 벌어진 논쟁에서도 공공적 지식과 대중적 감수성을 결합하는 최적의 방안은 여전한 숙제로 남았다(조항제, 2003 참조). 1980년대 후반부터 주로 공영방송을 둘러싸고 벌어진 질 논쟁 역시 달라진 환경에 적응해 대중성을 높인 프로그램을 어떻게 보아야 하는지에 대한 문제의식을 반영한 것이지만 제도화에는 성공하지 못했다(뒤에 다시 나오지만 이는 당시의 질 논의가 가진 수단성과 모순성, 그 개념의 모호성 등이 함께 작용한 탓이다).

이에 더해 최근의 디지털화 상황은 I과 II의 미래적 비중까지 제시해야 하는 부담까지 지우고 있다. 디지털화의 변화는 여러 측면에서 그 특징이 파악될 수 있지만(Born, 2003; Hujanen, 2003), 그 중요한 하나는 거래의 주 대상이 콘텐츠가 됨으로써 방송사의 전략이 '편성 형'에서 '콘텐츠 형'으로 바뀐다는 점이다(Hujanen, 2003). 1990년대 들어 유럽의 일부 공영방송은 이전의 제작 중심적 행태에서 수용자의 취향이나 생활시간, 라이프스타일 등에 대한 체계적인 연구를 프로그램과 연결하는 미국식 편성 형으로 전략을 바꾸면서 상당한 성공을 거두었다. 그러나 지금의 디지털화는 여러 플랫폼을 옮겨 다니는 프로그램의 멀티 콘텐츠화와 개인적 소비를 더욱 재촉하고 있어 편성 형 역시 과거의 스타일로 만들고 있다. 이런 조건에서 중요한 것은 개별 콘텐츠의 대중성이므로, 편성 흐름을 통해 대중성 있는 프로그램을 공적 프로그램의 시청을 유인하는 수단으로 여기는 기존의 사고는 더 이상 설득력을 가지기 어렵다.[7] 또 상업방송이 할 수 없는 영역, 제공할 수 없는 콘텐츠에만

[그림 2-3] 공영방송과 상업방송의 공역대 유형 3

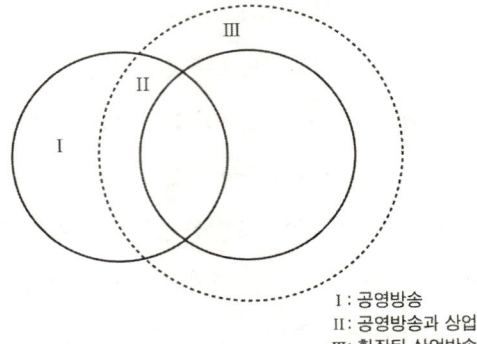

Ⅰ: 공영방송
Ⅱ: 공영방송과 상업방송의 공역대
Ⅲ: 확장된 상업방송

공영방송의 활동이 제한된다면 그 미래는 사실 정해져 있는 것이나 다름없다고 볼 수 있다.

최근의 상황은 위의 [그림 2-3]에 비추어 볼 수 있다. 이 그림은 앞 그림의 기존 체제에, 점선으로 확장된 것에서 볼 수 있듯이 최근의 다미디어·디지털화 등으로 절대적 비중이 커진 상업방송이 공영방송의 영역 전반에 압박을 가하고 있는 모습이다. 이의 예로는 방송과 관련된 부문시장에서 나타나는 비용의 압력(제작비, 인건비, 시설 대여비 등의 상승 압력)이나 앞서 언급한 E4나 디스커버리 등을 통한 Ⅰ영역의 잠식, 이의 결과로 발생하는 공영방송의 Ⅱ영역으로의 수렴, 각종 뉴미디어 시장에서 공영방송 영역의 현저한

7) 이를 앞서 언급한 "Ⅰ과 Ⅱ가 공유하면서 상호 보조하고 시너지를 창출하는 방식"과 상반되는 것으로 볼 수도 있다. 물론 보지 않는 프로그램에 잘 보는 프로그램을 붙여 직접적 시청유인을 만드는 편성 형이 보조 효과는 더 확실하다. 그러나 경제적 보조는 프로그램 사이뿐만 아니라 채널 사이(공영방송이 플랫폼 사업자가 되어 여러 개의 채널을 같이 운영할 경우)의 보조를 통해서도 충분히 가능하며, 아직은 편성형의 수명이 완전히 다한 것도 아니다. 따라서 지금 같은 과도기에는 상호 보조의 형태를 바꿔나가는 준비가 요구된다고 볼 수 있다.

감소 등을 들 수 있다. 이 역시 상업방송의 실질적 목표는 대중성이 낮은 I 영역의 잠식보다는 II영역에서의 공영방송의 완벽한 배제, 곧 앞서 본 [그림 2-2]에 있다.

 이에 대한 지금까지의 대응은 공영방송의 영역 또한 같이 확대하는 것이다. 이것은 일종의 시장적 대립 전략으로 볼 수 있는데, 이의 장점은 공영방송의 상대적 활동 영역이 줄어들지 않고 유지된다는 것이며, 단점은 상업방송과의 공역대와 대립부면이 더 커져 그 영역 확대가 자칫 불균형적으로 이루어질 경우 I의 상대적 크기가 오히려 줄어들 수도 있다는 점이다. 그런데 I 의 물질적 기반이 되는 수신료는 시장의 확장만큼 계속 증가하기 어려우므로 공영방송의 확대는 사실상 균형을 잡기 어려울 가능성이 높다.[8] 물론 상업적 영역의 활동(II영역의, 또는 심할 경우 III영역까지)이 상호보조의 형태로 I을 뒷받침할 수도 있지만 지금 같은 확대 투자의 시기에는 그마저 기대하기 힘들다. 따라서 이러한 불균형적 확대는 상업적 측면에서는 BBC의 해외진출 등에서 볼 수 있듯이 기왕의 브랜드파워로 더 나은 경제적 성취를 얻을 수 있다 해도, 이 시장에 대한 새로운 (상업적) 진입자나 기존의 경쟁자들에게는 그만큼 악조건으로 작용한다. 공영방송이 새로운 시장에서 적극적으로 활동하면 할수록 자신을 "크고 맛있는 (비판의) 표적"으로 만드는 것이다. 미래로 갈수록 공영방송에 대한 "가장 큰 도전은 외부적 힘보다는 내부적 상업화로 가는 끊임없는 가속"(Syversten, 2003, p.170)에 있다는 주장은 그래서 일리가 있다.

 이 유형에서는 상업방송과 공영방송의 경쟁이 상대적으로 더 치열해지

---

[8] 콜린스(Collins, 2003)가 볼멘 소리로 비난하고 있는 BBC의 시장지배적 지위와 이를 유지하려 하는 경쟁 역시 넓게 보면 같은 맥락의 것이다.

므로 시장주의자들은 수신료를 받는 공영방송의 특권을 끈질기게 비판한다. 그러나 이들이 제시하는 미래 역시 방송의 미래적 개념을 Ⅲ의 확장에 두고 있는 주장([그림 2-3] 참조)으로 매우 편파적이고 주관적인 것이다. 이 주장에는 Ⅰ 영역을 어떻게 보존해야 할 것인지, 하나의 제도로서 공영방송이 기존에 해왔던 역할을 기업(또는 시장)이 할 수 있는 것으로 어떻게 변환시킬 것인지에 대한 논의가 없다. 따라서 이들의 논의는 불확실한 미래를 위해 존재하는 (정)기능을 먼저 없애야 한다는 주장으로 읽히기 쉽다.9)

따라서 지금의 상태에서 가장 필요한 논의는 문화적 제도로 존재했던 기존의 공영방송(과 그에 대한 이념)을 어떻게 하면 민주적 통제가 가능하면서 Ⅰ 영역과 Ⅱ 영역 사이의 상호보조가 원활한, 요컨대 구제도의 의의를 새롭게 구현한 종합적 커뮤니케이션 기업으로 어떻게 탈바꿈시키느냐에 달려 있다. 그러나 이러한 사고의 이면에는 "우리가 이미 고도로 규제된 상업방송과 지배적 지위를 가진 BBC 등의 방송체제를 가지고 있으므로 만연한 탈규제적 상업주의의 압력에 단순히 굴복하기보다는 공론장의 방향성 안에서 이 체제의 잠재성을 지키고 가꾸고자 하는"(Garnham, 2003, p.197), 다소 실용적

---

9) 이러한 시장주의자와 사회 민주주의자들의 주장을 플뤼는 다음과 같이 비판한다. "2000년대 중반에 들어 (양측의) 이 논쟁들을 돌이켜 볼 때, 밝혀진 것은, 사회 민주주의적 입장이 기존 (공영방송) 제도의 성격에 대한 분명한 입장을 제시하지 않은 채 신자유주의적 미래를 비판하는 반면, 신자유주의적 입장은 선호하는 정책적 미래를 보여주기(identify) 위해 현재를 비판한다"(Flew, 2006, p.297)는 것이다. 그러니까 사회 민주주의는 신자유주의적 미래에는 반대하지만 자신의 독자적인 디자인이 없어 결국 현재에 안주하게 되고, 신자유주의는 미래에 대한 자기 선호가 너무 뚜렷해 현재에 대한 비판이 객관성을 잃은 자기중심적인 것, 곧 '무책임한 방임적 시장'이 되기 쉽다. 이러한 남에 대한 비판을 앞세운 자기주장이야말로 계속 현 체제가 유지될 수밖에 없는 이른바 '부정적 연합'(negative alliance)을 만드는 가장 큰 이유가 된다(Syversten, 1991).

이면서 편의적인 발상이 깔려 있다는 점 또한 부인할 수 없다. 따라서 보다 근본적인 질문, "어떻게 하면 인터넷의 상호적이고 참여적 가능성을 대중 수용자에게 도달하는 텔레비전의 능력과 결합시키느냐", "탈중앙화되고 열린 네트워크" 또는 "공통된 하나의 미디어 공간에서 참여자와 아이디어가 확대되면서 사회·경제적 발전을 위한 조건이 창출되도록 하는 새로운 공익관" 내에서 "열린 소스의 소프트웨어와 창조적 공유의 장점"을 어떻게 이룩하느냐와 같은 것(Flew, 2006, p.298)은 아직 제기하지 못한 것이다.

이를 위한 전 단계는 공영방송이 자신의 영역을 보다 확고하게 정립하는 것이다. 지금까지 "공영방송과 관련된 대화의 언어는 실제적으로 그리고 (그러한 현실이 극복되지 않는다면) 앞으로도 자신에 의해서보다는 남에 의해 정의되고 있다. 그 언어는 테크놀로지와 시장 압력이 주도하는 커뮤니케이션 세계의 언어다"(Padovani & Tracey, 2003, p.140; 괄호는 인용자). 스스로의 힘으로 가치를 정립하지 못할 경우 미래에 더욱 커질 반대편의 힘은 계속해서 공영방송의 딜레마를 강화시킬 것이다. 필자가 보기에는 그 가치의 중심에 공영방송의 대중성이 있다.

(2) 대중성의 필요성

초기의 공영방송이 스스로 정한 질적 기준을 가지고 있었다는 것은 잘 알려진 사실이다. BBC의 초기 테제에 들어있던 '교육'은 이러한 기준의 한 표현이라 해도 과언이 아니다. 이로써 BBC는 그것이 옹호론자의 문화적 평등과 중류 계급의 문화(Scannell, 1989)가 되었건, 아니면 비판론자의 고급 문화적 취향의 엘리트 계급의 규범(Collins, 1998)이 되었건 간에 관계없이 은연중에 그 기준을 프로그램 제작이나 내부 평가의 지표로 삼아왔다. 이 기준은 '보모'(auntie)로 불린 대중적 별명[10])에서도 단적으로 엿볼 수 있듯이 영국의 국민 개개인에게도 널리 알려져 있다.

그러나 이 기준은 앞의 비판론에서 본 대로 칭송만 받아온 것은 아니다. 한때 BBC는 개별 정부를 넘어서는 국가의 이데올로기적 기구로 집중적인 비판의 대상이 되기도 했다[11](이를테면, Sparks, 1986). 그 비판들은 대체로 BBC의 기준이 재산과 직업(중류 전문직), 교육(대학 이상), 지역(잉글랜드, 런던, 중동부 대도시), 이데올로기(기존 체제적), 인종(백인) 등의 거의 모든 측면에서 특권을 가진 엘리트의 사고와 취향에 근원을 두고 있다는 점에 집중되어 있다. '대중적'인 것, '다수적'인 것과는 당초부터 큰 거리가 있었다는 것이다.[12] 문화의 다양화를 두려워했던 리스의 철학에 비추어 볼 때, 적어도 초기 BBC의 기준은 어느 특정 계층의 것이 위로부터 부과된 것이라고 해도 큰 과언은 아니다.

그러나 이러한 엘리트성은 2차 대전 당시의 미군 방송의 영향, 때 이르게 등장한 상업방송과의 경쟁(1950년대), 1960년대라는 자유화시대를 거치면서 점차 달라지게 된다. 나중에 공영방송의 장점들이 된 공통분모에 대한 소구, 혼합 편성, 소수자에 대한 배려 등(Blumler, 1992)은 사실은 이러한 변화의

---

10) 이 보모란 별명은 아이에게 해로운 것은 결코 주지 않는다는, 반대로 말하면 아이가 원하는 것을 무조건 주지는 않는다는 의미의 가부장제적 태도를 비유적으로 표현한 것이다. 이태리의 RAI는 더 극단적으로 아예 '엄마'로 불린다.

11) 이를 두고 버겔만(Burgelman, 1986)은 공영방송 옹호자들이 전에는 공영방송을 '국가'기구의 하나쯤으로 폄하하다가 나중에는 민주주의적 대표성의 상징처럼 이상화하는 이중성을 보인다고 비판한다.

12) 특권적 대도시의 문화적 표준이나 사회적 관행(McNair, 1999), 런던을 중심으로 한 영국 중동부의 "전문직을 가진 중류계급, 특히 옥스퍼드와 케임브리지에서 교육받은 인구 층의 가치와 기준 그리고 신념으로 구성된 지적 환경"(Burns, 1977, p.42), 중앙의 집중적 통제는 독점 BBC의 가장 핵심적인 부분(Creeber, 2004) 등의 주장들을 말한다.

결과다. 엘리트주의를 탈피하는 포퓰리즘적 대중화의 과정은 BBC 역사의 전개 방향을 가리키는 주요한 '내러티브'가 될 수 있는 것이다(Curran, 2002). 그러나 이 과정에서 BBC는 자신의 존재 의의에 대한 주변의 의심과 비판을 피할 수 없게 된다. 이 변화가 몰고 온 상업방송과의 상대적 유사성이 BBC의 특권(수신료)에 계속 이의를 제기하게 했기 때문이다.

이러한 BBC의 변화과정은 대부분의 공영방송에 적용해도 큰 무리가 없을 만큼 공통적인 현상이며, 그 대중화가 대중들 사이에 상당한 호응을 낳은 점 또한 비슷하다. 이를테면 커런(Curran, 2002)은 1990년대의 공영방송을 개관하는 자리에서, 프랑스나 터키, 인도처럼 국가와 공영방송이 밀착된 나라들에서는 위상이 상대적으로 불안정해졌고, 공영방송에 대한 유효한 정치적 뒷받침이 없는 미국 같은 곳에서는 더 주변화 되었으며, 네덜란드 같이 방송이 수용자를 '지루하게' 만드는 나라에서는 더 깊은 난관에 봉착하게 되었다고 평가하면서도 이외의 나라들에서는 과거의 입지가 크게 흔들리지 않았다고 보고한다. 이는 공영방송의 대중화가 상당한 성공을 거두었고, 바로 그 시점에 위기가 찾아왔다는 점을 말해준다. 우파는 우파대로 질적 저하라는 이름으로, 좌파는 좌파대로 엘리트주의와 보수성을 들어 공영방송을 비판하고 있기 때문이다. 그럼에도 질, 다양성, 시민의식 같은 공영방송이 표방하는 가치 자체에 불만을 제기하는 경우는 거의 없다. 문제는 이러한 이념을 어떻게 지금의 조건에서 '육화'시키느냐인데. 그 방법의 필요조건은 수용자에게 반드시 '돈에 대한 값어치'를 느끼도록 하지 않으면 안 된다는 것이다. 공영방송에 대한 지출이 늘면서 수신료에 대한 공세 또한 더욱 커질 것으로 예상되기 때문이다.

이러한 조건에서 [그림 2-3]이 가리키는 바대로 Ⅰ의 영역도 같이 키우는 현행의 전략이 유지되면 상업방송과의 공역대는 과거보다 훨씬 더 커진다고 할 수 있다. 더 차이가 없어질 수 있는 것이다. 이는 공영방송의 차별성이 상업방송과의 상대성보다는 그 자체로 스스로를 주장하고 인정받을 수 있는 새로운 평가체계에서 나와야 한다는 것을 의미한다. 최근 새로운 관행으로 국가와 공영방송 사이에 맺어지고 있는 '협약'은 매우 구체적인 성과 지표를 통해 공영방송을 평가하게 함으로써 이러한 체계를 바꾸어 가고 있다(Coppens & Saeys, 2006; Flew, 2006). 그러나 이러한 지표가 보다 합리적으로 되기 위해서는 공영방송의 기존 이념 중 일부는 재검토되어야 한다.

그러한 것으로 가장 먼저 꼽힐 수 있는 것은, 공영방송과 다수자/소수자의 관계이다. 콜린스(Collins, 1998)의 지적과 같이, 공영방송이 양적 다수를 추종하지 않는다(는 이념을 가진다)고 해서 결코 소수자주의 미디어는 아니다. 이전의 국가적 정체성과 공영방송의 절대적 관계에서 보는 바대로 공영방송은 공동체·다수자의 이념을 중시한다. 이 점이 차이와 다양성, '공약불가능성'의 적대적 다원주의를 내세우면서 합의나 공동선의 허구성을 비판하는 포스트모더니스트들의 공격을 받는 이유다. 그러나 이들 또한 "(하나의 공중이 아닌) '다양한 공중들'의 구성원들이 문화적 차이의 경계선을 가로질러 서로 말을 건넬 수 있는 특별하면서 더 포괄적인 장의 가능성을 미리 배제할 필요는 없다"(Fraser; Born, 2006, p.115에서 재인용; 괄호는 재인용자)고 하면서 공영방송의 필요성을 완전히 부정하지는 않는다. 과거의 공영방송이 문제가 되었던 것은 소수의 것을 다수에게 독점을 통해 강제했기 때문이며, "다수가 주인이 되어 서로 경쟁하는 다양한 소수자들의 관점을 받아들이는······통합적 장"(p.116)의 역할을 스스로 거부했기 때문이라는 것이다. 이 장이 중시하는 것은 단순히 숫자의 많고 적음이 아니라 상대방에게 자신의 입장을 종용하거나 의사(psendo) 합의를 강제하지 않는 태도다.

둘째, 공영방송은 대중성을 피하기보다 오히려 추구해야 한다. 물론 이 대중성의 가치는 뒤에 나오는 '대중적 질' 개념에 기초한 것으로 상업방송의 그것처럼 다수나 시장 결정에만 따르는 것은 아니다. 공영방송의 가장 중요한 조건으로 신뢰를 꼽는 빌터리스트(Biltereyst, 2004)의 주장에 따르면, 이 대중성은 신뢰의 한 바탕으로 '공유된 문화적 공동체'의 확립으로 직결된다. 이 공동체는, 지금까지는 무시되어 온 대중의 감정, 여성의 일상과 감수성, 문화적 다양성에 대한 인정과 배려, 신뢰를 조성할 수 있는 스타의 기용 등을 포괄한다. 첫째에 비해 이는 이미 존재하는 공유의 분모를 따르기 때문에 소극적 대중성으로 부를 수 있다.

셋째, 공영방송은 주변에 긍정적 '외부효과'를 미치는 '교양 시민성'(Entman & Wildman, 1992)을 조성하는 '가치재'(merit goods)를 생산할 수 있어야 한다. 이 점에서 필요한 것은, 공영방송은 그 프로그램을 보는 시청자들뿐만 아니라 보지 않는 사람들에게도 유익할 수 있다는 인식이다(Padovani & Tracey, 2003). 이는 지금의 시청률 '성적표'에서 공영방송을 구해내는 중요한 방편이기도 하다. 뉴스로 말하면, 이는 단순히 '도난경보를 발하는 수준'(Burglar Alarm Standard)을 넘어 인과가 분명하게 구조적 문제를 제기하는 '충분 뉴스 표준'(Full News Standard)을 추구하는 것이다(Zaller, 2003). 구조적 설명이 포함됨으로써 내용이 어려워져 엘리트 일부만이 주 시청층이 될 수밖에 없는 이러한 뉴스에 굳이 대중성이 붙은 이름을 붙이자면 대중에 긍정적인 효과를 낳는다는 의미의 '외부효과 대중성'13)이라고 부를 수 있는데, 지금까지는 상업주의가 특권층(엘리트층과 중복된다)의 이익을 추구하는 '특별주

---

13) 외부효과는 경제학 용어로 경제적 행위를 하는 과정에서 예기치 않게 외부에 미치게 되는 영향을 말한다. 이 영향은 긍정적인 것과 부정적인 것으로 나눌 수 있는데, 부정의 예로는 공장의 공해를 들 수 있고, 긍정의 예로는 여기에서 공영방송이 가져오는 효과를 들 수 있다.

의'(speciality)14) 편성을 펼치지는 않고 있어 이 대중성이 아직은 공영방송의 전유물로 남아 있다. 그러나 특별주의는 일부 경제 관련 유료사이트에서 볼 수 있듯이 유료방송이 보편화되면 나타날 가능성이 매우 높아 미래로 가면 갈수록 충분 뉴스 표준의 영역은 공영방송의 보편권이 더욱 절실해지는 분야가 될 수 있다. 디지털 격차를 줄이는 데 공영방송이 기여해야 한다는 목소리는 이 점을 특히 주목한 것이다.

넷째, 공영방송은 대중이 자신의 개인적 욕구를 넘어 '사회적 필요' 또한 느낄 수 있게 하는 테크닉을 갖춰야 한다. 많은 사람들이 방송에서 공익을 강조하지만, 그 공익은 선험적인 몇몇 조건의 충족이 아니라 수용자 개개인이 경험하면서 체득하는 귀납적인 것이다(장일, 2003). 이러한 체득이 쌓이면서 신뢰나 애착이 생긴다. 수용자와 프로그램을 연결시키는 체계화된 편성은 이러한 체득이 요구하는 일차적 조건이다(Hujanen, 2003). 다음으로 필요한 것은 장르(대중장르)나 등장인물(스타), 상업적 기술(관음주의[voyerism] 같은 것의 적절한 활용) 등을 적절히 수단으로 활용하는 기술적 유연성이다. 다큐숍(docusoap)이나 인포테인먼트 같은 혼합 장르도 유용하다. 요컨대 '시민의 지식'을 '소비자의 감성'에 결합시킬 수 있는 포장과 드라마투르기가 요구된다는 것이다. 물론 수단이 목적을 가려버리지 않기 위해서는 균형감각이 요구된다. 이 균형감각의 기반이 되는 "비판적 자기반성이 활성화된 전문직 문화"(Curran, 2002, p.211)야말로 공영방송의 가장 큰 자기 정의다.

다섯째, 시청률은 다른 수단적 필요 때문이 아니라 그 자체로 존중받아야 하는 데이터다. 부르동(Bourdon, 2004)은 공영방송의 역사에서 실재 자체는 부

---

14) 이는 특히 광고주가 구매력이 있는 일부의 관심을 얻기 위해 펼치는 다른 층에 대한 배제의 전략으로(Collins, 1998), 공영방송의 '보편권', '평등권'을 강조하는 스캐넬(Scannell, 1989) 같은 연구자들에게는 상업방송이 끼치는 가장 큰 폐해가 된다.

정되지만 그 존재감은 뚜렷하게 느낄 수 있는, 이른바 '유령'으로서 게임쇼, 스타, 연속성(seriality), 숫자(시청률과 광고), 미국, 관음주의 등의 여섯 가지를 들고 있다. 이들은 공영방송의 공식적이고 대외적이며 당위적인 측면과 비공식적이고 내부적이며 실질적인 측면을 다르게 만드는 요소들이다. 그중에서도 숫자로 표현되는 시청률 조사는 경쟁과 광고 등에서의 필요성으로 인해 매우 오래전부터 실시되어 왔지만 바로 그 경쟁과 광고가 가져온 폐해 때문에 소극적으로만 인정된 것이다. 그러나 광고만 하더라도 사실 영국이나 스웨덴, 노르웨이 정도가 하지 않을 뿐 많은 공영방송들이 도입하고 있다. 또 부르동은 시청률이 문제가 된 이유도 공영방송의 정당성 문제가 발생한 시기에 시청률과 대중 '투표'를 중시하는 미국식 마케팅 문화가 수입되었기 때문이라고 본다. 이전만 하더라도 큰 문제가 없었다는 것이다. 사실 시청률을 포함해 각종 시청자조사들은 공영방송의 가장 큰 문제점 중의 하나로 꼽히는 수용자에 대한 둔감성을 완화시켜줄 수 있는 것으로 오히려 공영방송이 (적극적으로는) '활용'하고, 또 (소극적으로는) 그 수치에 매몰되지 않게 '조절'해야 하는 것이다.

요약하면, 공영방송의 대중성 이념은 다수자와 소수자, 소수자와 소수자 사이에 대화를 할 수 있는 충분한 공간을 제공하고, 섣부른 합의를 강제하지 않으며, 대중의 신뢰를 조성할 수 있게 문화적 공동체의 공유성을 존중하고, 돈이 들 수 있고 어려운 고급 정보는 쉽고 저렴하게, 소비자의 감성에도 어필할 수 있을 만큼 재미있게 하며, 시청률을 비롯한 데이터는 활용하면서 조절할 수 있게 되어야 한다. 이중에서도 공영방송을 두드러지게 하는 것은 역시 다음에서 살펴볼 대중성의 미학, 문화적 질 개념이다.

(3) 대중성의 미학: '대중적 질'의 필요성

· 문화적 위계 논리의 와해

앞서 언급한 대로 적어도 BBC를 비롯해 초기의 유럽 공영방송이 설정한 방송의 질적 기준이 칸트로 대표되는 고급 문화적 근대 미학에 가까운 것이었다는 점은 여러 논자들이 모두 인정하는 것이다15)(Garnham, 2000; Gripsrud, 1999; Hebdige, 1996). 미적 대상에 대한 '초연성'(disinterestedness)과 개인의 자의식(innate sensibility) 등을 보편적 미의식으로, 원작성과 창조성, 실험성 (내용에 대한 형식의 우위) 등을 바람직한 준거로 삼으면서 문학, 미술, 음악, 건축 등 문화예술의 전 영역을 지배했던 이 미학은, 그러나 다수 대중이 문화의 향유 주체로 등장하고 문화 테크놀로지가 고도화된 20세기 후반에 들어 자신의 논리적 기반이나 그 대당(對當)으로서의 대중문화와의 경계가 이론적, 실제적 측면에서 모두 와해되고 있다는 비판을 받고 있다.

스트리트(Street, 2000)에 따르면, 대중문화에 대한 최근의 미학적 해석 중에서 고급/대중의 문화적 위계에 찬성하는 측은 전통적인 (좌파와 우파의) 모더니즘16) 뿐이다. 문화적 취향의 차이가 계급의 차이를 은폐하거나 정당화하는 수단으로 활용된다고 주장하면서 문화적 가치/ 위계의 사회성과 상대

---

15) 물론 감식안과 교육을 갖춘 소수를 전제하는 고급 문화를 대중매체일 수밖에 없는 방송에 바로 대응시킬 수는 없다. 공영방송이 추구하는 '공동'(common)이란 '저속한'(vulgar)이 원래 의미이기 때문이다(Hebdige, 1996). 그러나 그럼에도 공영방송은 문화적 평등에 필수적인 질적 기준을 찾으려고 했고 이는 이후에도 하나의 전범(典範)으로 남게 되었다고 할 수 있다.

16) 좌파는 프랑크푸르트학파처럼 정치적 미학을 중시하고, 우파는 윤리적 차원과 결합된 미학적 규준을 강조한다. 이의 공통점은 역시 보편적 규준의 설정에 있다. 칸트 이래 모더니즘 미학의 발전 과정, 특히 현대의 대중문화 비판에 지대한 영향을 미친 프랑크푸르트학파의 계보에 대해서는 간햄(Garnham, 2000)을 참조하라.

성을 주장한 부르디외(Bourdieu, 1984)식의 '신기능주의', 듀이의 미학을 원용해 문화적 위계는 '발견'되어지는 것이 아니라 '구성'되는 것이라고 주장하는 슈스터만 등의 '프라그마티즘'(Shusterman, 1992), 소비와 해독을 중시하면서 문화적 가치의 기준을 '정해진 규범'에서 '다양한 실용'으로 옮겨놓는 피스크 등(Fiske, 1991; Schroder, 1992)의 '포퓰리즘적' 포스트모더니즘 등은 모두 이러한 위계에 반대한다. 또 이 대열에는 모더니즘의 미학적 전제(이를테면, 칸트의 '숭고' 개념 같은) 자체를 의문시하는 리오타르 등(Hebdige, 1996 참조)의 다른 포스트모더니즘 지류, '이성과 성찰'의 계몽주의적 남성성에 '몸과 감성'의 여성성을 대립시키는 페미니즘(Hermes, 2005)도 추가할 수 있다.

"이 세상에서 생각되어지고 알려진 것 중 가장 좋은 것"을 추구하는 아놀드(M. Arnold; Street, 2000, p.32에서 재인용)나 문화적 진보주의자인 호가트(R. Hoggart) 등의 모더니즘 (고급) 문화론을 바탕으로 계몽주의적 평등을 방송의 이념으로 삼았던 BBC 역시 이러한 문제제기에 예외가 될 수 없었고 고급 문화와 대중문화의 위계질서가 동요된 만큼 BBC의 위상도 같이 저하되었다.

이러한 가운데서 1980년대 중반 상업방송의 등장 즈음에 제기된 '방송의 질' 주장은 위기에 처한 공영방송을 돕기 위해 수단으로 등장시킨 인상을 주는 것으로(Corner, Harvey & Lury, 1994), 그 질 개념은 아무도 드러내놓고 필요성을 부정하지는 못하지만 그렇다고 해서 쉽게 다루기도 어려운 것이었다. 따라서 이 주장은 기존 체제에 부정적인 이들에게는 이전의 위계제에 의존해 여전히 대중문화나 대중의 문화적 가치판단의 가능성을 억압하는 규제적인 것으로 비추어졌으며(Keane, 1991), '모든' 수신료 납부자에게 '가치'를 돌려주어야 하는 공영방송의 입장에서 볼 때도 매우 모순적인 것이었다(Frith, 2000). 그러나 본(Born, 2000)의 지적대로 공영방송은 질 외에는 스스로의 차별성을 주장할 수 있을 만한 마땅한 다른 것을 발견할 수 없었다. 이러한 상황은 다른 나라에서도 재연되었으며, 공영방송은 모순적이면서 다분히 구시대적인 것이었지만, 질 개념을 확립하고 상업방송에 대한 질의 우위를 보여주지 않고서는 자신의 존재 의의를 증명하기 어려운 난관에 봉착하게 되었다.

그러나 질 개념, 특히 텔레비전의 질이 윤리적·정치적 측면과 통합되어 있고, 다양한 인자들이 평가에 참여하는 '다원적'인 것이면서 다양한 관점 또한 혼재하는 '다각적'인 것(Brunsdon, 1997; Mulgan, 1990)이라 해서 질 자체의 존재 여부를 의심하는 회의론으로 가서는 안 된다는 주장 또한 적지 않다(Curran, 2002; Mepham, 1990). 만약 공영방송이 방송의 질이 가진 미학적 근거를 제시하고, 자신이 이 질을 구현하는 데 적합하다는 점을 증명해낸다면 질의 주장은 결코 구시대적인 것이 아닐 수도 있다는 것이다.

이 문제를 분석적으로 보면, 앞의 것은 주로 미학적인 것으로 문화적 위계 논리가 와해되었다고 보는 이론(들)의 지평에서 문화적 가치판단(특히 방송을 비롯한 대중문화에서의)이 지닌 미학적 의미를 선별·재검토해보는 것이다. 둘째는 사회학적인 것으로 질과 공영방송의 이념이 가지는 필수적 친화성을 설정하는 것이다. 즉 부르디외를 전형적 예로 들 수 있는 질의 계층화 문제(반대로 말하면 취향의 다양화 문제)와 그 계층화가 가지는 불평등의 사회적 재생산의 문제에 공영방송이 개입할 수 있는 가능성과 그 개입의 의미를 제시하는 것을 말한다. 이는 대중문화를 거부하는 기존의 미학으로는 해결하기 어려운 것으로 다음에 살펴볼 프리스 등의 사회적 미학과 '대중적 질' 개념에서 가능성을 찾을 수 있다.

· 사회적 미학과 '대중적 질'

미적 기준에 대한 (계급을 비롯한) 사회적 차이의 개입은 기존의 문화적 위계가 가진 정당성을 와해시켰지만, 다른 한편으로는 사회학에 의해 미학이 부정되는 부작용도 낳았다. 이른바 '야만적 사회학주의' 또는 사회학적 환원주의로 비판받을 수 있는 이 사회중심주의에서는 "무엇이 상징적 형식 또는 특정한 문화적 실천의 유형을 만들고 왜 인간은 그것의 생산이나 소비에 많은 시간과 노력을 투입하는가"(Garnham, 2000, p.153)에 대한 대답을 찾을 수 없다는 것이다. 그렇다면 길은 결국 사회학과 미학의 양 극단, 곧 부르디외의 상대적 판단(사회학주의)과 칸트의 절대적 판단(미학주의)을 극복하고, 문화의 정치성과 사회성을 전제하면서도 '감동과 즐거움의 원천'에 대한 미적 판단의 자율성도 구현할 수 있는 새로운 관점에서 찾아질 수 있을 텐데, 월프 등은 이를 '사회적 미학'이란 이름으로 정립해보고자 했다(Frith, 1996; Garnham, 2000; Wolff, 1983). 17)

이 사회적 미학의 특징을 위의 공영방송의 과제와 연관시켜 필자 나름으로 정리해보면 다음과 같다. 첫째, 문화적 판단과 선택은 고급 문화에서 뿐만 아니라 대중문화에서도 반드시 이루어지며, 따라서 대중문화에도 질의 기준과 차별, 취향이 분명히 존재한다는 점이다. 지금까지의 논의의 가장 큰 문제는 "(문화에서 질적) 우월성 개념(이 존재하느냐 여부) 보다 질에 대한

---

17) 물론 같은 진영으로 분류한 연구자들 가운데에서도 엄밀히 보면 사회(학)적/미(학)적 가치에 대한 약간씩의 편중이 발견된다. 그리고 심지어는 같은 연구자가 상반된 평가를 받기도 한다. 이를테면, 프리스의 경우는 사회학자로서의 프리스와 미학적 비평가로서의 프리스인 '두개의 프리스'(Two Friths) (Street, 2000)로 불릴 정도다. 피커링과 네거스(Pickering & Negus, 1998)는 특히 프리스의 1996년 저서(Frith, 1996)를 두고 프리스가 사회학적 관점을 희생시켰다고 비판한다. 미적 가치판단의 공론장적 성격을 강조하는 근대주의자 간햄은 칸트적 관점에 더 큰 친화성을 갖는다. 물론 그럼에도 이들은 모두 사회적 관점을 택하는 가운데서 미학의 자율성을 주장한다는 점에서 일정한 공통점을 갖고 있다. 부르디외가 기능주의와 늘 거리를 두어왔다고 주장하는 베넷에 따른다면 (특히 후기의) 부르디외 또한 이 진영에 포함시킬 수 있다(Bennett, 2005).

기준을 고급 문화만이 소유할 수 있는 배타적 권리로 간주해왔다"는 데 있다 (Frith, 1996, p.16; 괄호는 인용자). 그 결과로 대중문화는 그 자체가 문제이지 그 안의 (질적)차별은 필요하지도, 의미를 지니지도 못하게 되었다. 그러나 만약 대중문화 내에도 이러한 차별이 있다면 대중문화의 질은 다양해질 수 있고 방송사·수용자 등의 개별 주체들에 따라 이 다양함이 이용되거나 추구될 수 있다.

물론 이 차별이 어떤 미학적 근거를 지니는가에 대해서는 이견이 있다. "판단의 대상이 다르다고 해서 판단의 과정도 다른 것은 아니다"라고 주장하는 프리스(Frith, 1996, p.17)는 그것이 고급 문화든 대중문화든 같은 질적 기준에 의해 판단된다고 본다. "인간의 잠재성을 확대하고 유토피아적 희망을 지지하는 문화적 실천"을 질의 궁극적 기준으로 여기는 간햄(Garnham, 2000, p.164)도 이에 가까운 주장을 편다. 이에 비해 슈스터만(Shusterman, 1992)이나 피스크 (Fiske, 1991)는 고급 문화의 기준에 대중문화의 기준―생활과의 '연계성'과 즐거움 같은 효용을 만들어내는 기능적 측면의 '생산성' 같은―을 대조시키면서 그 차이는 담론의 차원, 곧 어떤 기준이 설정되었느냐 에 따른 차이일 뿐이라고 주장한다.

그러나 프리스에 따르면, 이 관점은 담론을 넘어 실제로 나타나는 문화물의 감동의 원천을 해명하지는 못한다. 프리스가 보기에 이 원천은 고급/대중 문화에 따른 차이가 없으며, 그 "차이는 이슈가 되는 대상(우리의 문화적 흥미를 끄는 것은 이미 어느 정도는 사회적으로 구조화된 산물이다)과 판단에 소용되는 담론, 그리고 그 판단이 이루어지는 환경에 있다"(Frith, 1996, p.19; 괄호는 원저자). 그러니까 우리(대중)는 비록 자유롭지 못한 환경에서 제한된 문화물을 접할 수밖에 없지만, 그 일부에서는 감동을 느끼며, 그 감동의 경험을 나름의 판단 기준으로 축적한다는 것이다. 그렇다면 이는 '대중적 질'이라 부를 만하다. 이 개념은 대중적인 프로그램에 '상업적인 것'만 있지 않고 '공익적인 것'도 있다는 문제의식으로 반 주넨(van Zoonen, 2004)이 사용했던 것인데 ([그림 2-3] II 영역에는 이 '공익적이면서 대중적인 것'이 가장 잘 어울린다), 여기에서는 피스크의 '대중의 차별화'에 대중문화로 확장된 프리스의 질 개념을 합친 것이다.

둘째, 질의 기준은 역사적이고 가변적인 당대의 '기성구조'와 사회적 콘텍스트 및 해석적 공동체의 산물이고, 그 질의 판단에는 프라우(Frow, 1995)가 '가치의 레짐'(value regime)으로 부른 일종의 담론체계가 작동한다고 보는 '역사적·사회적 관점'(간햄은 사회학적 구성주의로 부르는)이 필요하다는 것이다. 이에 따르면, 베토벤이나 조이스의 작품이 다른 것보다 더 높게 평가받는 이유는 "우리 사회와 문화가 가치 있는 것으로 간주하는 목적이나 기능에 그들이 더 알맞기 때문"(Gripsrud, 1999, p.93; 밑줄은 인용자)이다. 19세기 디킨스의 작품이 당대에는 값싼 저질 신문연재소설로 비판받았지만 지금은 높게 평가받는 이유도 판단기준과 향유방식이 달라졌기 때문이다(Hayward, 1997). 그리고 우리 사회가 사람을 구분하는 일정한 차별의 구조를 갖고 있는 만큼 이러한 기준에는, (부르디외는 주로 계급에 치중했지만) "제도적, 민족적, 계급적, 인종적, 성적 측면에서 볼 수 있는 각종 편향"(Schudson, 1987, p.66) 또한 들어 있다.[18] 질에 대한 판단이 '권력적'이라는 브런스던(Brunsdon, 1997)이나 질이 결코 '순수한 초연적 판단'이 아닌 제도화된 평가과정의 산물이라는

---

[18] 여기에서 조심스럽게 봐야 하는 부분은 외형적 주장과 다를 수 있는 내면의 심층적 부분이다. 일례로 맥키(McKee, 2004)는 간햄(Garnham, 1992)이 성적 평등을 강조하면서도 남성과 다른 여성의 (미학적) 표현방식을 인정하지 않는 사실상의 차별을 보인다고 지적한다. 이와 유사한 예로는 미학적·정서적 표현에 대한 하버마스의 잘 알려진 불신을 들 수 있다. 그러나 정작 하버마스 자신은 오히려 그러한 표현을 즐겼고 이 표현이 자신의 이론 전파에 나름의 역할을 했다는 점에서 그의 불신은 상당히 역설적이다(Dahlberg, 2005).

스미스(Smith; Street, 2000, p.38에서 재인용)의 지적은 이를 가리킨다. 그러므로 적어도 지금의 (서구) 사회에서 고급 문화와 저급 문화의 차이를 부정하는 것은 계급적 차이를 부정하는 것만큼이나 이데올로기적이다(Gripsrud, 1989).

이러한 관점은 문화의 질 기준에 대한 지금까지의 관점을 새로 보게 해준다. 이에 따르면, 지금 시기에 들어 가장 민감하다고 할 수 있는 '예술과 상품'을 엄격히 구분하고 후자를 '상품 물신주의'로 비판하는 관점은 그 이면에 깔린 헤겔과 아도르노, 아렌트로 이어지는 포스트 칸트주의적 해석에 따른 것이다[19](이와 반대되는 해석은 니체적인 것이다)(Garnham, 2000). 미적 가치의 구현도 초연성이나 형식을 강조하는 고급 문화적 '순수 취향'에 국한되지 않고, 일상생활에서 오는 생활 연관성과 기능성이 중요한 '대중적 취향'에서도 얼마든지 가능하다. 프리스가 냉소적으로 주장한 바대로 부르디외의 주장을 따를 경우, 고급 문화의 높은 가치 역시 부르주아가 자신의 계급적 지위의 정당화를 위해 '기능'적으로 이용하는 것일 뿐이기 때문이다(Frith, 1996). 따라서 질적 가치에서 미적인 것과 기능적인 것은 결코 분리될 수 없다.[20]

또 이 점은 공영방송의 필요조건을 논의할 때 자주 등장하는 이른바 '필요와 욕구'의 문제에도 원용될 수 있는데, 질의 기준은 그 사회의 조건이 반영된

---

[19] 물론 그런 방식으로 따져본다면 고급예술 역시 전혀 시장으로부터 자유롭지 않아 결코 예술로 분류될 수 없다(Schudson, 1987). 이렇게 '진정한 예술'과 '독창성 없는 상품' 사이의 엄격한 구분, 미와 즐거움에 대한 진실의 우위 등은 헤겔과 아도르노, 아렌트로 이어지는 이 주의의 대표적인 사고틀로, 이들은 예술에 '형이상학적 초월'이라는 가치를 부여하면서 세속주의나 기능주의를 거부한다. 그러나 사실 슈스터만 같은 실용주의미학자에게 '불후의 예술'은 역설적으로 '인생에 대해 가장 큰 서비스를 수행'(아렌트의 주장)하는 '기능적인 것'이다(Shusterman, 2003).

[20] 그는 미적/기능적 가치로 신뢰성, 일관성, 친숙성, 유용성 등을 드는데 이중 뒤의 친숙성, 유용성은 주로 대중문화의 가치 기준으로 거론되었던 것이다(Frith, 1996, p.19).

여러 편향을 안고 있고, 이런 편향은 욕구와 기호를 만들고 드러내게 하는 정형화된 관계를 창출하므로 즉각적 욕구에 의존하는 방송은 그 관계를 벗어날 수 없다. 따라서 만약 그 사회의 지배적 구조에 대한 대안적 경험이나 반대의 의견을 제시하기 위해서는 '욕구를 넘어서는 정책'(beyond wants-based policy)이 필수적이게 된다(Pratten, 1998). 특히 이 점은 앞서의 그림에서 보았던, 양적인 면에서는 절대 불리한 Ⅰ영역의 필요성을 확인시켜준다.

셋째, 질 기준에서 가장 중요한 것은 문화물에 대해 우리가 느끼는 실체적 감정이다. 대중음악을 사례로 이러한 주장을 살펴보면, 사람들이 즐기는 팝 문화의 기호와 취향은 설사 사회적 조건화와 상업적 조작에 의해 만들어졌다고 하더라도 사람들은 자신의 판단가치를 통해 팝을 선택한 이유나 느낌을 '설명'할 수 없는 것이 아니다(Hemondhalgh, 2007; Street, 2000). 음악에 대한 인간의 반응은 생리적 의미에서가 아니라 음악이 우리의 감정을 생성시키고 우리에게 현실을 느끼게 해주기 때문에 '실제적'이다. 그리고 이 감정은 물리적인 것만이 아니며 몸과 마음에 모두 관여하는, '세계 속에서의 존재방식', '세계를 인지하는 방식'의 하나이므로 미학뿐만 아니라 윤리학, 정치학의 대상으로도 확장될 수 있다(Frith, 1996).[21]

이러한 실재론은 앞서 언급한 역사적·사회적 관점이 가진 사회학적 편향을 극복하는 데 도움을 준다. 프리스(Frith, 1996)는 쿠르디외가 예술이 사회적 표식으로 이용되는 기능에 과도하게 주목한 나머지 그 예술이 보편적·미학적으로 작용하는 것은 등한히 보았다고 비판한다. 질적 판단의 이면에 있는 권력관계

---

[21] 정치와 질을 연결시키는 프리스 나름의 방식은 고급 문화와 대중문화에 같이 '파괴적 문화 효과'(disruptive cultural effect)를 가져오는 것을 높이 평가하며, '이상적 질서'를 위한 노력을 일깨우는 음악즉 감흥으로 공동의 가치를 불러오는 것을 질적 기준으로 삼는다.

를 지적한다 해서 그 판단의 미학적 정체를 보여주는 것은 아니라는 것이다. 중요한 것은 "(미적) 경험과 (사회학적) 분석 사이의 해석학적 공간, 그리고 (미적) 경험과 그것의 표현형식 사이의 상호작용의 공간"(Pickering & Negus, 1998, p.123; 괄호는 인용자)인데 부르디외는 섣불리 이 공간을 닫아버렸다는 것이다.

넷째, 그러나 이 실재론과 일부가 주장하는, 질의 시장결정론과는 아무런 관계가 없다. 프리스는 시장에서의 수용자 선택이 가장 높은 질을 창출한다는 논리는 결국 '질 높은 프로그램'을 '질 높은 수용자'라는 새로운 '차림'으로 대체한 것일 뿐이라고 비판한다(Frith, 2000). 또 이는 사용가치를 교환가치에 흡수시킴으로써 "소비자들이 왜 그 상품을 선택하는지, 그들이 실제로 이를 즐겼는지 아닌지, 또는 그것이 가치가 있다고 여기는지에 대한 어떤 증거도 제시할 수 없고"(Frith, 1996, p.15)(시장에서 성공한 많은 문화물들이 실제로 보면 재미없다는 경험은 어느 정도 공통적이다), 비록 시장에서 실패했지만 상당한 영향력(질적)을 발휘하는 많은 대중문화물도 설명하지 못한다. 이러한 '비대중적 대중문화'(unpopular popular culture)야말로 대중문화에 대한 가치 판단이 고급 문화와 달라져야 하는 이유를 찾지 못하게 하는 근거다.

다섯째, 대중은 하나가 아닌 다양한 취향을 가졌고, 대중문화는 중첩과 적대와 공존이 수시로 바뀌는 여러 취향들이 함께 어울려 있는 취향집합체 같은 것이다(이와 유사한 인식은, Kuipers, 2006). 이러한 취향은 앞의 두 번째에서 본 바대로 사회적 차별(그래서 그와 연관된 권력 메커니즘)과 일정한 연관을 지니지만, 그렇다고 둘 사이가 반드시 일대일로 대응되거나 서로에 환원되지는 않는다. 취향 역시 질과 마찬가지로 대중의 '성찰'이 동반되면서 형성되는 복합적 성격을 지니는 개념이기 때문이다(Hennion, 2005). 각 취향 간에 어느 정도의 '공약가능성'(commensurability)이 있느냐의 문제는 큰 논란의 대상이지만,[22] 그 공약의 가능성을 미리 닫아 놓을 필요는 없다고 생각한다.[23] 사실

간햄이 좌파 포스트모더니즘에 대해 공약이 불가능한 '일원적'(monadic) 공동체나 정체성의 존재는 경험적 증명이 거의 불가능하다(Garnham, 2000, p.163)고 비판한 이유도 포스트모더니즘이 자주 '가치의 레짐'을 실제의 '행위 공동체'와 혼동하기 때문이다. 현실에서는 하나의 가치가 아주 뚜렷한 일원적 정체성보다 공약 가능하기도 하고 불가능하기도 한 여러 가치와 경험 체계가 뒤섞여 있는 다원적 정체성이 훨씬 더 찾기 쉽다는 것이다.

취향집합체가 질에 시사하는 바는 취향의 다양성만큼 미디어나 장르에 적용되는 질적 기준도 다양할 수 있다는 것이다(McGuigan, 1996). 예를 들면, 텔레비전 솝오페라는 친숙성과 일상성, 반복성이 두드러지는 장르이지만(주창윤, 2005), 칸트적 미학에서 강조하는 초연함이나 형식적 신선함은 약하므로 이에 대한 가치기준은 칸트적인 것이 되어서는 안 된다. 그리고 이 점은 미디어의 차원에서도 적용될 수 있다. 구체적으로, 문제는 일부 프로그램에서

22) 공약불가능성은 주로 포스트모더니즘의 좌파계열(Jacka, 2003)이 주장하며, 이 지점에서 대화를 도모하는 장으로서의 '공론장'(공영방송)을 주장하는 모더니스트들과 대립한다(Garnham, 2000; 2003).

23) 필자의 문제의식은 공약가능성에 큰 기대를 걸지 않으면서도 '문화적 상대주의'에 반대하는 프라우(Frow, 1995)의 입장을 좀 더 확대해보고자 하는 데 있다. 프라우는 문화 사이의 평등을 내적 논리로 가지게 됨으로써 실제 존재하는 현실의 불평등까지 은폐할 우려가 있다는 점에서 상대주의에 반대한다. 프라우는 기본적으로는 공약불가능 입장에 서 있지만 "해석적 분석틀 사이의 중재"(p.160)의 가능성을 완전히 포기하지는 않는다. 이러한 프라우의 입장을 확대하면, 개별 가치 레짐의 내부 기준을 우선으로 하여 상대방에 대해 자신의 입장을 강요할 가능성을 줄이면서도(프라우의 입장), 더 높은 추상수준에서는 레짐 사이의 대화와 공감을 통해 새로운 발전의 가능성을 포착하고자 한다는 것이다(프리스의 입장). 이는 가치 레짐 사이의 차이와 개별 가치 레짐 내부의 다양성 및 특수성, 각 레짐의 발전과정과 의의 등을 인정하고 이해하는 보편주의적 인식 태도다(나는 이러한 '사고틀'을 '식인종과 자유주의자'라는 다소 극단적인 비유를 통해 고찰한 Rukes, 2003에서 빌어 왔다).

불거졌으면서도 실제 논란은 미디어 자체를 놓고 벌어졌던 텔레비전의 '저속' 논쟁 같은 것이 전형적인 예다. 말하자면 미디어가 책이기 때문에 또는 장르가 리얼리즘이기 때문에 질적으로 우수한 것이 아니며, 마찬가지로 그것이 텔레비전이고 멜로드라마이기 때문에 저급한 것이 아니라는 것이다. 다양한 미디어는 각기 다른 미학적 양식을 가지고, 질적 기준의 제도화에서도 차이가 있으며, 또 리얼리즘과 멜로드라마가 전혀 다른 표현양식을 지니는 것처럼 개별 장르 또한 고유의 평가 기준을 가질 수 있다는 점이 인정되어야 한다24)(텔레비전과 영화의 차이에 대해서는 Geraghty, 2003을, 리얼리즘과 멜로드라마의 표현양식 차이에 대해서는 또 다른 Geraghty, 2005를 참조할 수 있다).

한편 이렇게 같은 질적 판단의 원리와 미디어·장르별로 다르게 설정되는 기준은 방송의 질과 다양성을 불가분의 관계에 있게 한다. 영국 시청자를 실증적으로 연구한 베넷(Bennett, 2006)에 따르면, 텔레비전의 각종 장르에는 상당한 취향 차이를 가진 (어느 정도의) 고유 '시청자군'과 장르 사이의 서로 다른 친화성이 있고, 이를 두루 만족시키기 위해서는 다양한 장르를 망라한 '종합' 편성이 필수적이다. 이 점은 '오락'을 경시해왔던 공영방송에게 '영향력'으로서의 방송 못지않게 '향유의 대상'으로서의 방송이 중요함을 일깨워 준다(Costera Meijer, 2005).

이러한 사고를 앞서 보았던 [그림 2-3]에 적용해보면, 그림의 Ⅰ, Ⅱ, Ⅲ

---

24) 그렇다면 이러한 기준이 질 자체를 논의하기 어려운 비공식적 문화, 이를테면 포르노그래피 같은 것에도 적용될 수 있는가의 문제가 제기될 수 있는데 (논란의 여지는 있지만) 필자의 입장은 그렇다는 것이다. 포르노의 향유자들도 일정한 질 기준을 가지고 좋은 포르노와 나쁜 포르노를 구분하며, 그 내부에는 다양한 취향도 존재하는데, 맥키가 인터뷰한 호주의 포르노향유자들은 포르노 배우의 육체를 통해 판타지의 즐거움을 느끼는 층과 자신과 같은 보통 사람에게 공감을 느끼는 리얼리즘 층으로 대별된다(McKee, 2006).

영역은 문화적 위계의 산물이라기보다는 나름의 질 기준을 가진 개별 문화적 취향의 분포가 된다. 상대적으로 I 영역은 엘리트·소수자적 취향권으로 볼 수 있고, II, III 영역은 같은 대중적 취향권이지만 III 영역에는 상업방송만이 고유하게 다루는 일부 취향이 들어간다. 이러한 구도에서 [그림 2-3]에서 보는 바와 같은 상업방송의 확장은 I 영역을 잠식하고 II 영역의 취향을 변화시켜 취향집합체 전체의 다양성을 해칠 우려가 있다. 그리고 앞서 언급한 대중적 질은 주로 II 영역의 취향에 속하는 대중 장르에서 '감동과 즐거움'을 주는 고품질을 목표한다.

전체적으로 이 장을 요약하면, 전통적 미학과 이에 문제를 제기한 사회학적 접근을 절충·종합한 사회적 미학 관점은, 위계가 따로 없는 같은 질적 판단의 원리 아래 사회적 차별과 지배/대안의 역학이 고려되면서도 미적인 가치와 기능적인 가치의 차별이 없는 복합적 기준을 갖고, 문화물에 대한 수용자의 다양한 감정과 취향을 중시하면서도 수용자의 즉각적 욕구와 시장 결정을 넘어서는 질을 공영방송에 요구하고 있다고 볼 수 있다. 이러한 질은 대중의 취향과 욕구를 존중하면서도, 다수와 시장결정, 당대의 권력체계에 종속되기 쉬운 상업방송과 주체적으로 경쟁하는 공영방송 자신의 조건을 창출할 수 있다.

4. 결론

공영방송에서 대중성은, 라이벌이 등장하고 수용자의 성향이 바뀌면서 그 중요성이 부각되기 시작했다. 이를 두고, '원칙'에 충실했던 과거를 희구하는 이도 있지만(한동섭, 2005), 독점과 엘리트주의의 산물을 지금과 같은 무한 경쟁의 시대에 옮겨오기는 무망한 노릇이다. 그러나 그렇다고 해서 질적 지향성을 버린다면 공영방송으로서는 폐지론까지 나오게 하는 더 큰 오류를 범하게 될 것이다.

공영방송은 자신의 대중성을 스스로 정의내리지 못하면서 주로 상업방송과의 상대성(유사성과 차별성)만으로 파악되었고 이 상대성은 공영방송을 스스로 주체가 되기 어렵게 만들었다. 자기 정의로 남을 설득했다기 보다는 남이 준 정의에 자신을 맞추면서 미봉책에 급급했다. 비록 여러 악조건이 있었기는 해도 아직까지 25년 동안 정체된 수신료를 갖고 있는 한국의 공영방송 역시 이러한 진단에서 예외는 아닐 것이다.

주지하다시피 방송의 등장은 좌파에게나 우파에게나 모두 달갑지 않은 존재였다. 좌파는 그것을 대중조작의 도구나 다름없이 보았고, 우파는 대중에 영합하여 문화의 질을 저하시키는 속물성의 징표로 보았다. 공영방송이 비교적 용이하게 이들 모두의 공감을 얻었던 이유는 좌파에게는 그것의 공공성과 민주성이 설득력이 있었고, 우파에게는 고급 문화적 보수성과 안정성이 믿음을 주었기 때문이다. 그러나 좀 더 근본적으로 보면, 사실 이 점은 공영방송이 서구적 사고의 이면에 뿌리 깊게 박혀있는 불신과 신뢰의 이분법 가운데 위치하고 있기 때문으로 보인다. 대중에 대한 불신, 매개에 대한 불신, '비 문자'(non-print)에 대한 불신과 같은 '불신'의 문화(Peters, 2001)는 사실 다른 한편으로 신뢰의 문화, 곧 대중 민주주의, 대의제, 반 문자주의 등과 짝을 이루고 있었다는 점을 서구 역사는 예증한다. 자주 언급되는 공영방송의 딜레마는 태생적 숙명이라 해도 과언이 아닌 셈이다.

이 글은 이러한 딜레마를 극복하는 대안으로 사회적 미학과 대중적 질 관점을 제시했다. 이 관점은 기존의 문화적 위계가 가진 부당한 차별성을 극복하면서도 각 취향 내부에서 이루어지는 질적 판단을 충분히 고려하여 미적 가치의 자율성을 인정하고, 취향 체계(더 크게는 가치 레짐) 간의 차이를 서로 공약할 수 있는 가능성, 곧 대화의 가능성을 열어놓을 수 있다. 이러한 접근이 공영방송에 갖는 의의는 이 가능성을 타진하는 대화의 장에 공영방송이 기여할 수 있다는 것이고, 그럼으로써 공영방송은 사회적 소수 또는 대안적 세력의 주장과 취향이 방송의 장에 들어오는 것을 적극적으로 환영할 수 있으며, 미학적으로도 자신의 가치를 스스로 증명해보일 수 있다는 점이다. 물론 이는 아직은 개념 제시에 머무는 것으로 구체적이고 경험적 연구로 보완되어야 실효를 얻을 수 있다.

미래의 미디어에서 시장과 선택, 경쟁은 개별 행위자로서는 피하기 어려운 하나의 밑그림, 곧 보편적 언어로 작용할 것이다. 언뜻 보면 공영방송이 쉽게 그들의 일원이 되어 그 가치사슬에 묶이게 될 것 같지만, 사실은 그 대각에 서서 더욱 자신의 가치를 빛나게 할 수도 있다. 그러나 지금의 공영방송은 그만한 신뢰를 받지 못해 개편·통제와 관련된 단기적·실용적 대안까지 부르고 있다. 조건이나 정황이 그만큼 절박성을 띠는 것이다. 공영방송이 이 절박성을 얼마나 훌륭하게 소화할 수 있을지는 아직은 미지수이지만, 스스로의 자산을 찾고 이를 다독이는 과정이 충실하다면 그 해답은 그리 멀리 있는 것만은 아닐 것이다.

■ 참고문헌

장일(2003). 「세계 각국의 공영방송: 영국」, 『공영방송』, 서울: 한국언론재단.
주창윤(2005). 『장르·미학·해독』, 서울: 나남.
조항제(2003). 『한국 방송의 역사와 전망』, 서울: 한울.
한동섭(2005). 「신자유주의 시대의 공영방송: 모순과 위기」, 『방송문화 연구』, 17권 2호, 111-137쪽.
Bennett. T. (2005). The historical universal: The role of cultural value in the historical sociology of Pierre Bourdieu. *British Journal of Sociology*, 56(1), pp.141-164.
Bennett, T. (2006). Distinction on the box: Cultural capital and the social space of broadcasting. *Cultural Trends*, 15(2/3), pp.193-212.
Biltereyst, D. (2004). Public service broadcasting, popular entertainment and the construction of trust. *European Journal of Cultural Studies*, 7(3), pp.341-362.
Blumler, J. (1992). Public service broadcasting before the commercial deluge. In J. Blumler(ed.), *Television and the public interest: Vulnerable values in west European broadcasting* (pp.7-21), London: Sage.
Blumler, J. & Hoffmann-Riem, W. (1992). New Roles for Public Television. In J. Blumler(ed.), *Television and the public interest: Vulnerable values in west European broadcasting* (pp.202-217), London: Sage.
Born, G. (2000). Inside television: Television studies and the sociology of culture. *Screen*, 41(4), pp.404-424.
Born, G. (2003). Public service broadcasting and digital television in the UK: the politics of positioning. In G. Lowe & T. Hujanen(eds.), *Broadcasting & convergence: New articulations of the public service remit* (pp.205-221), Göteberg: Nordicom.
Born, G. (2006). Digitising democracy. *Political Quarterly*, 76(s1), pp.102-123.

Born, G. & Prosser, T. (2001). Culture, citizenship and consumerism: The BBC's fair trading obligations and public service broadcasting, *Modern Law Review*, 64(5), pp.657-687.

Bourdieu, P. (1984). *Distinctions*. 최종철 역(2005), 『구별 짓기: 문화와 취향의 사회학』, 서울: 새물결.

Bourdon, J. (2004). Old and new ghosts: Public service television and the popular - a history. *European Journal of Cultural Studies*, 7(3), pp.283-304.

Brunsdon, C. (1997), *Screen tastes: Soap opera to satellite dishes*, London: Routledge.

Burgelman, J. (1986). The future of public service broadcasting: A case study for a 'new' communications policy. *European Journal of Communication*, 1(1), pp.173-201.

Burns, T. (1977). *The BBC: Public institution and private world*, London: Macmillan.

Collins, R. (1998). *From satellite to single market: New communication technology and European public service television*, London: Routledge.

Collins, R. (2003). The BBC-Too big, too small or just right? *Political Quarterly*, 74(2), pp.164-173.

Coppens, T. & Saeys, F. (2006). Enforcing performance: New approaches to govern public service broadcasting. *Media, Culture & Society*, 28(2), pp.261-284.

Corner, J., Harvey, S., & Lury, K. (1994). Culture, quality and choice: The re-reguation of TV 1989-91. In S. Hood(ed.), *Behind the screens: The structure of British television in the nineties* (pp.1-19), London: Lawrence & Wishart.

Costera Meijer, I. (2005). Impact or content? Ratings vs quality in public broadcasting. *European Journal of Communication*, 20(1), pp.27-53.

Creeber, G. (2004). "Hideously white": British television, glocalization, and national identity. *Television & New Media*, 5(1), pp.27-39.

Curran, J. (2002). *Media and power,* London: Routledge.

Dahlberg, L. (2005). The Habermasian public sphere: Taking difference seriously?. *Theory & Society*, 34, pp.111-136.

Entman, R., & Wildman, S. (1992). Reconciling economic and non-economic perspectives on media policy: Transcending the 'marketplace of ideas'.

Journal of Communication. 42(1), pp.5-19.

Fiske, J. (1991). Popular discrimination. In J. Naremore & P. Brantlinger, P. (eds.), *Modernity & mass culture* (pp.103-116), Bloomington, IN: Indiana Univ. Press.

Flew, T. (2006). The social contract and beyond in broadcast media policy. *Television & New Media,* 7(3), pp.282-305.

Frith, S. (1996). *Performing rites: On the value of popular music,* Oxford: Oxford Univ. Press.

Frith, S. (2000). The black box: The value of television and the future of television research. *Screen,* 41(1), pp.33-50.

Frow, J. (1995). *Cultural studies & cultural value,* Oxford: Oxford Univ. Press.

Garnham, N. (1992). The media and public sphere. In C. Calhoun(ed.), *Habermas and the public sphere* (pp.359-376), Cambridge, MA: The MIT Press.

Garnham, N. (2000). *Emancipation, the media, and the modernity: Arguments about the media and social theory,* NY: Oxford Univ. Press.

Garnham, N. (2003). A response to Elizabeth Jacka's "Democracy as Defeat". *Television & New Media,* 4(2), pp.193-200.

Geraghty, C. (2003). Aesthetics and quality in popular television drama. *International Journal of Cultural Studies,* 6(1), pp.25-45.

Geraghty, C. (2005). Discussing quality: Critical vocabularies and popular television drama. In J. Curran & D. Morley(eds.), *Media and cultural theory* (pp.221-232), London: Routledge.

Gripsrud, J. (1989). 'High culture' revisited. *Cultural Studies,* 3(2), pp.194-207.

Gripsrud, J. (1999). *Understanding media culture,* London: Arnold.

Hallin, D. & Mancini, P. (2004). *Comparing media systems: Three models of media and politics,* NY: Cambridge Univ. Press.

Harvey, S. (2006). Ofcom's first year and neoliberalism's blind spot: Attacking the culture of production. *Screen,* 47(1), pp.91-105.

Hayward, J. (1997). *Consuming pleasure: Active audiences and serial fictions from Dickens to soap opera,* Lexington, KY: University Press of Kentucky.

Hebdige, D. (1996). The impossible object: Towards a sociology of the sublime. In J. Curran, D. Morley & V. Walkerdine(eds.), *Cultural studies and communications* (pp.66-95), London: Arnold.

Hennion, A. (2005). Pragmatics of taste. In M. Jacobs & N. Weiss(eds.), *The*

Blackwell companion to the sociology of culture (pp.131-144), Malden, MA: Blackwell.

Hermes, J. (2005). *Re-reading popular culture*, Malden. MA: Blackwell.

Hesmondhalgh, D. (2007). Audiences and everyday aesthetics. *European Journal of Cultural Studies*, 10(4), pp.507-527.

Hujanen, T. (2003). Public service strategy in digital television: From schedule to content. *Journal of Media Practice*, 4(3), pp.133-153.

Jacka, E. (2003). "Democracy as defeat": The importance of arguments for public service broadcasting. *Television & New Media*, 4(2), pp.177-191.

Keane, J. (1991). *Media and democracy*. 주동황·정용준·최영묵 역(1994), 『언론과 민주주의』, 서울: 나남.

Kuipers, G. (2006). Television and taste hierarchy: The case of Dutch television comedy. *Media, Culture & Society*, 28(3), pp.359-378.

McGuigan, J. (1996). *Culture and public sphere,* London: Routledge.

McKee, A. (2004). *The public sphere: An introduction,* Cambridge: Cambridge University Press.

McKee, A. (2006). The Aesthetics of pornography: The insights of consumers. *Continuum: Journal of Media & Cultural studies*, 20(4), pp.523-539.

McNair, B. (1999). Public service journalism in Post-Tory Britain. In A. Calabrese & J. Burgelman(eds.), *Communication, citizenship, and social policy* (pp.159-172), NY: Rowman & Littlefield publishers, Inc.

McQuail, D. (1998). Commercialization and beyond. In D. McQuail & K. Sinue (eds), *Media Policy: Convergence, concentration and commerce* (pp.107-127), London: Sage.

McQuail. D. (2002). *Media accountability and freedom of publication*. Oxford: Oxford Univ. Press.

Mepham, J. (1990). The ethics of quality in television. In G. Mulgan(ed.), *The question of quality* (pp.56-72), London: BFI.

Mulgan, G. (1990). Television's holy grail: Seven types of quality. In G. Mulgan (ed.), *The question of quality* (pp.4-32), London: BFI.

Murdock, G. & Golding, P. (1996). Common markets: Corporate ambitions and communication trends in UK and Europe. *Journal of Media Economics*, 12(2), pp.117-132.

Padovani, C. & Tracey, M. (2003). Report on the conditions of public service broadcasting. *Television & New Media*, 4(2), pp.131-153.

Peacock, A. (2003). *Public service broadcasting without the BBC*. 김대호 역(2006), 『BBC 없는 공공서비스방송은 가능한가?』, 서울: 한울.

Peters, J. (2001). Mass communication: Normative frameworks. In N. Smelser & P. Baltes(eds.), *International encyclopedia of social & behavioral science* (pp.9328-9334), Oxford: Pergamon.

Pickering, M. & Negus, K. (1998). The value of value: Simon Frith and the aesthetics of the popular. *New Formations*, 34, pp.109-126.

Pratten, S. (1998). Needs and wants: The case of broadcasting policy. *Media, Culture & Society*, 20(3), pp.381-407.

Rukes, S. (2003). *Liberals and cannibals: The implications of diversity*. 홍윤기 외 (역)(2006), 『자유주의자와 식인종』, 서울: 개마고원.

Scannell, P. (1989). Public service broadcasting and modern public life. *Media, Culture & Society*, 11(1), pp.135-166.

Schroder, C. (1992). Cultural quality: Search for a phantom? In M. Skovmand & C. Schroder(eds.), *Media cultures: Reappraising transnational media* (pp.199-219), London: Routledge.

Schudson, M. (1987). The new validation of popular culture: Sense and sentimentality in academia. *Critical Studies in Mass Communication*, 4, pp.51-68.

Shusterman, R. (1992). *Pragmatist aesthetics: Lining beauty, rethinking art*. 김광명 · 김진엽(역)(2002), 『프라그마티스트 미학』, 서울: 예전사.

Shusterman, R. (2003). Entertainment: A question for aesthetics, *British Journal of Aesthetics*, 43(3), pp.289-307.

Sparks, C. (1986). The media and the state. In J. Curran, J. Ecclestone, G. Oakley, & A. Richardson(eds.), *Bending reality: The state of media* (pp.76-88), London: Pluto Press.

Sparks, C. (1995). The future of public service broadcasting in Britain. *Critical Studies in Mass Communication*, 12(3), pp.325-341.

Steemers, J. (2001). In search of a third way: Balancing public purpose and commerce in German and British public service broadcasting. *Canadian Journal of Communication*, 26(1), pp.69-87.

Street, J. (2000). Aesthetics, policy and the politics of popular culture. *European Journal of Cultural Studies*, 3(1), pp.27-43.

Syversten, T. (1991). Public television in crisis: Critiques compared in Norway and

Britain. *European Journal of Communication*, 6(1), pp.95-114.

Syversten, T. (2003). Challenges to public television in the era of convergence and commercialization. *Television & New Media*, 4(2), pp.155-175.

Syversten, T. (2004). Citizens, audiences, customers and players: A conceptual discussion of the relationship between broadcasters and players. *European Journal of Cultural Studies*, 7(3), pp.363-380.

Tracey, M. (1998). *The decline and fall of public service broadcasting*, NY: Oxford Univ. Press.

van Cuilenberg, J. & McQuail, D. (2003). Media policy paradigm shifts: Toward a new communications policy paradigm. *European Journal of Communication*, 18(2), pp.181-207.

van Zoonen, L. (2004). Popular qualities in public broadcasting. *European Journal of Cultural Studies*, 7(3), pp.275-282.

Wolff, J. (1983). *Aesthetics and the sociology of art*. London: George Allen & Unwin.

Zaller, J. (2003). A new standard of news quality: Burglar alarms for the monitorial citizen. *Political Communication*, 20, pp.109-130.

3장
한국의 비판언론학에 대한 비판적 성찰
_문화 연구와 정치경제학을 중심으로

1. 문제 제기

3장에서는 그간의 연구사를 염두에 두고 2000년대의 한국의 비판언론학 또는 비판커뮤니케이션연구(critical communication studies)를 비판적으로 성찰해 보고자 한다. 정확하게 기원을 제시하기는 어렵지만 대체로 1970년대 후반에 문제의식이 싹튼 이 연구흐름[1]은 지금에 이르기까지 약 30년 동안 많은 변화를 겪었다. 초기에서 1990년대로 넘어올 때의 변화가 패러다임 차원의 질적 변화였다면(임영호, 2001), 1990년대와 2000년대의 차이는 제도화와 한국화가 이루어지는 과정에서 발생한 양적 변화로 볼 수 있을 것이다. 앞서의 변화가 주로 한국 사회의 민주화와 현실 사회주의의 패망 같은 외적인 것에 의해 이루어진 바가 크다고 한다면, 뒤의 변화는 주로 학문 영역의 대학 내 정착과 안정적 재생산체제의 마련 같은 학문 공동체 내부의 것이 큰 비중

---

[1] 한국에서 비판연구의 시발로 볼 수 있는 가시적 결실은 역시 『커뮤니케이션과 이데올로기』(이상희 편역)다. 이 책이 1983년에 출판되었으므로 그 준비기간을 감안하면 대체로 1970년대 후반 이후부터 문제의식이 싹텄다고 볼 수 있다.

을 차지했다고 할 수 있다. 물론 뒤에서 다시 살펴보듯 한 차원, 한 부분으로만 단순화해 이러한 변화들을 다 설명할 수는 없다. 모든 큰 변화는 질과 양, 안과 밖에서 모두 이루어지기 때문이다.

제목은 비판언론학으로 지칭했지만 사실 그 범위는 넓고 느슨해 경계를 설정하기가 매우 어렵다. 가장 포괄적으로는, 한국의 비판언론학에 큰 영향을 미친 영국에서 1990년대 초판이 나온 이후 지금까지 네 번이 개정된 『대중매체와 사회 Media and Society』 전반의 문제의식과 주제들을 들 수 있을 것이다.[2] 또 아주 좁게는 특정한 기준(이를테면, Calhoun, 1995)을 적용시켜 정체를 분명히 할 수도 있을 것이다. 전자의 경우는 범위가 너무 넓어 리뷰가 어려울 뿐만 아니라 기준의 적절성을 찾을 수 없어 리뷰의 의의도 그만큼 떨어진다는 약점이 있다. 반면 후자는 정체를 지정하는 작업 자체가 리뷰의 성격을 지녀 리뷰 이전에 범위를 제한하는 작업의 의의를 기대할 수 없다.

따라서 범위에 대한 적정한 제한이 필요한데, 이 글에서는 질적(비판 패러다임[3]의 사용)·양적 차원(연구자들의 상대적 규모)을 감안하여 문화 연

---

[2] 이 교본은 전체를 관점·생산·표현 등의 3부로 나누고, 주로 2·3부에서 문화·미디어의 여러 영역과 개정 당시에 중요하게 대두된 이슈들을 교차시켜 17~20개의 장으로 구성한다. 따라서 1부는 큰 변화가 없지만, 2·3부는 부각된 미디어(인터넷처럼), 문화적 경향, 학문적 이슈 등에 따라 다양한 주제들을 다룬다.

[3] 여기서의 비판 패러다임은 "적어도 한 세기 동안 마르크스주의는 더 이상 외부로부터 온 것이라고 할 수 없으며, 제국주의적 중심의 바깥에서 지식인들의 문화적 주체성의 일부가 되어왔다"(Chen, 1998, 13쪽; 번역 수정)는 평가를 받는 마르크스주의처럼 현실에 대해 일정한 비판/변화를 주장하면서, 다른 한편으로 자신의 이론적 이해에 대한 자기 비판적 성찰(Calhoun, 1995)을 갖는 지적 흐름을 아우르는데, 대체로 이는 미시적이면서 행태중심적인 미국식 실증주의 패러다임에 대한 반대를 외연으로 하고, (탈)마르크스주의, (탈)구조주의, 기호학, 정신분석학, 페미니즘 등을 그 내포로 하는 것이다.

구(및 이데올로기 연구), 정치경제학에 일차적 중점을 두고, 기타 패러다임(페미니즘이나 대안언론, 문화제국주의 등)은 논의의 전개상 필요한 경우에만 언급하고자 한다. 한국에서의 연구가 주 대상이지만, 다른 리뷰 연구와 달리 패러다임 자체가 문제되거나 (논쟁 등에서의) 대응양상·현상의 유사성이 클 경우에는 서구의 연구도 적극적으로 검토하려 한다. 논리적 정합성이 중시되는 패러다임 내부의 문제는 서구나 한국이 큰 차이가 없고, 학문적 교류가 활발해진 2000년대 이후로는 양자가 사실상 같은 호흡을 한다고 보았기 때문이다. 현상 면에서도 글로벌화의 경향이 나라별 특수성을 줄이고 있어 온전한 성찰과 논의의 풍부화를 위해서는 범위를 넓히는 것이 불가피했다. 대상 시기 역시 범위를 정하는 중요한 요소인데, 이 글은 새로운 연대의 시작이라고 볼 수 있는 2000년대 이후로 논의를 제한했다. 이전 시기에 대해서는 이미 같은 형식의 연구(임영호, 2001)가 있어 재론을 피하고 싶었고, 시기를 좁히면 연구의 초점을 분명히 할 수 있는 장점이 있기 때문이다.

그런데 문화 연구의 경우에는 이 시기에도 이미 '내부자'의 농밀한 시각으로 여러 리뷰 연구가 진행된 바 있어(원용진, 2000; 2005; 이상길, 2004; 유선영, 2004; 강명구, 2004b; 이영주, 2006),[4] 자칫 이 글 같은 '외부자'의 시도가 무용한 참견이 될 수도

---

[4] 이 글을 쓰면서 왜 다른 영역에 비해 문화 연구에서 유독 이런 리뷰가 많은지 그 이유를 생각해 보았다. 평가와 반성, 방향성의 재점검이 리뷰의 목표라면, 아마도 문화 연구가 최근 들어 양/질의 괴리, 규범적 기대와 성과·방향의 불일치 또는 영역의 원심화(다양화·학제화)와 구심화(제도화·체계화에 따른 형식화·구획화)의 동시적 작용 같이 나름의 전환기에 처해 있는 것이 그 이유일 듯하다. 특히 이에 비해 주류 연구는 리뷰를 거의 하지 않는데, 만약 그 이유가 대상의 방대성이라는 기술적 측면 이외에 방법론적 도그마에 대한 반성의 결여에 있다면 이는 학문의 발전에 큰 저해가 아닐 수 없다(정치학에서의 김웅진, 2001의 연구는 방법론의 도그마화가 가진 문제의 심각성을 새삼 일깨워준다).

있다. 그러나 '비판'의 궁극적 목적과 정합성에 좀 더 많은 비중을 두는 이 연구의 리뷰 기준이 주로 문화 연구 내의 '조류'와 관련된 연구들을 세부적으로 논의한 내부자의 것에 비해 나름의 차별성은 있을 것으로 생각한다. 물론 그렇다고 해서 선행연구들을 무시할 수는 없으므로 문화 연구에 대해서만큼은 '메타에 대한 메타 비판'을 시도해보려 한다.

서론의 말미에 꼭 밝혀둘 필요가 있는 것은 이 글이 중점을 두고 성찰하려는 것이 '문제의식'이라는 점이다. 이 글은 관련 분야의 전 연구를 양적 기준으로 분류해 특징을 추출하기 보다는 문제의식의 측면에서 그간의 연구사에 어울리는 전형적인 연구들을 찾고 그 연구들을 중심으로 비판적 성찰의 작업을 진행하고자 했다. 따라서 이 시기에 나온 일부 연구가 누락되었다 하더라도(특히 메타에 대한 메타 비판을 수행한 문화 연구에서) 문제의식에서 포괄하기 위해 노력했다는 점을 밝혀두고자 한다.

2. '소비로의 전환'과 '대안의 부재': 소비의 문제

비판 패러다임 진영 내에서 상호비판이 보다 첨예하게 된 계기는 문화 연구의 변화를 신수정주의로 명명하면서 이에 대해 문제를 제기한 커런의 1990년 연구(Curran, 2002/2005에 재수록)일 것이다. 물론 이전에도 (토대/상부구조 사이의) '결정'(determination)의 문제 등을 두고 정치경제학과 문화 연구 양 진영 간에 논쟁이 있었지만, 양·질적 정도에서 이 이후에 비할 바는 아니었다. 그런데 이 해는 서구에서보다는 한국에서 더욱 획기적인 연도로 기록된다. 그도 그럴 것이 이 해에 들면서 현실사회주의의 패망이 실감나게 다가왔고, 이른바 '87년 체제'의 민주화가 정착기에 접어드는 듯 했으며, 무엇보다도 비판 패러다임의 젖줄이 되었던 운동이 퇴조하고 있음을 분명하게 느낄 수 있었기 때문이다. 이 과정에서 접한 커런의 문제제기는 원래는 새로운 조류에 대한 비판의 목적이 앞선 글이었음에도 한국에서의 수용 양태는 오히려 그 조류를 습득하게 하는 역효과를 내는 듯 보였다. 한국의 현실이 이와는 다른 방향으로 변전되고 있었기 때문이다. 그러나 당시 변화는 밀접하게 영향을 주고받던 인접 학문에서 더 두드러졌다. 사회학·정치학 등에서 마르크스주의의 퇴조와 탈근대주의의 등장 조짐이 분명해진 것이다.

영국의 문화 연구사를 돌이켜 보면 신수정주의 같은 문화 연구의 변화는 이미 오래전부터 준비되어 있었던 것으로 보인다. 이를테면, 홀의 대중적·비계급적 그람시에 대한 꾸준한 천착(Hall, 1977a; 1977b; Hall et al., 1977)이나 '생산을 만드는' 소비의 중요성에 대한 애초의 주목(Hall, 1973)5)이 그렇고, 대처리즘을 예고한 '이데올로기주의' 분석(Hall et al., 1977; Jessop et al., 1984의 명명)도 이미 1970년대의 산물이며, 위에서 아래로 내려오는 수직적 차원의 '이데올로기'가 아닌 '의식'(ritual)이나 '수용환경'에 주목하는 수평적 차원에서의 수용자에 대한 몰리의 주목 역시 1974년에 시작된 것이기 때문이다(Morley, 1980; 2006). 즉, 커런의 비판은 그 연도가 (한국의 경우와 같이) 공교롭게도 1990년이었을 따름이다.

물론 그럼에도 1980년대 중·후반에 나타난 문화 연구의 변화, 특히 '저항적 해독', '기호학적 민주주의', '대중의 분별' 등을 주도적으로 제시한 피스크

---

5) 1973년에 나온 이 글('마르크스의 1857년 요강의 서문에 대한 독해')에서 이미 홀은, 생산은 소비됨으로써 비로소 현실화되며, 소비가 새로운 생산을 위한 필요를 만들어냄으로써 '생산을 생산한다'는 주장을 제출해 (뒤에 다시 나오는) '문화회로'에 대한 초기 착상을 어느 정도 완성시켰고, 접합 개념을 상징하는 '이질적 결합'(unity in difference), 구체적인 조건의 구체적인 분석을 위한 '역사적 국면' 개념도 제시했다.

의 영향은 자못 지대한 바 있다. 문화 연구에 대해 수시로 나온 유사 형식의 비판적 리뷰들(Garnham, 1995; Ferguson & Golding, 1997), 문화 연구자 자신의 자기점검(Morley, 1996; 1998) 등에도 이 부분은 고루 언급된다. 몰리도 지적한 바대로 피스크와 자신의 차이가 작지 않고(Morley, 1992), 또 그의 목소리가 다소 과장되게 인식된 측면 또한 크다 하더라도(Morley, 1996), 문화 연구의 변화(수용자, 수용환경, 구성주의, 민속지학적 접근 등의 강조)는 그에 이르러 보다 크게 부각되고, 미국 등에서의 제도화 속도 역시 빨라진다.

그러나 피스크의 영향은 한국에서는 상당한 지체를 겪는다. 학문적 이론을 운동의 자원이나 도구쯤으로 간주했던 이전의 1980년대는 아니었다 해도 1990년대 역시 지배/피지배 구도에 기초하는 생산부문의 획기적 변화, 곧 수직적 문제의식을 포기할 수는 없었고, 수용의 강조는 이를 저해하는 이상의 의미를 갖기 어려웠다. 그러나 현실의 벽은 완강했고 이를 헤쳐 나갈 수 있는 이론의 지위는 계속 박약해지면서 학문 장은 피스크를 비롯한 탈근대의 분위기를 받아들이게 되었다.[6] 현실(의 보수화)과 학문적 실천(마르크스주의의 포기)이 일정하게 부합한 것이다.

박약해진 이론의 지위란 당시 비판 패러다임의 주류였던 마르크스주의, 특히 정치경제학이 가진 소비 폄하(한 걸음 더 나아가면, 대중의 수용행위를 무시하는 일종의 엘리트주의[7])의 약점을 말한다. 정치경제학이 가진 경제

---

[6] 이 분위기를 강상현은 다음과 같이 지적한다. "어떤 면에서 비판적 연구 진영은 급변하는 정세 속에서 급진이론이 지니는 현실적 한계나 위기의식을 '포스트'의 그늘 밑에서 다소나마 희석시킬 수 있었고 전통적 연구진영 역시 '포스트'의 신조류와 함께 그동안의 수세를 만회할 수 있는 명분을 찾는 듯이 보였다"(강상현, 1993, 145~146쪽).

[7] 이의 대척점에 있는 것이 지금에도 자주 언급되는 피스크류의 '포퓰리즘'이다. 그러나 이 같은 엘리트주의/포퓰리즘의 이분법은, 구조·이데올로기/경험·실천, 이성/감정, 사회/개

중심의 관점, 특히 '환원주의'로 비판받은 초기의 사고틀에서 소비는 생산에 따른 부수적인 것에 불과했다. 이러한 처음의 입장이 약화되면서 정치경제학은 본격적으로 소비 문제를 다루기 시작했다(Murdock, 1989). 그러나 "사회적 조정이 어떻게 문화적으로, 즉 직접적인 물리적 강제 없이 확보될 수 있는가"(Garnham, 2000, p.110)를 기본적 문제의식으로 삼는 정치경제학은 저항성이나 단절, 문화적 실천 등을 강조하는 문화 연구와 같을 수 없었다. 이 점은 문화 연구가 제기한 수용자의 능동성을 정치경제학은 그 능동성에 방향이 없다고 보는 데서 잘 드러난다. 이는 프랑크푸르트학파의 문화산업론이나 좌파적 그람시의 관점을 받아들여 '피지배'와 '능동적 동의'를 양립 가능한 것으로 보는 관점(말하자면, 피지배의 능동적 수용)이다(Garnham, 2000; Gunster, 2004).

정치경제학은 미디어 소비가 무정형적으로 파편화되지 않고 일정하게 패턴화 된다고 본다.[8] 즉 수용자는 다양한 사회적 균열(특히 계급을 중심으로 하는 권력 불평등)에 따라 그 문화소비가 구조적으로 배열되어 있고, 이는 생산에도 영향을 미쳐 생산과 소비는 상호적으로 구성된다. 계급·권력 불평등은 문화적 생산·소비를 일정하게 결정하고, 따라서 변화를 도모하기 위해서는 '앞'을 먼저 바꾸어야 한다.

그러나 이는 아직 논리적 추리의 수준에서 도출된 명제에 불과하므로 이를 입증하기 위해서는 다른 방법적 절차가 필요하다. 그런데 불행하게도 정치경제학에는 이러한 절차를 진행시킬 방법적 도구가 없다.[9] 몰리(Morley,

인, 거시/미시, 근대/탈근대, 심지어 칸트/니체 등으로 변주·확장되기도 하는데, 중요한 것은 '그람시'처럼 양 극단을 어떻게 극복할 것인가에 있다.
8) 이러한 관점에서 보면 개인 차원으로 파악되는 능동성/수동성은 그리 중요하지 않다.
9) 이를테면, 대중 속에 존재하는 인종주의, 성차별주의 등을 어떻게 보여줄 수 있는가나 생산과 소비가 수미일관하게 돌아

1996)가 커런의 신수정주의 비판에 대한 반박으로, 그렇다면 '수용자 연구는 어떻게 진행되어야 하는가, 대안은 무엇인가'라고 했던 반문에 대해 정치경제학은 제대로 답하지 못하는 것이다. 몰리의 데이터를 통계적 방법으로 재해석해, 소비가 몰리의 처음 주장보다 정치경제학의 주장(사회적 위치에 따라 패턴화 되어 있다는)에 더 가깝게 나타난다는, 몰리조차 동의한 연구(Kim, 2004; Morley, 2006)도 정치경제학과는 무관한 자리에서 이루어진 것이다. 이렇게 볼 때, 문화 연구의 발흥과 마르크스즈의 비판연구의 퇴조 사이에는 나름의 학문적·현실적 이유가 모두 있었던 것이다.

영국에서의 신수정주의가 나름의 현실적·학문적 이유에 의해 뒷받침된 것처럼 한국에서의 소비로의 전환 역시 현실의 보수화와 학문 사이의 타협에 의해 이루어졌다. 만약 생산과 소비, 거시와 미시, 구조와 행위를 결합시키는 '총체적 연구'(Deacon, 2003)가 하나의 궁극적 지향점이라면, 생산에 대한 과도한 주목으로 가려진 수용자를 복권시키는 것은 그 자체로 중요하고 시급한 일이다.10) 그러나 한국에서는 비판 패러다임의 문제의식이 제대로 성숙되지 못한 상태에서 이러한 복권이 이루어짐으로써 생산·거시·구조와 대립된 소비·수용연구가 정착될 수밖에 없었다.11)

가는 과정을 관찰해서 보여줄 수 있을 방법적 도구를 말한다(그래서 모스코는 정치경제학과 민속지학적 접근을 연결시킨 펜다커의 방법적 시도를 높이 평가한다; Mosco, 1996).
10) 첸(Chen, 1996)의 제안대로 지난 비판 연구들에서 생산, 이데올로기, 지배 등으로 이루어진 사고틀은 감정(즐거움, 향유), 소비, 담론, 표현, 욕망 등의 중요성을 인정하지 않았으므로 필요한 전제는 "감정을 비이성적인 것으로 다루지 않는 만큼 이성 또한 (일정 부분) 비합리화시키는"(p.315; 괄호는 인용자) 공평한 태도이다. 또 소비를 미시적인 것으로 여기고, 거시와 미시 사이를 현실과 비현실로 치부하는 태도는 몰리의 지적대로 행위와 구조 사이의 상호구성적 관계를 부인하는 것으로 생산적인 결론으로 이어질 수 없다(Morley, 1996).

뒤늦게 한국의 정치경제학에서도 수용자의 공백은 나름의 큰 문제로 포착되었다(이남표·김재영, 2006). 이들은 특히 지금의 커뮤니케이션이 개방화·민주화·유비쿼터스화·탈대중화되고 있는 데 주목하고, "미디어가 수용자와 맺는 관계"(p.206)의 중요성을 상기시킨다. 그러나 이들은 자유주의나 문화연구가 내세우는 '시장'이나 '능동적 수용자'는 대안이 될 수 없고, 심지어는 공영방송의 몫이 지나치게 커지는 것 역시 경계해야 한다고 주장한다. 그러면서 정치경제학의 한 분파의 주장인 수용자상품론도 비판적 검토의 대상으로 삼는다. 지금의 문제는 '생산과 소비의 상호결정 관계'를 어떻게 파악할 것인가, 시장과 소비자의 괴리가 확대되는 현상을 어떻게 완화시킬 것인가, 고도로 확대된 네트워크와 시민적 연대 사이를 어떻게 결합시킬 것인가인데 지금까지의 안으로는 이를 해결하기 어렵다는 것이 이들의 대체적인 결론이다.[12]

최근의 현실이 시장화·개인화되는 경향을 보이면서 과거 스타일의 공익·대중·규제정책에 큰 변화가 오고 있다는 것은 분명해 보인다. 그러나 인터넷에서 볼 수 있듯이 자유화·유비쿼터스화가 반드시 시민·연대에 불리한 것만은 아니며 민주주의와 시장이 맺는 양가적 관계처럼 시장이 '본질적'으로 불평등하다 해도 늘 같은 정도와 형태로 그런 것은 아니다. 조건에 따라 시장도 달라질 수 있다는 것이다. 요는 이러한 시장의 지배력을 줄일 수 있는

---

11) 이전 문제의식의 '보완'이 아닌 '대체'로 등장한 이 점이야말로, 문화 연구가 자주 비판의 도마 위에 오르는 가장 큰 이유일 것이다(주4 참조).

12) 그러나 그렇다고 해서 이들의 말처럼 '시민성'의 의미 명확화나 수용자의 상품화 과정에 대한 투명한 이해가 어떤 뚜렷한 해결책을 제공해줄 것 같지는 않다. 대안으로 제기된 문화 연구와의 접점 모색(221쪽) 역시 구체적이지 않아 막연하게 느껴진다.

여러 기제―'공영방송', '국가 규제', '시민운동', '대안언론' 등―를 시장과 어떤 관계로 결합시킬 것인가에 있다고 생각된다. 이러한 과제는 정치경제학의 고유한 것으로, 연구는 이제 막 시작되었다고 해도 과언이 아니다.

3. '무관심'과 '무능': 생산(과정)/구조의 문제

문화·미디어의 생산 주체(자본과 인력 등)나 산물(텍스트), 생산조건이나 방식(테크놀로지, 분업 등) 등 이전까지 비판패러다임이 주력했던 부문은 주로 정치경제학이 중시했던 생산 쪽이었다. 이의 이면에는 '문화회로'(the circuit of culture)13)가 생산에 의해 결정된다는, 달리 말해 소비·수용이나 유통이 생산(더 좁게는 자본)에 의해 좌우된다는 "대단히 환원주의적이고 총체적인"(Mosco, 1996, p.190) 마르크스주의의 '상품화' 논리가 자리 잡고 있었다. 그러나 바로 그 점 때문에 정치경제학은 산업·정책구조의 거시적 트렌드(소유·통제구조의 변화, 국가·자본의 유착, 공영방송의 향배 등)에 치우쳐 이러한 추상화를 '상승'시키는 구체적인 연구를 발전시키지 못했다. 정치경제학이 뉴스 조직의 경제적 구조와 뉴스 과정의 결과를 직결시키면서도 정작 그 연관과정은 분석이 필요하지 않은 '블랙박스'로 만들었다는 미디어사회학자 셧슨(Schudson, 1989)의 지적은 이를 두고 한 것이다. 또 반대로, '생산'과 '규제' 같은 정치경제학의 전통적 주제에 주력해서 쓴 교본인 헤스몬달의

13) 이 개념은 생산과 소비의 연계를 강조한 마르크스의 착상을 기초로 하여 생산을 가운데 맨 위에 두고 소비, 규제, 텍스트, 주체(정체성) 등 다섯 항목의 접합관계를 나타낸 것으로, 이들 사이의 접합은 결정적인 것이 아닌 가변적이고 우연적인 결과를 낳는다(Du Gay, 1997). 생산이 중심이 되어 있기는 하지만 정치경제학적 발상에 비해 그 비중은 크게 줄어들었다.

'문화산업론'(Hesmondhalgh, 2002)이 오히려 문화경제학이나 문화사회학 같은 다른 부문의 연구에서 더 풍부한 작업 개념 및 실증적 자료를 끌고 들어오는 것도 같은 맥락의 현상으로 볼 수 있다.

물론 그렇다고 해서 정치경제학적 접근의 의의가 전혀 없는 것은 아니다. 정치경제학은 최근 들어 생산의 문제와 관련해 문화 연구의 주요한 통찰 중의 하나인 '차이'를 비판한다. 즉 문화 연구가 수용자의 능동성을 보여주는 증거로 활용하는, 생산자의 의도를 '배반'하는 수용자의 다양한 취향·수용의 '기호학적 민주주의'는 차이를 활용하는 자본의 전략변화와 매우 밀접한 연관을 가진다는 점이다(Gunster, 2004; Sayer, 2001). 이는 시청자들의 해석적 힘이 그 텍스트를 생산하는 중심적 미디어 제도들의 담론적 권력과 결코 동등하지 않다고 누누이 주장한 '온건파' 문화 연구자 몰리(Morley, 1996; 1998)의 주장을 상기시킨다. 만약 이러하다면 수용자의 능력은 결국 자본의 영향권 내에 머무르는 셈이며 수용자에 대한 해석이나 수용자를 위한 전략은 새로운 국면을 맞게 되는 것이다. 이 점에서 정치경제학의 논리는 여전한 의의를 지닌다고 할 수 있다.[14]

한편 소비의 중요성을 부각시킨 문화 연구 진영에서도 생산과정에 대해 나름의 주의와 노력을 기울였다(Caldwell, 2006; Du Gay ed., 1997). 이들 문헌에 거론된 연구들을 모두 문화 연구로 부를 수 있는지는 다시 따져보아야 할 문제고, 또 기존의 정치경제학과의 연속과 단절의 성격도 중요한 분석 대상이 될 수 있지만, 그러나 이런 연구들이 적어도 문화 연구의 테두리 내에서 이론적

---

[14] 물론 이에 대한 여러 비판 역시 아직은 유효하다. 즉 상품화는 너무 추상성이 높아 '국면'에 대한 분석으로는 그저 '전경'(foreground) 정도가 될 수 있을 뿐 분석의 구체적 수단이 되기 어렵고(Grossberg, 2006), 그것이 상품이든 다른 무엇이든 그것이 가져오는 감정의 변화(감동, 즐거움 등), 즉 미학적 실체에 대해서는 여전히 대답하지 못한다.

으로 큰 결실을 거둔 것으로 보이지는 않는다. 지난 문화 연구를 개관하는 자리에서 어떤 누구도 생산 연구를 언급하면서 문화 연구의 성과를 언급하지는 않기 때문이다.

그러나 이런 논의의 무대를 한국으로 옮기면, 한국의 상황은 더욱 심각하다고 할 수 있다. 정치경제학이든, 문화 연구든 비판 패러다임 어디에서도 이 분야의 연구는 찾아보기 어렵기 때문이다. 특히 생산을 강조하는 정치경제학이지만, 신문 산업에서 나타나는 강고한 소유주 헤게모니에서 잘 드러나듯이 '자명한' 현실이 이론을 압도하면서, 또 서구 이론에서 이어받은 일부 도식의 답습이 현장보고 수준에 머무르면서 답답함이 커지고 있다. 예를 들어 '매체산업의 집중구조', '외국자본의 한국지배' 같은 것이 그러한데(김승수, 2005). 매체산업의 집중이 문제가 되는 것은 '여론시장의 지배' 때문이므로 집중구조는 집중 자체보다는 지배로 나타날 수 있는 계기를 찾는 것이 더 중요함에도 정작 이런 중요한 고리는 밝혀내지 못하고 있는 것이다. 삼성이 매체시장에서 차지하는 비중(특히 한겨레나 KBS 등에 대한)이 매우 크다 해도 그 운신이 초미의 국민적 압력 속에 노출되어 있는 이중성을 지니는 이상 그 비중은 단순한 숫자 이상의 의미를 갖지 못할 수도 있다.15) 또 외국자본이 케이블TV 채널 등에 투자하면 무조건 그것이 '지배'나 '통제'로 간주되어야 하는 것인지 역시 같은 맥락의 반문이다. 이러한 판단은 결국 우리와 외부(주로 초국적기업)가 어떤 관련을 맺어야 하고 맺을 수 있는지에 대한 (규범적) 모델 개발이 전제되지 않으면 이루어지기 어렵다고 생각한다.

(생산)구조부분에서는 그나마 한동섭(2002)의 연구가 최근에 나타나는

---

15) 이를테면 KBS의 광고에서 삼성이 10%의 비중을 갖는다고 해서 KBS가 삼성에 대한 비판을 하지 못할 것이라고 말할 수는 없다는 뜻이다.

글로벌 독점의 형태 변화를 잘 추적하고 있다. 이 연구는 경쟁자/협조자, 국내/국외, 사업자 영역(매체) 등을 가리지 않고 전방위적으로 형성되고 있는 '네트워크형'을 새로운 독점의 유형으로 들면서 이것의 효과로 국제시장에 대한 진입장벽이 더욱 높아질 것이라는 우려를 제기했다. 그러나 이에 대한 이해를 더욱 쉽게 줄 수 있는, 독점의 계기나 형성과정에 대한 역사적 추이 등은 빠져 있어 아쉬움을 준다. 또 네트워크형이 외견상으로는 분명하게 기존 주자들의 연계를 강화시키는 듯 보이지만 실제 진입장벽에는 큰 변화가 없을 수 있는 가능성을 경시하고 있다. 왜냐하면 네트워크형이 생겨나는 가장 큰 이유가 기존 시장에 대한 새로운 미디어들의 파급력을 차단·포섭하고 기존 소프트웨어의 부가가치를 극대화시키는 데 있으므로 네트워크의 말단에서는 신규 주자들의 배제력 못지않게 포섭력도 작동할 수 있을 것으로 보이기 때문이다.

이런 정치경제학에 필요한 것은 기존의 이론이나 접근방식에 대한 발본적 성찰과 논리적 추상을 구체화시키는(이른바 '구체로의 상승') 사례 연구다.16) 그러나 지금까지의 정치경제학에는 이러한 성찰이나 방법적 전환의 주장이 없거나 매우 약하다.17) 이는 비단 한국에서만의 문제는 아니다. 예를

---

16) 구체로의 상승은 일정한 개념적 도식으로서의 추상이 얼마나 적절한가의 여부(또는 평면적인가, 복합적인가 여부)를 판가름해주므로 연구의 현실정합성을 높이기 위해 반드시 밟아야 하는 절차다.

17) 정치경제학을 비판하면서도 경제를 경시하는 것은 결코 아니라고 항변하는 그로스버그(Grossberg, 1995, 2006; Cho, 2008)의 일관된 주장은 이를 지적한다. 물론 그조차 "나는 항상 경제적 문제를 진지하게 고려해왔지만, 내가 그것을 빈약하게 다루었던 것은 아닌지 걱정한다"고 하면서 나름대로 몇몇 연구자들을 비정치경제학적 경제연구의 한 전형으로 꼽았지만, 아직도 스스로는 "문화 연구 관점에서 경제를 하는 것이 무엇을 의미하는 것인지"(Cho, 2008, p.109)에 제대로 답을 하지 못하고 있다.

들면, 영국의 대표적인 정치경제학자 머독과 골딩(Murdock & Golding, 2005)은 앞서 언급한 셧슨의 지적에 대해 이것이 오해라고 하면서 생산과정에 대한 정치경제학의 그간의 성과가 대단한 듯 예시한다. 그러나 이 예시는 사실 그간의 주장이 가진 중요도를 전혀 감당할 수 없을 만큼 양과 질에서 모두 현저하게 부족한 것이다(그들이 인용한 것은 두 개에 불과하다). 또 이남표와 김재영(2006)이 든 기존 연구들도 보기에 다라서는 국가(정책), 자본, 시장의 도식적 결합성만을 부각시킨 것일 수도 있다(그나마도 대부분 1990년대 이전 연구에 한정되어 있다). 이러한 사례들은 단적으로 말해 정치경제학이 주장만 앞세우는 도식성이나 단순성을 반성·극복하고, 논리나 방법의 구체화와 유연화, 다변화를 꾀하지 않으면 안 되는 이유다. 이 점과 관련해 고무적인 것은, 최근 들어 기존의 이론적 경직을 극복할 수 있는 틀이 적극적으로 모색되고 있다는 점이다(김승수, 2007; Hesmondhalgh, 2002; Tunstall, 2008).

물론 문화 연구로 무대를 옮겨 놓아도 대종은 변함이 없다(그러나 문화 연구는 상대적으로 생산을 강조하지 않았으므로 그 책임의 정도는 크지 않다). 즉 대체로 이 분야에서 문화 연구로 스스로를 칭하는 연구(자) 중에서 생산, 즉 생산과정이나 조직, 생산인력, 테크놀로지나 작업방식 등에 대한 것은 거의 없기 때문이다.[18] 아마도 이 글에서 나중에 논의될 'PD 저널리즘'에 대한 연구와 다큐멘터리·코미디(이오현, 2005, 2007), 뮤직비디오(양정혜, 2004), 매거진 프로그램(연정모·김영찬, 2008) 등이 거의 전부이고, 범위를 더 넓혀야

---

[18] 원용진이 2000년에 개관한 연구에서도 이 분야에 관련된 연구는 작가를 연구한 김훈순·박동숙(1999) 정도의 몇 연구밖에 없다. 원용진은 2005년도의 고찰에서는 "① 문화생산의 조건, ② 문화생산 관계, ③ 문화생산 수단, ④ 문화생산력 등에 다양한 논의들이 문화 연구 안에서 펼쳐지고 있다"고 했는데 지시대상이 불분명해 실체를 찾을 수가 없었다(물론 이는 '생산'에 대한 필자와 원용진의 개념 차이일 수도 있다).

출입처에서의 기자와 취재원의 사적 친분을 탐구한 연구 등(박동숙·조연하·홍주현, 2001)도 포함될 수 있다.19) 이중에서 이오현의 연구는 민속지학적 접근으로 인물현대사(KBS), 개그콘서트(KBS)의 생산 과정을 밝힌 흔치 않은 것인데, 아쉬운 것은 이 연구가 각각 '영향을 미치는 요인들', '생산 환경에 대한 이해'에 대해 많은 정보를 주었음에 비해 내용분석과 병행되지 않아 구체적으로 어떻게 그것이 (내용에) 반영되었는지에 대한 입체적 이해를 도모하지 못했다는 점에 있다. 또 프로그램에 작용하는 다양한 요인들이 변별되지 않아 각 요인들이 마찰을 일으키거나 서로 간에 편입·협상되는 과정들이 관찰되지 않았고, 인터뷰 등을 통한 현장의 직접적 목소리가 상호체크 없이 다소 무반성적으로 반영되어20) 특히 인물현대사의 경우에는 마치 일선 PD '개인'의 능력이나 태도가 가장 큰 결정요인인 것처럼 비춰지기도 한다.

이러한 생산/구조연구의 부진은 비판적 정책연구 전체로 파급되어 뉴미디어·정책연구가 봇물처럼 쏟아져 나오는 가운데에서도 비판 패러다임의 정책 개입 정도는 크지 않다. 물론 '슬로건'은 많다. 이를테면 문화 연구자인 전규찬(2007)은 "현재의 미디어/기술을 자기 대화 또는 자신과 동일한 규칙을 공유하는 사람과의 대화로서의 (권력의) 선전의지로부터 탈구시켜 교통 공간적 사회성 회복을 기획하는 다중의 언론의지와 절합시키는 능동적인 전유의 운동학"(308쪽)이 필요하다고 주장한다. 그러나 실제 이러한 미디어 구조나

---

19) 사실 이러한 연구들을 모두 비판 패러다임 범주에 넣을 수 있는지는 '민속지학'과 '참여 관찰' 사이의 거리만큼 미묘한 문제다. 이 점에서 민속지학의 방법적 의의는 여러 면에서 재검토할 여지가 많다(수용자 연구를 중심으로 한 것이지만, 나미수, 2005의 문제제기 참조; 이기형·임도경, 2007은 민속지학 접근의 한 모범을 보여준다).
20) 캘드웰(Caldwell, 2006)은 이 점이 비판적 문제의식을 실종시키고 제작진의 입장을 대변해주는 잘못된 연구로 귀결될 수 있는, 이런 연구방식에서 가장 조심해야 할 부분으로 보았다.

이를 가능케 하는 구체적인 전략이 무엇인지는 전혀 말하고 있지 못하다. 그가 말하는 미디어/기술의 '바깥이 아닌 안', '인·민의 공유화', '지향과 지양의 이중 전략' 등의 주장으로 미루어 기존 구조의 내부에서부터 일정한 변화의 계기를 발견하자는 취지 정도만 이해가 될 뿐, 여러 관점에서 본 동어 반복적 수사나 현란한 개념어들을 걷어내고 나면 사실상 당위만 남는다.

또 문화 연구의 전체적인 문화 정책 노선 또한 많은 논의의 여지를 낳고 있다. 이는 이상길(2004)이 원용진(1997)에게 제기한 것을 강명구(2004b)가 계급 문화적 관점에서 다시 제안한 다음에서 잘 드러난다. 이상길(2004)은 일상적 문화 교육에서의 나쁜 것과 좋은 것의 '구분'을 문화 연구가 주장하는 대중의 취향이나 수용에서의 '차이'와 어떻게 변별해서 볼 수 있을지에 문제를 제기한다. 이에 대해 원용진은 나쁜 것과 좋은 것을 선별하고 '좋은 것' 외에는 다른 대안을 인정하지 않는 권력의 지배성(더 크게 보면, 근대주의의 일원성)을 지적하면서 문화적 '차이의 정치'의 정당성을 말했지만, 강명구는 "'길거리 … 아이들'의 삶의 조건과 이들이 자신의 삶을 어떻게 인식하고 있느냐(간파와 저항, 타협과 순종의 과정)를 드러내고"(184쪽), 이들이 자신의 삶을 스스로 선택할 수 있느냐의 문제 곧 계급적 '불평등의 정치'로 이를 인식한다. 차이의 정치가 학교(계급적 재생산이 이루어지는)에서는 가르치지 않는 랩(나름대로의 문화적 실천)을 하는 아이들의 저항을 중시한다면, 이상길이 말한 좋고 나쁨에는 학교가 가지는 근대적 가치에 대한 나름의 옹호와 '좋은 것'에 대한 불가피한 선별의 필요성이,[21] 그리고 강명구의 주장에는 학교교

---

[21] 물론 랩을 학교에서 가르칠 수 있다면 좋고/나쁨이 대중 장르에도 적용될 수 있고(그러니까 랩이라면 모두 나쁜 것이 아니라 '좋은 랩'과 '나쁜 랩'이 있는), 이처럼 대중문화의 의의가 공식적으로도 인정된다면 양자는 화해의 길을 걸을 수도 있을 것이다(그러나 그 때에는 랩이 과연 지금의 랩과 같은 가치를 지닐 수 있을지의 의문이 남을 것이다). 부르디외의 문제의식

육과 거리 음악을 두고 주체적으로 선택할 수 있는 권리의 유무가 초점이 된다. 그리고 사실 이상길의 이론적 '해결책'은 이러한 저항/가치/권리를 아우를 수 있는 새로운 인식틀이다.22) 지금의 문화 연구에는 이론적·정책적 한계가 있는 것이다.

이와 관련해 같이 언급될 필요가 있는 것은 문화 연구의 생성의 욕망을 여기서의 생산과 연결시킬 필요성이다. 원용진(2005)의 한국 문화 연구의 발전 과정 추적에 따르면, 한국 문화 연구는 자연스러운 문제의식의 심화로 이데올로기에서 권력, 그리고 욕망으로 변화한다.23) 국가/자본에 치우친 초기의 지배 이데올로기 연구가 미시적인 일상·지식의 권력으로 확대되었고, 이것의 비판성 또는 부정성이 반작용을 불러와 적극적 의미를 지닌 탈주

> 이 발견한 고급문화의 '잡식 취향'으로의 최근 변화는 이의 해결에 한 시사점이 될 수 있을 것으로 보이는데, 그러나 이는 영역별로 다양하게 나타나 하나의 결론으로 집약되기 어렵다. 음악에서 잡식 취향은 미국을 무대로 한 피터슨과 컨의 연구(Peterson & Kern, 1996)에서 비교적 분명하게 드러나지만, 실바(Silva, 2006)는 영국 사례를 통해 시각예술에서는 원래 부르디외의 테제에 더 가까운 현상이 나타난다고 보고한다.
>
> 22) 범위를 넓혀 보면, 차이는 취향이나 감수성, 주 향유층 등과 관련된 문화정치적 차원의 문제 인식으로(이는 랩이 가진 미학적 가치와 문화적 차이가 '인정'됨으로써 어느 정도 해결이 가능하다), 불평등은 지배/저항과 관련된 정치경제학적 차원의 문제로 볼 수 있고(이는 기존 문화에서 부여한 가치를 얻을 수 있는 기회의 균등화, 곧 물질적 자원 등이 '재분배'됨으로써 해결이 모색된다), 매우 분명하게도 양자는 공존하고 있고 문제 해결 역시도 양자적 인식이 공유될 경우에만 가능하다. 이 점과 관련해 전규찬(2004)은 양/질을 다수자/소수자로 풀어보자는 제안을 한 적이 있는데, 그러나 이에는 정작 우리가 '질'을 떠올릴 때 생각나는, 다수자/소수자 문제를 횡단하면서도 이와 상대적으로만 관련이 있는 미학적 차원('왜 우리는 감동하는가'에 대한 대답)이 배제되어 있다(이 책의 2장 참조).
>
> 23) 그런데 그가 사례로 든 연구들이 시기 면에서 문제의식이 변화되는 과정과 일치하지 않음은 더 정교한 다음의 논의를 위해서도 꼭 지적할 필요가 있다.

의 욕망론으로 발전했다는 것이다. 그러면서 욕망 논의 시기에 이르러 문화 연구는 한층 더 복잡하고 불투명한 모습을 하게 되는데, 그 이유는 이데올로기, 권력, 그리고 욕망을 절합하여 한 이론으로 엮는 것을 과감하게 시도했기 때문이며, 이는 서구의 것과는 다른 한국 문화 연구의 특징이라고 주장한다. 그러나 그 사례로서 든 연구들은 이러한 욕망을 구체적인 생산조건(단순한 프로그램 재현 외에 생산인력, 과정, 제도 등)과 연결시킨 것이 거의 없다. 이 점은 적어도 생산과 관련된 부분에서 문화 연구가 보여주는 것은 아직은 무관심이라 해도 과언이 아니라는 점을 반증한다.

이러한 무능과 무관심은 정치경제학의 '결정' 테제만큼은 아니라 해도 텍스트에 직접적으로 관여하는 미디어 제도의 담론 권력이 온전하게 배어 있는 생산·정책 부문을 경시하게 되는 큰 오류를 낳을 수 있다. 사실 신수정주의 이후 소비 강조의 논리는 생산과 소비, 구조와 행위 사이의 상호구성적 관계를 넘어 '소비결정론'으로 치닫고 있지만, 이의 문제제기가 전혀 근거 없는 것은 아니라는 점에서 기존 비판연구의 사고틀은 분명하게 대안을 기다리고 있다. 이 점과 관련해 모스코(Mosco, 1996)가 기든스의 구조화 이론을 받아들이고 방법론의 다양화를 꾀하는 것은 나름의 중요한 전환이 될 수 있다. 이는 나중에 다시 살펴볼 근대주의/탈근대주의의 결(경)합 문제와도 밀접한 연관을 가진다.

4. 현실에 대한 개입: 국면주의의 침체/시도

문화 연구의 가장 강력한 옹호자 중의 한 사람인 그로스버그(Grossberg, 2006)에 따르면, 문화 연구는 마르크스주의 또는 더 크게 근대주의의 보편주의나 본질주의, 환원주의를 비판하면서 국면주의(conjuncturalism), 접합(articulation) 등을 그 대안으로 제시한다. 여기서의 국면(주의)은, "다양한 실천(또는 관행들)과 투쟁 및 협상의 과정을 통해 끊임없이 잠정적 균형 또는 구조적 안정을 추구하는, 여러 축과 면, 규모에 따라 갈라지고 갈등하는 사회구성체(를 주목하는 것)"(p.4; 괄호는 인용자)으로 정의된다. 이것이 탈근대적인 이유는 이 사회구성체가 주축이 없고, 특수·잠정적이며, 우연적인 것이기 때문이다.24) 이 점은 국면을 형성하는 접합 개념에서 더 잘 드러나는데 그것은 "어떤 조건하에서 이데올로기적 요소들이 어떻게 하나의 담론 내로 서로 통합되느냐에 대한 이해의 방식, 그리고 그들이 어떤 특정한 국면에서 어떤 정치적 주체로 접합되거나 되지 않느냐에 대한 물음의 방식"(Hall, 1996, pp.141~142)으로 정의된다. 단적으로 말해, 접합은 다양하고 이질적인 요인들이 특정 시점(앞서의 '국면')에서 하나의 구성체로 결합되는 것이다. 예를 들어, 이전에는 별로 관계없었던 보수주의와 신자유주의 시장이론이 어떻게 결합되어 신보수주의로 '상식화'되는가 같은 것이다. 문화적인 차원에서는 어떻게 록 음악과 사회적 저항이 결합해서 저항의 감정선을 만들어내는가 등을 말한다.

---

24) 이 국면주의는 맥레넌에 따르면 그 어떤 요인에도 미리 '특권'을 주지 않고, 다양한 사건들과 요인들(세력, 집단, 이념, 적대관계 등)을 배열해놓은 다음 그 사이의 선후와 인과, 경중을 치밀하게 따져 현상을 설명하는 '그럴듯한 종합'(plausible colligation)이다(McLennan, 2006). 따라서 그로스버그의 해명대로 이는 흔히 알려진 것과 달리 경제나 생산, 구조의 폄하도 아니고 이데올로기주의도 아니다. 다만 정치경제학이 하는 방식(생산/경제결정론)을 따르지 않는 것뿐이다. 그러나 그렇다고 해서 문화 연구 내의 경제 연구가 풍부한 결실로 이어진 것은 아니므로 정치경제학의 비판이 전혀 근거 없지도 않다. 적어도 양적인 측면에서 문화 연구의 (적어도 양적인) 대종은 여전히 텍스트/수용자라는 정형화되었지만 체계화된 틀에 만족해 있는 것이다.

문화 연구자들에게 이러한 국면주의는 대처주의를 예고했다고 평가받는 책인 "위기관리(*Policing the Crisis*)"(Hal. et al., 1977)가 마르크스의 보나파르티즘, 그람시의 시저리즘에 준하는 '권위주의적 민중주의'(authoritarian populism)를 제기한 하나의 '정전'이다. 그러나 불행하게도 국면주의적 분석은 이것에 그칠 뿐, 성과가 이어지지는 듯한다. 한국의 문화 연구자들도 앞서의 '위기관리' 같은 새로운 체제의 등장과 관련된 국면주의 분석은 시도하지 못했다(유선영, 2004). 노무현 정부하에서 벌어진 '언론 전쟁'을 한국 언론의 구조변동과 연관시킨 강명구의 분석(2004a)은 국면주의를 표방한 것은 아니지만 문제의식에서는 이와 유사하다고 볼 수 있다.[25]

이 글에서 강명구는 김대중 정부의 언론 개혁 선언 이후 벌어진 언론 사이의 갈등을 '언론 전쟁'으로 규정하고 그 안에서 발견되는 한국 저널리즘의 위기를 사회구성, 언론산업, 조직 및 (기자) 집단의 정체성, 뉴스 담론의 층위 등 네 가지 층위로 나누어 검토한다(이 글에서는 마지막 층위는 제외). 시장 우위의 이데올로기, 약탈적·기업포획적 시장화, 신뢰와 연대감이 사라진 조직문화 등 한국 저널리즘은 제도 - 구조 - 조직 - 사람 등 모든 층위에서 위기에 처해 있다. 개혁은 '당사자들의 자발적 의지와 성찰'이 필수적인데, 내부에서 동력이 만들어지지 않으니 외부에서 시도하는 언론개혁은 실패할 수밖에 없다.

아마도 이 글만큼 다차원적으로 위기를 잘 분석하고 있는 연구도 혼치

---

[25] 이 점과 관련해 다른 글에서 강명구(2004b)가 했던 저널리즘 등으로의 문화 연구의 외연 확대 필요성은 국면주의의 문제의식으로 미루어 볼 때 일리 있는 제안이지만, 그렇게 될 경우 '문화' 연구로서의 정체성이 흐려지는 약점이 있다. 물론 한때 버밍햄이 그랬던 것처럼 문화 연구가 반(주류)사회학의 기치를 유지한다면 이 점은 오히려 매우 필요한 것이 되지만 최근의 영역화·구획화 경향은 이를 강력히 제어하고 있다.

않을 것이다. 그러나 이 글은 의외로 많은 논쟁거리를 제공한다. 먼저 이 글은 보수와 진보의 차이를 중시하면서 여당과 야당의 차이는 정파적인 것으로 폄하한다. 그러나 이 글에서도 시장의 성격을 나눈 대로 시장과 반시장의 차이야 두말할 것 없지만, (여·야에 대응시킬 수 있는) '약탈적·기업포획적 시장'과 '규제된 시장'과의 차이도 특히 민주주의의 연륜이 짧은 한국 사회에서는 매우 중요하다. 상업주의를 들어 조선일보/한겨레, 중앙일보/MBC의 차이가 없다는 대목에서는 탈정치화와 정파화를 같은 차원에서 평가할 수 있는지 의문을 낳는다.

다른 한편으로 안티조선운동은 조선일보가 지배헤게모니의 보루를 담당하고 있으면서 수시로 '색깔' 공격의 전선에 나선다는 점에서 우선적으로 비판과 공격이 필요하다는 취지로 벌어진 운동인데, "……헤게모니가 존재하기 때문에 그러한 행태를 보일 수 있었음에도 조선일보 한 신문의 편향적 보도 행태로만 바라보았기 때문에"(333쪽) 그 운동이 실패했다는 주장은 조금 더 부연설명이 필요한 대목이 아닐까 한다.[26] 신문의 사유화를 제한하기 위해 지분을 제한하자는 주장은 적은 지분만 가지고도 충분히 기업지배가 가능한 현실이 엄연함에도 꾸준하게 제기되는 것인데, 단순히 한 기관이나 단체의 잘못된 노선으로만 치부하기 어려운, 강력한 소유주 헤게모니가 작동하는 한국 신문의 특수한 현실도 같이 보아야 하지 않을까 한다.

국면주의와 관련해 여기에서 거론될 수 있는 또 다른 사례는 2004년 벌어

26) 이 글은 아마도 '조선일보를 너무 섣불리 건드렸다'는 것으로 판단한 듯 보이는데 조선일보는 '사상 검증'의 형태로 자신이 직접 나서 공격의 선봉에 섰기 때문에 상대편은 침묵이 아니면 같은 방식의 반박이 불가피했다. 물론 이는 조선일보 측의 전략일 수도 있다. 안티조선운동은 지금에 이르러 다시 곱씹어봐야 할 여러 측면을 갖고 있지만, '신문'을 상대로 한 운동의 어려움을 새삼 느끼게 만드는 사례가 아닌가 싶다.

진 탄핵보도 논쟁이다(원용진 외, 2008; 이민웅 외, 2006). 이 논쟁은 크게 보아 저널리즘의 규범, 더 좁게는 공영방송의 규범의 성격을 어떻게 볼 것인가에 대한 큰 시각 차이에서 비롯된다. 탄핵방송을 비판하는 한 쪽은 규범의 훼손을, 옹호하는 다른 한 쪽은 규범의 상대성을 들어 서로를 반박한다. 비판 패러다임의 입장에서는 규범의 정당성을 믿고 이를 '기계적으로' 적용하고자 하는 전자보다는 "역사성 안에서 보도를 행할 수밖에 없는 저널리즘의 숙명에 대해서는 눈을 감고, 기술적인 면만을 강조하는 것에 지나지 않는다"(원용진 외, 2008, 89쪽)고 비판하면서 이른바 정상 저널리즘의 해체로까지 나아가는 후자의 주장이 검토해볼 만한 가치가 있다.

이 책은 먼저 뉴스 공정성을 구성하는 기존의 세 가지 하위 범주, 즉 사실성, 윤리성, 이데올로기의 위계화를 시도한다. 오랜 권위주의의 유산으로 지금도 다원주의사회로 볼 수 없는 한국 사회의 특성을 고려하면 이 세 가지 범주는 동등하지 않고, 이데올로기 검증이 저널리즘의 공정성을 평가하는 주된 축이 되고 사실성과 윤리성은 부차적인 지위를 차지하는 것이 합당하다고 주장한다. 그리고 당시의 보도는 "저널리즘 장의 지배자가 되길 욕망하는" 방송이 기존의 패자인 신문에 대항해 방송 내부의 아비투스를 교체하면서 한국사회에 적절한 역사성에 입각해 "스스로 적극적으로 판단하고 결정한 결과"(209쪽)라고 한다.

그러나 이러한 주장에는 생각해봐야 할 거리가 적지 않다. 우선 이 글의 입장대로 공정성을 '약자의 편에 선 대항 이데올로기'로 본다 해도 당시 정부권력을 과연 약자로 간주할 수 있는가 하는 현실적인 문제가 있고, '주된 축' (또는 이데올로기가 공정성의 하부요소가 아니라 공정성을 작동시키는 공정성의 조건이라는 주장)이라는 표현이 다른 부차적 지위(사실성과 윤리성)를 무시해도 된다는 것인지도 분명치 않다. 또 역사성의 문제에서도 "과연 누구의 관점에서 바라본 역사성이어야 하느냐"라는 중요한 질문에 대해서는 정작 별 대답이 없다.

이 책이 파악한 탄핵 보도의 성격은 규범의 침해 여부에 매몰된 비판 측의 진단에 비해 방송 내부의 관점에서 '왜'와 '어떻게'를 풍부하게 설명해주는 장점이 있다. 그러나 그것의 정당성을 따져볼 수 있는 기준, 달리 말해 그것이 해체해놓은 규범의 재정립―공정성이 조건인 규범은 어떻게 정립될 수 있는가, 이는 기존 규범과 어떤 차이가 있는가, 이러한 규범은 불/필요한가, 규범의 기계적 적용과 탄력적 적용은 어떤 차이가 있는가, 방송의 아비투스 변화와 공영방송의 이념과의 관계는 어떠해야 하는가, 이 규범은 신문과 방송에 차이가 있는가 등―가능성에 대해서는 대답을 찾기 쉽지 않다.[27] 언론의 객관성 이념이 가지는 약점이 충분하다 하더라도 그 이념이 가지는 '조절 원리'로서의 장점은 무시할 수 없다(Lichtenberg, 1996)고 볼 때 이러한 공백은 빨리 채워져야 하는 부분이다.

5. 끝없는 정체성 확인/양적 답보: 저항성의 문제

지금의 문화 연구에서 나타나는 일부 제도화·정전화된 문제의식이나

---

[27] 이를테면 이 글은 담론의 공정성을 요구할 수 있는 권리를 커뮤니케이션에 대한 기본권으로 확대하자는 이준웅(2005)의 주장을 다원주의적이라고 비판하며 이를 거부했다. 그 이유는 아마도 이를 인정할 경우 이 글이 주장하는 역사성이 담론의 공정성 기준에서 편파성이 될 수 있는 우려가 있기 때문일 것이다. 그러나 우리가 헤게모니 개념에서 힘이나 경제력 못지않게 강조하는 것은 일종의 보편을 (적어도) '가장'할 수 있는 정당성인데 공정성보다 역사성이 더 '지도력'/'합의'를 도모할 수 있을 지는 다시 생각해봐야 할 문제다.

연구 소재, 글쓰기 방식 등이 그 본래의 '정신'에 비추어 볼 때 문제가 있다는 인식은 비단 우리만의 것은 아니다. 그로스버그가 미국의 문화 연구를 비판했던 가장 큰 이유 역시 문화 연구가 대학 내, 특정 학과 내로 제도화·영역화되면서 일종의 방법론 또는 논문구성 방식 등에서 정형화된 틀이 나타나고 이 점이 문화 연구의 본령을 사실상 해치고 있다고 보았기 때문이다(Grossberg, 2006). 그런데 우리의 경우에는 문화 연구가 '문화의 연구'의 주류로 확대되는 과정에서 나타난,28) 그러니까 일종의 '성공의 위기'로 나타난 경향이 지적된다.29) 문화 연구의 양이 늘어나면서 오히려 다양한 비판이 쏟아지고 있기 때문이다(윤선희, 2003; 이상길, 2004; 유선영, 2004; Kang, 2004).

주류 이론처럼 이론 → 가설 → 관찰 → 경험적 일반화 → (다시) 이론의 단계로 이어지는 가설연역적(또는 법칙연역적, 포괄법칙적) 방법을 '표준'으로 제시하지는 않는다 해도 이와 유사한(물론 단계가 이처럼 많거나 경직되어 있지는 않지만) 절차가 고착될 수 있는 조짐은 여러 곳에 보인다. 만약 이러한 절차가 현상을 선별하고, 절차 자체의 비중이 단순한 글쓰기의 틀 이상을 넘어 '성화'(sacralization)(김용진, 2001)될 가능성을 보인다면 이는 큰 문제가 아닐 수 없다. 서구 이론으로 포착 가능한 현상은 '즐거운' 연구대상이 되고 그렇지 않은 경우는 배제되면서, 한국 사회의 보다 특수하고 다양한

---

28) 이 과정에서 나타난 것은 임영호(1998)가 지적한 다음과 같은 영역주의이다. "영역화 운동은 구성원에게 정서적 일체감과 귀속감을 주는 상징 역할을 했고 내부의 재편성, 내부적 자아 비판보다는 영토 확장, 체계화, 계보화에 치중하는 역할을 조성했다"(9~10쪽).

29) 이 점과 관련해 문화 연구는 '문화에 관한 연구'를 모아놓은 것이 아니라 '좌파 지식인의 문화정치학의 기획' 또는 '(신)좌파적 사상과 정치적 흐름 속에서 형성된 바로 그 문화 연구'로 한정하길 바라는 이영주(2006)의 제안은 이러한 '확대·영역화/비판'의 상반된 분위기를 잘 반영하는 매우 시의 적절한 것이라 하지 않을 수 없다.

요인들 사이의 상호작용에 대한 탐구는 뒷전으로 밀려나는 것이다(이기흥, 2006). 전자의 경우 대개는 앞서 제시된 '(서구의) 이론적 배경'이 현상에 대한 분석을 모두 포괄해버려 분석의 결과는 사실상 동어반복에 그치게 되며, 결국 남는 것은 서구 이론이 될 뿐이다.30)

문화 연구와 관련해 제기할 수 있는 또 하나의 저항선은 바로 이러한 행태를 비판하는 문화 연구, 곧 탈식민주의가 가진 서구중심성에 대한 양가적 저항이다. 이를 다소 아이러니컬하게 보여주는 사례는 유선영(1998)이다. 유선영은 한국의 문화 연구가 서구 보편주의의 함정에 빠져 우리의 독특한 근대성에 천착하지 못함을 비판하면서도, 정작 자신은 탈근대주의의 영향을 받은 탈식민주의에 이끌려 과거로 회귀한다. 이 사례는 우리가 서구 이론을 어떻게 보고 어떻게 이용해야 하는가를 밝혀준다고 생각되는데, 첸(Chen, 1998)이 마르크스를 대하듯 탈식민주의(더 크게는 탈근대주의)를 기존의 서구적 보편에 대한 '외부' 또는 '전복'으로 보고 이에 대한 의존은 서구중심적인 것이 아닌 것으로 보는 방식인 셈이다. 그러나 조희연(2006)은 여기에서도

---

30) 이는 다음의 그림으로 도식화할 수 있다. 그림 ①은 이론이 현상을 완전히 포섭한 경우다. 이 경우 본문에서의 언급처럼 분석의 결과로 이론만 남게 된다. 이때의 현상이란 이론의 단순 투영태일 뿐이다(곧 T → P). 그림 ②는 이론이 현상에 대해 일종의 장식처럼 붙어 있는 경우다. 여기에서는 아무리 연구가 축적되어도 개념화나 이론화가 되지 않고, 현상에 대한 기술만 남는다. 그림 ③은 처음 출발할 때의 이론(T1)이 현상(P=P1+P2)을 만나 P2를 해결하는 과정에서 일정하게 재맥락화되어 다시 이론 T2로 거듭나는 과정이다(따라서 P2를 적극적으로 찾고 문제를 제기해야 한다).

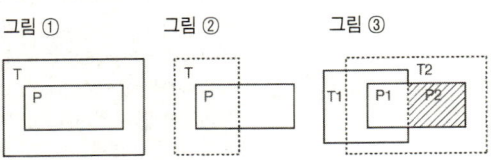

크게 두 가지 형태의 서구중심성이 나타난다고 본다. 하나는 그것이 지식인의 특권적 담론이 됨으로써 역시 '하위 주체들(우리들!)의 침묵'을 낳을 수 있다는 점이며, 다른 하나는 이들이 서구적 담론에 대한 기존의 저항담론조차 해체해버림으로써 해체론적 논의를 통한 식민주의의 현대적 재생산을 낳는 경향이 있다는 점이다.

그렇다고 해서 이를 본질론적으로 판단해 외국의 이론을 무조건 배척한다거나 우리의 역사적 사례만을 무작정 연구해야 할 필요는 물론 없다. 김경만(2007)의 주장대로 설사 우리의 형벌제도를 연구한다 해도 이것에 접근할 수 있는, 즉 이것을 개념화·이론화하고 분석할 수 있는 틀이 없을 경우에는 주 30의 그림 ②에서 볼 수 있는 우(愚)를 범할 수도 있기 때문이다. 같은 맥락에서 조순경은 서구의 이론을 대하는 우리의 태도가 오히려 더 '적극적'이어야 한다고 주장한다.31) "우리는 전보다 더 서구의 이론을 필요로 한다.

31) 그러나 유럽중심주의에 대한 비판에서 출발해 '우리'의 문제의식에 대한 찬양, 외국 것의 재맥락화의 필요성으로 끝나는 이러한 문제제기조차 '상투적인 것'이 되어가는 것은 아닌가 하는 의문이 들 정도로, 탈식민화 주장은 빈도나 강도에 비해 결실이 미약하다(아시아에서의 유사한 상황에 대해서는, Alatas, 2006 참조). 그 이유는 탈식민화가 스스로는 내용을 갖기 어려운 관계적 - 성찰적 문제들이기 때문으로 보인다. 하버마스의 공론장을 예로 들어보면, 공론장론은 역사성 면에서도 그렇고 그 보편적 합리성론에서도 그렇고 매우 유럽중심적인 이론이다(그 문제제기는, Gunaratne, 2006). 그러나 그렇다고 해서 그 이론이 꼭 식민의 효과만을 갖는 것은 아니며, 또 그것의 문제의식을 대체할 만한 다른 틀이 식민지 내부 속에 있는 것도 아니다. 그렇다면 탈식민이란 결국 서구 이론을 대체할 수 있는 것이 아니라 그것의 재맥락화 또는 재전유의 한 방식에 불과해진다(다행히 대체할 만한 것이 있는 경우에도 양측의 경합의 가능성은 여전히 있다. 즉 그것과 유사한 것이 설사 식민지 내부에 있다 해도 외부의 것을 도입하거나 공부할 만한 이유는 없어지지 않는다). 그렇다면 그것은 독자적인 문제제기가 될 수 없다. 신기욱의 한국민족주의 연구(Shin, 2006)를 예로 들어보자. 서구의 민족주의를 준거로 볼 경우 한국의 민족주의는

오히려 사안에 따라 서구 이론은 우리의 현실을 드러내고 분석하는데 그 어느 이론보다 적절한 도구와 틀이 될 수 있다"(조순경, 2000, 185쪽).

한편, 전규찬(2005)이 문화 연구에 대한 메타 비판이 낳은 여러 가지 다양한 주문들에 대해 그것이 기껏 마르크스적·근대주의적 사고의 복원—이를테면, 계급적 범주의 복원, 비판적 정치경제학과의 접합, 정책에 대해 개입을 요구하는 문화운동의 전개, 역사적 연구의 필요성 등—에 그치는 데 반발해 다양한 관계의 피권력자로 정의되는 소수자성, 곧 실천성을 환기시키는 것은 매우 '문화 연구'적인 것이라 할 수 있다. 계급적 사고를 비롯해 다양한 본질주의를 거부한 것이야말로 복합적 현실에 더 가까이 가기 위해 노력했던

> 서구의 정치적 민족주의와는 다른 혈족적이면서 집단적인 특성을 지니고 있어 자유주의적이고 개인주의적인 발전을 저해하는 특성이 있다(이는 식민적 사고의 한 유형이다. 이에 따라 한국의 민족주의는 열등한 현상이 된다). 그러나 이러한 사고는 민족주의가 반제국주의와 반식민주의, 그리고 지금의 민주화와 경제발전의 토대가 된 현상을 설명할 수 없다는 한계를 지닌다(식민적 사고로는 설명할 수 없는 현실이 이론과 충돌한다). 여기에서 사고는 다시 이론으로 되돌아가 민족의 개념을 역사적·비본질주의적 형태로 재정의함으로써("민족은 역사적으로 '배태'되고 구조적으로 '조건한정적'인 맥락에서 내부와 외부 모두에서 경쟁적으로 작용하는 정치의 결과"; p.8), 민족주의의 다양한 면모와 역할을 재조명하고, 그 결과로 서구 민족주의론은 수정되며 이론과 현실의 관계는 재조정된다(이론이 수정되고, 그 수정된 이론을 통해 현실이 다시 설명된다). 그러나 이 지점에서 드러나는 한국/서구의 차이가 그저 그 사례 하나에 모든 지식을 귀일시키는 '단수성'(the singular)에 머무른다면, 이미 형성된 한국 민족주의의 집단적·혈연적 강제성과 협소성, 지속가능성 여부는 비판적으로 재검토되기 어렵다. 따라서 수정된 이론을 통한 새로운 비전의 정립은 역시 달라진 조건하에 서구와의 동질성과 차이를 같이 보려는 균형적 시각에서 가능해진다(비교사회론적 시각; conclusion 부분). 이러한 신기욱의 사례는 굳이 탈식민적 문제틀이 아니라도 얼마든지 탈식민적 대처가 가능하며, 오히려 탈식민적 단수성보다는 이론/현실의 정합성을 따지는 비교사회적 시각이 더 넓은 비전을 제공해줄 수 있음을 말해준다.

문화 연구의 진정한 산물이기 때문이다. 따라서 다시 계급으로 돌아가는 것은 (계급 자체의 중요성 여부를 떠나) 오히려 그에게는 퇴영으로 비추어졌을 것이다.

그의 소수자문화운동론은 기왕의 문화운동과 비교해 표현주체 및 객체, 표현범위, 해석양식 등이 다양화·구체화되는 큰 성과를 얻고 있다. 다만 '사회적 약자를 보호하자'는 따위의 장식적 슬로건 이상으로 운동의 성과를 전 사회적 차원으로 파급시키기 위해서는 몇 가지 문제가 해결되어야 한다고 생각한다. 우선 소수자 범위의 문제다. 그의 소수자는 사실상 비(피)권력자 전반을 아우르는 말로, 외연이 너무 넓어 '사회적 배치'를 하기 어려운 난점이 있다. 즉 만약 이 소수자들을 위한 표현매개나 공간이 부족한 경우가 발생하면 이들 사이에 불가피하게 선별의 필요성이 대두되는데, 이 글이 주장하는 '소수성들의 차이 나는 이해관계들의 고른 고려'로는 이를 해결할 수 없다. 예를 들어 방송의 특정 시간대를 두고 노인/소녀 두 소수자 집단이 경쟁할 경우(물론 방송자원이 제한될 경우를 말한다. 인터넷 같이 자원이 풍부한 곳에서는 전혀 이런 문제가 없다), 적어도 지금 시점에서 가장 효율적인 결정 방식은 당사자 외의 다른 소수자의 지지가 어느 쪽에 더 많으냐를 따져보는 '다수결'이다. 그러나 이러한 결정은 소수자에 대한 배려가 아닌 다시 다수자 방송(소수자+소수자=다수자)으로 돌아가고 마는 모순을 발생시킨다. 따라서 소수자의 개념 설정에는 단순한 차이와 복수주의32)를 넘어 연대와 사회적 편성에 기초한 '적대'를 감안할 필요가 있다(이러한 사고는, Karppinen, 2007 참조).

이러한 소수자 중심 모델은 결국 '다수자=전체'가 아닌 '소수자+소수자=전체'로 만들자는 것인데, 이럴 경우에도 전체에서 '공'(public)은 배제될 수

---

32) 양적 다원주의를 말하는 것으로 많은 '모든 다양한 것, 열려 있는 것=선'이라는 사고방식을 지칭한다(McLennan, 1995).

있어 이를 판단할 수 있는 '고른 배려' 외의 기제가 여전히 필요하다. 또 만약 일부 자유주의자들의 주장대로 소수자들의 가치나 표현이 서로 '공약불가능하다'면(Gray, 2000), 이 소수자들은 남보다는 자신에게 말하고 듣는 현상이 오히려 더 많이 발생할 텐데 이는 오히려 소통을 방해하고 '게토화'를 더 많이 진행시킬 뿐이라는 문제를 발생시킨다. 소수자 사이의 대화 못지않게 중요한 것은 사실 소수자와 다수자 사이의 대화이다. 이러한 자기표현을 위한 소수자들의 노력을 프레이저는 '서발턴 대항공중들'(subaltern counter-publics)이라고 부르는데, 그녀의 주장에서 중요한 것은 이러한 공중들의 장이 따로 마련되는 것 외에 이들이 다수자에게 차별 없이 말할 수 있는 장33)이다(Fraser; Born, 2006, p.115에서 재인용). 이러한 '다수장'의 필요성은 구조적 불평등을 들어 하버마스의 공론장론을 비판하는 영(Young, 2000)도 분리된 공중'들'이 가진 협소성의 문제점을 치유하기 위한 유일한 방편으로 인정하는 것이기도 하다.34)

정통 마르크스주의에 가까워 민주화 이후에는 (적어도 외형적 측면에서는) 뚜렷한 침체의 길을 걸은 정치경제학이지만 사실은 현실의 변화(IMF위기, 신자유주의의 득세, 소유주 헤게모니 주류 신문의 보수기지화 등)나 운동(언론개혁) 과정 등에서 나름의 필요성은 꾸준히 인정받아 왔다. 그러나 앞서도 언급한대로 정치경제학은 거시/구조 모델을 뒷받침하는 나름의 '중범위 모델'을 개발하는 데 실패함으로써 심층 분석이 없고, 실증성이나 참신성

---

33) 물론 이 장의 목표는 "다른 것들을 같게 만들지 않으면서, 차이를 가로지른 이해를 도모하는 것"(Young: Ferree et al., 2002, p.313에서 재인용)이다. 이 장은 섣부른 합의를 추구해서는 안 된다. 합의는 차이를 가치 있게 여기기보다는 오히려 무시하는 것으로 되기 쉽기 때문이다.

34) 그렇다면 이는, 일반적 공론장('the general public sphere')과 서발턴 대항공중들의 공존으로 볼 수 있고 이는 나중에 나오는 하버마스와 푸코/들뢰즈의 공존과 같은 맥락에 있다.

이 떨어진다는 비판을 받았다. 물론 앞서 '차이'에 대한 해석이나 독점의 유형 추적, 기존의 수용자론 비판 등은 정치경제학의 나름의 결실이라 할 만하다.

대안언론 논의는 이러한 정치경제학의 범위 내에서 앞서 본 소수자 문화운동과 불가결한 관계를 맺는 데 비해 양측의 교류는 거의 없는 듯 보인다. 그러나 대안언론이 주로 매체의 형식이나 관리, 수용자에 집중되어 있고, 문화운동은 주로 필요성, 내용, 미학적 표현 등을 주로 논의하고 있어 실천에서는 정합의 필요성이 상당히 커 보인다. 대안매체의 정체성을 주류/비주류가 아닌, 매체 스스로 만들어나가는 '주체화'의 실천으로 확장시키고자 하는 김은규(2005)의 연구는 현재의 논의에 이론적 방향성을 부여하는 장점이 있으나 말미에 제시한 대안의 (객관적) 요건은 이전보다 더 엄격한 것이어서 오히려 외연을 좁힌 감이 있다. 즉 자신이 스스로 되물은 대로 '한겨레신문을 대안으로 볼 수 있는가'의 문제에 대한 해답 찾기가 더 어려워졌을 수도 있고, 이렇게 되면 정치적으로도 큰 이점이 없다는 데 한계가 있다.

6. 문화 연구와 정치경제학의 화합 가능성

이론적 측면에서 문화 연구는 홀(Hall, 1996)이 말한 바 있는 '생산적 절충주의', 즉 다양한 학문 전통과 연구에서 최상의 것을 취해 새로운 종합을 시도하는 선택적이면서 혼합적인 양식을 추구한다(물론 이 절충이 꼭 성공하느냐의 여부는 다른 차원의 문제다). 따라서 기본적으로 영역 확대 또는 관점 확대 같은 '더하기 전략'[35](원용진, 2005)은 문화 연구의 중추적 사고인 셈이며,

---

[35] 그러나 이 '더하기'에는 원용진도 의식하고 있다시피 논리의 자연스러운 발전보다는 유행에의 편승 같은 외적 이유가 더

오히려 관점을 고정시켜 정체성을 강화하려는 시도야말로 문화 연구의 정체성을 해칠 수도 있는 역설적 결과를 빚게 된다. 문화 연구의 입장에서 볼 때, 이러한 적극적 절충성은 계급, 성, 지역, 세대, 인종/종족 등에 의해 다양하게 갈라지는 잡종적 텍스트들, 의미들, 목소리들의 융합 지평적 배치를 꾀할 수 있는 유력한 전략이 될 수 있기 때문이다(전규찬, 2005).

그러나 절충은 자주 자가당착을 불러일으킨다. 이는 듀링(During, 1993)이나 그로스버그에 대한 맥레넌(McLennan, 2006)의 지적에서 잘 볼 수 있다. 듀링은 지금에 이르러 사회가 철저하게 탈중심화되었고 메타 담론은 부정되었으며, 문화적 형식들은 파편화·비결정화되었다고 주장하면서 이러한 현상이 지난 연대의 미디어/문화 생산의 글로벌화와 그로 인한 집중의 일부라고 설명한다. 그러나 이러한 설명은 구조적이고 인과적인 사고를 거부하면서도 사실은 이에 의존하는 것이다. 즉 여기서의 '생산의 글로벌화와 집중'은 합리주의적 이해와 사회적 리얼리즘의 사고방식에 기반한 개념이기 때문이다. 보편주의의 거부 역시 마찬가지다. 탈근대적 국면주의가 보편주의를 거부하려 해도 그 실체나 범위가 분명치 않다. 보편주의적 표현들은 대부분 잘 따져보면 일정 시점의 일정 지점을 가리키는 것이기 때문이다. 그 둘 사이의 괴리는 불가피하므로 보편주의를 거부한다는 것은 실체가 없다. 그로스버그는 역사를 투쟁의 산물로 보면서, 그 투쟁이 근본적으로 특수하고, 완전

> 크게 작용한 것 아니냐는 비판 또한 만만찮게 제기된다. 물론 이를 논리적으로 증명하기는 매우 어렵다. 그러나 나름의 옹호에도 불구하고 학문 장에서 이러한 평가가 그치지 않는 이유는 한국 문화 연구의 이론적 생산력(또는 생산적 절충력)이 매우 낮고(이상길, 2004), 라틴아메리카의 '문화적 혼성화' 연구나 호주의 '문화정책' 연구처럼 특유한 색깔도 갖추지 못했으며, 그나마 (다양한 것의 경쟁적 배열을 뜻하는) 다양성에서도 미달하고 있기 때문일 것이다.

히 다른 '주관성들'(subjectivities)과 목적으로 구성되며, 어떤 공통적인 지평도 허용하지 않는 것이라고 말한다. 그러나 이 말 역시 사실은 역설적인 보편화, 즉 '한정되지 않은 보편화'(unbounded generalizations)를 시도하는 것이다(McLennan, 2006).

일정한 수준의 결정론적/인과론적 시도 없이는 달성될 수 없는 사회학적 '설명'의 목적을 앞세울 때, 문화 연구의 '기술' 행태는 이에 미치지 못하는 것이다. 이를테면, 문화 연구의 국면주의나 헤게모니는 정치경제학과는 달리 생산에 주어져 있는 우선권 같은 '내용'이 없는 비결정의 상태를 추구한다. 그런 면에서 문화 연구는 '이론적 모델'이 될 수 없다. "그것(문화 연구)은 수많은 여러 가지 다른 것들을 표현하고 이것들이 밀접하게 상호연관을 맺는다는 관찰 외에 문화적 순환의 인과적 구조에 대해서는 어떤 일반적이고 적극적인 생각도 제시하지 않는 것"(McLennan, 2006, p.52)이기 때문이다.

이에 비해 정치경제학의 근저에는 잘 알려진 대로 외부의 현상이 우리의 인식으로부터 독립되어 있고 우리는 이에 대한 적절한 추상(이론)을 통해 객관적 지식을 획득할 수 있다는 '비판적 리얼리즘'이 자리한다(Murdock, 1989). 존재론과 인식론의 분리, 인과관계의 적용, 추상에서 구체로의 상승 같은 절차로 특징 지워지는 이 비판적 리얼리즘과 앞서 본 절충과 기술을 본령으로 하는 문화 연구는 어울리기 힘든 것임에 틀림없다. 더구나 존재론의 인식론으로의 통합(관찰자와 관찰대상의 분리 불가능), 보편주의의 거부, 지식의 사회적 구성성 등을 주장하는 문화 연구의 탈근대 인식론은 비판적 리얼리즘을 정면으로 부정한다.

그러나 만약 많은 한국의 논자들(유선영, 2004; 윤선희, 2003)이 문화 연구(자)에 정치경제학 또는 구조를 중시하는 넓은 의미의 마르크스주의 인식틀과의 화합을 권유하는 것(그 반대편에서의 같은 주장은, 이남표·김재영, 2006)은 이 차이가 어느 정도는 극복될 수 있는, 적어도 양립 가능한 것으로 보기 때문일 것이다.[36] 이 점의 한 가능성은 정치경제학의 혁신을 도모하는 모스코의 연구(Mosco, 1996)에서 찾아볼 수 있다. 모스코는 자신의 인식론이 가진 결정 개념을 거부하고 인과관계를 '느슨'하게 하면서 구성주의를 어느 정도 인정하는 방향으로 정치경제학의 입장 변화를 시도한다. 모스코는 다음과 같이 말하는데, 이는 앞서 언급했던 문화 연구의 국면주의에 매우 근접한 것이다.

> 개개의 사회적 행위, 과정, 구조는 자기 고유의 특이성들을 지녔다기보다, 사회적 통일성은 물론 모순들과 갈등들을 내포하는 사회 장(場)의 한 부분으로서 서로 모순되고 갈등적인 힘들을 내포하고 있어 이런 것들이 서로 효율적으로 서로 서로에게 작용한다. 이 결과는 어느 특정의 본질들로 환원될 수 없고 또 다양한 접합들과 균열들로 구성된 역동적인 사회장이다(Mosco, 1996, 178쪽).

이러한 태도는 '중간'을 견지하는 홀의 헤게모니 용례에서도 엿볼 수 있다. 우드(Wood, 1998)는 이를 '자기모순'이라고 비판했지만, '관념론'과 '환원론' 어디로도 갈 수 없는 홀의 중간주의는 지배/재생산의 개념을 포기하지 않으면서도 변화와 저항을 설명하는 적극적 노력으로 볼 수도 있다.[37] 즉 홀은

---

36) 그러나 이들이 스스로 자신에게 하는 것 같은 이런 권유가 사실은 그렇게 구체적이지도 않고 설득력도 없는 일종의 '클리셰'(cliche)같은 것임은 꼭 지적될 필요가 있다. 말하자면, 이들은 상대편에서 어느 부분이 얼마만큼 필요하고 그것이 자신에게는 어떻게 도움이 되는지를 큰 틀에서라도 보여주지 않고, 그것이 낳을 수 있는 문제에 대해서도 별반 주목하지 않는 것이다.

37) 이는 홀이 마르크스의 재해석을 통해 자신의 방법론을 천명한 1973년 이래 거의 변하지 않은 것이다(Hall, 1973; Wise, 2003). 이 방법론에 이름을 붙인다면, "나는 자본주의 그 자체에는 관심이 없다. 나는 자본주의가 1960년대에는 왜 그랬고 1990년대에는 또 그랬는지에 흥미를 느낀다"고 홀이 말할 때

문화 연구에 마르크스주의적 근거를 완전히 사라지게 하지 않은 것이다. 물론 이는 다음에 살펴 볼 근대주의와 탈근대주의의 차이와도 밀접한 연관이 있어 이렇게 쉽게 매듭지을 문제는 아니다.

7. 근대주의/탈근대주의 합의의 가능성과 필요성

챔버스(Chambers, 1986)의 언급대로 만약 탈근대주의가 한 시대, 즉 계몽주의적 합리주의와 그것의 형이상학적·실증주의적 변종의 종언을 말하는 것이고, 그 시대가 백인·남성·유럽 중심의 식민체제와 일정한 연관을 맺는다면 탈근대주의의 등장은 역사의 발전을 위해 필수적이면서 환영할 만한 것이 된다. 대체로 이를 주도했던 푸코를 비롯한 프랑스의 이론가군이 식민지(알제리)에서의 경험을 통해 식민주의가 하나의 본질인 근대에 대한 근본적인 부정을 시도했다는 것(Shome & Hedge, 2002)은 시사하는 바가 자못 크다.

비판 패러다임의 입장에서 볼 때, 탈근대주의의 기여는 이전의 마르크스주의의 계급우선성 때문에 가려졌거나 주변화되었던 성, 인종, 민족, 지역 등의 모순을 부각시키면서 이전의 (근대적) 기획과 배치로서는 이를 해결할 수 없다는 점을 보여준 것이라 할 수 있다. 만약 이 문제가 이전의 근대도 발견했던 문제이고, 이 문제의 해결이 시급하다면 차라리 탈근대주의는 근대주의의 궁극적 완성을 위해 존재한다고 해도 과언이 아니다. 그렇다면 근대성에 대한 발본적 성찰은 곧 탈근대화의 기획을 동시에 작동시키게 된다는 이중적 문제설정이 가능해진다(심광현, 2000).

매우 잘 드러나는 일종의 '비결정·구체론'이다.

1990년대 이후의 비판 패러다임의 침체와 확대, 이론과 실천의 괴리를 지적하면서 근대를 비판하는 탈근대주의를 오히려 한국의 압축 근대화가 가진 모순성을 해결하는 단서로까지 확장시키는 임영호(2001)의 주장은 이러한 문제의식의 연장선에 있다. 이를 받아들이면서 1990년대 이후에 오히려 현실에서는 계급적 문제가 더 심화되었다고 주장하는 유선영 또한 같은 입장으로 볼 수 있다. 이론적 해결을 주장하는 이상길(2004) 역시 이러한 근대/탈근대의 긴장관계를 궁극적 숙제로 놓으면서 제기한 것이다.

그러나 인식론적으로 볼 때, 근대와 탈근대는 '협상'은 가능하지만 '화합'은 어려운 것이다. 이를테면 페미니즘 영역에서 근대주의는 한편으로는 여성을 억압했지만, 다른 한편으로는 그 억압의 현실을 일깨워 주었고, 이에 비해 탈근대주의는 한편으로는 이러한 성 문제를 부각시키고 본질주의를 거부하게 해주었지만, 역시 다른 한편으로는 이의 해결을 위한 움직임을 오히려 약화시키는 탈정치적 상대주의도 같이 들고 왔다(Fenton, 2000). 이론/현실의 영역이 각각 상반되는 것이다. 이러한 딜레마에 대해 펜튼은 이론적 순수성을 위해 정치적 이념을 포기할 수 없다는 스피박을 따라 양자 사이의 '전략적 협상'을 하나의 해결책으로 제시한다. 맥레넌(McLennan, 2006)은 보다 근본적이면서 오히려 더 현실적일 수도 있는 해결책을 제시하는데, 그것은 양자 간에 일치와 차이를 분명히 하는 합의를 하는 이른바 '복합적 합의'(complex consensus)다.[38]

38) 이는 양자의 대표 격인 푸코와 하버마스 사이의 관계에서도 살펴볼 수 있다. 문성훈(2001)에 따르면, 우리는 합리성의 생산적 역할(하버마스)만을 근거로 합리성을 전적으로 수용할 수도 없고 합리성의 권력효과(푸코)만으로 합리성 자체를 포기할 수도 없는 딜레마에 있지만, 권력효과를 견제하면서도 현실 구성력을 갖는 어떤 대안적 합리성 개념을 제시할 수 있다면 푸코의 비판을 전제로 합리성을 받아들일 수도 있다. 설정/성

이는 양자 사이에 공통의 관심사를 두고 서로를 견주어 일치와 차이를 교차시키면서 서로의 결실을 공유하는 방식이다. 더 거시적으로 보아, 이는 근대의 기획과 배치 속에 탈근대적 균열과 긴장을 만들고 이를 결(경)합시키는 것이다. 따라서 이의 심층에는 자유, 인권, 합리성, 진보 같은 근대의 개념과 권력/지식의 관계에 대한 '성찰', 집단·조직화가 가져오는 내적 억압에 대한 경계, 수평적 연대의 중시 같은 탈근대적 사유가 착종되어 있다. 복합적 합의의 사례로는 미시적 문제제기가 거시적 입장을 반드시 대체하는 것은 아니지 않느냐고 말하는 수용자론(Morley, 2006), 또 자신의 패러다임에 없는 부분을 다소 기계적으로 보완시키기는 하지만 역시 결합의 중요성을 강조하는 페미니즘(McLaughlin, 1999; Mosco, 1996), 근대주의의 문제설정을 앞세우기는 하지만 탈근대적 주장을 적극적으로 소화시키고자 하는 입장에서 저항의 길을 찾는 제휴와 연대의 정치주의(Best & Kellner, 2001) 등이 포함될 수 있다. 근대(공론장·계급문화)의 문제제기 속에서 탈근대(국면주의·탈식민주의)로 영역을 확장하는 강명구나 그 방향이 반대인 원용진 등도 이 구도의 일원이다.39) 이론적 측면에서 더 구체적으로 들어가면, 미르찬다니(Mirchandani,

---

찰이 같이 간다면 합리성의 수용이 가능하다는 것이다. 물론 이 성찰은 그 자체로 문제를 해결하는 '내용을 가진'(substantial) 인식론적 전략이 되기는 어렵다(McLennan, 2006).

39) 첸의 '비판적 콜라주'(Chen, 1996) 같은 비유에서 볼 수 있는 것처럼 (다소 산술적으로 보일지도 모르지만) 여러 영역에서 다양한 민주주의 유령들을 동시에 충분하게 작동시킴으로써(심광현, 2000) 문제를 해결하는 방법도 가능하다. 이 문제의식을 민주주의/미디어의 관계로 연계시킨 것은 베이커(Baker, 2002)의 '복합적 민주주의' 모델인데, 이는 '행동주의 민주주의'나 '구성주의' 같은 탈근대적 급진주의로도 확장될 수 있다(이 책의 1장을 참조). 그리고 이는 매체시장에서 커런(Curran, 2002/2005)의 철저한 민주주의미디어 모델'이 보여주는 것 같은, 공영방송과 여러 부문 사이의 '역할 분담' 같은 것으로도 연결될 수 있다(다소 도식적이지만, 하버마스는공영

2005)가 제기한 '경험론적 탈근대주의'의 영역을 확장시키는 것이 한 방편이 된다. 미르찬다니는 탈근대주의를 추상수준 및 기존 이론과의 관계에 따라 회의적인 '인식론적 탈근대주의'와 절충적인 '경험론적인 탈근대주의'로 나누고 후자의 사례로 '시공간의 재조직', '위험사회', '소비자본주의', '탈근대 윤리학' 등 네 가지의 주제를 든다. 이중 '시공간의 재조직', '소비자본주의' 등은 이 글의 주제인 비판패러다임과도 밀접한 연관이 있다.

이와 같은 맥락에서 이성·계몽 중심의 근대적 (정치) '시민권'에 젠더나 사적 정체성·감성을 포함시키고자 하는 '문화적 시민권' 개념(또는 같은 맥락에서 '문화적 공론장' 개념), 정치경제학적 생산에 문화 연구적 문제의식을 결부시킨 '생산문화'(culture of production) 개념(또 이의 한 부분으로서의 할리우드 같은 '생산 장소' 개념), 근대적 시민과 탈근대적 소비자를 결(경)합시키는 '시민/소비자' 개념, 생산에서의 '차별화'와 소비에서의 '차이' 사이의 개념 차이, 공영방송의 미래적 개념 등도 이에 포함시킬 수 있을 것으로 보인다. 또 실천면에서는 앞서 보았던 소수자문화운동과 대안언론운동, 노동계급의 문화운동을 결(경)합시키는 것을 들 수 있다. 이와 같은 이론적·실천적 노력들은 기존의 소모전적 논쟁을 넘어 근대와 탈근대 사이의 결(경)합 지점을 정확하게 포착하게 하여 결실을 공유할 수 있게 한다.

방송, 푸코/들뢰즈≒인터넷, 하버마스에 대한 이해가 '편파적'인 인상을 주면서도 이러한 인식에는 도움을 주는 한 방식의 연구로는, Röhle, 2005를 참조할 수 있다).

8. 결론

　현실의 장과 학문의 장은 밀접한 연관을 가지면서도 상당한 거리를 둔다. 1990년대 이후 현실사회주의가 패망하고 한국에서도 민주화가 진행되면서 학문의 장 역시 혁명/계급의 패러다임이 크게 위축되는 등 많은 변화가 나타났다. 그러나 막상 그 시점에서부터 현실에서는 계급적 격차가 오히려 더욱 커지고 전면적인 위기가 닥치는 등의 아이러니가 빚어진다. 서구의 비판 패러다임에서는 대처주의를 전후해 '수정'의 조짐이 커지고 1990년대에 들어서서는 탈근대주의의 분위기가 완연하게 된다. 그러나 이는 이미 1970년대 초반부터 학문의 장에서는 예고되었던 변화다. 서구와 한국이 유사한 호흡을 시작한 2000년대는 이러한 탈근대주의적 분위기에 대한 긍정/부정, 옹호/비판, 안주/확대 등의 물밑싸움이 쉼 없이 벌어졌고, 문화 연구와 정치경제학에는 각각 다른 형태의, 성공의 위기와 실패의 위기가 찾아왔다. 이 역시 현실의 변화를 반드시 동반한 것은 아니었던 셈이다.[40] 양쪽 모두에서

---

[40] 주지하다시피 현실과 학문, 더 크게 말해 존재와 인식은 서로 일정한 왜곡과 지체를 가지는데, 1990년대 이후의 한국 사회에서 나타난 (인식에서의) 보수화와 (존재에서의) 계급적 양극화는 이의 적절한 예가 된다. 그러나 어떤 한 '주의'를 추종하거나 주창하는 것은 반드시 현실의 변화와 그 주의의 주장이 상응하기 때문은 아니다. 한 주의에는 그 주의가 추구하는 세계관과 대안이 있게 마련이고 만약 이에 찬성할 수 없다면 설사 그 주의의 설명력이 크다 하더라도 그 주의를 따를 수 없는 것이다. 이를테면 1990년대의 서구와 한국에서의 (범)정치경제학파가 하버마스를 적극적으로 검토하면서 사실상은 그의 핵심 테제를 '왜곡'시키게 된 이유도 하버마스를 통해 정치경제학이 지향하는 '공적 소유'를 자본주의하(정치경제학식 대안인 사회주의가 아닌)에서도 가능하게 만들고 싶었기 때문이다. 영국 정치경제학의 공영방송에 대한 관점 변환('비판'에서 '대안'으로; 이에 대한 일부 리뷰는, 조항제, 2003 참조) 역시 마찬가지로 보아야 한다. 이 점은 시장화의 득세와 정치경제학의 위상 저하

정치경제학의 안티테제인 신자유주의·민영화·시장화가 기승을 부렸기 때문이다.

비단 소비자본주의의 테제를 따르지 않는다 하더라도 문화 연구의 '소비로의 전환'은 적어도 지금 시점에 이르면 커뮤니케이션 현상의 전체적 변화와 발 맞는 나름의 적실성을 갖는 것으로, 정치경제학은 프랑크푸르트학파 이래의 테제인 (지배에 대한) '능동적 동의'를 넘어서는 소비에 대한 새로운 설명틀을 고안해야 한다. 문화 연구 또한 몰리도 인정한 '구조화된 소비'를 적극적으로 고려하지 않으면 안 될 것이다. 생산(과정)/구조에 대해서는 양측 모두 실효성 있는 결과를 내놓기 위해 애쓸 필요가 있다. 특히 '문화의 생산/생산의 문화'는 정치경제학과 문화 연구가 공유할 수 있는 최적의 접점이 될 수 있다. 국면주의는 헤게모니 개념이 가진 장점을 극대화시키면서 문화 연구가 현실 정치에 개입할 수 있는 유력한 통로인 데 비해 그간의 문화 연구는 이를 등한시해왔다. 최근의 '언론전쟁'이나 '공정성' 문제는 이러한 국면주의 연구(본격적인 것이라 할 수는 없지만)를 촉발한 계기로 향후에는 이의 결실이 풍부해질 수 있을 것으로 기대된다.

문화 연구가 양적이고 제도적인 측면에서 안정된 재생산 궤도에 오르면서 연구의 방향성이나 시각, 연구대상, 방법론 등의 여러 방면에서 그 정체성이 재검토되고 있다. 필자가 보기에 영역화는 체계화나 제도화의 문제와 병행되므로 진보적 문제제기와 새로운 피의 '수혈'이 꾸준하게 이루어진다면 큰 문제가 될 것 같지는 않다. 그러나 라틴아메리카나 호주처럼 나름의 특색을 만드는 것은 이와는 다른 차원의 문제로 더욱 많은 고민을 요한다고 할 수 있다. 비록 양적 답보에 있기는 하지만 현실이 오히려 그 필요성을

가 같이 나타나고 있는 지금도 크게 다르지 않다. 시장화에 대한 현실적 대안을 정치경제학은 갖고 있지 못한 것이다.

인정해 온 정치경제학은 헤스몬달 등이 보여주듯이 생산적 절충을 통해 중범위 이론에 대한 꾸준한 천착을 시도해야 한다고 생각한다. 보다 근본적인 차원에서 제기할 수 있는 근대주의/탈근대주의 수렴의 가능성과 필요성은 이미 여러 곳에서 논의된 것이지만, 지금의 한국 비판 패러다임에도 확인의 값어치가 작지 않은 '공감대'가 아닌가 한다.

과거 1980~90년대 서구와 한국에서의 비판/실증 논쟁이 여러 논자들의 지적대로 많은 결실을 남기지 못했던 것은 사실이지만, 이데올로기 연구의 문제의식과 실증연구의 방법론을 결합시킨 프레이밍 연구[41]의 사례처럼 그 가능성은 여전히 유효하다. 물론 논쟁이 직접 프레이밍이라는 성과를 낳은 것도 아니고, 그나마 우리 자신의 성과는 더더욱 아니다. 그러나 그러한 영역 자체는 양측의 문제의식이 얼마든지 가까워질 수 있고 또 생산적인 결과를 낳을 수도 있다는 하나의 방증(傍證)이 된다. 이러한 영역이 2000년대의 문화 연구와 정치경제학 사이에도 계속 모색되어야 하는데 이 글에서는 지금까지 진행된 방향을 감안하여 '시공간의 재조직', '소비자본주의', '문화적 시민권'(또는 '문화적 공론장'), '생산문화', '시민/소비자', '차별화/차이', '공영방송의 미래' 등을 제안해 보았다.

이 점과 관련해 매우 고무적인 것은 한국의 비판 패러다임 연구자들 사이에 공론장이나 민주주의, 공영방송 같은 근대적 배치에 큰 틀의 공감대가 있다는 점이다. 일례를 들면, 소수자를 강조하는 전규찬(2006; 2007)이 미디어/커뮤니케이션 기술 또는 더 나아가 공론장이나 민주주의를 '폐기'시키지 않고 개입 가능한 지점으로 보는 점은, 자본의 지배를 경계하지 않고 시장을

---

[41] 물론 개별 프레이밍 연구에서 비판적 문제의식의 수준은 일정치 않고 때로 실증적 효과연구의 한 부류로 전락되기도 한다. 캐리지와 룝스(Carragee & Roefs, 2004)는 이를 비판한다.

다양성과 직결시키면서 공영방송을 비판하는 호주의 전형적인 페미니스트 - 탈근대주의자인 자카(Jacka, 2003)와 크게 대조가 되는 부분이다.

그리고 '비판'이 어떤 정형화된 영역의 전유물이 아니고, 이론이 만들어지는 현실에 대한 개입 의지나 그로부터 생겨나는 문제의식에 더 어울릴 수 있다고 한다면 명시적으로 이를 내세운 가시적 성과 못지않게 인식 자체의 보편화가 훨씬 더 중요하다고 할 수 있다. 이 점에서 '매체 다양성' 같이 민감한 문제에서 한국의 학자들 사이에 시장(상품)적 다양성의 전횡을 견제하는 비판적 다양성(소유·이념적 다양성) 개념이 나름의 중요한 비중을 차지한다(박주연·전범수, 2007)는 점은 나름대로 그간의 비판 패러다임이 이룩한 큰 성과라 아니할 수 없다.

■ 참고문헌

강명구(2004a). 「한국언론의 구조 변동과 언른전쟁」, 『한국언론학보』 48-5호, 319-349쪽.
강명구(2004b). 「문화 연구 메타비평에 대한 몇 가지 문제제기」, 『프로그램/텍스트』 11호, 177-189쪽.
강상현(1993). 「한국 언론학 연구동향에 대한 비판적 평가: 최근의 패러다임 논쟁과 그 불완전 해소를 중심으로」, 『사회비평』 10호, 122-153쪽.
김경만(2007). 「독자적 사회과학 어떻게 가능한가? 몇 가지 전략들」, 『사회과학연구』 15권 2호, 48-93쪽.
김승수(2005). 「한국매체산업의 계급론적 이해」, 『한국언론정보학보』 통권 31호, 113-166쪽.
김승수(2007). 『정보자본주의와 대중문화산업』, 서울: 한울.
김웅진(2001). 『신화와 성화: 과학방법론의 패권정치』, 서울: 전예원.
김은규(2005). 「다윗과 골리앗을 넘어서: 대안 미디어 정체성에 대한 새로운 논의틀과 함의」, 『한국언론학보』 49-2호, 255-283쪽.
김훈순·박동숙(1999). 「TV드라마 여성작가 연구: 여성주의적 글쓰기의 가능성과 한계」, 『언론과사회』 18호, 149-189쪽.
나미수(2005). 「민속지학적 수용자연구에 대한 비판적 성찰: 국내 연구사례에 대한 분석과 평가」, 『커뮤니케이션이론』 1~2호, 68-105쪽.
문성훈(2001). 「현대성의 자기 분열: 개별적 자아의 해방과 보편적 이성의 실현」, 『사회와철학』 2호, 147-193쪽.
박동숙·조연하·홍주현(2001). 「공적 업무 수행을 위한 사적 친분 고리: 출입처에서의 취재원과 기자의 상호작용에 대한 질적 탐구」, 『한국언론학보』 45-특별호. 367-396쪽.
박주연·전범수(2007). 『미디어 다양성: 디지털 융합시대의 미디어 다양성 정책』, 서울: 한국언론재단.
심광현(2000). 「근대화/탈근대화의 이중 과제와 사회운동의 새로운 전망」, 『문화/과학』

22호, 41-81쪽.
양정혜(2004). 「뮤직비디오 제작의 관행이 텍스트 구성에 미치는 영향: 제작진들과의 인터뷰를 중심으로」, 『한국 방송학보』 18-2호, 134-168쪽.
연정모·김영찬(2008). 「텔레비전 연예정보 프로그램의 생산자 문화에 대한 민속학적 연구: KBS 2TV의 「연예가중계」의 생산현장을 중심으로」, 『한국 방송학보』 22-2호, 82-122쪽.
원용진(1997). 「문화 연구에 무슨 일이 있었나?」, 『언론과사회』 18호, 206-215쪽.
원용진(2000). 「문화 연구의 미디어논의: 반성과 전망」, 『한국 방송학보』 14-3호, 185-230쪽.
원용진(2005). 「언론학 내 문화 연구의 궤적과 성과」, 『커뮤니케이션이론』 1권1호, 163-190쪽.
원용진·홍성일·방희경(2008). 『PD저널리즘: 한국 방송저널리즘 속 '일탈'』, 서울: 한나래.
유선영(1998). 「흩눈 정체성의 역사: 한국 문화현상 분석을 위한 개념틀 연구」, 『한국언론학보』 43-2호, 427-467쪽.
유선영(2004). 「한국 미디어문화 연구의 자기 성찰과 또 다른 선회」, 『프로그램/텍스트』 10호, 73-107쪽.
윤선희(2003). 「학문담론의 포스트식민주의적 권력과 한국 문화 연구의 메타분석」, 『한국 방송학보』 17-2호, 265-294쪽.
이기형·임도경(2007). 「문화 연구를 위한 제언: 현장연구와 민속지학적 상상력을 재점화하기-조은과 조옥라의 『도시빈민의 삶과 공간: 사당동 재개발지역 현장연구』의 사례를 매개로」, 『언론과사회』 15-4호, 156-201쪽.
이기홍(2006). 「설명적 사회학과 글쓰기」, 『한국사회학』 40집 6호, 1-24.
이남표(2006). 「시장개방과 수용자」, 『한국언론정보학보』 35호, 87-114쪽.
이남표·김재영(2006). 「방송통신 융합시대의 정치경제학: 비판적 계승을 위한 시론적 탐색」, 『한국언론정보학보』 33호, 193-226쪽.
이민웅·윤영철·최영재·윤태진·김경모·이준웅(2006). 『방송저널리즘과 공정성 위기』, 서울: 지식산업사.
이상길(2004). 「문화 연구의 아포리아」, 『한국언론학보』 48-2호, 79-110쪽.
이상희 편역 (1983), 『커뮤니케이션과 이데올로기』, 서울: 나남.
이영주(2006). 「미디어문화 연구의 자기 성찰: 신좌파 비판이론으로서 문화 연구의 조망」, 『문화/과학』 통권48호, 175-195쪽.
이오현(2005). 「텔레비전 다큐멘터리프로그램의 생산과정에 대한 민속지학적 연구: KBS 〈인물현대사〉의 인물선정과정을 중심으로」, 『언론과사회』 13-2호,

117-156쪽.

이오현(2007). 「텔레비전 코미디 프로그램의 생산과정에 대한 민속지학적 연구」, 『언론과사회』 15-2호, 131-174쪽.

이준웅(2005). 「비판적 담론공중의 등장과 언론에 대한 공정성 요구: 공정한 담론 형성을 위하여」, 『방송문화 연구』 17권 2호, 139-172쪽.

임영호(1998). 「한국 언론학의 영역주의와 정체성의 위기」, 『한국언론정보학보』 11호, 3-31쪽.

임영호(2001). 「한국 언론학에서 비판적 패러다임의 문제설정: 반성과 전망」, 『한국 방송학보』 15-2호, 343-379쪽.

전규찬(2004). 「텔레비전과 문화다양성, 질 평가의 연관성」, 『방송연구』 겨울호, 7-31쪽.

전규찬(2005). 「소수(자)성, 매체문화 연구 진화의 일단」, 『프로그램/텍스트』 12호, 97-124쪽.

전규찬(2006). 「커뮤니케이션과 공공영역의 '래디컬'한 재구성」, 『문화/과학』 48호, 52-68쪽.

전규찬(2007). 「가능성의 프로젝트, 창의성 발명의 기획: 문화사회와 미디어(운동) 론」, 『문화/과학』 50호, 294-311쪽.

조순경(2000). 「한국 여성학 지식의 사회적 향상: 지적 식민성 논의를 넘어서」, 『경제 와 사회』 45호, 172-197쪽.

조항제(2003). 『한국의 민주주의와 미디어의 권력화』, 서울: 한울아카데미.

조희연(2006). 「우리 안의 보편성: 지적·학문적 주체로 가는 창」, 신정완 (편) 『우리 안의 보편성』, 서울: 한울아카데미.

한동섭(2002). 「미디어산업의 독점유형 및 독점구조 변동에 관한 연구」, 『한국 방송 학보』 16-1호, 463-495쪽.

Alatas, Syed Farid (2006). *An alternative discourse in Asian social science: Response to eurocentrism*. New Delhi: Sage.

Baker, C. E. (2002). *Media, markets and democracy*. NY: Cambridge Univ. Press.

Best, S. & Kellner, D. (2001). Dawns, twilights, and transitions: Postmodern theories, politics, and challenges. *Democracy & Nature*, 7(1), pp.101-117.

Born, G. (2006). Digitising democracy, *Political Quarterly*, 76(s1), pp.102-123.

Caldwell, J. (2006), Cultural studies of media production. In M. White & J. Schwoch(eds.), *Questions of method in cultural studies* (pp.109-153), Malden. MA: Blackwell.

Calhoun, C. (1995). *Critical social theory,* Oxford: Blackwell.

Carragee, K. & Roefs, W. (2004). The neglect of power in recent framing research. *Journal of Communication*, 54(2), pp.214-233.

Chambers, I. (1986). Waiting on the end of the world?. *Journal of Communication Inquiry*, 10(2), pp.99-103.

Chen, Kuan-Hsing(1996). Post-marxism: Between/beyond critical postmodernism and cultural studies. In D. Morley & K-H. Chen(eds.), *Stuart Hall: Critical dialogues in cultural studies* (pp.309-325), London: Routledge.

Chen, Kuan-Hsing(1998). 「아시아문화 연구의 탈식민화 문제」, 김신동(역), 『언론과 사회』 23호, pp.7-43.

Cho, Younghan(2008). We know where we're going, but we don't know where we are: An interview with Lawrence Grossberg. *Journal of Communication Inquiry*, 32(2), pp.102-122.

Curran, J. (1990). The new revisionism in mass communication research: A reappraisal. *European Journal of Communication*, 5(1), pp.135-164.

Curran, J. (2002). *Media and power*. 김예란·정준희(역) (2005), 『미디어파워』, 서울: 커뮤니케이션북스.

Deacon, D. (2003). Holism, communion and conversion: Integrating media consumption and production research. *Media, Culture & Society*, 25, pp.209-231.

Du Gay, P. (ed.)(1997), *Production of culture/culture of production*. London: Sage.

Du Gay, P. (1997), Introduction. In Du Gay, P. et al.(eds.), *Doing cultural studies: The story of the Sony Walkman* (pp.1-5), London: Sage.

During, S. (1993), Introduction. In S. During(ed.), *Cultural studies reader* (pp.1-25), London: Routledge.

Fenton, N. (2000), The problematics of postmodernism for feminist media studies. *Media, Culture & Society*, 22(6), pp.723-741.

Ferguson, M. & Golding, P. (1997), Cultural studies and changing times: An introduction, In M. Ferguson & P. Golding(eds.), *Cultural studies in question*(pp.xiii~xxvii), London: Sage.

Ferree, M., Gamson, W., Gerhards, J., & Rucht, D. (2002), Four models of the public sphere in modern democracies, *Theory & Society*, 31, pp.289-324.

Garnham, N. (1995), Political economy and cultural studies: Reconciliation or divorce. *Critical Studies in Mass Communication*, 12(1), pp.62-71.

Garnham, N. (2000), *Emancipation, the media, and the modernity: Arguments about the media and social theory*, NY: Oxford Univ. Press.

Gray, J. (2000). *Two faces of liberalism*, Cambridge, MA: Polity Press.

Grossberg, L. (1995). Cultural studies vs. political economy: Is anybody else bored with this debate. *Critical Studies in Mass Communication*, 12(1), pp.72-81.

Grossberg, L. (1997). *Bringing it all back home*. Durham: Duke Univ. Press.

Grossberg, L. (2006). Does cultural studies have futures? Should it?(Or what's the matter with New York?): Cultural studies, contexts and conjunctures. *Cultural Studies*, 20(1), pp.1-32.

Gunaratne, S. (2006). Public sphere and communicative rationality: Interrogating Habermas's eurocentrism. *Journalism & Communication Monographs*, 8(2), pp.93-156.

Gunster, S. (2004). *Capitalizing on culture: Critical theory for cultural studies*. Toronto: Univ. of Toronto Press.

Hall, S. (1973/2003). Marx's notes on method: A 'reading' of the '1857 introduction'. *Cultural Studies*, 17(2), pp.113-149.

Hall, S. (1977a). Culture, the media and the 'ideological effect'. In J. Curran, M. Gurevitch, J. Woollacott(eds.), *Mass Communication and Society* (pp.315-348). Beverly Hills: Sage.

Hall, S. (1977b). The 'political' and 'economic' in Marx's theory of class. In A. Hunt(ed.), *Class and class structure* (pp.15-60). London: Lawrence & Wishart.

Hall, S. (1982). The rediscovery of 'ideology': Return of the repressed in media studies. In M. Gurevitch, T. Bennett, J. Curran, & J. Woolacott(eds.), *Culture, society and the media* (pp.56-90). London: Routledge.

Hall, S. (1996). Cultural studies and internationalization: An interview with Stuart Hall by Kuan-Hsin Chen. In D. Morley & K-H. Chen(eds.), *Stuart Hall: Critical dialogues in cultural studies* (pp.392-408). London: Routledge.

Hall, S., Criticher, C., Jefferson, T., Clarke, J., & Roberts, B. (1977). *Policing the crisis*. London: Macmillan.

Hesmondhalgh, D. (2002). *The cultural industries*. London: Sage.

Jacka, E. (2003). "Democracy as defeat": The importance of arguments for public service broadcasting. *Television & New Media*, 4(2), pp.177-191.

Jessop, B., Bonnett, K., Bromley, S., & Ling, T. (1984). Authoritarian populism, two nations, and Thatcherism. *New Left Review*, 25(1), pp.32-60.

Kang, Myungkoo (2004). There is no South Korean cultural studies: Beyond the colonial condition of knowledge production. *Journal of Communication Inquiry*, 28(3), pp.253-268.

Karppinen, K. (2007). Against naive pluralism in media politics: On the implications of the radical-pluralist approach to the public sphere. *Media, Culture & Society*, 29(3), pp.495-508.

Kim, Sujeong (2004). Rereading David Morley's the 'Nationwide' audience. *Cultural Studies*, 18(1), pp.84-108.

Lichtenberg, J. (1996). In defence of objectivity. In J. Curran & M. Gurevitch(eds.), *Mass media and society*(2nd. ed.)(pp.225-242). London: Arnold.

McLaughlin, L. (1999). Beyond "separate spheres": Feminism and the cultural studies/political economy debate. *Journal of Communication Inquiry*, 23(4), pp.327-354.

McLennan, G. (1995). *Pluralism*. Buckingham: Open Univ. Press.

McLennan, G. (2006). *Sociological cultural studies: Reflexivity and positivity in the human science*. NY: Palgrave.

Mirchandani, R. (2005). Postmodernism and sociology: From the epistemological to the empirical. *Sociological Theory*, 23(1), pp.86-115.

Morley, D. (1980). *The nationwide audience*. London: BFI.

Morley, D. (1992). *Television, audiences and cultural studies*. London: Routledge.

Morley, D. (1996). Populism, Revisionism and the 'new' audience research. In J. Curran, D. Morley & V. Walkerdine(eds.), *Cultural Studies and communications* (pp.279-293). London: Arnold.

Morley, D. (1998). So-called cultural studies: Dead ends and reinvented wheels. *Cultural Studies*, 12(4), pp.476-497.

Morley, D. (2006). Unanswered questions in audience research. *The Communication Review*, 9, pp.101-121.

Mosco, V. (1996). *The political economy of communication*. 김지운(역) (1998). 『커뮤니케이션 정치경제학』, 서울: 나남.

Murdock, G. (1989). Critical inquiry and audience activity. B. Dervin et al.(eds.), *Rethinking communication*, vol. 2(pp.226-249). London: Sage.

Murdock, G. & Golding, P. (2005). Culture, communications and political economy.

In J. Curran & M. Gurevitch(eds.), *Mass media and society* (pp.60-83). London: Hodder Arnold.

Peterson, R. A. & Kern, R. (1996). Changing highbrow taste: From snob to omnivore. *American Sociological Review*, 61, pp.900-907.

Röhle, T. (2005). Power, reason, closure: Critical perspectives on new media theory. *New Media & Society*, 7(3), pp.403-422.

Sayer, A. (2001). For a critical cultural political economy, *Antipode*, 33(4), pp.687-708.

Schudson, M. (1989). The sociology of news production. *Media, Culture & Society*, 11(3), pp.263-282.

Shin, Gi-Wook (2006). *Ethnic nationalism in Korea: Genealogy, politics, and legacy*. Stanford, CA: Stanford Univ. Press.

Shome, R. & Hedge, R. (2002). Postcolonial approaches to communication: Charting the terrain, engaging the intersections. *Communication Theory*, 2(3), pp.249-270.

Silva, E. (2006). Distinction through visual art. *Cultural Trend*, 15(2/3), pp.141-158.

Tunstall, J. (2008). *The media were American: U. S. mass media in decline*. NY: Oxford Univ. Press.

Wise, J. M. (2003). Reading Hall reading Marx. *Cultural Studies*, 17(2), pp.105-112.

Wood, B. (1998). Stuart Hall's cultural studies and the problem of hegemony. *British Journal of Sociology*, 49(3), pp.399-414.

Young, I. (2000). *Inclusion and democracy*. Oxford: Oxford Univ. Press.

02

한국 방송의 관점과 역사

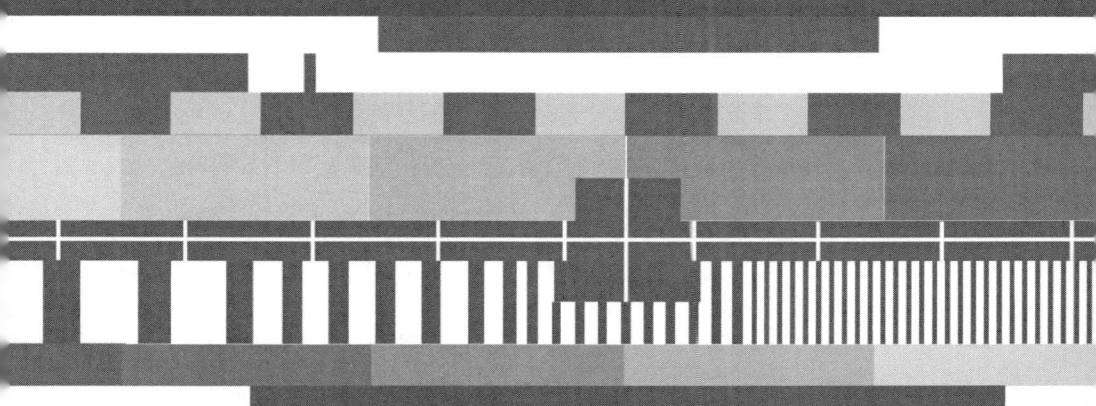

4장
방송의 역사적 지식체계의 한계와 대안적 접근
_한국 방송사를 위한 논의와 제안

1. 방송과 역사

역사는 시간의 흐름을 가장 중요한 변인으로 하여 사회를 구성하는 다양한 '동질체들'(identities)이 어떻게 그 성질을 유지하거나 변화되는가를 기술하고 설명하는 체계이다. 비유를 한다면, 역사는 '모든 단단한 것이 깨어져 없어지는' 과정을 보여주는 것이다. 이러한 역사는 크게 두 가지로 구성된다. 하나는 현재 이전의 어느 시점에 발생했던 '과거'이며, 다른 하나는 그 과거에 대한 저술인 '역사학'(historiography)이다. 과거에 대한 우리의 이해로서 역사는 분석적으로는 구분이 가능하지만 실제로는 분리가 불가능한 이러한 과거와 서술된 역사로 구성된다(Hilmes, 2002).

이러한 구분을 따라 역사이론도 크게 두 가지로 나눌 수 있는데, 첫째는 역사를 실제의 과정으로 보는 실체적 또는 물질적 이론이고, 둘째는 역사를 지식의 일종으로 보는 이론, 곧 인지적 이론 또는 역사적 지식의 이론이다. 역사적 과정에 일정한 규칙성이나 인과성, 또는 이와 전혀 반대로 근본적 불확실성[1] 같은 '실체'가 있다고 보는 실질적 이론의 예로는 마르크스의 계급투쟁으로서의 역사이론이나 헤겔의 관념론적 역사주의 등이 있다(Lorenz, 2001). 서구 역사학의 지배적 형태로 잘 알려진 '휘그 역사'(whig history) 역시 이의 전형적인 것이다. 사회·정치의 지속적 발전으로 역사를 보는 단선적 목적론이 배경에 깔려 있는 휘그 역사는 역사를 하나의 '거대 담론'으로 기술하면서 과거에 대한 진실의 발견과 도덕적 교훈의 제시를 목적으로 한다(Tosh, 1995). 반면에 인지적 이론은 역사에 대한 과학적 지식이 법칙적 형식을 갖고 있느냐 또는 구체적이고 특수한 형식을 지니고 있느냐 같은 것을 논의하는 메타 이론적 성격의 것이다. 앞서의 실질적 이론이 '과거에서 무엇을 알 수 있는가'를 묻는다면, 이 이론은 '어떻게 과거를 알 수 있는가'에 답하려고 노력한다. 물론 이 둘의 전제가 거의 중복되므로 양자는 불가분의 관계에 있게 된다(Lorenz, 2001).

이러한 논의는 역사와 역사적 지식이 맺는 관계를 새삼 다시 보게 해준다. 이를 통해 역사는 과거 자체가 아니고 과거에 대한 하나의 지식에 불과하며, 역사는 다양한 역사적 '지식들'(histories)의 경합의 결과이고, 그 역사들은 일종의 이야기인 내러티브이자 현재를 반영한 이론이나 가설적 추론의 하나일 수 있게 되는 것이다. 이 점에서 역사는 리쾨르가 설파한대로 시간성의 차원 위에서 역사와 허구라는 두 내러티브가 상호 교섭해서 만들어진 결과다 (Ricoeur; Johnson, 2001에서 재인용).

문헌자료와 사료비판, 정치와 인물 중심의 19세기 랑케식 근대 역사학의 서술방식이 지닌 한계가 드러나면서, 그리고 1960년대 후반 이후에 등장한 '문화로의 전환'(cultural turn) 경향2)의 문제의식이 확산되면서, '절대적'인

---

1) 이를테면 시웰(Sewell, 1996)이 중시하는 사건성(eventfulness)에서는 이러한 불확실성이 사회구조의 변화에 보편적이고 필연적인 특성이며 모든 사회관계의 근본적 요소가 된다.
2) 이 '전환'은, '~로의 전환'으로, 역사, 언어, 문화 등이 ~자리에

'하나'의 역사는 '상대화'되고 '확장'되고 '다원화'되었다. 근대의 산물인 미디어 역시 이러한 과정 속에서 역사의 일원이 되었다(Curran, 2003; Nerone, 2003; Scannell, 2002; Schudson, 2002). "정치에 집중되고 경험적(방법)으로 (추출된 지식에 의해) 지배되는 헌정사와 단절하고, 보다 이론적으로 충만한 역사를 진작시키는 동시에 새로운 역사적 문제를 제기하는 기회가 미디어와 커뮤니케이션 역사에 대한 연구의 등장을 촉진시켰다는 점은 의심할 바 없다"고 한 오말리(O'Malley, 2002, p.16; 괄호는 인용자)의 지적은 이러한 맥락을 적시한 것이다.

그러나 이러한 역사(학)의 과정이 모든 나라에서 동일하게 나타난 것은 아니다. 이를테면 방송에 제대로 된 통사가 있는 나라는 미국과 영국 등 손꼽을 수 있는 몇 나라에 국한된다. 아직도 많은 나라에서 방송은 역사의 '공민권'을 얻지 못했다. 이런 상황에서 방송사에 대한 이론적 논의는 활발하기 어렵다. 대체 역사3)까지 시도되는 미국을 예외로 할 때, 최근의 연구로는 방송사 서술의 전반적 문제를 재검토한 코너의 연구(Corner, 2003)나 호주의 방송통사를 위한 자카의 메타이론적 논의(Jacka, 2004) 등에 불과하다. 검증된 통사를 갖지 못한 한국의 현실도 이와 다르지 않다. 만약 간햄(Garnham, 2000)의 주장대로 역사가 검증이 가능한 유일한 지식이며 우리의 정체성을 확인할 수 있는

> 놓인다. 먼저 '역사로의 전환'은 기존의 구조기능주의의 몰 역사성에 대한 대안으로 1960~70년대에 등장한 사회학의 역사연구 경향을 지칭하며, '언어로의 전환'은 역사・자료가 모두 언어로 이루어져 있는 점에 주목하여 역사 서술과 실제 역사 사이의 괴리를 강조하면서 역사의 상대성을 주장하는 포스트모더니즘 계열 역사학의 주장을 말한다. '문화로의 전환'은 역사연구의 거대이론 경도 현상을 반성하고 미시적・일상적 측면으로 관심을 돌린 역사학의 최근 경향 중의 하나다. 방송의 역사에 대한 높아진 관심 역시 이러한 문화로의 전환이 아니었다면 가능할 수 없었겠지만, 그 방송사의 범위를 확대하고 이론적 환기를 촉구하는 이 글은 더더욱 이러한 전환에 힘입은 바 크다.
> 3) 기존의 방송사에 대한 힐메스의 대중용 방송사(Hilmes, 2002)는 대체 역사로 손색이 없다.

가장 확실한 근거라고 한다면, 이러한 현실은 학문과 방송의 불모를 자초하는 것이라 아니할 수 없다.

이 글의 목적은 한국의 맥락에서 방송(통)사를 서술하는 데 필요한 지식체계를 재검토하고 대안적 접근을 모색해보고자 하는 것에 있다. 일반적으로 방송통사는 일정하게 구분된 연대기를 중심으로 당시의 주요한 토픽에 일련번호를 매긴 장(章)들로 구성된다. 그 토픽은 주로 정책, 규제, 공영방송, 네트워크, 편성 및 프로그램, 테크놀로지, 지역 방송과 일부 '임팩트' 요소 등으로 이루어진다(Sterling & Kittross, 2002가 좋은 예이다). 그러나 이는 방송조직을 중심에 두고 그 조직에 영향을 미친 제도나 사건, 인물들에 치우친 서술을 하기 쉬운 약점이 있다[4](Schudson, 1991). 이를 극복시켜줄 수 있는 것은 방송프로그램이 가진 미학적·일상적 측면이다(Anderson & Curtin, 2002). 방송프로그램은 "다양한 미학적 전통에서 나오며 복합적인 내러티브와 수사 전략을 활용하고 자신(방송)의 역사적 맥락에 맞추어 놀랄만큼 많은 의미를 표현하는"(p.19; 괄호는 인용자) 매우 의미 깊은 문화적 산물인 것이다.

이러한 양자의 관계는 대체로 보완적이지만, 때로는 테제와 안티테제의 관계가 되기도 한다. 스캐넬(Scannell, 2002)은 전통적인 역사서를 '1차 역사'로 보고 이러한 역사가 쓰이고 난 이후에 비로소 이와 다른 관점의, 또는 특정 사건이나 시기에 대한 '2차 세대의 역사'가 시도될 수 있다고 하면서, 브릭스(A. Briggs)의 방송사와 자신의 연구(Scannell & Cardiff, 1991)의 관계를 이의 사례로 들고 있다. 이러한 주장이 일리가 없는 것은 아니지만 이것이 꼭 단계적일 이유는 없고 또 반드시 보완적인 관계에만 머무르지도 않을 것이다. 권력

---

[4] 스털링과 키트로스의 저서가 네트워크의 쇠퇴라는 관점(Allen, 2006)을 갖고 있기는 해도 그 서술의 중심이 네트워크인 점은 부인하기 어렵다.

(자)적 서술과 피권력(자)적 서술 같은 대립의 관계로 나타날 수도 있다는 것이다.

이 점에 비추어 볼 때, 한국의 방송사는 매우 큰 약점이 있다. 우선 방송 조직이 권력의 '후견' 속에서 성장해 방송사에서 차지하는 정치 권력의 비중이 너무 크다.5) 더구나 한국 방송에는 프로그램이 거의 남아 있지 않고 그나마도 연구자의 접근이 쉽지 않아 이를 극복하기도 어렵다.6) 꼭 이를 지칭한 것은 아니지만 코너의 "텍스트 없는 콘텍스트의 역사"(Corner, 2003, p.277)는 이러한 한국의 상황과 잘 맞아 떨어진다. 또 상대적으로 빠른 시기에 민주화를 이룩한 과정은 근대사의 주체가 누구인지를 분명하게 말해주지만, 시청자에 대한 자료들이 더 산만하고 단편적이라 연구의 어려움을 가중시킨다.

---

5) 이 점은 물론 서구의 그것과는 사뭇 다르다. 적어도 서구의 민주주의와 한국의 권위주의 차이만큼, 또 기술의 자율적 개발과 타율적 도입만큼 정치권력의 비중이 높은 것이 당연할 수밖에 없기 때문이다. 그러나 그렇다고 해서 방송의 다른 측면들이 가진 중요성도 모두 정치가 흡수할 수 있다는 뜻은 아니다. 특히 권력에 과도한 비중을 두는 사고는 '미디어가 외부로부터 받은 영향'보다는 '미디어 자신이 수용자에 미친 영향'을 고려할 때 큰 취약성을 드러낸다. 이 점에서 기존 역사에 대한 이의 제기의 중요성은 한국과 서구가 다르지 않다.

6) 물론 그렇다고 해서 텍스트 연구, 또는 콘텍스트를 통한 텍스트 연구가 불가능하다는 뜻은 결코 아니다. 이를테면, 기존의 장르 이론을 큰 틀로 삼고 문헌으로 확인될 수 있는 줄거리와 주변의 감상, 당시의 제작 조건, 주변 미디어의 유사 텍스트를 통한 유추 등을 통해 텍스트를 역추적할 수 있으며(이 책의 6장 참조), 기존 자료 이외(이를테면, 만화나 사진 등)로 논의의 근거를 확대해 텔레비전에 대한 사회적 수용양태를 얼마든지 보여줄 수 있다(임종수, 2003; 2004). 그러나 나중에 다시 나오지만, 필자의 주장은 이런 경우에 특히 이론의 도움이 필요하다는 것이다. 이론적 사고야말로 사료를 확대할 필요성을 느끼게 하고, 그 사료를 소화할 능력을 제공하며, 다른 한편으로는 그 사료에 대한 해석의 과잉을 제어해 줄 수 있는 일종의 장치가 될 수 있다.

이 글의 문제의식은 여기에 있다. 이 글은, 이렇게 특수한 한국 방송사를 위한 제반 사항을 염두에 두면서, 첫째, '방송에서 역사적 지식의 목적, 대상, 방법은 무엇인가'에 대해 먼저 답해보고자 한다. 그러나 이 답의 주안점은 전통적 역사학이 지닌 한계에 둔다. 우리가 아는 많은 방송사들이 이 한계를 벗어나지 못하고 있고,[7] 보다 근본적으로는 방송사의 태동 자체가 이 한계를 극복하려는 움직임과 밀접한 연관이 있기 때문이다. 더욱이 한국 방송사 연구의 많은 악조건은 이 한계를 더욱 부각시킨다고 생각한다.

둘째, '이 한계를 극복할 수 있는 접근방식은 무엇인가', '이 접근은 한국 방송사에 어떤 긍정적 영향을 미칠 수 있는가'를 질문하고 서구 미디어사와 그 역사적 지식이론을 준거로 삼아 답해보고자 한다. 그 이유는 서구 미디어가 이를 따르고 모방했던 많은 후속 나라들의 모델이 되었고 이 현상이 지금도 계속되기 때문이다. 다른 한편으로는 방송의 정체성, 장르의 형성과정, 생활양식의 변화과정 같은 역사를 돌이켜보게 하는 주인(主因)들이 이들 나라와 한국에서 큰 차이가 있지 않다고 보기 때문이다. 물론 그렇다고 이들의 논의를 그대로 답습할 수는 없다. 예를 들어 테크놀로지의 발전을 선도했던 나라들에서는 윈스턴(Winston, 2003)이 말하는 테크놀로지의 '잠재적 급진요인'이 크다고 볼 수 있다. 그러나 한국 같이 그렇지 않은 나라들, 주로 이 테크

---

[7] 이를테면 자카(Jacka, 2004)는, 역사 연구를 하면서 자신이 사용하는 범주에 대해 왜 이러한 범주를 사용해야 하는지, 왜 이러한 이야기를 꾸며야 하는지에 대한 아무런 반성 없이 역사적 내러티브 안으로 '뛰어들어가는' 첫 번째 부류와 역사에 대해 어떤 이론적 분석틀을 설정할 것인지, 왜 그 분석틀이 옳다고 하는지, 지난 저작들은 왜 불충분한지를 제시하는 두 번째 부류가 있다고 하면서, 바누(E. Barnouw)의 저작을 첫 번째 부류의 대표적인 예로 꼽았다. 물론 이는 '위대한 인물'과 '큰 사건'으로 이루어진 전통적 역사 접근을 무비판적으로 추수했기 때문이다.

놀로지가 '수입'된 곳에서는 잠재요인이 상대적으로 작고 테크놀로지의 비중도 높아질 수 없다. 따라서 방송사의 서술 형식도 달라지지 않으면 안 된다. 이 글은 이렇게 달라져야 하는 방향성을 제안해보고자 한다.

2. 역사적 지식의 방법과 한계

(1) 지식의 목적

우리가 역사적 지식을 필요로 하는 이유는 간햄(Garnham, 2000, pp.17~19)의 주장대로라면 다음의 네 가지 때문이다. 첫째는 역사에서 나오는 증거가, 그것이 비록 최근의 것이라 하더라도 우리가 이론을 검증하기 위해 쓸 수 있는 유일한 것이기 때문이다. 어떤 현상의 과정이 끝났을 때에야 우리는 비로소 이를 측정하고 기술하고 설명할 수 있다. 둘째, 인간은 과거 경험의 기반 위에서 미래의 행동을 결정하기 때문이다. 제도와 사회적 실천, 관행은 과거에 대한 개인 또는 집단의 사회적 '기억'을 통해 형성된 것이다. 우리는 이의 형성 과정과 이유를 추적해봄으로써 이러한 과거의 기억으로부터 해방될 수 있는 잠재력을 얻는다. 셋째, 역사는 우리 자신에게 우리가 누구인지, 우리가 어디에 있는지, 우리가 어디로 가고 있고, 또 어디로 가기를 원하는지 등을 알 수 있는 근거다. 넷째, 사회 이론, 특히 커뮤니케이션 연구 또한 그 자신의 역사를 갖기 때문이다.

이렇게 간햄은 역사가 인간이 가진 지식 중에서 유일하게 검증력과 설명력, 나아가 예측력을 준다고 주장한다. 이 주장이 맞다면 모든 이론은 항상 역사적 근거를 지니고 있다(Somers, 1998). 확실히 역사는, 이미 끝난 현상이라는, '해답'을 가지고 푸는 '문제'의 성격을 지닌다. 역사는 결과를 알고 있기 때문에 그렇게 된 과정을 역으로 추론해볼 수 있는 일종의 '역목적론'인 것이다(Corner, 2003). 코너는 다음과 같이 역사의 매력을 정리한다.

> 역사가 주는 것처럼 보이는 약속은 '무엇이 어떻게 발생했는가'를 발견하는 기본적인 매력을 넘어서는 데 있다. 내가 생각하기에 그것은 변화와 인과관계의 문제에 대한 더 나은 이해, 곧 인간사에서 구조와 과정, 사람 사이의 난제를 해결하는 데 역사가 도움을 준다는 점이다. 적절하게 연구되고 해석된다면 역사적 계기의 밀도(에 대한 분석)는 불확실하고 우연적인 것을 하나의 경향으로 바꿀 수 있는 것처럼 보인다(pp.274~275; 괄호는 인용자).

캘훈(Calhoun, 1995)은 즉각적 지식의 한계를 지적하면서 역사적 지식의 중요성을 제기한다. 캘훈에 따르면 사회적 세계에서 즉각적인 것, 즉각적 가시성과의 단절은 이론의 전제조건으로, 역사적 지식에 요구되는 것일 뿐만 아니라 역사에 대한 지속적인 관여와 역사적 가정에 대한 재고를 위해서도 필요하다. 커런(Curran, 2003) 역시 "역사적인 시각을 채택하면 현대적인 맥락에서만 바라보았을 때에는 모호해 보였던 것들을 명확히 식별할 수 있게 만들어주는 일정한 임계거리를 얻을 수 있다"(p.3)고 말한다. 그가 주장하는 식별은 근대 사회에서 차지하는 매스커뮤니케이션의 역할과 미디어를 형성시키는 힘에 관한 통찰이다.

역목적론이나 역사적 경향의 추출, 즉각성의 재고, 통찰 등은 역사가 현재 연구에서는 하기 어려운 인과관계[8]를 추적하는 데 도움이 된다는 점을 말해

---

[8] 인과의 의미는 과거의 '방법론 논쟁'이나 최근의 '역사사회학 논쟁'에서 볼 수 있듯이 매우 복잡하고, 사유방식 또한 다양하다(Calhoun, 1998; Ricoeur, 1983). 물론 이 글이 이러한 과학철학적 주제에 깊이 관여할 이유는 없다. 다만, 역사에서 추구되

준다. 지나버린 일에서는 쉽게 확인이 가능한 시간적 선후가 이 인과와 밀접한 연관이 있기 때문이다. 또한 맥락에 대한 심층적 파악 역시 역사가 아니면 어렵다. 비록 문서자료에 의존하는 한계가 크고, 또 방송의 특성상 문서의 약점이 뚜렷하기는 해도, 역사를 통해 얻어지는 것은 현재의 그것에 비해 그 진정성을 확인하기가 용이하다(이의 검증에 대해서는 Benjamin, 2006을 참조). 그러나 이러한 인과의 가설은 이론 속에서 추구될 때 타당성과 명료함을 얻기 쉬우며, 면밀한 검토를 위한 다각도의 관점 역시 다양한 사회적 주체를 상정하는 이론의 도움이 절실할 수 있다.

(2) 지식의 대상

미디어를 교회에 비유한 다알(Dahl, 1994)의 문제 제기에 따르면 미디어역사는 그 대상이 폭넓은 과정과 효과로 이루어진 커뮤니케이션인지, 아니면 제도로서의 미디어, 달리 말해 구조 내의 정형화된 커뮤니케이션행위에 국한된 것인지가 불분명하다. 종합적으로 말하면, 양자 모두가 대상이 되고 보다 근본적인 목적은 앞의 것에 있다고 할 수 있지만, 주로 편의 때문에 전자보다는 후자에 연구가 집중되면서 미디어 역사는 미디어 제도나 조직의 성장·발전사와 자주 동일시되었다.

이 점은 방송사도 마찬가지로 겪고 있는 현상인데, "프로그램의 생산과 분배, 그리고 소비를 가능하게 하는 역사적으로 연계된 사회관계의 총체"가 지식의 대상이라고 밝힌 스트리터(Streeter, 1996a, p.5)의 주장이나, 궁극적으로

는 인과가 '연역된 이론'과 '통제된 관찰', '조건적 예측'을 위주로 하는 일반 과학의 인과와는 큰 차이가 있다는 점은 확인될 필요가 있다. 역사적 인과는 특정한 방법론이라기보다는 이론을 포함해 '탐구로서의 역사'가 가지는, 역사 서술의 주요 기준이 되는 '개념화', '객관성의 추구', '비판적 자기반성' 등의 원칙을 필요조건으로 삼는 일종의 지향성이라고 할 수 있다.

역사연구자들이 "어떤 주어진 시기에 우리가 단순히 '라디오'나 '텔레비전'으로 간주하는 것, 산업, 테크놀로지, 규제, 프로그램, 수용과 이용 등을 함께 구성하는 동적인 힘의 상호작용"을 보여주어야 한다고 한 앤더슨과 커틴(Anderson & Curtin, 2002, p.22)의 지적대로 지난 방송사들은 방송 조직의 발전 이상의 거시적 관점을 소화하지 못했다. 이 점은 브릭스나 바누, 6판을 거듭한 커런과 시튼(Curran & Seaton, 2003) 등의 잘 알려진 방송사들이 모두 이 조직사적 접근방식을 채택하고 있는 데서 쉽게 알 수 있다. 물론 방송사는 이에만 국한될 수 없다. 다음에 살펴볼 본데뷔르크나 코너, 자카 등의 방송사의 필수적 구성요소는 이를 잘 보여준다[9](Bondebjerg, 2002; Corner, 2003; Jacka, 2004).

먼저 본데뷔르크는 크게 세 가지로 방송역사의 서술 차원을 구분한다. 첫째는 사회적·제도적 차원으로 테크놀로지, 경제적 조건, 제도적 구조, 생산 관행, 공간적 차원 등이 이에 해당한다. 둘째, 미학적·문화적·상징적인 차원으로 주로 미디어의 표현에 관계된 것이다. 장르, 텍스트, 담론 등의 분석도구가 활용되는 것은 이에 속한다. 셋째, 일상 문화 차원이다. 매일의 미디어 사용에 대한 민속지학적 연구, 미디어와 연관된 생활스타일 연구 등은 이 차원의 것이다. 이에 비해 코너는 방송사의 요소를 다음의 다섯 가지로 꼽는다. 첫째는 텔레비전(코너는 이를 텔레비전으로 했다)을 제도·산업·조직의 측면에서 접근하는 것이다. 둘째는 제작의 측면으로 접근하여 제작 담당자들의 전문직 문화와 관행에 집중하는 것이다. 셋째, 텔레비전 텍스트의 미학적 표현과 형식에 주목하는 것이다. 넷째는 사회문화적 현상으로 텔레비전을 보는 접근이다. 정치, 공론장, 시민사회, 대중문화 등은 이 접근

---

[9] 전체 미디어를 포괄하는 것이지만 연구 대상의 얼개를 보다 체계적으로 해부한 것으로는 브뤼겔(Brüggel, 2002)을 참조할 수 있다.

과 관련하여 자주 쓰이는 개념이다. 다섯째는 테크놀로지에 집중한다. 다음으로 자키는 산업, 프로그램, 정책과 규제, 인물, 테크놀로지, 수용자, 국제적 맥락과 관계 등의 일곱 요소를 제기하고, 구체적 주제로는 첫째, 텔레비전에 대한 영향력과 권력·통제, 둘째, 국가적·문화적 정체성, 셋째, 지역성과 지역, 넷째, 공적·사적·가정적 공간과의 관계, 다섯째는 정치와의 관계, 여섯째는 다른 미디어와의 관계, 마지막 일곱째는 다른 문화적 형식과의 관계를 역사 서술의 주요 대상으로 꼽고 있다.

이 같은 여러 논자들의 주장에 비추어 보면 방송사는 단순히 방송조직사여서는 안 된다. 미디어사를 문화사로 확장시켜야 한다고 주장하는 앤더슨과 커틴(Anderson & Curtin, 2002)의 말을 빌리면, 이때의 방송은 집단적 사회약속의 산물이면서, 권력제도 뿐만 아니라 방송 테크놀로지를 사용하거나 일상생활에서 라디오와 텔레비전을 만나는 우리 개개인이 포함되어 전개되는 우연적 역사구성체다. 이렇게 방송사의 반경을 넓히면 수용자의 일상이 차지하는 비중이 커지는데, 이럴 때 어려운 점은 이에 대한 자료가 더 미미하고 단편적이라는 것이다. 따라서 이를 극복하기 위한 다양한 고안이 등장하는데, 셧슨(Schudson, 1991)이 제시한 연구들이 이 고안의 일부를 잘 보여주며, 이상길(2005)이 꼽은 일제하 연구의 사례들도 수용자에 접근하는 연구자들의 노력을 모범적으로 예시한다.

특히 방송에 대한 (문서) 자료의 취약성[10]을 보완하기 위해 사료를 확장해야 하는 필요성과 이 확장된 자료를 분석하는 데 필요한 방법의 문제가

---

10) 이를테면 텔레비전의 '텔레비전성'(televisionness)은 "우리의 일상적 삶에 통합되어 있는, 매일 반복되고, 끝이 없이 이어지면서 몇 개의 변인으로는 환원될 수 없는 다양한 그림과 소리의 흐름으로 이루어져 있다"(Brunsdon; Anderson & Curtin, 2002, p.23에서 재인용).

제기된다(Godfrey, 2002). 대체로 그러한 사료에는 시각적 이미지 자료나 구술 자료 등이 있는데, 이를 다룰 수 있는 방법으로는 따로 정해진 것이 없으며 시각자료에는 내러티브 분석, 기호학 분석, 수사학 분석 등이, 구술 자료에는 (생애)구술사 방법 같은 것이 원용될 수 있다. 이러한 자료들은 문서에 비해 명확성이 떨어지므로 보충적으로 이용하는 것이 좋고,11) 분석 방법을 적절하게 통제해야 하며 과잉 해석을 경계해야 한다.

(3) 지식의 방법

역사학은 '법칙적'(nomothetic) 사회과학과 달리 과거를 '개별 기술적'(idiographic)으로 다루며 각각의 사례를 하나의 고유 형태로 본다. 여기에서 지식을 얻는 가장 보편적인 방법은 과거의 문헌을 읽고, 필요한 정보를 정제하고, 이를 맥락에 맞게 해석하며, 일정한 내러티브의 조직에 따라 배치하는 것이다. 역사는 '사실'로 이루어지며, 문헌 기록에 대한 비판적 읽기는 경험적으로 증명 가능한 사실에 도달할 수 있게 해준다. 또 적절한 절차를 통해 확인된 가설은 하나의 내러티브를 (자연스럽게) 형성하며, 그 내러티브는 스스로를 위해 말하고 과거를 실제 있는 그대로, 때로는 이른바 '역사의 평가'로 불리는 약간의 도덕적 판단을 개입시켜 보여준다(Nerone, 1993, p.149).

어떻게 자료를 다루느냐, 특히 1차 자료를 다루는 테크닉은 역사 연구의 성패를 가늠하는 중요한 것으로 크게 다음과 같은 세 가지 단계로 나누어진다(Lorenz, 2001). 첫째는 발견의 방법(heuristics)으로 연구목적에 맞는 적절한 사료를 찾는 테크닉이다. 둘째는 문헌학적 사료비판의 테크닉으로 사료의 시간적, 공간적 출처, 그리고 그 진실성을 확증한다.12) 셋째는 '실제 일어난

---

11) 방송사의 바람직한 사료작업과 사료의 전통적 위계에 대해서는 알렌(Allen, 2006)을 참조할 수 있다.

것'을 추론하기 위해 이러한 자료로부터 추출한 정보를 정제하고 이를 결합하는 테크닉이다.

여기에 더해 역사는 일정한 내러티브의 형태로 표현(Darstellung)해야 하는데, 아무리 역사가 개별 사례의 독특성을 강조한다 해도 역사가 갖는 내러티브적 성격은 역사의 기술 속에 구조와 규칙, 순서를 부여한다. 역사가는 자료를 접할 때 이미 특정 형식의 내러티브를 구상하고 있는 것이다(내러티브화). 물론 사실을 검증하는 과정에서는 결코 이 내러티브를 개입시켜서는 안 된다(비내러티브화). 그러나 마지막, '사실이 사실을 말하게 하는' 서술의 단계에서 역사가는 다시 적극적으로 사실을 내러티브화 시킨다(Nerone, 1993). 이러한 내러티브화 → 비내러티브화 → (재)내러티브화의 연쇄는, '역사'(History)는 변하지 않는 하나이지만 '역사들'(histories)은 매우 빠르게 교체되는 이유를 일깨워준다.

(4) 지식의 한계

서론에서 언급한 대로 역사는 시간의 경과에 따른 변화가 서술의 기본축이 된다. 따라서 역사의 기술은 항상 '무엇이 어떻게 발생했는가'의 형식을 취하는 내러티브가 된다(Nerone, 1993). 문제는 이 내러티브가 다양할 수 있으며, 이 다양함이야말로 역사들의 선택, 계층화, 교체에 중요한 원인이 된다는 점이다. 이 점은 역사의 검증에서 내러티브가 차지하는 비중이 결코 작지 않다는 점을 말해준다.

앞서 본대로, 스스로를 위해 말하고, 과거를 실제 있는 그대로 때로는

12) 이러한 사료 비판에는 내부적 비판과 외부적 비판이 있는데, 방송사에서 이러한 비판에 대한 설명과 사례는 벤자민(Benjamin, 2006)을 참조할 수 있다.

약간의 도덕적 판단을 개입시키는 서술방식으로서의 내러티브에는 단편적 정보인 사실들을 이해 가능한 이야기로 만드는 해석, 모델, 가설, 플롯, 픽션 등이 들어 있다. 비유가 허용된다면, 역사 내러티브는 사실의 '벽돌들'을 선별하고 경중을 판단하며 골격에 맞게 짜 맞춰 지식의 '성채'인 역사로 만드는 '건축술'의 한 부분이거나 적어도 이와 깊은 관련이 있다(Nerone, 1993; Scannell, 2002). 따라서 이러한 내러티브에는 특정한 관점이나 사실을 다른 것보다 우위에 놓게 하고, 어떤 대상이 더 특권을 누리며, 어떠한 정도의 복잡화와 단순성을 추구하고, 어떤 표현방식을 선택하는 것 등에 대한 이유와 근거를 밝히는 문제가 제기될 수 있다.[13]

그러나 대부분의 역사에서 내러티브는 그 성격이 분명하지 않고 상식의 그늘 속에 묻혀 있다. 또 때로는 스스로가 그렇다는 것을 인식하지 못하고 있기도 하며, 이 점을 큰 단점으로 여기지 않기도 한다(Burke, 1992). 이는 일부 통사적 방송사도 마찬가지다. 자카(Jacka, 2004)의 주장에 따르면, 스털링과 키트로스(Sterling & Kittross, 2002)의 방송사는 스스로 "우리의 방법에는 일부 진지한 '역사학'의 장식이 없다"(p.xvii)고 말하면서, '상식에 따른 접근'(common sense approach)을 취한다. 이 접근의 내러티브에는 여러 제도와 관련된 범주들에 대한 경험적 자료들이 잘 섭렵되어 있는 장점이 있지만, 서술의 주요 요소들 사이의 연계에 대한 이론화가 돼어 있지 않은 치명적인 약점이 있다. 이외에도 차원은 다르지만, 기존의 방송사들은 일 국가 중심적 서술, 전통적인 제도와 권력 중심적 접근, 미디어텍스트에 대한 정적이고 문학중

---

[13] 이는 슬론(Sloan, 1991)이 말하는 '해석'과 유사한데, 슬론은 해석을 역사적 사실들에 일정한 구조를 부여하는 '조직원리', 특정한 역사적 시대를 낳은 근본적 요인을 찾게 하는 기본적인 '설명의 틀', 과거가 중요하다고 주장할 수 있는 '수단'을 제공하는 의미로 본다.

심적인 접근의 고루성 등의 문제를 안고 있다(Bondebjerg, 2002; Jacka, 2004).

이중에서 가장 큰 문제로 꼽히는 것은, 방송사가 권력과 제도 중심으로 이루어질 우려다. 특히 앞서 본대로 바누 등의 방송사는 의도하건 의도하지 않았건 역사의 담론체계를 특정한 방향으로 몰아간다는 비판을 받고 있다. 스피겔(Spigel, 1992)은 기존의 방송사가 "네트워크 산업을 탄생시킨 경제적·규제적·정치적 투쟁의 역사"(p.3)가 되면서 이와 어울리지 않는 많은 다른 부분을 사상(捨象)시키고 있다고 지적한다. 지금까지의 커뮤니케이션 역사 분야의 성과를 거시사, '엄밀 역사학'(history proper), 제도사로 구분하고 있는 셧슨(Schudson, 1991)도 특히 가장 많은 기존 연구를 가진 제도사가 다음과 같은 큰 단점을 안고 있다고 주장한다.

> 제도사는 종종 기업과 정부 조직들의 기록·문서에 의존한다. 그리하여 제도사는 미디어 제작자들 내면의 관심사, 그리고 조직적인 성장·변화의 역동성과 그 결과를 강조하기 위하여 자신의 정보원을 활용한다. 그러나 조직의 기록물들은 미디어가 개인의 의식이나 정치, 그리고 사회구조에 끼친 보다 광범위한 효과에 관해서는 거의 아무 것도 보여주지 못할 것이다. 그리하여 수많은 제도사적 글들은 개별 인물과 조직 개편의 나열로 전락해버리기 매우 쉽다(235~236쪽).

스캐넬(Scannell, 2002)이 지적한 커런의 한계 역시 이와 같은 맥락 속에 있다. 커런의 역사서(Curran & Seaton, 2003)는 신문이 국가의 간섭에서 벗어나 시민적 자유와 정치적 독립을 획득하는 데 시장이 결정적인 기여를 했다는 기존의 휘그식 결론을 뒤엎고 시장이 오히려 필요한 정치언론을 만드는 데 장애가 된다는 정반대의 주장을 제시했다. 그러나 스캐넬은 커런의 해석 역시 언론의 자유나 정치 커뮤니케이션과 같은 "여과되지 않은 지금의 정치적 관심"(p.199)을 과거에 투영시킴으로써 휘그의 전제를 그대로 답습한, 정치적 역사서술의 근본적 한계는 극복하지 못한 것이다.

또 다른 한계는 역사가와 그 사료 사이의 시대적 불일치에서 발생하는 역사의 현재중심성에 있다. 사료는 항상 과거 어느 시기의 사회관계와 상징구조의 산물이다. 이 사회관계와 상징구조를 윌슨과 애쉬플랜트(Wilson & Ashplant, 1988)는 '범주체계'(category system)로 부르는데, 현재를 살아가는 역사가들은 항상 현재의 범주체계로 과거를 해석해야 하는 모순에 빠진다. 이 점에 대해서는 브릭스도 "나는 (방송사를 집필할 때) 종종 지금의 (과거와는) 다른 가치들을 반영하려고 하기 보다는 과거의 주요한 태도, 생각, 그리고 정치를 돌이켜보고 해석하려 했다. 나는 임박한 것은 보려 하지 않았다. 만약 내가 (1961년에 나온) 첫 책에서 그렇게 하지 않았다면 나의 해석은 벌써 낡고 오래된 것이 되었을 것이다. 나는 과거의 사람들―그리고 제도들―이 스스로에 대해 말하게 했다"(Briggs, 1995, p xv; 괄호 안은 인용자)고 하면서 이 모순을 극복하고자 노력했다.14) 코너(Corner, 2003)는 이에 대해 '무의식적 영향'까지는 피할 수 없고, 너무 민감한 것도 문제가 될 수 있다고 지적한다. 마치 남의 나라에서 벌어진 것 같이 너무 멀게 보는 것도 문제이지만 '진기한

---

14) 이 점 외에도 브릭스는 여러 측면에서 방송사의 전형을 창조했는데, 이를 자카 등(Jacka, 2004; Scannell, 2002)은 다음과 같이 평가한다. 선행된 것이 아무 것도 없는 미지의 상태에서 브릭스는 방송사(I~IV까지는 사실상 BBC의 역사)를 준비하면서 단순히 BBC의 조직사가 아닌 '총체적 역사'를 쓰기 위해 노력했다. 그는 또 그의 역사가 정확하고 근거가 있지만, 독자의 자유로운 해석은 막지 않는 것이기를 원했고 후속 연구자들이 자신이 만든 '집'에서 더 세부적인 것을 추구할 수 있도록 했다. 그는 비록 역사가가 아니었지만 그의 역사는 그런 전문적 역사에 가깝게 서술되었다. 그러나 그러한 많은 미덕에도 불구하고 모든 자료가 BBC에서 나왔으므로 브릭스는 프로그램이나 수용자와 관련된 '아래로부터의 역사'에는 주의를 기울이기 어려웠다.

오늘'처럼 너무 가깝게 기술하는 것도 지나치다는 것이다. 이 점에서 중요한 것은 "과거의 유의미한 사건과 오늘날의 독자들의 관심 사이를 매개함으로써 가장 설득력 있는 개념적 렌즈를 발견하는 것"(Skocpol, 1984, p.371)이다.

이러한 전통적 역사지식의 한계는 이를 극복하기 위해 요구되는 다음의 세 가지를 상기시키는데(Stevens & Garcia; Godfrey, 2006, p.21에서 재인용), 이는 첫째, 기존 역사에서의 '빈 곳'에 대한 주목, 둘째는 기존 제도나 권력과는 다른 대안적 해석, 셋째는 이론의 창출이다. 앞의 두 가지는 전통적 역사학 역시 강조하던 부분이므로 최근의 역사에서는 세 번째의 이론 창출이 새롭게 부각되는 부분이라고 할 수 있다.

3. 이론과의 연계

(1) 유형

역사적 지식은 연역적·분석적 사고에 대조되는 귀납적·해석적 사고를 강조함으로써 자신의 '자율성'을 보여준다. 역사적 지식은 '변화의 패턴' 이전에 그 '특정한 순간의 밀도'와 인과적 맥락을 중시한다(Comer, 2003). 그렇기 때문에 단순 연대기나 편년사와 달리 역사에는 시간의 다양성[15]이 존재한다. 즉 연대기적 속도와는 전혀 관계 없는 중요 사건과 그 맥락의 디테일을 구성할 수 있는 내러티브가 필요한 것이다. 그러나 이 내러티브는 시간의 흐름 속에 존재하는 개별 사건들을 순차와 인과 속에 편입시킴으로써 은연중에 이론으로 부를 수 있는 특정의 관점과 서술체계, 개념 등을 개입시킨다.[16]

---

15) 시간의 다양성, 연대기의 다양성, 시기구분(periodization)의 다양성에 대해서는 사토(Sato, 2001)를 참조하라.

이 점은 전문 역사연구자들의 언명과는 달리 명시적이면서도 적극적으로 이론을 개입시키는 역사적 접근방법이 충분히 가능함을 보여준다. 니에미넨(Nieminen, 1997)에 따르면 역사와 이론을 연계시키는 방법은 다음과 같이 크게 네 가지로 유형화될 수 있다. 첫째는 앞서 언급한 휘그 역사 같은 것으로 규범적 담론에 따른 거대 내러티브—자유주의나 테크놀로지주의, 근대(산업)주의 등을 예로 들 수 있다(Nerone, 1993)—를 추구하는 유형이다. 둘째는 '역사주의'적 전문 역사학으로, 엄밀한 방법론과 역사 서술의 중립성·객관성을 강조하는 유형이다. 그래서 이 역사는 상대적으로 짧은 기간에, 그리고 증거자료가 확실한 개별 사건에 집중하여 거대 내러티브가 아닌 작은 내러티브로 서술한다. 이 유형에서도 일반화·추상화를 위한 이론은 사실의 독특성을 사장시키는 불필요한 것이다. 셋째, 기원을 역사에 두고 있는 고전 사회학의 유형으로, 이 유형은 역사의 내러티브가 기본적으로 선별과 강조를 불러오는 이론적 가정에 기초한다고 본다. 따라서 이 유형은 내러티브 대신 분석적 이론의 지향점이 되는 규칙성과 경향성, 인과관계를 추구하며, 그 주요 방법은 비교(사)연구다. 넷째는 자연과학의 법칙적 접근을 이상적인 것으로 여기는 경험적 사회연구의 전통이다. 이 유형에서는 주로 인과관계를 증명하는데 역사를 이용하므로 역사는 시간이라는 변수 하나에 머무른다. 이 점에서 경험적 사회 연구는 추상화된 현재를 중요시할 뿐 과거와의 관계는 별반 고려하지 않는다고 할 수 있다.

이러한 네 가지 유형에서 이론은 넷째의 '법칙'에서는 물론이고 첫째의 '내러티브'에서도 사실이 (스스로 자신을 말하는) '자기설명적'(self-explanatory)이

16) 이론(Nerone, 1993), 관점(Sloan, 1991), 개념이나 인과론적 규칙(Skocpol, 1984), 내러티브(Curran, 2003), 모델(Burke, 1992) 등의 다양한 이름들을 이를 지칭한 것이다.

거나 역사 서술을 위한 객관적 기준을 창출하지는 않는다는 점을 잘 보여준다. 일반적으로 역사적 내러티브와 과학적 인과는 대립하는 것으로 보이지만, "'오직 사실 뿐'이라는 이데올로기에도 불구하고 역사가들은 결코 극단적 귀납주의 속에 있지는 않으며 무작정 자료실이나 문헌을 섭렵하지는 않는다"(Calhoun, 1998, p.855). 물론 그렇다 해서 역사와 과학이 같다는 것은 아니다. 역사의 사실(史實)은 섣부른 이론화나 경직된 인과의 '폭력'을 용인하지 않는다. '법칙적' 사회과학과 '개별 기술적' 역사학 사이에는 근본적인 것은 아니라 해도 적어도 강조점의 차이는 있다(Goldthorpe, 1991). 그러므로 첫째의 내러티브에서 작동하는 원리는 세밀한 인과의 체계를 뜻하는 이론이 아닌 서술자가 서있는 지점, 바라보는 시각으로서의 관점에 훨씬 더 가까운 것이다.17) 그러나 그것이 관점이 되었건 개념이 되었건 이 모두가 이론에서 파생된 것이라는 점은 분명하다.

미디어사에서 나타나는 이론은, 특히 미국의 미디어에서는 '정파신문'(party press)과 네트워크 텔레비전에서 크게 엇갈린다(Benjamin, 2006). 정파신문은 미국의 자유주의 정치체제에 많은 기여를 했다고 평가받기도 하지만, 그 정파성 때문에 신문의 본분을 저버린 역사적 전형으로 치부되기도 한다. 네트워크 텔레비전 역시 한편에서는 독점과 상업성의 온상이지만, 다른 한편에서는 번성과 혁신의 주체다. 이러한 상반된 평가는 역사를 평면이 아닌 입체로, 하나의 색깔이 아닌 다양한 색깔을 가진 것으로 보게 한다.

---

17) 이는 스카치폴(Skocpol, 1984)이 분류한 이론과의 연관성에 따른 비교연구의 세 가지 유형―첫째는 역사에 일반화된 모델을 적용시키는 것, 둘째는 역사에 대한 유의미한 해석을 위해 특정한 개념을 사용하는 이른바 해석적 역사사회학의 입장, 셋째는 역사에서 인과론적 규칙성을 분석하고자 하는 입장―에서 가장 낮은 단계의 이론 적용, 즉 특정한 개념(만)을 적용하는 이른바 해석적 역사사회학의 입장과 유사하다고 볼 수 있다.

커런(Curran, 2003)이 영국의 미디어사에서 제기한 자유주의, 페미니즘, 포퓰리즘, 자유의지론(libertarianism), 정체성(국가·민족주의), 급진주의 등의 '내러티브'와 슬론(Sloan, 1991)이 미국 미디어사에서 추출한 민족주의, 낭만주의, 발전론, 진보주의, 합의주의(consensus), 문화주의, 신좌파 행동주의 등의 '관점'은 사실의 집적과는 다른 차원에서 역사를 보는 '눈'이 불가피하다는 점을 일깨워준다. 이는 "만약 페미니즘 이론이 없다면, 어떻게 페미니즘 역사가들은 역사 기록이 가진 이데올로기적 미스터리를 밝힐 수 있을 것인가?"(Haralovich & Rabinovitz, 1999, p.1) 같은 반문에서 볼 수 있는 문제의식인 것이다.

이 점에서 잊지 말아야 할 것은 문화, 커뮤니케이션, 미디어에 대한 관심이 촉구된 때가 역사에 사회이론이 긴밀하게 맞물리기 시작하면서부터였다는 점이다. 일찍이 브릭스는 이 점을 다음과 같이 표현한 바 있다. "나는 오래전부터 사회학과 역사의 관계에 관심이 있었다. 경제학이 경제사에 제공하는 것을 사회학도 사회사에 줄 수 있을 것인가? 나는 처음부터 '문화'를 사회사와 경제사에 연관 짓기를 원했다"(Briggs, 1980, p.8). 브릭스는 윌리암스(R. Williams)의 『문화와 사회 Culture & Society』를 의식적으로 인용하면서 역사와 미디어 연구의 이론적 문제 사이를 연계 짓기 위해 노력했다. 그 결과로 그는 인쇄술의 시대에 방송역사를 커뮤니케이션역사의 주요 부분에 놓을 수 있었고, "더 최근의 커뮤니케이션 역사에서 이슈가 되는 수많은 통제의 주요 문제들, 예를 들면 독점, 허가, 검열, 그리고 테크놀로지와 사회역사가 맺는 관계가 얼마나 미묘하고 복잡한지를 짚어낼 수 있었다"(Briggs; O'Malley, 2002에서 재인용).

(2) 적용 방식

이론의 의미는 둘째의 '작은 내러티브' 및 엄밀한 방법론이 셋째 유형의 인과적 상상력18)과 결합할 수 있는 가능성에서 더욱 커진다. 앞서 언급한 대로 첫째의 내러티브도 이론이지만 아무래도 그 추상화의 수준이 높지 않고, 넷째는 시간이 여럿 변수 가운데 하나일 뿐, 그 우선성이 보장되지 않아 역사 연구로 간주될 수 없기 때문이다.19) 이론이 도입되어야 할 가장 큰 필요성은 기존의 사고나 방법, 자료로는 잘 보여줄 수 없거나, 증거가 너무 단편적이어서 증거와 증거를 연결시키는 논리적 조직화와 방향의 정립이 어려운 때이다. 이론은 이런 경우에 필요한 상상력의 바탕을 제공하고, 합리적 추론의 절차나 근거가 되어준다. 네론(Nerone, 2003)에 따르면, 이러한 필요성, 특히 앞의 것을 잘 보여주는 예가 하버마스의 공론장 연구다. 하버마스의 공론장 개념은 크게 두 가지 면에서 '사상의 역사'를 연구했던 역사가들에게 새로운 시계(視界)를 열어준다.

첫째는 이데올로기의 문제다. 그때까지는 과거에 어떤 이데올로기가 더 우세했는가에 대한 역사학자들 사이의 불일치를 해소하는 도구는 인용의 거친 싸움이었다. 한 사람이 '자유주의적'이라고 말하고 로크를 인용하면,

18) 이 상상은 베버가 "실제의 인과관계를 밝히기 위해, 비실제적인 것을 상상한다"고 말할 때의 그 상상을 가리킨다. 물론 이 상상은 역사적 설명 속에 기록할 인과적 고리들을 더 잘 선택해내기 위해서, 상정될 수 있는 원인들을 경쟁시킬 때 사용된다(Weber; Ricoeur, 1983). 냉전사가인 개디스(Gaddis, 2002)는 이를 '사고 실험' 또는 '반 사실적 사유'로 부른다.
19) 이 점에서 이 글은 카이저와 헤치터(Kiser & Hechter, 1998)의 연역적 '이론주의'와 소머즈(Somers, 1998)의 귀납적 '역사주의' 사이에 벌어진 역사사회학 논쟁에서, 양자가 엄밀한 의미에서는 모두 연역주의나 귀납주의가 아니며, 인과적 설명을 시공간에 관계없이 적용될 수 있는 '보편적 이론'(grand theory)의 틀에만 가두려고 하는 이론주의나 비내러티브(즉, 이론적) 방식으로 역사를 연구할 수 있는 가능성을 애써 무시하는 역사주의를 모두 비판하는 캘훈(Calhoun, 1998)의 '혼합적 설명전략'(composite explanatory strategy)의 입장에 서있다고 할 수 있다.

다른 한 사람은 '공화주의적'이었다고 말하고 마키야벨리를 인용하면 되었다. 또 하나가 다른 이의 인용을 불명확하고 중요하지 않다고 주장하면, 다른 이 또한 상대방의 것이 도식적이고 피상적이라고 응수했다. 이러한 귀머거리들의 싸움에 하버마스의 개념은 일종의 '메타 담론'을 제공하는 의미가 있었다. 즉 우리는 "말들을 세(서 경중을 판단하)는 대신에, 이 말들이 작동하는 공간의 형태를 분석함으로써 우리의 토론을 해결할 수 있었다"(Nerone, 2003, p.108; 괄호는 인용자).

둘째, 이 점이 이전에는 관념론의 내러티브로 간주되었던 것을 '물질적인 것'으로 변화시키는 효과가 있다. 추상적 측면에서 주장의 영향력이나 응집성을 복원하는 대신에, 공론장 연구는 사회적 목소리들이 만들어지고 들리는 메커니즘을 보여줌으로써 이념의 뒤에 숨어있는 '사회학'을 드러내는 의미가 있다. 그러므로 그 개념은 기술적·규범적 차원을 결합시키는 중요한 이론적 틀을 제공하면서도 아카이브에서 벌어지는 역사학의 전통적 작업에 대해서도 의미를 부여하는 미덕을 가지고 있다.

또 기존 역사학에서는 소외되었던 계급, 민족, 성, 인종, 그리고 성적 성향 등의 각종 집단 정체성의 형식들을 도입해 방송의 정치적·미학적 표현을 더 심층적으로 분석하는 작업에도 사회 이론의 도움이 필수적이다. 이 점에서 스폰(Spohn, 2001)은 사회학과 역사학을 접목시키려는 최근의 시도―역사사회학(historical sociology) 또는 사회과학적 역사접근―가 이 점에서 큰 의미가 있다고 보았다.[20]

---

[20] 스폰이 요약한 특장은 다음의 다섯 가지다. 첫째, 이 접근은 사회의 거시적 변동 차원에 대한 구조적·과정적(processual) 관점을 지향한다. 둘째, 기존의 위에서부터 내려오는 엘리트 관점보다는 아래로부터의 다중 또는 인민의 역사에 분석의 초점을 맞춘다. 셋째, 정치적·지식적 역사에서 경제적·사회적 역사로 강조점이 바뀐다. 넷째, 적용 가능한 사회과학적, 이론

이론은 과거를 '지나간 사건의 연속' 이상의 무언가로 보면서 지나간 사건, 사람, 권력관계 등에 관한 이전의 역사적 설명들을 검증하고, 부언하며, 대체하는 데 사용되는 인간 행위와 의식에 대한 체계적 사고다. 이 사고는 '무엇이 변화했는가', '어떻게 그 변화가 발생했는가' 보다는 '왜 사회가 그런 방식으로 변화했는가'를 묻게 함으로써 대안적 가설을 가지고 역사를 반추할 수 있게 해준다. 이를 스카치폴이나 토쉬 등은 '분석적 접근'으로 부른다. 이 접근은 역사에서 인과적 규칙성이 발견될 수 있으리라고 분석자가 가정하고, 그러한 규칙성을 찾는 데 도움을 줄 수 있는 대안적 가설과 실제의 역사적 사례 사이에서 여러 역사적 증거의 해석을 놓고 '왔다 갔다' 하는 형식을 취한다(Skocpol, 1984; Tosh, 1995). 따라서 이러한 방식을 통해 나온 결과는 "서로 대립하는 이론이 동시에 존재하는 것이 가능한"(Dirlik, 2000, p.189) 잠정적 '이론들', 곧 '역사들'일 수밖에 없다. 그런 면에서 이 이론은 '역사적으로 조건화된 이론'이라고 할 수 있다(Paige, 1999).

이러한 과정의 한 예로 베트남전쟁 당시의 정부(정책)와 미디어의 관계에 대한 연구를 들 수 있다. 이에 대한 통념은, 일반인에게 더 잘 알려져 있는 자유주의의 '적대적 미디어론'이다. 핼린의 연구(Hallin, 1994)는 이러한 통념에 도전해 여러 이론과 방법을 통해 당시의 미디어들이 정부의 방침에 순응했고 따라서 독자적 영향력도 없었다고 결론 내렸다. 그러나 역사학자 쿨버트(Culbert, 1998)는 당시 텔레비전이 대중을 자극했던 여러 보도들을 상기시키면서 이러한 핼린의 주장에 반론을 개진했다. 이어서 로빈슨(Robinson, 2001)은

> 적, 비교적 그리고 양적 방법을 구사하며 기존의 해석적 방법보다는 체계적 '설명'을 선호한다. 다섯째, 이러한 접근은 전통적 엘리트 - 보수주의에 대한 비판과 해방적·민주적·계몽적 가치에 의해 권장된다. 이와 더불어 역사 전반에서 새로운 역사학이 보여주는 차이를 종합해서 보여주는 것으로는, 버크(Burke, 2001)가 있다.

이러한 반론을 받아들이고 핼린의 핵심적 테제도 유지하면서 자신의 '정책 - 미디어 상호작용' 모델을 제시했다. 이 모델은, 일반적으로 미디어는 특히 대외정책에서 정부에 자율성을 갖지 못하나 어떤 조건하에서는 독자적 영향력을 행사한다는 것이다. 로빈슨이 보기에 비정규전이었던 베트남 전쟁은 미디어가 영향력을 가질 수 있는 조건을 조성했다. 이러한 로빈슨의 이론은 기존의 그것에 비해 대외정책에서 미디어와 정부가 맺는 관계를 좀 더 분석적으로 보게 해준다. 이 사례는 이론(가설)과 사실(역사적 증거)의 지속적 대화가 이론을 풍부하게 함과 동시에 반추하는 계기와 수단에 따라 역사서술 또한 달라질 수 있다는 점을 일깨워준다.

미국 라디오 방송의 기원에 대한 더글라스(Douglas, 1987)의 문제제기는 다른 방향에서 이를 예증하는 사례다. 더글라스는 사회적 가치와 관행이 일상에서의 문화적 실천과 협상과정을 통해 형성된다는 문화 연구의 기본 테제에 기초해, 기업과 정부, 선각(기술)자에 치중한 기존 연구와는 달리 무선전파를 '원거리 방송'으로 이용한 20세기 초 아마추어 무선사들의 실천에 주목했다. 이는 일대일 정보교환용으로 개발된 무선을 전혀 예기치 않게 사용한 것인데, 이를 기점으로 국가(군대), 자본, 신문 등의 이해집단 사이에서는 방송의 활용과 통제를 꾀하는 광범위한 무선의 재구조화 과정이 일어나게 된다. 이 과정을 추적하면서 더글러스는 미국 방송의 집중과 독점, 상업성과 이데올로기적 협소성이 결코 '필연적인 것'이 아닌 당시의 세력 연합의 '역사적 산물'이었다는 결론에 도달한다. 이 연구는 기존 역사에서는 당연시되었던 주체(테크놀로지와 국가·자본)와 객체(≒용자와 일상적 실천)의 관계를 새삼 되돌아보게 해주고, 대안적 역사의 단초를 제공했다는 데 큰 의의가 있다고 할 수 있다.[21]

그러나 이러한 이론 도입에는 자칫 역사연구의 의의를 반감시킬 우려가 존재한다. 이 중에서 가장 근본적인 차원의 것은 톰슨(Thompson, 1966)의 역사적 계급론이 보여준다. 톰슨에게 있어 계급은 역사적으로 변화하는 인간관계이기 때문에 다른 어떤 관계와 마찬가지로 우리가 그것을 어떤 순간에 정지시켜놓고 그 구조를 해부하려고 시도할 수 없는 하나의 흐름이다. 흐름에 대한 단면적 추상화는 항상 실체가 아닌 허상을 낳을 수 있는 위험성을 안게 된다. 물론 연구를 위한 단면화는 불가피하다. 실제 톰슨조차도 이것을 피해가지는 못했다. 그러므로 여기에서 중요한 것은 역사의 과정과 변화, 곧 역사성을 연구자가 얼마나 망각하지 않느냐이다.

미국 방송사에서 시장(구조)의 중요성을 제기한 맥체스니(McChesney, 1996)를 스트리터(Streeter, 1996b)가 경계한 이유도 자칫 역사적 구체성이나 복합성이 이론적 추상성과 단순성에 가려질 수 있다고 보았기 때문이다. 스트리터는 역사에서 중시되는 시장은 맥체스니를 비롯해 경제학자들이 주장하는 "개별 단위의, 형식적이고 기계적인" 시장이 아니라 "우연적이면서 역사적이고 사회적인 과정 …… 을 통해 구성되는 특정 (사회의 맥락이 충분히 반영된) 시장"(p.355; 괄호는 인용자)이라고 주장했다. 앞에 나온 더글라스의 연구가 일부 보여준대로 1930년대에 이미 라디오의 상업 모델을 정착시켰고, 이후에도

---

21) 이외에도 이런 방식으로 이루어진 역사연구의 사례는 수없이 많다. 앤더슨과 커틴(Anderson & Curtin, 2002)은 문화사적 접근에, 자카(Jacka, 2004)는 다양한 관점에, 암스트롱(Armstrong, 2006)은 비판 이론과 역사의 관계, 하랄로비치와 래비노위츠(Haralovich & Rabinowitz, 1999)는 페미니즘에 초점을 맞춰 대표적인 연구들을 잘 열거하고 있고, 존슨(Johnson, 2001)은 1970년대 문화 연구가 기존의 미디어사에 제공했던 '사회사'적 사고의 유용성을 비교적 자세하게 보여준다. 미국 방송사에서 스피겔(Spigel, 1992)이나 보디(Boddy, 1990)가 필요성을 제기했던 비네트워크·비헤게모니 접근 등도 이의 중요한 예이다. 싱클레어(Sinclair, 1986)는 멕시코 방송의 미국과의 관계를 '종속적 발전'(dependent development)이라는 이론틀로 고찰했다.

가장 시장의 이념형에 근접한 발전을 거듭해 온 미국에서조차도 텔레비전 시장은 수상기의 비약적 보급을 거친 1950년대 들어 광고(주)의 치열한 로비 하에서, 갖은 협박과 감시까지 불러온 투쟁을 거치고 난 이후에야 형성되었다(Boddy, 1990). 이러한 역사적 사실은 시장의 발전이 '구조적'·'단선적'이지 않고 '과정적'·'조건적'이라는 점을 잘 보여준다. 이 점은 역사의 서술이 몇몇 주요 변인을 중심으로 간결하거나 첨예하게, 또는 (수학자들이 사용하는 의미로) 정밀하게 서술되기보다는 풍부함과 질감, 그리고 심층성을 강조하는 '깊은 인과적 유추'에 더 친화성을 가진다는 것을 말해준다(McDonald, 1996). 달리 말해 이는 현상 자체의 조건성과 다양성을 몇몇 주요 변인을 통한 환원적 설명보다 우위에 놓고, 인과적 규칙성과 행위 경향을 추구하는 것이다.

이러한 이론과 사례 사이의 상호 대화 또는 상호 긴장은 이론적 역사접근의 가장 큰 매력이다.[22] 이 긴장은, 한편으로는 하나의 조건으로 역사를 이해하게 하는 이론적 사고의 경직성에 문제를 제기하고(Nerone, 2006), 현재의 개념과 이론이 발전되어 온 과정을 밝혀주면서 다양한 가능성과 대안을 보여주며(Pinter, 2004), 다른 한편으로는 기존의 역사가 누락한 사실들과 관점, 집단과 개인을 부각시켜 역사의 반추를 유도한다.

그러나 이러한 매력은 이론적 과잉해석[23]의 오류를 범하지 않을 때 유지

---

[22] 코젤렉(Koselleck, 1979)에 따르면, 사실은 개념 하나라도 이런 긴장에 대한 유념이 없다면 제대로 사용할 수 없다. 왜냐하면 "개념은 다양한 역사적 경험들과 이론적·실천적 실재 연관들의 총합을 연관지으며, 이 연관 자체는 개념을 통해서만 주어지고 현실적으로 경험될 수 있기 때문이다"(135쪽).

[23] 과잉해석의 여러 종류에 대해서는, 세르단(Serdan; 이상길, 2005에서 재인용)을 참조할 수 있다. 그러나 여기에서 다섯 번째, 숨겨진 의미를 제시하기 위해 "원리나 논리를 주장하면서 경험적 증거의 영역 바깥에서 작동하는 이론들을 동원하는 것"(144쪽)이 범하는 과잉해석은 논란의 여지가 있다. 이에 대해 이상길이 "경험적으로 잘 논증되고, 알려진 자료들과 충돌

될 수 있다. 특히 그중에서도 가장 큰 문제는 연구대상을 억지로 이론에 맞추는 경직성이다. 이론적 역사접근의 관건은 적절한 모델의 선택과 해석의 유연성에 달려 있다(Godfrey, 2006). 그리고 "연구방법이 무엇이든, 적용된 이론이 무엇이든, 가장 바람직한 (역사연구에서의) 비판적 연구는 역사적 증거의 엄격한 집적과 고찰에 의해 수행되어야"(Armstrong, 2006, p.164; 괄호는 인용자) 한다. 역사의 대상이 스스로에 대해 말하게 하는 '맹목적 경험주의'도 문제이지만, 역사적 내러티브가 그것이 구성되는 이론적 절차나 오로지 이론적 논쟁을 위한 목적에 매몰되어버린 '이론주의'도 마찬가지로 역사에는 별 도움이 되

하지 않으며, 방법론적이고 논증적인 주의를 기울"이라고 한 처방도 이 과잉해석과 잘 맞지 않는 듯하다. 전자는 안 보이는 것을 제시하려 해서는 안 된다는 '규범'으로 보이고, 후자는 보이는 것을 비약하여 해석할 때 나타날 수 있는 오류를 지적하는 것 같기 때문이다. 그래서 이 점은 마치 역사 연구가 숨겨진 의미를 파악하려 해서는 안 된다는 것처럼 읽혀질 수 있고, 그런 의미에서 역사연구를 좁은 영역에 가두는 것이 될 수도 있다. 보이는 것에 국한하면, '왜'라는 질문이 답해질 가능성은 매우 낮기 때문이다. 이 점은 숨겨진 의미를 제시하는 과잉해석에 대한 경계보다는 역사(학)의 엄밀성―"역사는 지나간 과거의 실제로부터 남아 있는 질그릇 조각이나 법령 문서로부터 결코 자유로울 수 없다. 왜냐하면 그것들의 존재 자체가 설명을 요구하기 때문이다"(Appleby, Hunt, & Jacob; Armstrong, 2006, p.164에서 재인용)―을 재삼 확인하는 것으로도 충분하지 않을까 한다. 하버마스의 공론장 연구가 비판 받는 이유도 하버마스(Habermas, 1992) 자신이 인정한 바대로 (이론에서 추출된) 규범적 요소와 현실의 역사적 요소가 혼동된 사례이기 때문이다(Curran, 1991; 2003). 물론 그렇다 해도 그 연구의 의의는 사라지지 않는다. 공론장 개념은 '대표되지 않으면 존재하지 않는 공중'을 상기시키면서 그 공중을 대표하는 메커니즘의 이론적 전례를 보여줬다는 점에 그 의의가 있기 때문이다(Nerone, 2006, p.259). 공론장 개념이 가진 규범적/역사적 성격의 이중성은 탈근대주의자 맥키(McKee, 2004)에 의해서, 초기 공론장 개념에서 제기된 역사적 실례에 대한 문제제기와 그 역사/이론이 맺는 관계의 다양성·모호성에 대해서는 핀터(Pinter, 2004)에 의해서 잘 조명된 바 있다.

지 않기 때문이다(Jacka, 2004).

　이 점은 역사 연구의 의의가 '심층적 맥락', '증거의 집적과 정제', '과잉해석의 경계'에 있다는 점을 다시 한 번 상기시켜준다. 증거를 맥락과 연결시켜주는 '체계'는 이론이며, 과잉해석은 오히려 이론이 그 적용의 의의를 보여주지 못할 때 발생한다고 볼 수 있다. 역사에서 이론은 결국 더 잘 보기 위한 하나의 수단, '렌즈'일 수밖에 없기 때문이다.

4. 한국적 함의

　식민지 시기부터 해방과 분단·전쟁, 오랜 권위주의와 급속한 경제발전, 그리고 뒤늦은 민주화의 숨가쁜 변화를 특징으로 갖는 한국의 근대사에서 가장 큰 화두 중의 하나는 역시 (깊은 침체 이후의) '발전'일 것이다. 방송 역시 예외가 아니어서 경제규모의 비약적 증가만큼이나 한국 방송은 양적 팽창을 거듭했고, 이제는 아시아 대중문화의 유력한 국제 흐름인 한류까지 만들어냈다. 일본의 드라마를 보면서 라디오극의 대본을 화면에 옮겨보는 훈련을 했던 초창기 TV드라마 이후 40년 만의 일이다. 그러나 주지하다시피 이러한 과정은 방송의 정치도구화, 상업화, 중앙·집중화, 관료화 등 다른 많은 문제를 낳기도 했다.

　이러한 한국 방송사의 이중적 성격은 역사학의 가장 의미 깊은 연구대상일 것이다. 그러나 주지하다시피 방송 연구에서 역사가 차지하는 비중은 매우 미미하다. 또 검증이 시도된 통사조차 아직 없다. 그간 방송사의 주축이 되었던 사사(社史)들에서는 말할 것도 없고, 일부의 연구서들조차도 아직은 자료의 집적과 (앞서 보았던) 상식적 접근에 따른 분류, 외형적 발전론에 입각한 선후관계의 연대기적 서술 등의 초보적 수준을 벗어나지 못하고 있는 것이다. 특히 '한국 방송(~년)사'란 이름으로 세 번에 걸쳐 수정·증보된 KBS의 사사는 이름에 걸맞게 한국 방송 전체를 포괄하는 범위를 갖추어 대표적인 방송사로 꼽히고 있지만 그 의의만큼이나 많은 한계를 가지고 있다. KBS의 발전일변도 서술, 상업방송에 대한 근거 없는 폄하 등은 특정 조직사의 어쩔 수 없는 한계라고 해도, 정치권력에 대한 종속이나 생산자·남성중심적 서술 등의 시각적 편견이나 관련 문헌의 불명기, 심층적 자료의 미흡, 사료 개발의 부진 등은 사서로서의 권위를 크게 떨어뜨리는 대표적인 단점이다.

그러나 최근 들어 비록 그 수가 많지는 않지만, 문화 전반으로 범위를 넓히고 이론을 염두에 둔 분석적 시도들로 방송사를 유의미하게 확장하고 있는 연구들이 늘어나고 있다.[24] 특히 역사에 대한 성찰과 새로운 접근방식 등이 제기되고 있다.[25] 또 개별 장르나 매체를 대상으로 통사적 접근의 사서들이 시도되는 것도 지금의 방송사 수준에 비추어 매우 고무적인 현상이다.[26] 방송전문인들이 단순 회고담 수준 이상의 전문서를 출간한 것도 이

---

[24] 한국 방송에서 국가의 통제가 확립되는 과정(박용규, 2000, 2005; 조항제, 2003), 텔레비전이 일상·가정에 통합되는 근대화 및 사회화 과정(임종수, 2003, 2004), 방송에서 새로운 장르인 멜로·숍오페라가 시도되는 과정(이 책의 6장), 방법론의 확장을 꾀하면서 농촌에서 라디오가 사회적 매체화로 정착하는 과정(마동훈, 2003), 1960년대 다큐멘타리 '인간승리'에서 나타난 근대적 시선의 형성과정(이창호·정수남, 2002) 등의 연구를 들 수 있다.

[25] 이에는 김영희(2004)와 이상길(2005)을 들 수 있다. 이 글에서의 '이론'은 김영희가 '역사언론학'(역사사회학에서 나온)이라고 지칭할 때의 '이론적 관점'과 다르지 않으며, 이상길이 주장한, 확장된 사료와 다양한 접근방식으로 이루어지는 '새로운 커뮤니케이션사'를 여는 데 필요한 중요한 한 수단이다. 이 글은 이러한 주장들을 방송사에 적용시켜 그 필요성을 더 구체화시켰다.

[26] 텔레비전 예능·오락 프로그램(강태영·윤태진, 2002), 다큐

분야의 연구자들에게는 큰 자극이 된다.[27]

 이와 관련해 반드시 필요한 것은 문화·일상사·수용자로 관점을 확장하는 것과 이를 뒷받침해줄 수 있는 사료의 발굴 및 개발[28]이다. 정치와 통제, 자본과 생산에 머물렀던 기존의 협소한 시각으로는 방송이 가진 다양한 측면을 온전히 돌아보지 못한다. 이 점을 잘 보여주는 예는 지난 한국 방송에서 가장 치열하게 비판의 대상이 되었고 지금도 여전한 저속과 퇴폐의 문제다. 주로 기성의 도덕적·가부장적이고 고급 문화적 시각[29] 아래 이루어지는 이러한 비판은 신생의 졸속과 얄팍한 상혼 외에 이러한 방송의 주 시청자인 여성을 폄하하는 매우 남성중심적인 편견이 바탕에 깔려 있다. 이러한 편견이 교정되기 위해서는 여성 수용자의 취향이나 욕망, 생활조건 가족 내의 권력관계 등을 밝혀줄 수 있는 새로운 이론틀이 필요하다. 이러한 틀로 보면 우리 방송드라마에서 가장 많은 부분을 차지하면서 높은 시청률과 비판을 함께 받았던 장르인 멜로도 그 의미를 재평가할 수 있다.

 둘째는 분석단위로서 일국가적 시각의 극복이다. 이 점은 스스로 방송을

멘터리(김균·전규찬, 2003), 텔레비전 드라마(김승현·한진만, 2001), 라디오 편성(최현철·한진만, 2004) 등을 들 수 있다. 대체로 이들은 '정치·사회적 변화 → 방송의 변화'의 도식을 취하면서도 방송과 수용자의 관계 변화에도 많은 관심을 기울이고 있어 사사에 비해 한 단계 발전된 면모를 보이고 있다.
27) 오명환(1994a; 1994b), 정순일·장한성(2000)을 들 수 있다.
28) 프로그램이 거의 존재하지 않는 한국에서는, 신뢰도가 다소 떨어진다 하더라도 인터뷰나 신문, 여성잡지, 소설, 드라마 주제가, 연극대본, 사진 그리고 대중주간지 등이 당시 대중의 분위기를 짐작하게 하는 중요한 사료가 될 수 있다. 이렇게 무의미하게 흩어져 있는 하찮은 역사의 단편들을 하나의 틀로 묶어 유의미한 설명을 끌어내는 작업에는 이론의 도움이 필수적이다.
29) 이의 대표적인 예는 아마도 1970년대 일일극을 비판한 당시 신문의 사설일 것이다. 조항제 편(2002)에 선별·수록되어 있는 사설을 참고하라.

도입·개발하지 못했던 한국에서는 더욱 필수적이다. 잘 알려져 있다시피 방송은 많은 제3세계 국가에서 문화의 종속 여부가 논쟁될 때마다 주요 사례로 언급된다. 이는 일시적일 수 있는 테크놀로지나 제도의 문제를 넘어, 이보다 훨씬 장기적인 프로그램의 제작과 소비 관행, 문화적 형식과 내용 전반에 미친 영향을 포괄한다. 그러나 연구사는 이 분야의 대표적인 이론인 문화·미디어제국주의론의 의의가 갈수록 감소한다고 보고하고 있음(조항제, 2003)에도 아직 뚜렷한 대안이 없어 제3세계 대중문화에 국제적 권력 및 교류의 불평등 구조가 미친 영향은 이론과 사례 모두에서 여전히 탐구해야 할 대상으로 남아 있다.

한국의 텔레비전을 대중화시키는 데 공헌한 최고의 프로그램 중의 하나인 일일연속극 "아씨"(TBC; 1970~71)도 일국가적 시각으로는 그 연원이 해명되기 어렵다. "아씨"는 인기 측면을 제외하고라도 연구의 가치가 충분하지만 불행히도 지금까지는 연구가 없다. 그런데 만약 연구가 된다면 일본 NHK의 아침연속극 "오하나항(おはなはん)"(1964)과의 피 영향관계가 반드시 해명되어야 할 것이다(정순일, 1991). 물론 "아씨"가 설사 "오하나항"의 영향을 받았다 해도 그 결론이 문화제국주의식의 일방적 모방이나 동질화로 되지는 않을 것으로 보이지만,30) 일본과 한국의 홈드라마의 유사성에 대한 해명을 비롯해 이러한 논의 자체가 한국 방송의 정체성을 분석하는 데 상당한 기여를 할 것임에는 큰 이의가 없을 것이다.

셋째는 연구방법론의 하나로서 비교(사) 연구의 필요성이다. 비교 연구

30) 왜냐하면, "아씨"의 작가 임희재가 1960년대의 라디오시대부터 "아씨"의 한 에피소드에 쓰였음직한 제목을 가진 유사한 단막극이나 시나리오들을 많이 집필했으므로 "아씨"가 (일본에서의) 당장의 영향으로 만들어진 것으로 볼 수는 없기 때문이다. 다만 이 작품들이 대부분 남아있지 않아 엄밀한 결론을 내기 어려울 뿐이다.

는 역사에 대한 분석적 접근을 하는 데 반드시 필요한 대안적 가설을 개발하는 데 큰 도움을 준다. 비교연구는 벤딕스의 주장대로 하나의 구조 연구가 가진 시계를 확대시켜준다. 유럽의 봉건제는 일본의 봉건제와 비교하면 보다 확실하게 정의할 수 있다. 둘의 비교에서 양자가 서로의 차이를 부각시키는 일종의 비평을 가할 때, 우리는 그 둘의 특징을 모두 잘 파악할 수 있게 되기 때문이다(Bendix; Skocpol, 1984, p.369에서 재인용).

이러한 사례 중의 하나로 방송의 중앙화 현상을 들 수 있다. 가머리(Gomery, 1997)가 비판한 대로 민영·로컬방송의 효시인 미국에서조차 방송사는 네트워크사와 일치될 정도이므로 공(국)영 독점을 경험한 나라에서 중앙 방송의 지방 지배가 심각한 것은 두말할 나위가 없다. 그러나 상대적으로 차이는 작지 않다. 영국·독일·일본 등은 모두 강력한 공영방송이 있는 나라이지만, 이들에서 중앙화·로컬화의 수준은 모두 다르기 때문이다. 또 로컬방송이 자신의 지위를 잃어버리게 된 이유 역시 제각각이다. 이 점은 비교 연구적 사고가 아니면 유의미한 결론을 도출해내기 어렵다.

5. 결론

아무리 획기적 '전환'이 있었다 해도 과거의 사료를 보고, 필요한 정보를 정제하고, 이를 정해진 틀과 맥락에 맞게 해석하며, 검증받은 형식에 따라 이를 배치·서술하는 역사의 지식 서술 방식이 크게 달라지는 것은 아니다. 또 현재 연구에 비추어 심층적 맥락의 파악, 여러 변수의 다각적 고려, 인과성의 추구, 시간 변인의 활용, 구체적 형상성의 확보 등과 같은 역사 연구의 특장도 변함이 없다. 다만 그 과정이 어떤 논리와 대상을 따르고 추구하느냐에 따라 전환의 이전과 이후가 달라질 뿐이다.

　근대화와 사회분화의 산물로 역사의 일원이 된 방송사에도 이러한 전환은 있었다. 이에 비추어 볼 때, 기존의 역사는 방송의 제도사·조직사에 가까운 것이었고, 시각 면에서는 정치권력·생산·남성·네트워크 중심의 편견을 안고 있었다. 이러한 역사에서 문화, 여성, 소비·일상, 수용자, 로컬방송 등의 관점이나 대상은 소외될 수밖에 없었다. 자료를 문서에 국한한 것도 연구의 범위를 넓히고 방법을 다원화하는 데는 큰 한계로 작용했다. 자국의 역사를 상대화시키지 못한 일국적 서술 역시 마찬가지였다.

　그러나 이러한 전환은 한국에서는 그 필요성만큼이나 연구의 어려움을 가중시켰다. 오랜 권위주의와 급속한 근대화·민주화를 겪은 한국은 문화, 여성, 일상생활·소비, 수용자, 로컬리즘 등의 소외된 관점을 복원해야 할 필요성이 서구보다 크다고 할 수 있다. 그러나 한국에서는 한편으로는 테크놀로지의 도입과정과 방송에 대한 인적·물적 통제에서 차지하는 국가의 절대적인 비중이 관점을 확대하는 데 장애가 되고, 다른 한편으로는 역사 연구의 중추를 이루는 프로그램의 결여를 비롯해 각종 자료의 현저한 망실과 미비가 작업의 실제를 제한하는 애로가 되고 있다.

　이를 극복할 수 있는 대안은 본문에서 본대로 이론적 상상력과 새로운 사료의 개발이다. 이론으로 기존의 자료를 재해석하고, 무의미하게 흩어져 있는 단편적 사료들을 하나의 이해 가능한 틀 속으로 묶어 증거와 증거를 잇는 최선의 가능성을 찾아낸다. 이렇게 찾아낸 '가설들'과 '역사들'은 특수한 역사와 일반 이론을 매개해 한국적 이론의 바탕을 제공하며, 기존 통사의 편제에도 큰 영향을 미친다. 물론 영향을 받는다 해서 통사의 내러티브 전체가 변화한다거나 그 편제가 완전히 달라지지는 않을 것이다. 이것이 가진 '상식적 접근'의 힘, 익숙한 '이야기'의 매력이 여전히 클 것 같기 때문이다.

그러나 중요한 것은 이 내러티브나 편제가 가진 약점을 알고 이를 보완하고 심화시키는 다른 많은 역사들이 병행되어 읽혀질 필요성이다.

한 때, 맥체스니(McChesney, 1996)는 미국 방송사의 사소성에 대해 볼멘소리를 내면서 변화를 촉구한 바 있지만, 사실 한국의 방송사 연구는 그러한 문제제기도 어려울 만큼 이제 겨우 개별 사사의 수준을 벗고 있는 정도다. 그러나 만약 이 글에서의 필자의 주장대로 적절한 이론이 방송사연구에 돌파구가 될 수 있다면, 이는 방송사뿐만 아니라 한국 방송 연구 전체에도 큰 기여가 될 수 있다. 이 둘 사이는 결코 멀리 떨어져 있지 않기 때문이다.

최근 들어 미국의 네트워크를 지배하는 것은 텔레비전에 밀려 사양길에 접어들었던 과거 할리우드의 메이저들이다. 만약 역사의 시간대를 좀 더 크게 놓고 보면, 오히려 "……같은 텔레비전의 창립자들은 할리우드로부터 온 텔레비전의 진정하고 예정된 소유자(곧 디즈니 등을 비롯한 할리우드 메이저들)를 위해 단순히 '자리만 데워놓고' 있었던 것에"(Allen, 2006, p.214; 괄호는 인용자) 불과했다고 까지 말할 수 있을 정도다. 영화가 이렇게 다시 텔레비전을 지배하게 된 역설(좀 더 비약시키면, 콘텐츠가 다시 매체를 지배하게 된 과정)은 역사뿐만 아니라 지금 연구에서도 중요한 주제다.

'현재'에는 세 가지 측면이 있다고 리쾨르가 지적했다. 과거에 대한 '기억'으로서의 현재요, 현재에 대한 '주목'으로서의 현재요, 미래에 대한 '기대'로서의 현재이다(Ricoeur; Johnson, 2001, p.267에서 재인용). 현재의 어떤 행위가 기억에 의해 뒷받침되지 않고, 주목과 기대에 의해서만 이루어진다고 한다면 역사는 공부의 대상이 되어야 할 이유가 전혀 없다. 반대로 기억에 의해 행동하면서 그 기억을 반성하지 않는다면 현재의 행동 역시 그 진정성이나 이후의 책임을 확인할 길이 없다. 역사에 현재성이 있다는 지적은 이러한 맥락을 염두에 둔 경우이다. 그렇다면 결국 역사에 대한 연구와 현재에 대한 연구는 같이 가고 있는 것이다.

    한국의 방송사는 역사지식의 한계도 한계이지만, 그 기본적 자료의 미비로 이론적 상상력의 도움을 받지 않으면 연구자들은 물론이고 방송인들의 주목도 받기 어렵다. 또 범위도 일 국가 내에 머무르게 되면, 도전해야 할 이론적 고지를 간과하면서 밋밋한 사실의 기술에 머무르기 쉽다. 이 점에서 필요한 것은 한편으로는 자료 개발의 노력과 그 나마의 자료에 대한 연구자들의 자유로운 접근이지만, 다른 한편으로는 이론을 사실과 대비시켜 그 (불)일치에 도전하는 것이다.

■ 참고문헌

강태영·윤태진(2002). 『한국TV예능·오락 프로그램의 변천과 발전』, 서울: 한울.
김균·전규찬(2003). 『다큐멘터리와 역사』, 서울: 한울.
김승현·한진만(2001). 『한국사회와 텔레비전드라마』, 서울: 한울.
김영희(2004). 「역사적 접근방법으로서의 매체이론」, 임상원 외(공편), 『매체·역사·근대성』, 서울: 나남.
마동훈(2003). 「초기 라디오와 근대적 일상: 한 농촌지역에서의 민속지학적 연구」, 『언론과 사회』 12권 1호, 56-81쪽.
박용규(2000). 「한국 초기 방송의 국영화 과정에 관한 연구」, 『한국언론학보』 44권 2호, 93-123쪽.
박용규(2005). 「2공화국 시기 방송제도 개혁과 방송법 제정 시도」, 『방송문화 연구』 17권 1호, 147-173쪽.
오명환(1994a). 『텔레비전 드라마 예술론』, 서울: 나남.
오명환(1994b). 『텔레비전 드라마 사회학』, 서울: 나남.
이상길(2005). 「'새로운 커뮤니케이션사'를 위하여: 연구방법론에 대한 성찰을 중심으로」, 『커뮤니케이션이론』 1권 2호, 106-161쪽.
이창호·정수남(2002). 「텔레비전다큐멘터리에 나타난 근대적 시선과 재현의 정치: 1960년대 텔레비전다큐멘터리에 관한 역사 및 영상인류학적 연구」, 『한국문화인류학』 35권 2호. 233-274쪽.
임종수(2003). 「텔레비전 안방문화와 근대적 가정에서 생활하기」, 『언론과 사회』 12권 1호, 92-135쪽.
임종수(2004). 「1960-70년대 텔레비전 붐 현상과 텔레비전 도입의 맥락」, 『한국언론학보』 48권 2호, 79-107쪽.
전진성(2005). 『역사가 기억을 말하다』, 서울: 휴머니스트.
정순일(1991). 『한국 방송의 어제와 오늘』, 서울: 나남.
정순일·장한성(2000). 『한국TV 40년의 발자취』, 서울: 한울.
조항제 편(2002). 『방송사 사료집』, 서울: 방송위원회.

조항제(2003). 『한국 방송의 역사와 전망』, 서울: 한울.
최현철·한진만(2004). 『한국 라디오프로그램에 대한 역사적 연구』, 서울: 한울.
Allen, C. (2006). Television broadcast records. In D. Godfrey(ed.), *Methods of historical analysis in electronic media* (pp.207-231). Mahwah, NJ: Lawrence Erlbaum Associates.
Anderson, C. & Curtin, M. (2002). Writing cultural history: The challenge of radio and television. In N. Brügger & S. Kolstrup(eds.), *Media history: Theories, methods, analysis* (pp.15-32). Aarhus: Aarhus Univ. Press.
Armstrong, J. (2006). Applying critical theory to electronic media history. D. Godfrey(ed.), *Methods of historical analysis in electronic media* (pp.145-165). Mahwah, NJ: Lawrence Erlbaum Associates.
Benjamin, L. (2006). Historical evidence: Facts, proof and probability. In D. Godfrey(ed.), *Methods of historical analysis in electronic media* (pp.25-46). Mahwah, NJ: Lawrence Erlbaum Associates.
Boddy, W. (1990). *Fifties television: The industry and its critics*. Chicago: Univ. of Illinois Press.
Bondebjerg, I. (2002). Scandinavian media histories. *Nordicom Review*, 23(1-2), pp.61-79.
Briggs, A. (1980). Problems and possibilities in the writing of broadcasting of history. *Media, Culture & Society*, 1(2), pp.5-13.
Briggs, A. (1995). *The history of broadcasting in the United Kingdom, vol.5: Competition(1955-1974)*. Oxford: Oxford Univ. Press.
Brüggel, N. (2002). Theoretical reflections on media and media history. In N. Brügger & S. Kolstrup(eds.), *Media history: Theories, methods, analysis* (pp.33-66). Aarhus: Aarhus Univ. Press.
Burke, P. (1992). *History and social theory*. 곽차섭(역)(1994), 『역사학과 사회이론』, 서울: 문학과지성사.
Burke, P. (2001). Overture. The new history: Its past and its future. In K. Burke(ed.), *New perspectives on historical writing* (pp.1-24), Pennsylvania: The Pennsylvania State Univ. press.
Calhoun, C. (1995). *Critical social theory*. Oxford: Oxford Univ. Press.
Calhoun, C. (1998). Explanation in historical sociology: Narrative, general theory, and historically specific theory. *American Journal of Sociology*, 104(3), pp.846-871.

Corner, J. (2003). Finding data, reading patterns, telling stories: Issues in the historiography of television. *Media, Culture & Society*, 25, pp.273-280.

Culbert, D. (1998). Television's visual impact on decision-making in the USA, 1968: The Tet Offensive and Chicago's Democratic National Convention. *Journal of Contemporary History*, 33(3), pp.419-449.

Curran, J. (1991). Rethinking the media as a public sphere. In P. Dahlgren & C. Sparks(eds.), *Communication and citizenship* (pp.27-57). London: Routledge.

Curran, J. (2003). *Media and power*. 김예란·정준희(역)(2006). 『미디어 파워』, 서울: 커뮤니케이션북스.

Curran, J. & Seaton, J. (2003). *Power without responsibility*, 6th. edn. London: Routledge.

Dahl, H. (1994). The pursuit of media history. *Media, Culture & Society*, 16(4), pp.551-563.

Dirlik, A. (2000). *Postmodernity's histories: The past as legacy and project*, 황동연(역)(2005). 포스트모더니티의 역사들. 서울: 창비.

Douglas, S. (1987). *Inventing American broadcasting, 1899-1922*. Baltimore: Johns Hopkins Univ. Press.

Gaddis, J. (2002). *The Landscape of history: How historians map the past*, 강규형(역)(2004),『역사의 풍경: 역사는 과거를 어떻게 그리는가』, 서울: 에코리브로.

Garnham, N. (2000). *Emancipation, the media, and modernity: Argument about the media and social theory*, Oxford: Oxford Univ. Press.

Godfrey, D. (2002). Broadcast archives for historical research: Revisiting the historical method. *Journal of Broadcasting & Electronic Media*, 46(3), pp.493-503.

Godfrey, D. (2006). Researching electronic media history. In D. Godfrey(ed.), *Methods of historical analysis in electronic media* (pp.3-24). Mahwah, NJ: Lawrence Erlbaum Associates.

Goldthorpe, J. (1991). The use of history in sociology: Reflections on some recent tendencies. *British Journal of Sociology*, 42(2), pp.211-230.

Gomery, D. (1997). Rethinking TV history, *Journalism & Mass Communication Quarterly*, 74(3), pp.501-514.

Habermas, J. (1992). Further reflections on public sphere. In C. Calhoun(ed.),

Habermas and the public sphere (pp.421-461). Cambridge, MA: The MIT Press.

Hallin, D. (1994). *We keep America on the top of the world: Television journalism and public sphere,* London: Routledge.

Hallin, D. & Mancini, P. (2004). *Comparing media systems: Three models of media and politics,* NY: Cambridge Univ. Press.

Haralovich, M. & Rabinovitz, L. (1999). Introduction. In M. Haralovich & L. Rabinovitz(eds.), *Television, history, and American culture: Feminist critical essays* (pp.1-16), Durham, NC: Duke Univ. Press.

Hilmes, M. (2002). *Only connect: A cultural history of broadcasting in the United States.* Belmont, CA: Wadsworth.

Jacka, L. (2004). Doing the history of television in Australia: Problems and challenge. *Continuum: Journal of Media & Cultural Studies*, 18(1), pp.27-41.

Johnson, R. (2001). Historical returns: Transdisciplinarity, cultural studies and history. *European Journal of Cultural Studies*, 4(3), pp.261-288.

Kiser, E. & Hechter, M. (1998). The debate on historical sociology: Relational choice theory and its critics. *American Journal of Sociology*, 104(3), pp.785-816.

Koselleck, R. (1979). *Vergangene Zukunft.* 한철(역)(1996), 『지나간 미래』, 서울: 문학동네.

Lorenz, C. (2001). History: Theories and methods. In N. Smelser & P. Baltes(eds.), *International encyclopedia of social & behavioral science* (pp.6869-6876), Oxford: Pergamon.

McChesney, R. (1996). Communication for the hell of it: The triviality of U.S. broadcasting history, *Journal of Broadcasting & Electronic Media*, 40, pp.540-552.

McDonald, T. (1996). Introduction. In T. McDonald(ed.), *The historic turn in the human sciences* (pp.1-14), Ann Arbor, MA: Univ. of Michigan Press.

McKee, A. (2004). *The public sphere: An introduction.* Cambridge: Cambridge University Press.

Nerone, J. (1993). Theory and history. *Communication Theory*, 3(2), pp.148-156.

Nerone, J. (2003). Approaches to media history. In A. Valdivia(ed.), *A companion to media studies* (pp.93-114), Malden, MA: Blackwell.

Nerone, J. (2006). The future of communication history. *Critical Studies in Media Communication*, 23(3), pp.254-262.

Nieminen, H. (1997). *Communication and democracy: Habermas, Williams, and the British case*. Tuusula: Academia Scientiarum Fennica.

O'Malley, T. (2002). Media history and media studies: Aspects of the development of the study of media history in the UK 1945-2000, *Media History*, 8(2), pp.155-173.

Paige, J. (1999). Conjuncture, comparison, and conditional theory in macrosocial inquiry. *American Journal of Sociology*, 105(3), pp.781-800.

Pinter, A. (2004). Public sphere and history: Historians' response to Habermas on the "worth" of the past, *Journal of Communication Inquiry*, 28(3), pp.217-232.

Ricoeur, P. (1983). *Temps et recit* Ⅰ, 김한식·이경래(역)(1999). 『시간과 이야기 Ⅰ』, 서울: 문학과지성사.

Robinson, P. (2001). Theorizing the influence of media on world politics: Models of media influence on foreign policy, *European Journal of Communication*, 16(4), pp.523-544.

Sato, M. (2001). Time, chronology, and periodization in history. In N. Smelser & P. Baltes(eds.), *International encyclopedia of social & behavioral science* (pp.15686-15692), Oxford: Pergamon.

Scannell, P. (2002). History, media, and communication. In K. Jensen(ed.), *Handbook of media and communication research* (pp.191-205), London: Routledge.

Scannell, P. & Cardiff, D. (1991). *A social history of British broadcasting*. Oxford: Basil Blackwell.

Schudson, M. (1991). *Historical approaches to communication studies*, 김승현 외 (역)(2004), 『미디어연구의 질적 방법론』, 서울: 일신사.

Schudson, M. (2002). News, public, nation. *American Historical Review*, 107(2), pp.481-495.

Sewell, W. (1996). Three temporalities: Toward an eventful sociology. In T. McDonald(ed.), *The historic turn in the human sciences* (pp.245-280). Ann Arbor, MA: Univ. of Michigan Press.

Sinclair, J. (1986). Dependent development and broadcasting: 'The Mexican formula'. *Media, Culture & Society*, 8(1), pp.81-101.

Sloan, W. (1991). *Perspectives on mass communication history*. Hillsdale, NJ: Lawrence Erlbaum Associates.

Skocpol, T. (1984). Emerging agendas and recurrent strategies. In T. Skocpol(ed.), *Vision and method in historical sociology* (pp.356-391), Cambridge: Cambridge Uni. Press.

Sloan, D. (1991). *Perspectives on mass communication history*. Hillsdale, NJ: Lawrence Erlbaum Associates.

Somers, M. (1998). "We are no angels": Realism, rational choice, and relationality in social science. *American Journal of Sociology*, 104(3), pp.722-784.

Spigel, L. (1992). Installing the television set: Popular discourse on television and domestic sphere, 1948~1955. In L. Spigel & D. Mann(eds.), *Private screenings: Television and the female consumer* (pp.3-40). Minneapolis, MN: Univ. of Minnesota Press.

Spohn, W. (2001). History and social sciences. In N. Smelser & P. Baltes(eds.), *International encyclopedia of social & behavioral science* (pp.6829-6835). Oxford: Pergamon.

Sterling, C. & Kittross, J. (2002). *Stay tuned: A history of American broadcasting*. 3rd. edn. Mahwah, NJ: Lawrence & Erlbaum Assciates.

Streeter, T. (1996a). *Selling the air: A critique of the policy of commercial broadcasting in the US*. Chicago: Univ. of Chicago Press.

Streeter, T. (1996b). The "New Historicism" in media studies. *Journal of Broadcasting & Electronic media*, 40, pp.553-557.

Thompson, E. (1966). *The making of the English working class*. 나종일 외(역) (2000), 『영국 노동계급의 형성』, 서울: 창작과비평사.

Tosh, J. (1995). *The pursuit of history: Aims, methods & new directions in the study of modern history*. 2nd. edn. London: Longman.

Wilson, A. & Ashplant, T. (1988). Whig history and present-centered history. *The Historical Journal*, 31(1), pp.1-16.

Winston, B. (2003). How are media born and developed? In M. Hilmes(ed.), *Connections: A broadcast history reader* (pp.3-18). Belmont, CA: Wadsworth.

5장
한국 방송사의 관점들
_관점별 특징과 문제 제기

1. 한국 방송사와 관점

한국의 방송이 지난 연대를 거치면서 비약적으로 발전했다는 사실은 비단 이 분야의 전문 연구자가 아니더라도 누구나 알고 느끼는 것이다. 만약 전문 연구자라면 이러한 판단에 혹 외형적 팽창과 질적 고도화를 분리시킬 필요가 있다고 할지도 모르지만, 그래도 발전 자체에 이의를 제기하지는 않을 것이다. 이렇게 발전이 부정할 수 없는 현상이라면, 방송의 역사를 서술하는데 알맞는 관점은 서구 역사학의 지배적 형태로 잘 알려진 '휘그 역사'(whig history)가 되어야 할 것이다.[1] 역사를 정치사회의 지속적 발전으로 보는 단선적 목적론이 배경에 깔려 있는 휘그 역사는 역사를 하나의 '거대 담론'으로 기술하면서 과거에 대한 진실의 발견과 도덕적 교훈의 제시를 목적으로 한다(Tosh, 1995).

이에 따르면 한국의 방송은 수많은 양적 지표들과 건물의 외형 및 첨단장

---

[1] 휘그 역사에 대한 자세한 것은 4장을 참조하라.

비가 보여주듯 엄청나게 발전했고, 그 발전은 어려운 환경을 딛고 일어선 일부 특출한 인물들과 수많은 관계자들의 피땀 어린 노력 때문이며, 이러한 발전을 통해 많은 혜택을 받은 한국 국민들은 지금도 방송을 사랑하고 있다는 것이다. 이러한 발전을 가로막는 심각한 위기들이 적지 않았지만 앞서의 노력과 국민의 후원, (스스로 돕는 노력을 외면하지 않았던) '신의 가호'로 인해 지금을 이룩할 수 있었고, 그간에 있었던 약간의 과오는 시간이 흘러가면서 반성되고 교정되었다. 한국 방송역사서의 대종을 이루는 대부분의 사사(社史)들은 대체로 이러한 휘그 역사관을 위주로 한다고 볼 수 있지만, 이런 서술에 정면으로 반대할 사람들 또한 많지는 않을 것으로 보인다. 그만큼 우리 방송에서 발전은 '압도적'인 관점이라 할 수 있다.

그러나 근대화를 두 가지 성격, 즉 해방적 근대화와 기술적 근대화로 나누어 본다면(Wallerstein, 1995), 기술적 근대화와 직결되는 발전 양태와 달리 해방적 근대화로 부를 수 있는 가치의 측면들, 이를테면 표현의 자유 같은 기본권과 관련하여 가장 먼저 떠오르는, 방송이 얼마나 국민의 표현의 자유를 대변했는가와 같은 질문에 대해 이러한 발전론이 주는 '대답'은 그리 자명하지 않다. 증가나 팽창이 표현의 자유를 높일 수 있는 가능성이나 환경적 측면은 밝혀준다 해도 실제로도 그런지는 보다 정밀하게 따져 보아야 할 문제라는 것이다.

이 점을 잘 보여주는 예는 사사가 아닌, 전문연구자가 집필한 방송사연구들이다. 이 연구들은 대부분 그간의 방송이 '통제'에 따른 제약으로 바람직한 발전을 하지 못했다고 비판한다. 즉 민주화 이전에는 정치권력이, 이후에는 정치권력과 시장권력의 조합이 방송의 자율적 발전을 가로막았다는 것이다. 사사를 순전히 개별 사(社)의 '홍보사'로만 보지 않고, 사실(史實)의 집적과 일관된 서술체계, 방송을 포함해 한국의 현대사에 대한 평가적 관점 등을 나름으로 갖춘 '사서'로 인정할 수 있다면 이는 반드시 설명이 필요한 차이가 아닐 수 없다. 하나의 대상, 같은 사실을 두고 '발전'과 '종속'이라는 전혀 상반된 평가가 나왔기 때문이다.

그렇다면, 그렇게 상반된 평가가 나온 이유는 사실을 해석하는 관점의 차이에서 비롯된 것으로 볼 수밖에 없다. 역사 해석에서 특정한 방향과 결과를 우선해 사실의 서술에 선별과 강조를 불러오는 일관된 '담론의 틀'(Jacka, 2004)로 정의할 수 있는 '관점'2)이 한쪽에서는 각종 성장을 기록한 양적 지표와 장비 및 기술의 고도화, 전문화 수준의 제고 등을 강조하면서 '발전'으로 제시했고, 다른 한쪽에서는 인사 및 재정권의 정치화, 편성 및 제작에 대한 외부 개입, 권력에 대한 감시기능의 결여, 양적 지표(시청률) 위주의 편성 등을 앞세워 '종속'으로 평가한 것이다.

만약 쿤(Kuhn, 1996)의 말대로 이러한 관점들 사이에 서로 '통약'이 불가능하다면 역사에는 하나의 관점으로 이루어진 '역사'(History)가 아닌 "서로 대립하는 이론이 동시에 존재하는 것이 가능한"(Dirlik, 2000, p.189) 잠정적 '역사들'(histories)만 존재할 것이다. 물론 아무리 역사가 인위적으로 만들어진 집합적 기억이라 하더라도 더 나은 진술이 없는 것은 아니며, 적절성을 두고 관점들 사이에 벌어지는 경합 또한 그리 희귀한 일은 아니다. 또 관점이 많다 해도 통약이 가능한 경우가 훨씬 더 많으며, 관점들이 서로 보완하여 서술체계 자체의 적실성을 높이는 경우도 적지 않다. 그러나 이러한 현상 이전에 전제되는 것은 다양한 관점들과 그에 따른 역사'들'이다.

이렇게 관점이 다양해지는 이유는, 방송의 다양한 요소 및 속성들(성질), 방송이 사회와 맺는 관계 및 기능들(관계), 그리고 이 속성·기능들이 시간의

---

2) 역사에서 관점이 주는 다양한 의미에 대해서는 4장을 참조하라.

흐름에 따라 변화되는 방향성이나 지향점(경향성) 등 방송을 구성하는 여러 범주들에 대한 인식이 논자마다 다를 수 있기 때문이다.3) 이같이 상이한 인식은 다른 범주를 다룬 역사는 말할 것도 없고 같은 범주 내에서도 상반된 역사가 가능하며, 이들이 서로 경합·보완하는 것이 온전한 역사를 위해 필요할 수 있다는 것을 의미한다. 이를테면, '시청자의 높은 호응'과 '자유로운 정치적 공론장의 억압'은 일견 대립되는 것처럼 보이지만, 방송의 다양한 장르와 기능, 시청자층을 감안하면 얼마든지 공존과 상호보완이 가능하다는 것이다. 물론 어느 부분을 중시하느냐에 따라 서술의 방향이나 역사 평가는 완전히 달라질 수 있고, 이러한 중시가 가지는 '정당성' 문제는 별도로 검토되어야 하는 역사학의 매우 중요한 쟁점이다.

이러한 다양한 관점 및 쟁점의 예는 커런(Curran, 2002)이 영국의 미디어사(史)에서 제기한 자유주의, 페미니즘, 포퓰리즘, 자유의지론(libertarianism), 내셔널리즘, 급진주의, (나중에 일곱 번째의 내러티브로 추가한) 기술결정론 등의 '내러티브' 또는 '버전'에서 좋은 예를 볼 수 있다. 슬론(Sloan, 1991)이 미국 미디어사에서 추출한 이데올로기적 시각에서의 내셔널리즘, 낭만주의, 진보주의, 합의주의학파, 전문직주의 시각에서의 발전주의학파, 문화주의적 시각에서 문화주의, 상징적·의미주의학파 등의 '시각' 또는 '학파' 등도 한국 방송사의 관점들로 원용될 수 있다.

3) 성질의 범주는 방송운용의 철학, 정책 및 규제체계, 테크놀로지, 전문화 등을 포괄하고, 기능 범주에는 방송이 가져온 정치적·사회적·문화적 변화, 수용자 반응 등이 주요하게 꼽힌다. 어떤 현상의 단절과 연속, 누적적 감소와 증가를 찾고 이를 가져온 계기들을 추적해 이들 사이의 관계를 설명하고, 명명하며, 특성을 추출하는 경향성 범주에서는 시장화, 대중화, 분산화 같은 추세를 제시한다. 물론 이러한 범주들은 서로 중첩되는 영역이 있어 완전한 개별 범주로 보기는 어렵다.

그러나 이 관점들은 앞서 제시한 성질·관계·경향성 등을 이론화해 한정된 연역적 범주라기보다는 이미 이루어진 역사적 작업들의 이면에 흐르는, 가치판단을 전제한 담론체계들을 비슷한 추상수준에서 귀납적으로 추출한 것이다. 그래서 분류 자체에 따로 기준이 있다고 보기는 어렵다. 그러나 미디어와 관련한 이념 및 사상체계들을 비교조 빠짐없이 망라했다는 점에서 이 글의 목적을 위한 제재로서의 의의는 충분한 것으로 보인다.[4] 다만 슬론의 논의는 좀 더 단순 나열의 성격이 강한데다가[5] 미국사의 특수성에 치우쳐 있어 이 글의 목적에는 어울리지 않는 측면이 많다. 그런 이유로 이 글은 커런의 관점을 한국방송사의 주 제재로 삼고자 한다.

이 글의 문제의식은, 첫째, 양적인 측면에 치우치기 마련인 발전론 외에 한국 방송사를 서술하는데 적절한 관점은 어떤 것이 있는가? 둘째, 각 관점은 한국 방송사의 어떤 측면에 주목하고 어떤 특징을 부각시키는가? 또 이를 통해 추출될 수 있는 한국 방송사의 성격은 무엇인가? 셋째, 이는 지금까지의 역사에 대해 어떤 문제를 제기할 수 있고, 어떤 숙제를 남기는가에 있다. 말하자면 어떤 관점이 어떤 사실을 선별·강조해서 보게 하고 그래서 어떤 평가를 내리게 하는가, 다른 관점의 역사와 비교해 경합하거나 보완하는 부분은 무엇인가, 또 그 관점에서 볼 때 한국 방송사의 특성과 경향성은 무엇

---

[4] 물론 그렇다고 해서 이 관점들이 '철저하다'(exhaustive)는 뜻은 결코 아니다. 기존의 것과 나란히 설 수 있는 새로운 관점의 개발이야말로 모든 역사가들, 특히 방송사 같은 사회과학 영역의 역사학자들의 가장 큰 목표일 것이다. 따라서 이 글에서 언급된 관점들은 새로운 관점의 개발을 위한 사전 연구의 성격 또한 띤다고 할 수 있다.

[5] 이를테면, 슬론은 다른 책(Startt & Sloan, 1989)에서는 별다른 설명 없이 상징적·의미주의를 제외하고 신좌파 행동주의를 넣고 있다. 이는 슬론이 관점에 대한 별다른 기준 없이 기존 연구들을 옮겨놓고 있기 때문이다.

인가를 알아보는 데 이 글의 목적이 있다. 이러한 작업의 의의는 특정 관점이 보지 못하거나 주변화시킨 여러 사실들을 일깨우고, 관점 사이의 경쟁을 부추겨 한국 방송사를 더욱 온전하게 만드는 데 있다.

이 글은 주요한 역사적 사실들을 빠짐없이 연대기적으로 언급하는 방식을 취하지는 않는다. 그렇게 할 경우, 감당하기 어렵게 많은 변수가 등장함으로써 서술의 축이 분산되고, 더 많은 지면과 기존 연구의 양·질적 축적이 필요하기 때문이다. 그래서 이 글은 제기되는 의제별로 특정 시기, 특정 장르의 주요 단면을 집중 분석하는 방식을 취하고자 한다. 이 방식으로도 한국 방송사의 단적인 특징과 숙제를 잘 추출할 수 있을 것이라 생각하지만, 장르나 시기 선택에서 일정한 편중성을 피하지는 못한다는 점에서 이 연구는 한계를 안고 있다.

2. 관점의 검토

그간 한국의 방송이 밟아온 도정은 '발전'이라는 한 단어로 함축할 수 있다. 이에는 두 가지 측면이 있는데 하나는 스스로의 발전이요, 다른 하나는 한국의 압축적 근대화에 기능으로 작용했던 '발전론'적 측면이다. 전자의 관점이 앞서 언급한 대로 양적 지표나 외형적 규모에 치우쳐 질적 측면을 도외시하기 쉽다는 약점은 있지만 성장 자체에 대해서는 별 이견을 부르지 않는 데 비해, 발전론은 조금 다르다. 즉 한쪽에서는 경제에 기능적이었던 긍정적 측면을 내세울 수 있고, 다른 한쪽에서는 동원과 지배의 기제로 도구화되었던 부정적 측면을 더 크게 볼 수 있기 때문이다.

이 점을 단순 이분(二分)시켜 가치론적으로 판단할 수도 있지만, 테크놀로지가 가진 양가성(ambivalence)의 문제로 보면 단적인 이해가 가능하다. '테크놀로지결정론'은 테크놀로지의 속성과 사회적 속성을 일치시켜 테크놀로지를 변화의 주요인으로 보는 반면, '절충론'은 테크놀로지의 특성이 각종 사회적 제도들에 의해 제한받거나 일정 부분만 왜곡·강화될 수 있다고 주장한다. 이 관점은 테크놀로지의 '개발고 병행해서 생겨나는 사회적 필요성'과 테크놀로지의 '잠재적 급진성을 억압하고자 하는 법' 같은 사회적 요인들이 테크놀로지의 영향력을 놓고 서로 종합한다고 본다(Winston, 2003). 법이나 권력은 테크놀로지의 정치적 방향성을 자신의 영향권 내에 가두고 싶어 하는 후자의 대표 격이다. 이렇게 본다면 앞서의 경제적 순기능/정치적 도구화의 차이는 바로 이러한 테크놀로지를 둘러싼 경합, 그것이 가진 양가성의 한 표상일 수 있다. 그러므로 이러한 양가성은 방송테크놀로지와 사회를 구성하는 다양한 얼개들 및 이를 관장 또는 제어하는 원리들 사이의 관계라는 큰 틀에서 더 잘 이해될 수 있다.

이에 따라 가장 먼저 떠올릴 수 있는 것은 방송을 포함해 표현의 자유를 인간의 기본권으로 가르치고 있는 자유주의(들)[6]이다. 자유주의의 '자유'는 크게 두 가지, 즉 '소극적 자유'와 '적극적 자유'로 구분할 수 있다(Berlin; McQuail, 2003, p.187에서 재인용). 전자에서는 "방송이 얼마나 외부(특히 정부)의 강제로부터 자유로운가"를 가장 중요한 문제로 보며, 후자에서는 "방송이 얼마나 국민의 기본권 신장·권리 강화에 기여하는가"를 제기한다. 즉 전자가 정부의

---

[6] 주지하다시피 자유주의는 오랜 역사적 변화과정을 통해 다양한 면모로 분화되어 '자유주의들'로 불러야 더 정확한 이름이 될 것이다(그 변화의 이유에 대한 유용한 지적으로는, Kelly & Donway, 1990 참조). 물론 그럼에도 공통된 것은 있는데, 이는 대체로 개인 존재에서 출발하는 인격권과 자율권, 소유권 등을 주창하며, 미디어에서는 특히 정부에 대한 감시기능, 주의 주장을 제한 없이 표현할 수 있는 기능 등을 강조한다.

개입이 없는 상태에서 방송 내의 자유로운 시장구조와 시장행위에 주목한다면, 후자는 얼마나 다양한 인자들이 방송에 접근하고 참여하느냐, 곧 방송에서의 민주주의와 시민권을 중시한다(van Cuilenberg & McQuail, 2003). 또한 이는 방송의 자유를 개인권의 확장으로 간주해 그 자체로 보호를 받아야 하는 것으로 보는 관점과 '다양한 의견의 존재'를 위해 도구적인 이유로 존재한다고 보는 관점의 차이(Lichtenberg, 1990)나 '행동의 자유'(소극적 자유)와 '재화 및 서비스에 대한 권리'(적극적 자유) 사이의 대조로 나타나기도 한다(Kelly & Donway, 1990).

이 지점에서 자유주의는 자연스럽게 민주주의로 확장되는데, 이는 미국의 수정헌법 제1조에 대한 접근을 소극적인 것과 적극적인 것으로 나누고 이를 지금의 신자유주의와 참여 민주주의 이론의 두 가지 전통에 연결시키고 있는 스테인(Stein, 2004)의 발상과 정확히 일치한다.[7] 이런 이유로 대표적인 민주주의론자인 커런(Curran, 2002) 역시 영국의 미디어 역사를 개관하는 자리

---

[7] 이와 유사한 사례로 '이념의 자유로운 시장' 비유를 들 수 있다. 이 비유에 대한 해석은 크게 두 차원, 민주주의적인 것과 경제적인 것으로 나뉘는데 전자에서는 '다양하면서 서로 반대되는 주장의 자유로운 교환'과 '진리 또는 합의가 강제 없이 성취되는 과정'을, 후자에서는 '효율적이면서 제한받지 않는 경제적 교환'과 '사전 정보가 충실한 의사결정'을 직결시킨다. 그러니까 전자와 달리 후자에서는 재화와 서비스의 효율적 교환, 자유로운 경쟁과 소비자 복지의 극대화를 강조하는 것이다(Napoli, 2001). 관건은 이 둘의 관계인데, 이를 서로 다른 개별의 영역으로 구분할 수도 있고, 신자유주의처럼 민주주의의 조건에 자유로운 시장(소유권의 제한 없는 행사를 포함한)을 인과적으로 대응시킬 수도 있다. 물론 공영방송제도는 이 둘의 관계를 전자처럼 별개로 보거나 오히려 길항관계로 보는 것이다. 대체로 미디어와 연계된 자유주의는 '이념 시장'에 대한 경제적 해석의 최근성(Napoli에 따르면 1919년의 홀름스의 판결에서 처음 등장한다)이 보여주는 것처럼 정치적인 것을 중시한다(Curran, 2002).

에서 자유주의와 민주주의를 구분하지 않고, 자유주의 부분에서 소극적 자유와 적극적 자유를 모두 서술하면서 '민주주의적인 것' 또한 소화한다. 한국에서도 자유주의가 처음부터 민주주의와 구분되지 않은 채 자유민주주의라는 '합성 완제품'으로 도래하였다는 점(문지영, 2005), 또 권위주의 기간 동안 저항적 자유주의가 사라지고 이른바 냉전자유주의가 대세가 된 까닭에 한국적 자유주의의 이념적 정체성이 모호해진 점(김동춘, 2000) 등을 감안한다면 자유주의와 민주주의를 구분할 필요가 크지 않다.

그러나 이는 여론 독과점을 막기 위해 미디어의 시장행위를 제한하는 논리에서 자유주의와 민주주의가 서로 '적대'될 수 있는 부분은 고려하지 않은 것이고, 자유주의에서 민주주의 부분을 서술할 경우 특히 신자유주의라는 지금의 추세와 연관해 '시장화'의 문제를 집중적으로 고려할 수 있는 공간이 좁아지는 단점이 있다. 특히 이러한 시장과 대조되는 참여 민주주의가 갖는 방송에서의 의미 또한 한국의 현대 정치사에 비추어 그 중요성이 크다고 하지 않을 수 없는데, 그 이유는 민주화 이후 방송(특히 공영방송)의 규범적 비전이 줄곧 민주주의적 공론장이었기 때문이다. 요약하면 방송 내부의 소유·통제와 관련된 제도문제 및 구조변동이나 시장화와 관련해서는 자유주의 부분에서, 그리고 방송의 산물이 가져온 역할과 책임은 민주주의 부분에서 다루는 것이 한국의 방송사를 더 적절하게 보는 방법이 되지 않을까 한다.

한편 민간 주체를 역사적 조건으로 했던 신문과 달리 처음 등장할 때부터 전파자원의 군사적 성격 때문에 국가적 관리와 육성의 대상이 되었던 방송에서 민족주의는 그 어떤 것에 못지않게 중요한 관점 중의 하나다. 이는 앞서 보았던, 자유주의 관점에서의 '정부'나 '제도'와는 사뭇 다른 의미에서 '민족·국가', '민족적 정체성', '애국주의' 같이 방송이 따르지 않으면 안 되는 정치적

·문화적 중요성을 갖고 있기 때문이다. 특히 식민지와 전쟁, 분단 그리고 오랜 권위주의와 정부 주도 근대화를 경험한 한국에서 민족주의는 국가성립과 국민통합, 국가적 위기 극복, 심지어는 저항주의에서도 중심적인 견인차 역할을 했다.

도시 중심의 중세사회가 국가 중심의 근대사회로 바뀌는 과정에서 민족 개념이 '상상적으로' 동원됨으로써 민족(주의)·국가(주의)가 내셔널리즘으로 통칭되는 유럽과 달리 근대 이후 국가와 민족이 계속 유리되는 역사적 과정을 거친 한국에서 민족주의는 크게 두 가지로 나타났다. 하나는 국가성립 및 근대화 과정에서 나타난 때로 '국가주의'로 불리는 체제적 민족주의이며, 다른 하나는 보다 원론적인 민족·국가를 지향하는 차원에서 이러한 체제적 민족주의를 비판하고 분단의 극복(통일)과 민족주의를 일치시키는 저항적 통일 민족주의이다. 양 측의 쟁점은 분단된 한쪽의 체제를 하나의 '민족국가'로 인정할 수 있느냐, 그 체제의 성립 과정에서 나타난 민족주의적 양태를 식민지기의 저항적 민족주의와 같은 차원의 것으로 볼 수 있느냐, 그래서 전자의 민족주의도 과연 민족주의로 부를 수 있느냐의 여부다.[8] 또 여기에는 미래적 지향점으로서의 탈분단의 수단이 반드시 통일 같은 민족적 차원의 것이 아닐 수 있다는, 민족주의 이념 자체에 대한 판단 또한 개입된다. 이러한

---

[8] 이를테면 강명구 외(2005)는 김동춘 등(김동춘, 2000; 서중석, 2004)을 따라 박정희 체제 당시의 민족주의를 '동원형 국가주의'로 고쳐 부르면서 민족주의 개념은 조국 근대화나 국가 발전이 아닌 분단이나 통일, 저항에 '계열화' 시킨다. 이러한 인식에서는 민족을 분단시키는 '남한(만의) 민족주의'란 서로 어울리지 않는 일종의 형용모순이 된다. 이에 대해 남한 만의 국가 역시 온전하지는 않더라도 분명한 근대적 민족국가의 하나라고 인정하는 주장은 이러한 민족주의 본질론을 현실을 부정하는 '분단 환원론'으로 비판한다(김보현, 2006; 임지현, 2002).

논쟁에 깊이 개입할 수 없는 이 글에서는 일단 근대적 민족주의의 핵심이 국가의 성립과 근대화과정에서 나타난 '민족으로서의 호명'이라고 보고,[9] 국가주의를 민족주의에 대립시키기보다는 다양한 민족주의의 한 면모로 간주하고자 한다.

민족·국가에 스스로를 체현시키면서, 남한민족주의와 반공(북)주의를 국시로까지 승격시킨 권위주의 기간 동안 한국 방송은 이러한 민족주의를 자신의 이념적 지주로 삼지 않으면 안 되었고 이의 누적은 권위주의가 사라지고 난 이후에도 상당한 관행으로 남게 되었다. 이 점은 이러한 민족주의가 눈에 보이지 않게 관습·상징으로 굳어지거나 '제2의 자연'으로 일상화·문화화되었다는 것을 의미한다.[10]

이러한 민족주의의 고양과 문화의 자유화·대중화는 궤를 같이 하는 현상으로, 한편으로는 자유주의의 신념을 고양시켰지만 다른 한편으로는 다수의 지배와 문화의 질적 저하라는 우려를 가져 왔다. 유럽에서 방송이 신문과 달리 공영제도가 된 데에는 이러한 문화의 대중화에 대한 엘리트의 우려가 컸기 때문이다. 그러나 그 공영방송의 '모델'을 창안한 영국에서조차 방송은 지속적으로 대중화되어 "신에 대한 경외, 군주에 대한 복종, 귀족제와 군대 및 전문직에 대한 존경, 나이가 가지는 지혜에 대한 인정 등"과 반대되는 개념으로서의 포퓰리즘은 불가피한 흐름이 되었다(Curran, 2002). 1950년대에

---

9) 거센크론 같은 연구자는 경제발전에 에너지를 집중시키려 하는 "지연된 산업화의 이데올로기"를 민족주의로 정의하면서 민족주의를 동원형 근대화에 직결시킨다(Gerschenkron; Shin, 2006, p.13에서 재인용).

10) 이를테면 방송의 특정한 인물 유형이 국가 이미지나 민족주의를 체현하는 상징이 되거나(Castelló, 2007; Shunya, 2003), 민족주의적 사고가 은연중의 일상적이고 범속한 방송의 관습으로 굳어지는 현상을 말한다(Edensor, 2002),

는 상업방송의 등장이, 1960~70년대에는 청년문화의 부상이, 1980년대 이후에는 탈규제와 관련된 시장화가 그 흐름을 만든 주요인으로 꼽힐 수 있지만, 애초에 설정한 문화적 규준 자체의 협소성이 이후의 수용자 압력, 문화적 조류, 가치의 다원화, 시장경쟁 등과 같은 대중화 추세를 감당해낼 수 없었다고 보는 게 더 정확할 듯하다.

이 점에 대해 대중화의 '공통성'(common)을 '저속성'(vulgar)과 동의어로 여기는 기존의 고급 문화적 근대미학(Hebdige, 1996)은 한계를 보일 수밖에 없었다. 왜냐하면 이 미학으로서는 소수의 제한된 시청자를 목표하는 일부 프로그램 외에는 문화의 대중화 추세를 이끈 텔레비전을 제대로 인정하거나 해석할 수 없었기 때문이다. 스트리트(Street, 2000)에 따르면, 현대의 주요 미학적 접근들 중 이러한 추세가 지닌 가치에 대해 적극적인 태도를 보이지 않는 것은 (좌·우파) 근대주의 미학뿐이다.11)

역사서술 관점으로서의 포퓰리즘에서 반드시 짚고 넘어가야 할 것은 시장과 포퓰리즘이 맺는 관계이다. 포퓰리즘이 상대적 다수가 즐기는 대중문화의 평등한 측면과 청(소)년·여성과 같은 주변부 집단과 가까운 반권위주의·반엄숙주의를 내세운다면, 시장주의 역시 소비성향이 강한 다수를 목표로 한다는 점에서 시장주의와 포퓰리즘은 큰 차이가 없다. 이 점과 관련해 포퓰리즘을 "시장에 대한 판단 이외에는 그 어떤 것에 대해서도 가치 판단을 내리지 않으려 한다"(Curran, 2002, p.73)고 비판하면서 양자를 사실상 같은 것으로 볼 수도 있지만, 만약 '공익적이면서 대중적 프로그램'과 '상업적이면서 대중적 프로그램'을 구분하여 전자가 가진 대중성을 후자의 시장과 구분하려고 하거나(van Zoonen, 2004), 기존의 시민/소비자 이분법에 '향유자'를 추가하면서

---

11) 이에 대한 자세한 것은 2장을 참조하라.

시민과 소비자가 만나는 접점(또는 접이지대)을 규명하려는 노력(Costera Meijer, 2005)을 경주할 경우에는 사정이 달라진다.12)

이러한 포퓰리즘의 관점에서 볼 때, 한극은 커런이 말하는 BBC적 의미의 고급 문화와 계급 편향(Curran, 2002)은 없었지간, 이에 비해 더 엄혹하고 포괄적인 권위주의와 엄숙주의를 경험했다고 볼 수 있다. 한국 방송에서 시장은 이러한 '주의들'이 정해놓은 매우 협소한 틀 내에서 '향락주의'(김창남, 2003)로 치부되기도 하는 문화물에 의존했고, 이로 인해 대중적 지지 또한 일관되게 받지 못했다. 그러나 민주화 이후 권위주의와 엄숙주의는 빠른 속도로 해체되었고 이 과정에서 시장 또한 자유화되면서 포퓰리즘은 뚜렷한 하나의 역사적 방향으로 정착되었다. 이 점에서 맥기건의 "보통 사람의 상징적 경험과 실천이 분석적이고 정치적인 측면에서 '대문자 C를 가진 문화'(Culture)보다 더 중요하다고 간주하는"(McGuigan, 1992, p.4) '문화적 포퓰리즘' 개념은 오히려 한국 방송의 역사에 더욱 잘 어울리는 것이라 할 수 있다.

이러한 포퓰리즘과 같이 언급될 필요가 있는 것은, 문화 시장이 하나의 얼굴로 이루어지지 않는다는 것을 보여주는 시장 내 하위 문화나 대안 문화 같은 부분 문화(들)이다.13) 부분 문화는 사회 내의 한 계층 또는 부분이 다른

---

12) 이 노력의 한 예는 윌리스의 연구역정에서 찾을 수 있다. 시장의 '무정부성'에 기반해 포퓰리즘을 주장했던 처음의 윌리스는, 그에 동정적이었던 맥기건(McGuigan, 1992)이나 최근의 커런(Curran, 2005) 등에 이르기까지 많은 비판을 받았고, 윌리스 역시 문화산업에 대한 자신의 이해에 일부 오류가 있었음을 인정했다. 그러나 그렇다고 해서 윌리스가 이전의 생각을 완전히 버린 것은 아니다. 나중에도 윌리스는 문화물이 설사 생산자의 권력이 큰 상품이라 하더라도 시장과 수용자 또한 일정한 상징적 창조성을 행사할 수 있고(곧, 포퓰리즘), 이러한 '이중성'이 문화물의 궁극적 의미라는 주장을 계속 견지하는 것이다(Willis, 2000).

13) 이러한 부분 문화, 특히 1960년대의 반문화운동 같은 사례를 커런(Curran, 2002)처럼 '자유의지론'으로 볼 수도 있지만

계층·부분과 다른 (특화될 수 있는) 성격의 문화를 향유하는 현상을 가리키는데, 바라보는 시각에 따라 개념과 성격이 크게 달라진다. 퀴퍼스(Kuipers, 2006)는 기존 연구를 통해 부분 문화(퀴퍼스는 이를 취향 문화라고 했다)의 성격을 문화와 문화가 맺는 관계의 성격에 따라 '적대', '공존', '주류와 주변', '분산화'의 네 가지 이론적 모델로 나눈다.14) 이러한 모델화의 목적은 어떤 부분 문화가 어떤 유형에 속하는지를 알아봄으로써 부분 문화의 공시적 비교나 역사적 추이 비교를 가능하게 하는 데 있다.15) 특히 어떤 부분 문화의 성격은 그 문화의 본래적 속성 보다는 당대의 역사적 조건에 의해 결정되므로 모델화의 궁극적인 목적은 이 조건과 문화적 속성과의 상호작용의 성격을 파악하는 데 있다고 볼 수 있다.

이 글에서는 포퓰리즘의 핵심을 '시장 소비를 통한 반권위주의 또는 자기 취향의 실천'으로 보고 있어 부분 문화는 포퓰리즘과 크게 다르지 않은 사회적 위상을 갖는다고 할 수 있다.

14) 첫째는 '적대'의 모델로 각 부분 문화들은 서로의 존재를 잘 알면서 스스로를 상대방을 부정하는 식으로 정의한다. 이를테면 부모 문화 대 청소년 문화, 노동계급 문화 대 중산층 문화 등으로 관계를 설정하는 것이다. '대안 문화'나 '반(反)문화' 등은 이런 설정에서 전형적인 예이다. 집단적·계급적 저항의 함의가 강한 '하위 문화'(subculture) 개념(Hebdige, 1979) 역시 이에 가깝다고 볼 수 있다. 둘째는 '공존'으로 이들은 서로간의 차이를 존중하면서 서로 경쟁하거나 갈등하지 않는다. 다민족 국가 내에서 힘이 크게 차이나지 않는 종족 문화 사이의 관계가 그러하다. 셋째는 '주류와 주변'의 관계인데 주로 규모나 사회적 중요도 정도에서 차이가 나는 경우다. 둘 사이의 관계는 첫째처럼 적대적일 수도 있고, 아동/성인문화처럼 그렇지 않을 수도 있다. 또 고급 문화처럼 규모가 작다고 해서 반드시 지위가 낮은 것은 아니다. 넷째, '분산화'의 모델로 중심이 따로 없이 다양한 문화가 산재되어 있는 경우를 가리킨다. 기존의 하위 문화를 라이프스타일의 일부로, 더 개인적이면서 동적인 개념으로 파악하는 '신부족주의'(neo-tribalism)(Bennett, 1999)는 이에 잘 어울린다.

15) 공시 비교는 같은 시점에서 국가별·사회별로 비교하는 것을, 역사 비교는 같은 곳에서 시기에 따라 비교하는 것을 말한다.

한편, 이러한 대중화에 대해 지속적으로 제기된 비판의 '품목'은 잘 알려진 대로 방송의 '저질화'다. 그러나 역사적으로 볼 때, 이러한 방송에 대한 불신은 서구적 사고의 이면에 뿌리 깊게 박혀있는 '대중'에 대한 불신, '매개'에 대한 불신, '비 문자'(non-print)에 대한 불신과 같은 '불신의 문화'(Peters, 2001)의 일부분으로 여성에 대한 비하도 숨어 있다. 글레드힐 등(Gledhill, 1997; Hermes, 2005)에 따르면 남성 중심의 모더니즘 사고는 고급 예술 및 합리적 논쟁, 시민의식을 중시하고 상대적으로 대중문화를 폄하하면서 이를 여성의 영역, 소비와 수동성의 영역으로 몰아넣는다.

경중의 차이는 있지만 대체로 방송의 주 소비자는 나라를 막론하고 재택 시간이 상대적으로 긴 여성이었고, 방송은 이들 주 소비자들의 감수성과 취향에 맞는 품목을 개발했다. 광고대행사가 개발한 가장 전형적인 여성 장르인 솝오페라가 생산자의 측면에서 여성을 목표한 것이라면, 격앙된 감정이 표출되는 가운데서 느껴지는 현실감을 (남성용) 리얼리즘에 대비시켜 포착한 (여성용) '정서적 리얼리즘'(Ang, 1985) 개념은 수용자의 측면에서 여성적 수용 패턴이 방송에서 차지하는 높은 비중을 표현한 것이다. 방송의 대중화가 갖는 정당성은 여성적 즐거움에 대한 존중과 적어도 어느 정도는 병행할 수 있는 것이다.

이러한 언론의 자유(또는 자유주의), 민주주의, 민족주의, 포퓰리즘, 페미니즘 등은 한국의 방송사를 서술하는 관점으로도 적합할 수 있다고 생각한다. 그 밖에 자유의지론, 급진주의, 기술결정론 등이 있지만, 자유의지론의 경우에는 포퓰리즘을 달리 정의함[16]으로써 포퓰리즘에서 포괄해서 다룰 수 있고, 기술결정론은 기술의 '사회적 사용론'을 전제함으로써 배제했으며,

---

16) 이 글에서는 맥기건의 문화적 포퓰리즘을 원용해 커런의 시장적 포퓰리즘 개념과는 약간의 차이가 있다.

급진주의의 경우는 한국 역사의 특성에 맞춰 민주주의 부분에서 소화해도 큰 무리가 없을 것이다.

3. 관점

(1) 자유주의

한국의 방송이 태동기의 식민치하나 해방 이후의 국영화, 국영 텔레비전의 도입과 새로운 방송의 허가과정, 그리고 (비교적) 최근의 언론통폐합에 이르기까지 권위주의적 국가권력에 의해 크게 좌우되었다는 사실은 잘 알려져 있다. 이 점이 제3세계적 보편성에 가까운 것임에는 틀림없지만, 한국의 경우에는 '언론통폐합'에서 볼 수 있는 것처럼 그러한 정책이 좀 더 체계적이고 전면화되었다는 특징이 있다. 따라서 지금의 한국 방송이 바로 그 권위주의권력이 민주화만큼 자유(율)를 누리고 있을 것이라는 생각은 그리 어려운 추론이 아니다.

그러나 지금의 시점에서 반드시 기억되어야 하는 것은 이 과정이 가진 역사적 특수성 또는 구체성이다. 이중 가장 큰 것은 한국 방송에서는 언론의 자유가 신문처럼 (시장)자유주의가 아니라 영국의 BBC를 모델로 실질적 공영제17)를 확립하자는 주장과 맥을 같이 했다는 점이다. 그러니까 권력으

---

17) 지금 보편화되어 있는 '공영'이라는 용어는 (방송) '서비스의 내용'보다는 (방송조직의) '소유와 통제'를 앞세운 것으로 방송통제를 둘러싸고 수많은 논의와 조치를 거친 매우 한국적인 것이다. 역사적 맥락에서 보면, '공영화'라는 용어는 다소 일찍부터 쓰인 반면, 공영방송은 1973년의 공사화 조치 때에도 쓰이지 않았다. 당시 「조선일보」는 '공공방송'(1973. 1. 20)이라는 비슷하지만 다른 용어를 사용했다.

로부터의 독립이라는 소극적 차원의 자유보다는 시장과 정치권력 모두에 거리를 두면서 고도의 다양성을 추구할 수 있는 적극적인 자유의 형태를 원했던 것이다. 이렇게 '공적인 것'에 대한 상대적 신뢰와 시장에 대한 상대적 경계의 이유에는 다음과 같은 맥락이 자리했던 것으로 보인다.

첫째, 직접적으로는 민주화가 수반하는 자유화 과정에서 공영방송과 친화성을 갖는 공공선의 가치가 재산권이나 시장의 자유 같은 경제적·사적 이익을 압도했던 점을 들 수 있다. 한국의 민주화를 주도했던 운동권 정치는 중앙 집중화된 정치권력에 반하여 민주주의와 민주적 공적 영역을 수호하기 위한 투쟁을 그 핵심 내용으로 하여 형성되었다. 따라서 자유주의적 내용은 약했던데 비해 민주주의적 전통은 강했다. 요컨대 한국적 민주주의에서는 운동의 맥락과 전통이 중요했으며 운동으로 표출되는 공적 정신이 사적 자유를 훨씬 우선했다(최장집, 2002). 이 때문에 언론기본법이 폐기되고 언론통폐합이 무효화되는 과정에서도 TBC와 동아방송 등은 원소유주(삼성·중앙일보와 동아일보)에게로 돌아가지 못했고, KBS의 MBC지분이 고스란히 신설 공적 단체(방송문화진흥회)에 넘어가는 안이 채택되자 외형적인 면에서는 거의 바뀐 것이 없게 되었다.

이러한 민주화 이후의 방송재편의 결과에 가장 근접한 주장을 펼친 유재천(1988)은, 새로운 공영제의 가능 근거로 정치권력의 성격 변모와 국민적 지지·감시, 그리고 공영방송의 자율적 예산 및 인사권의 법적 보장 등의 세 가지를 들고, 당시에 유력하게 제기된 민영방송의 도입에 대해서는 "공영방송체계를 정립한다는 것과 공영과 민영의 2원 체제를 도입한다는 것이 상충되는 발상이 아니라"(52쪽)고 하면서 "민영방송 …… 이 필요하다면 공영체계 안에서 그것의 존재양식을 규정"할 수 있다고 주장했다. 여기서의 공영체계는 하나의 방송이 아니라 방송 전체의 거버넌스 시스템을 가리키는 말[18]

로 이 시스템 내의 민영방송은 공영방송의 라이벌이 아니라 공적 거버넌스의 한 부분일 뿐이다.

그러나 당시는 이런 공적 체계를 끌고 갈 수 있는 힘이 채 형성되지 못한 상태였다.[19] 이는 이 체계가 만들어진지 불과 2년 후에 증명되었다. 1990년 정부가 민영방송 도입[20]에 나서 거버넌스를 바꾸려 했고, 방송에 대한 국민

[18] 이 거버넌스의 의미는 맥퀘일 등(McQuail, 2003; Syvertsen, 2003)을 참조할 수 있다.

[19] 한편으로는 (권위주의) 정부를 축출시켰고, 다른 한편으로는 시장을 거부하면서 방송에 민주적 개혁을 도모하려했던 '새로운 힘'은 노동조합과 시청자운동이었다. 물론 더 목적의식적이었던 것은 노동조합이어서 한 노동조합은 분산된 시청자운동 전체를 조직하려 하기도 하였다(문화방송노동조합, 1990 참조). 물론 이 힘만으로는 공적 체계를 계속 유지해갈 수 없었다.

[20] 비교사회적 측면에서 볼 때, 1990년대의 한국사회에서도 민영방송의 신설은 불가피했다. 그러나 역사적으로 볼 때, 이 신설의 시기와 명분은 여러 모로 재검토해 볼 여지가 있다. 이 시기(1990년)는 직전의 대선과 총선에서 나타난 공영방송의 편파성에 야당과 국민의 불만이 고조되어 있었고, 다른 한편으로는 공정방송위원회 등을 통해 노조의 노력이 나름의 결실을 얻어가던 때였다. 따라서 이 시기의 방송에서 중요한 것은 '한국적이고 정치적인 것'이었다. 이전에 야당이나 PD연합회 등도 같은 민영방송 안을 내놓은 적이 있었지만 이 역시 정치적인 이유 때문이었다. 그러나 당시 법 개정의 명분으로 정부가 제시한 것은 주로 유럽 방송의 탈규제화 추세와 관련된 '유럽적이고 경제적인 것'이었다. 이를 잘 보여주는 것은, 방송위원회의 변화다. 이 법 개정을 통해 정치적인 것을 보장할 책임이 있는 방송위원회의 지위는 현저히 약화되었기 때문이다. 따라서 당시 노조 등이 법 개정을 반대했던 이면에는 기존 방송의 기득권을 옹호하려는 측면이 없지 않았지만(김용호, 1993), 앞서 제시한 이유 때문에 시민사회는 이들과 보조를 같이 했다. 지난 연대를 돌이켜 볼 때, 이 과정을 통해 등장한 SBS 역시 다양성이나 효율성에서라면 몰라도 정부로부터의 독립이나 정부 감시가 다른 방송보다 현저히 높았다는 증거는 찾아보기 어렵다. 이 사례는 적어도 한국, 그리고 방송에서는 민영방송의 실제와 자유주의의 이상(Kelly & Donway, 1990) 사이에 큰 괴리가 있음을 잘 보여준다.

의 감시 열기 또한 예전 같지 않아지자 공영제 또한 크게 동요하지 않을 수 없었다. 이러한 동요는 방송의 자유를 (사적 성격이 방송보다 강한) 신문의 자유와 다르게 보는 사고의 근저까지 흔든 것은 아니었지만, 정체성이 약했던 공영방송의 정당성을 위협하기에는 충분했다. 이 과정에서 아무도 체제 전체는 옹호하지 않지만 보다 큰 '적'에 대항하기 위해 현상의 일부는 지키고자 하는, 일종의 세력균형인 '부정적 연합'(negative alliance)(Syvertsen, 1991)이 형성되었다. 부정적 연합하에서 SBS의 도입은 갈등의 일시적 봉합과 또 다른 이해의 절충[21])을 낳을 수밖에 없었고, 이러한 미봉의 연속은 지금에 이르러서도 부정적 연합 개념을 유효한 것으로 만들고 있다(강형철, 2004).

둘째, 한국 특유의 공영적 역사가 작용했기 때문이다. 즉 1973년 유신체제와 더불어 시행된 KBS의 공사화와 방송의 지배를 목표로 전일적 공영제를 꾀한 1980년 언론통폐합이 오히려 실질적 공영제(또는 적어도 공민영제)를 국민적 합의로 이끄는 기틀이 되는 역사적 아이러니가 만들어진 것이다. 공영제 또는 반관반민 제도에 대한 주장과 검토는 이미 1948년의 국영화시절부터 있었으며, 계기 때마다 신문 등에 의해 꾸준하게 제기되었다. 그러나 이 조치가 실질적으로 이루어진 때는 1973년 유신체제가 성립된 직후에 단행된 KBS의 공사화였다. 지금에 이르러서도 그 의도가 분명하게 밝혀지지 않은 이 조치는 실질적 공영제와는 거리가 먼 '공사화'에 불과했지만 결과차원에서 볼 때는 KBS의 방송사로서의 내적 합리성을 크게 도모하는 나름의 의의를 지니고 있었다(조항제, 1994). 이에 따라 비록 실패로 끝나기는 했지만

---

21) 이를테면, KBS 노동조합원을 대상으로 한 당시의 조사(엄민형, 1994)에서 나타난 노조원들의 상업방송에 대한 이중적 태도 같은 것을 말한다. 실제 KBS, MBC의 많은 종사원들이 민영방송에 반대했음에도 막상 SBS가 만들어지자 많은 인원이 SBS로 자리를 옮겼다.

1977년에는 서구식 팀제가 시도되었고, 1980년의 전일적 공영제의 현실적 기반도 만들어질 수 있었다. 이때의 공영제야말로 허울에 지나지 않았지만, 그 반대급부로 실질적 공영방송에 대한 광범위한 염원을 불러일으켜 민주화 이후를 포함해 이후의 다난했던 제도 논의과정에서 KBS(특히 1TV)의 공영방송 지위는 한 번도 흔들린 적이 없다고 해도 과언이 아닐 정도로 공영방송을 국민적 합의로 만들었다.

그리고 이 점에 가장 크게 기여한 것은 1980년대의 KBS 시청료거부운동이었다. 방송에 반대한 운동으로서는 유례를 찾기 어려운 이 국민적 운동은 일부 조세 저항의 성격이 있었다고는 하나, 그 '조세'가 공영방송으로서 KBS가 국민과 맺는 유일한 직접적 관계였다는 점에서 '공영방송' KBS가 받은 타격을 짐작케 한다. 현재에도 수신료가 1980년 책정된 것에 머무르고 있고 또 전기료에 병산되어 강제적으로 징수되고 있다는 점은 KBS가 아직도 이 운동이 몰고 온 충격의 영향권, 좀 더 거슬러 올라가면, 1973년에 타율적으로 급조된 '관제' 공사에서 완전히 벗어나지 못했음을 잘 말해준다.

공영방송의 정체성을 비교적 오랜 동안 유지시켜 온 나라들에서는 기술적 제한이라는 방송 관리의 가장 큰 명분이 약화되면서 기존 체제에 대한 비판이 보다 강력하게 제기되었던 때에, 공영방송이 없었거나 약했던 한국 같은 나라들에서는 보다 원론에 가까운 공영방송의 확립과 그에 따른 기존 방송의 개혁이 요구된 것은 역사의 시간이 하나가 아니라는 점을 잘 보여준다. 즉 상업방송 HLKZ-TV의 실패와 국영방송 KBS-TV의 정착, TBC-TV의 허용, 당초 교육방송으로 허가받았던 MBC의 상업방송화, 상업방송 TBC의 KBS 2TV로의 강제적 전환, 많은 노력에도 불구하고 아직도 정체성이 불확실한 KBS 2TV의 편성[22] 등의 역사적 과정에서 볼 수 있듯이 (공적) 소유/(상업적; 광고) 운영 같은 소유와 편성의 불일치,[23] 또는 '공적 상업주의'는 한국에서는 역사적 필연에 가까운 것이었다. 이러한 관점에서 보면 앞서 본 부정적 연합은 쉽게 깨어지기 어려운 관성을 가진다.

정치와의 관계에서도 역시 이러한 역사적 필연이 있다. 권위주의 체제 내내 편파성으로 시달려왔던 방송에서 독립적 규제기구의 마련은 오랜 염원이었지만, 정작 정착된 제도는 그 기구의 인적구성이 잘 보여주는 바대로 정치적 선출조직(대통령직 및 정당)에 따라 거버넌스를 나누는 외형적 코포라티즘이었다. 이를테면 (과거의) 방송위원회는 대통령과 주요 정당의 추천에 의해 구성되며, KBS, MBC, EBS 등의 의결기구인 이사회 역시 이에 따르

22) 이중에서도 지금의 한국 방송의 특성을 가장 단적으로 보여주는 것은 '상업채널' KBS 2TV(그리고 '공영방송' MBC)의 존재일 것이다. 그리고 현재의 방송체제가 상업적이라고 비판받으면서도(강형철·양승찬, 2003), 변화를 도모하지 못하는 이유 역시 KBS 2TV에 있다고 할 수 있다. 2TV의 민영화나 '공영화'(즉, 광고 중단) 같은 조치가 지금으로서는 모두 기대하기 어려울 것으로 보이기 때문이다. 이 점에서 한국 방송은 SBS의 상대적 공공성과 더불어 중앙점이 좀더 상업적인 쪽에 가 있고 그 지점에 대부분의 방송이 몰려 있는 중간적 '공공방송체제'(이창근, 1994)라 해도 크게 틀린 말은 아닐 것이다. 한국에서 공영방송의 공익성이 지상파 방송 전체의 평균 공익성보다 크다고 자신하지 못하는 이유도 여기에 있다. 그러나 이러한 상업성 비판은 대부분 그 준거가 유럽에 있는 것으로, 한국 사회의 '역사적 시간'에 천착된 주장으로 보기는 어렵다. 왜냐하면 이러한 비판이 의미 있기 위해서는 반드시 수반되어야 하는 근거, 즉 (다음 장에서 다시 논의하지만) 한국에서 '상업적 오락'에 대응되는 대안(이를테면 고급 문화적 소양에 기초한 '비상업적 교양'이나 '수준 높은 오락' 같은 것)의 현실적 토대가 과연 있었는가에 대한 논의는 거의 찾아볼 수 없는 가운데 이러한 비판이 팽배하기 때문이다.

23) 물론 달리 본다면, 이는 '재원과 편성의 일치'일 수도 있다. KBS 2TV나 MBC가 모두 광고재원=상업적 편성이기 때문이다. 그러나 이러한 관점은 경제적 측면에서는 일종의 교차보조(cross-subsidy)의 성격을 띠는 지금의 공영방송사들의 '중간적 실천(위의 주 참조)을 무시하는 잘못을 범하게 된다. 이들은 중간적인 만큼 분명한 정체성을 보여주지 못하지만, 나름의 의의가 없는 것은 결코 아니다.

고 있고, 방송사의 사장 역시 공식적으로는 이렇게 구성된 이사회에 의해 정해진다. 그러나 이는 정쟁의 차원을 넘어 새로운 패러다임(van Cuilenberg & McQuail, 2003)으로 가고 있는 미디어를 정치화될 위험성이 높고 다양한 사회적 요구와 유리되어 있는 정당체계(최장집, 2006)에 맡기는 모순을 낳게 된다. 따라서 이 체제는, 지향점은 방송이 사회의 정치적 구성을 따르게 하는 것이었으나 결과는 지배적 정치 정당들의 '나눠 먹기'가 되고 말아 정당과 방송 규제조직/방송사의 '겸임독재'(interlocking directorship) 또는 정치화에 의해 방송이 좌우되는 단점을 노정하게 된다.[24] 더구나 최근에는 이를 감시해야 하는 시민사회마저도 이런 정치화에 휩쓸리고 있다는 혐의(정용준, 2006)를 받고 있다. 시민사회의 중추를 이루는 시민운동 역시 많은 부분이, 보편적 대표성보다는 특수한 자발성에 맡겨지는 본원적 한계(원용진, 1998) 속에 있는 것이다.

[24] 방송의 과도한 자율성 주장 역시 이러한 정치화가 가져오는 규제체계의 불합리에서 싹튼다. 이러한 불합리에 대한 지적이 내외의 공명을 얻으면서 방송의 저항은 정당성을 얻게 되고, 이 규제/저항이 흔히 정치적 타협을 몰고와 방송의 경제적 특혜를 낳게 된다. "공영방송 구성원들이 현재 추구하는 바는 외부인의 소유권 행사 없이 방송인 스스로가 …… 예산과 결산 및 운영을 모두 알아서 하는 방식을 선호한다. 이런 방식에 대한 사회적 동의가 약할 때 공영방송은 국가 개입 상태에서 국가와 정치적으로 타협하며 나름대로의 특혜를 누리게 된다"(강형철·양승찬, 2003, 30쪽)는 지적은 이를 말하는 것이다. 크게 보아 이의 해결은 전문가 또는 전문적 지식(방송의 자율성)을 민주주의(방송에 대한 민주적 통제)에 저해요인으로 보는 통념과는 반대로 '어떻게 하면 민주주의를 전문화, 또는 기능적 권위화와 조화롭게 양립시킬 수 있는가', '어떻게 하면 전문가를 민주주의에 책임지게 할 수 있는가', '지금 같은 첨단의 시대에 전문화 없이 어떻게 (민주주의적) 통치가 가능한가' 같은 질문에 적극적으로 대처하는 가운데 얻어질 수 있다(Schudson, 2006). 그리하여 결국 이는 '어떻게 전문가적 식견을 민주적으로 제도화 하는가', (방송에 적용시키면) '어떻게 방송정책의 민주화/전문화를 조화시키는가' 하는 제도적 '고안'의 문제로 귀착된다. 물론 아직은 어느 곳에서도 후련한 해답이 발견되지 않는다.

방송의 자유 획득에서 매우 중요한 또 하나의 역사적 과정은 언론의 문제에 서구의 자유주의가 '구조적 개혁'대신 해결책으로 제시한 전문직주의의 성장이다(Curran, 1996). 이 점에서 한국의 전문직주의는 앞에서 언급한 언론의 자유에서와 마찬가지로 '운동'을 통해 집단적으로 성장했다. 특히 한국 방송에서 노동조합의 등장배경과 활동양상은 서구의 '비판적 전문직주의'[25] (Hallin & Mancini, 2004)에 비길 수 있는데, 이는 대체로 1980년대 중후반 이후의 민주화시기에 형성되었다고 볼 수 있다.

방송계에서 비판적 자성의 관점을 갖춘 교육수준이 고른 인력이 수혈되기 시작한 것은 대체로 1970년대 후반~1980년대 전반부터였다. 1980년대 후반에 들면서 이들 인력은 방송 실무에 익숙해졌고, 방송사의 중추인력으로 성장했다. 당시의 각종 시국관련 현장을 통해 이들은 (공영방송이나 언론의 자유와 관련된) 이념과 실제의 괴리를 절박하게 느끼면서 자신의 모순을 체득하기 시작했다. 이러한 체득은 한편으로는 이들이 제작하는 프로그램의 변화로, 다른 한편으로는 이들이 직접 조직(노동조합)을 결성하고 '파업현장'의 일원이 됨으로써 전 국민에게 알려졌다. 당시 체제에 염증을 느끼던

---

[25] 핼린과 만시니 등(Hallin & Mancini, 2004)에 따르면, 전후 일부 나라(대표적인 사례로는 스웨덴 텔레비전)에서 이러한 비판적 전문직주의가 등장했는데 그 배경은 다음의 5가지다. 첫째, 언론인의 교육 수준이 크게 높아져 인문학과 사회과학의 비판적 관점이 저널리즘에도 도입될 수 있었고, 다른 정치·경제 엘리트에도 버금가는 학력을 보유하게 되었다. 둘째, 뉴스 조직이 대규모화되었다. 뉴스 수입과 제작과정이 전문화되고 투자되는 자원 또한 이전과는 비교할 바 없이 커졌다. 셋째, 언론인의 직업적 공동체가 발전되면서 내부 준칙 등이 제정되어 상대적 신뢰도가 높아졌다. 넷째, 텔레비전의 비주얼 테크닉을 비롯해 정보테크놀로지가 고도화되었고, 여론조사 등을 통해 언론인들이 독립적으로 정부의 신뢰성이나 대표성을 판단할 수 있게 만들었다. 다섯째, 위의 변화와 연관되어, 전체적인 사회커뮤니케이션에서 언론인의 지위가 크게 높아졌다.

국민은 이들을 지지했고, 이 지지는 민주화에 발맞춰 한국 방송에 균형을 갖춘 뉴스, 권력을 비판하는 시사토론 프로그램, 심층취재·탐사 프로그램 등을 제도화시켰다. 그러나 민주화의 격동이 사라지고 미디어의 급격한 환경 변화로 시장 압력 또한 치열해짐으로써 조합의 복지주의적·권리 의존적 가치와 언론인의 전문직주의의 주요 덕목(예를 들면 독립성·책임이나 창의성) 사이에는 점차 괴리가 생겨나고 있다.[26] 여기에 '한류' 등으로 시장이 팽창·국제화됨으로써 활동 무대는 더 넓어지고 있으므로 비판적 전문직주의는 새로운 국면을 맞고 있다고 볼 수 있다. 전문직주의는 한국 공영방송이 내부 전문인에 의존하는 바가 큰 영국 유형임을 감안할 때, 한국 공영방송의 미래를 가늠 하는 결정적 계기이다.[27]

민주화 이후에 나타난 일련의 조치들―뒤늦게나마 이루어진 방송위원회의 권한 강화, KBS 1TV의 공공성 강화(광고 중단 등), 광고대행의 여전한 독점, 재허가 등을 통한 SBS의 활동반경 제한, 신설 지역민방의 높은 자체제작 비율 등―로 볼 때도 한국 방송에서의 적극적 자유주의는 큰 변화가 없었다고 할 수 있다.

물론 이에는 SBS의 도입 이후 IMF를 거치면서 시청률 경쟁[28]이 치열하게

---

[26] 이 점과 관련해서 전문직주의는 근본적으로 언론인을 통제한다기보다는 오히려 그들의 권력을 강화시켜주는 수단이라는 커런의 지적(Curran, 1996)은 전문직주의가 가진 한계를 보여주는 것으로, 이 글의 뒷부분에 나오는 '사회적 책임과 미디어의 어카운터빌리티' 체제 또는 커런의 근본적 민주주의 개혁 모델(Curran, 2002)의 당위성을 상기시켜준다.

[27] 전문직주의의 향배에는 노조의 위상이 관건이 될 것으로 보인다. 노조는 방송 내부의 비판세력으로 성장했지만, 고용불안이 높아진 IMF 이후 활동이 정례화·제도화되면서 경영진 선임에도 개입하는 등 정치적 위상이 매우 높아졌다.

[28] 시청률 경쟁은 복수의 방송이 존재해 온 이후, 여러 번의 제도변화에도 불구하고 적어도 현상적으로는 그 엄혹한 정치

전개된 점(그리고 그로 인해 '광고방송'으로서의 KBS 2TV의 형태 변화가 더 어려워진 점), 지속적으로 도입되면서 지상파 방송의 시청률을 잠식한 뉴미디어(들)의 운영기조가 철저한 시장논리라는 점(또 앞장서 이를 도입한 정부 스스로 이를 권장하지 않을 수 없다는 점), 공영방송을 포함해 지상파 방송 모두가 시장적 뉴미디어의 다채널패키지로 편입되었다는 점(그럼으로써 특히 이들 공공성이 강한 지상파채널과 홈쇼핑채널이 채널순서에서 이웃하게 된 점), 한류와 독립프로덕션 육성책으로 프로그램이 국제화되고 시장화된 점 등의 자유화 과정도 같이 고려되지 않으면 안 될 것이다.29)

그러나 자원 제한이라는 하드웨어적 한계가 극복되고 구래의 문화적 규범마저 정당성을 잃고 난 뒤 나타나는 시장화나 자유화의 물결을 하나의 자연스런 추세로 인정하지 않을 수 없다면, 한국 방송의 전체적인 의사결정권에서 어떤 전횡이 있었다고 보기는 어렵다. 이에는 불충분하다 해도 한국

권력조차 없애지 못했던 한국 방송의 초역사적 현상이다. 생존의 연대인 1960~70년대는 '영업'이, 두 방송이 주도권을 다툰 1980년대 초중반에는 '권력'이, 1990년대 중반 이후에는 지상파방송과 뉴미디어 간 '수성과 잠식' 같은 뚜렷한 이유가 있었다 해도, 한국 방송의 시청률 경쟁에서는 이 수준을 넘는 '아우라'가 있는 것으로 생각한다. (더 자세한 논증이 필요한 사항이겠지만) 에코(Eco, 1987) 식으로 시청률 경쟁을 보면, 이는 방송미디어 자체에 기인하는 권력 때문이다. 즉 방송은 끊임없이 대중을 끌어들이고 만족시켜야 하는 권력적 자기 목적을 지니며, 시청률의 실시간 측정에 의해 더욱 커지는 시간의 절대적 제한성 때문에 자신의 '권력 행사'를 결코 타 미디어나 채널에 양보할 수 없다는 것이다.

29) 그러나 이를 상쇄시키는 점, 즉 아직도 이들 뉴미디어에 지상파 방송에 필적하는 '종합편성채널'이 없다는 점(그래서 지상파 방송의 위력이 향후에도 상당 정도 유지될 가능성이 높다는 점), 인기 있는 대부분의 뉴미디어채널이 지상파 방송의 '2차 출구'이거나 그 통제 내(자회사)에 있다는 점, 위성방송의 경우 상업성이 다소 약한 공기업의 소유구조를 지녔다는 점 등도 같이 고려해야 한다.

의 민주화·자유화가 가져온 권력 제한 또는 분점 메커니즘이 작동하고 있다. 그러나 한국 체제의 특성은 앞서의 공적 상업주의나 부정적 연합에서 볼 수 있듯이 적극적으로 변화를 도모할 수 없는, 현상유지의 관성이 매우 강한 취약점을 가진다.

이 점에서 (더 많은 검토를 필요로 하는 제안이겠지만) 디지털화 같은 거대 변화를 전기로 삼아 지금의 답보를 벗어나는 전략, 구체적으로 말해 지상파 방송을 독자적인 플랫폼사업자로 변신시키는 전략은 검토해볼 가치가 충분한 것으로 보인다. 이 점에는 많은 변수가 잠재되어 있다. 영국의 연구자 본은 디지털화를 시장에만 맡겨놓을 수 없는 중차대한 과제라고 말하면서 BBC를 비롯한 국가부문의 역할을 강조했지만(Born, 2006), 아직도 한국에서 정부는 그만한 신뢰의 대상이 아니다. 정부가 나서 뉴미디어의 도입에 드라이브를 건만큼 매체 간 균형성장을 어느 정도는 책임질 수밖에 없는 점도 이러한 공공정책에는 걸림돌이다. 이 같은 복잡다단한 상황은 앞으로의 방송이 시장, 시민사회, 정부와 방송 모두가 적절하게 역할을 분담하는 '사회적 책임과 미디어의 어카운터빌리티' 체제(Bardoel & d'Haenens, 2004)를 조성하지 않으면 안 된다는 점을 일깨워준다.

(2) 민주주의/다양성

민주화 이전의 한국 방송이 가장 크게 비판 받았던 이유는 "체제의 반대세력에게도 접근이 보장되는 계급 타협의 산물 또는 민주주의적 정치(定置)의 일부분"(Curran, 1998, p.185)으로서의 BBC의 면모가 한국 방송에는 없었다는 점일 것이다. 민주화가 되면서 방송구조가 따라 개편되었던 가장 큰 이유도 여기에 있고(앞서 본대로 외형상 큰 변화는 없었다 해도), 이후에도 방송에서 개혁이라는 화두가 떠나지 않는 이유 역시 이 유산 때문이다.

민주주의라는 보다 큰 목적에 방송을 연계시킬 경우, 가장 두드러진 기능은 역시 민주주의적 참여를 독려하는 신속하고 정확한 정보의 전달과 각종 의견을 담아내는 포럼의 역할, 그리고 권력 남용에 대한 감시 등을 들 수 있다. 감시 기능은 기본권을 강조하는 자유주의자들에게 가장 중요한 것이고(Kelly & Donway, 1990), 하버마스 같은 사회 민주주의자들에게는 각종 의견을 빠짐없이 수렴하면서 토론을 원활케 하는 포럼(공론장) 기능(Ferree et al., 2002)이 중요하다. 민주주의의 현실로서 '복합민주주의'를 개진하는 베이커(Baker, 2002)에게는 양 기능이 모두 필수불가결하다. 미디어에 (미국)수정헌법 제1조의 '이중성'에 기초한 '혼합 규제모델'을 적용하자는 주장(Stein, 2004)이나 다양한 미디어를 위해 다양한 규제수단을 권장하는 제언(van Cuilenberg & McQuail, 2003) 역시 베이커와 같은 맥락이다.30)

엄격한 권위주의 권력의 한계 내에 있던 방송이었지만, 방송의 테크놀로지 발전과 빠른 대중화 추세, 방송 엘리트들의 점증하는 비판의식은 자주 이 권력을 자극했다. 특히 테크놀로지와 권력의 통제욕구는 마치 '줄다리기' 처럼 서로에 대한 권장과 규제를 반복했다. 방송테크놀로지의 목적은 시공간을 뛰어넘어 필요한 모든 정보를 정확하고 빠르고 생생하게 수용자에게 전달하는 것이다. 동시생중계 기술이나 ENG, SNG 카메라, 앵커시스템 같은 것은 이의 대표적인 발명품으로 볼 수 있다. 그러나 당시 정당성이 없던 권력은 이 테크놀로지의 능력을 특정한 테두리 내로 가두지 않으면 안 되어서, 한편으로는 국민적 일체성을 조장하는 이벤트나 프로그램을 '권장'하고, 다른 한편으로는 자신에 불리한 각종 정보를 '관제'하고 왜곡하게 했다.

1960년대만 하더라도 한국의 방송뉴스는 자체 취재능력의 한계로 그

---

30) 이 주제에 대한 더 자세한 논의는 1장을 참조하라.

능력을 제대로 발휘하지 못했다. 동아일보의 취재망을 이용할 수 있었던 동아방송이 점차 뉴스시간을 늘려가면서 방송저널리즘의 발전을 자극했고, 텔레비전에서는 앵커가 진행하는 현재의 뉴스쇼 방식을 1970년대 초반에 MBC가 도입한 이후부터 서서히 방송은 뉴스(특히 저녁)의 주도권을 잡기 시작했다. 1973년 공사화된 KBS 또한 자신의 취재인력을 기자협회에 가입시킬 수 있게 되어[31] 뉴스미디어로서의 '공민권'을 얻었다. 물론 이는 매우 엄혹한 통제 속에서 이루어진 것이어서 뉴스의 공신력 상승으로 이어지지 못했지만, 조직이나 인력구조 측면에서는 획기적인 변화를 꾀해 KBS는 비로소 뉴스조직으로서의 면모를 갖출 수 있었다(자세한 내용은, 조항제, 1994 참조).

이 과정에서 방송뉴스는 양과 질 모두 획기적인 발전을 이루었다. [표 5-1]은 1971년부터 1986년까지 MBC의 보도프로그램 비율의 추이를 보여준다. 10%에 근접한 1971년 이후 1970년대 중후반까지는 약간의 부침이 있기는 하지만 13% 정도를 고정적으로 확보하고, 아침방송이 재개된 1980년대는 20%를 훌쩍 상회하고 있다. 질적인 면에서도, 앵커시스템의 도입, 카메라출동 같은 고발 코너의 정례화, 컬러를 통한 현실재생력의 고도화 등의 발전이 있었다. 그러나 이 시기 9시 메인 뉴스는 '보도지침'에 순응하지 않으면 안 되는 온실 속의 화초에 불과했다.

한국 방송의 본격적인 민주주의 '교육'은 1980년대 후반부터 시작되었다. 각종 시국관련 사건에 대한 보도에서 카메라가 중립적 시선을 보여주기 시작했고, "심야토론", "100분 토론" 같은 토론프로그램, "PD수첩", "추적60분" 등의 프로듀서저널리즘 등이 활성화되면서 음지화 되었던 의제들이 국민에게 알려지기 시작했다. 또한 5공 관련 역사적 사건을 다룬 다큐멘터리와

---

[31] 이전에는 공무원이었으므로 기자협회 가입이 불가능했다.

[표 5-1] MBC의 보도프로그램 비율의 추이(춘하계 개편 중심)(1971~1986)

연도	보도프로그램(%)	증감(%)	비고
1971	9.6		유신체제 이전
1973	15.9	+6.3	유신체제·방송법 개정 이후
1975	13.6	-2.3	시간대 편성지침 이전
1977	12.9	-0.7	시간대 편성지침 이후
1979	14.6	+1.7	5공, 언론기본법 이전
1982	17.5	+2.9	5공, 언론기본법, 아침방송의 재개 이후
1986	25.1	+7.6	2. 12 총선 이후

출처: 조항제(2003).

　드라마가 연이어 제작·방송되었고, 실제 인물들이 등장한 "청문회" 또한 생중계되면서 정치미디어로서의 텔레비전의 위상이 크게 높아졌다. 선거에서도 '편파방송'을 의식해 공평한 배분이 이루어졌으며, 후보자 토론이나 정치광고, 유세방송 등도 큰 논란 없이 순조롭게 진행되면서 나름의 모델을 정착시켰다.

　그러나 민주주의 대(對) 반민주주의라는 이전의 단일했던 대립구도와는 달리 민주화된 이후에 나타나는 대립은 정치. 계급, 지역, 성, 세대, 민족, 인종 등의 각종 사회적 균열이 반영된 다층적이고 복합적인 형태로 전개된다는 점에 민주주의 방송으로서의 어려움이 있다. 즉 이 방송에 요구되는 덕목은 이러한 균열을 반영할 수 있는 다원주의지만, 낡은 보도 관행과 보수적 사회 분위기, 열악한 방송 여건, 낮은 전문화 수준 등은 양적으로 단순 나열된 의제를 피상적으로 다루는 '한국형 도식'으로 뉴스를 표준화시키고(이준웅·황유리, 2004), 양극화 같은 심대한 사회문제 또한 일화적이면서 형식화된 형태로 다루는 문제점을 드러내고 있다(김상호·김병선, 2006). 성별 문제에서도 방송뉴스는 여전히 여성을 상징적으로 소멸시키고, 가부장적 질서를 정당화시킨다(김경모, 2004). 그러나 탐사보도 프로그램에서는 다양성이 유지되는 가운데 정치·경제가 위주가 되는 경성 주제는 오히려 늘어나는 나름의 바람직성을 보여주었다(강형철, 2007).

이 점들은 한국 방송의 뉴스 조직이 공영방송(크게는 지상파방송)의 특성에 일부 도움을 받기도 했지만, 이전에 비해 크게 달라지지 않은 관행과 기득권 속에 안주하고 있다는 것을 말해준다. 이는 한국 방송이 시청자에게 숙의와 토론의 자료를 제공하는 민주주의 방송 본연의 의무를 다하지 못하고, 다양한 사회적 균열의 교차점에서 '혜택 받지 못한 소수'의 생각과 처우를 반영하는 다원주의에는 여전히 미달한다고 볼 수 있다.[32] 또 정치보도가 공식적 정당에 치우쳐 있는 점은 방송의 다양성을 정당 차이 정도의 협소한 수준에 맡기는 것인데, 이렇게 될 경우 앞서 살펴본 대로 한국 정당의 취약점이 방송보도로도 그대로 옮겨질 가능성이 높다.

권력과의 관계에서 일정한 양가성을 가졌던 테크놀로지는 결국 방송의 편에 서서 자유(율)화를 진행시켰다. 그러나 그렇게 자율화된 방송 또한 보이지 않는 권력인 시장과 기득권적 관행 속에 머물러 있다. 지금의 테크놀로지 또한 이와 크게 다르지 않은 것으로 보인다. 자카(Jacka, 2003)의 주장처럼 미래의 방송환경은 이 테크놀로지의 가능성에 따른 새로운 것이 될 수도 있지만, 시장의 권력이 좀 더 커진 이 시장은 오히려 소수에 이롭지 않은 미디어 간 계층화나 소수대상 채널의 '게토화'를 조장할 수도 있고, 아예 이러한 목소리를 공식적 선택권 안에서 사라지게 할 수도 있기 때문이다. 이 점에서 미래의

---

[32] 이 둘 중에서 더 중요한 것은 전자인데, 그 이유는 숙의와 토론 같은 절차성의 강화가 소수의 과소대표성 문제의 해결에 도움을 줄 수 있기 때문이다. 절차가 중시하는 것은 궁극적으로 참여를 원활하게 해 결정의 정당성을 높이는 것이므로 참여를 방해하는 여러 제한들, 예를 들어 불충분하거나 이해하기 어려운 정보, 정보에 접근이 어려운 열악한 생활수준 등도 같이 극복하지 않으면 안 된다.

한국 방송은 새로우면서도 결코 새롭지 않은 문제 속에 있는 것이다.

(3) 민족주의

타 민족에 의한 지배와 위협 속에서 자발적 민족주의가 극대화되는 식민지와 전쟁, 그리고 자신이 존립하기 위해 억압적 국가주의를 동원하는 권위주의/파시즘을 같이 경험한 나라에서 민족주의는 모든 비민족적 또는 초민족적 정체성에 앞서 개인과 국가, 공익을 통합하는 유력한 이념이 된다. 경제발전을 위해 미증유의 국민 동원을 해야 했고 다른 한편으로는 안보 등에서 상시적 위기에 시달렸던 박정희 체제는 이러한 민족주의의 전형을 잘 보여준다. '분단·국가주의적'이라는 수식어를 붙일 수 있는 이 체제의 민족주의는 다른 편의 민족주의 즉 분단의 극복을 지향하는 통일 민족주의를 극단적으로 배제함으로써 다음 시기에 저항적 민족주의가 과잉되는 현상을 초래한다(김동춘, 2000).

방송에 나타난 이 민족주의는 소유와 관련된 구조적 측면과 프로그램으로 이루어진 내용적 측면으로 나누어 살펴볼 수 있는데, 전자에는 외부의 개입을 허용치 않는 외자(外資)의 사전 억제, 국가의 철저한 관리 속에서 이루어진 방송망의 설치와 확장, 로컬리즘을 배제하는 강력한 중앙 집중 등을 들 수 있고, 후자에는 국가적 일체감의 기초가 되는 인프라의 조성(이른바 'national time',[33] 계기적·계절적 이벤트 등), 허용된 것 외에 다른 이념을 허용하지 않는 극심한 표현의 한계, 민족의 역사와 지금의 국가를 직결시키는 인위적인 전통문화 부양, 육체적 승부욕과 국가애를 자극하는 스포츠

---

[33] 한 국가 내에서는 하나의 시간대만을 사용하는 근대적 시간관을 말하는데, 이로 인해 중앙과 주변 사이의 통합성이 비약적으로 커진다.

민족주의의 조장, 자립의식을 강조하는 새마을운동의 교훈적 권장, 초기에 의존도가 높았던 외국프로그램의 제한 등을 꼽을 수 있다.

1960년대와 1970년대 초기에 나타난 한국 텔레비전의 민족주의는 적어도 외형에서는 전후의 일본과 유사하다. 슌야(Shunya, 2003)에 따르면, 패전한 일본에서 미국 레슬러들에 승리하는 역도산의 프로레슬링, 전쟁에 희생되는 여인상을 통해 자신에 대한 동정을 불러일으키는 NHK의 아침드라마, 그리고 봉건기 일본의 국가 통합과정을 그린 저녁 대하사극 등은 일본의 텔레비전 민족주의를 잘 보여주는 것이다. 한국 역시 1960~70년대 김일의 프로레슬링과 1970년대 "아씨", "여로", "새엄마" 등에 등장하는 인고의 여주인공들은 의도했던 의도하지 않았던 이러한 민족주의를 조장했다. 1970년대 들어 30분짜리 9시뉴스(정확히 시보에 맞춰 완전히 고정된 것은 1980년대)와 일일극을 중심으로 텔레비전의 편성시간대가 고정되면서 저녁 시간대, 특히 도시의 생활시간대가 표준화 되었고(이른바, '방송시간'의 형성; 이재현, 1997), 이 역시 전국의 시간을 한 단위로 묶는 민족(국가)주의를 강화시켰다(임종수, 2006).

1976년에 당국이 강제한 '가족시간대 편성지침'은 이미 형성되어 있는 저녁시간대의 행위패턴과 시청패턴에 맞춰 텔레비전의 내용까지 지배하려는 당국의 의도가 반영된 것이었다. '민족사관 정립극'의 강제에서 볼 수 있듯이 그 구체적인 프로그램들을 "실화극장"이나 "꽃피는 팔도강산"으로 바꾸고 싶은 의지가 더 작용한 것이다. 물론 이 의도는 실패로 끝났다(조항제, 1994). 그 이유는 텔레비전에 대한 궁극적 권한이 수용자에게 있다는 것을 무시했기 때문이다. "대중과 텔레비전 매체의 친화성은 (동원을 위하여) 살리되 그 친화성의 내용이 근대화라는 목표에 합목적적인 것이어야 한다는 이러한 태도는 매체를 승인하는 동시에 부정하는 양가적인 것"(이윤진, 2004, 250쪽; 괄호는 인용자)이라는 지적은 이에 잘 어울린다.

이러한 민족주의가 가장 잘 발휘된 프로그램은 5공 정부하 KBS에서 방송된 특별 생방송 "이산가족을 찾습니다"였다(한국방송공사, 1987). 1983년 6월 30일에 시작해(당초 기획은 95분) 무려 138일간 동안 연이어 방송된 이 미디어 이벤트는 국가 중심의 근대사회로 이행하는 데 민족을 '동원'한 서구의 민족주의와 달리 식민지, 분단, 전쟁을 거친 한국 사회에서는 민족이 혈연이라는 단일하면서도 가장 직접적인 본질에 의해 규정될 수 있는 존재라는 점을 다시 한 번 보여주었다. 그러나 그것이 당시의 남한 국가, 5공 정부와 그의 '목소리'인 KBS의 그늘 아래에서 이루어지면서 같은 혈연의 문제인 분단에 대한 문제제기로까지 이어지지는 않았고, 이의 과실을 정부 또한 작지 않게 얻었다는 점으로 미루어본다면 한국 방송의 민족주의는 오히려 더욱 강해졌다고 볼 수 있다.

이러한 민족주의는 최근의 '남북 이산가족 찾기'에 이르러서도 같은 형식으로 반복되고 있다. 민족주의는 대부분 감정적인 측면을 갖고 있지만, 특히 한국의 민족주의는 "역사적 경험의 실패와 맞물려 있는 좌절된 집단 정서"이며, 그런 이유로 "논리적이고 이성적이라기보다 정서적이며 감상적"이라는 한 정치학자(최장집, 1996, 182쪽)의 지적은 이러한 텔레비전의 특징과도 깊은 관련이 있다고 볼 수 있다.

한편 민족주의의 내용을 이루는 또 다른 핵심은 민족주의가 가진 "양날의 칼"[34](Shin, 2006)의 한 측면인 '발전주의'였다. 이는 특히 1970년대의 새마을방송에서 두드러지게 나타나는데, 그의 한 원형은 1968년에 처음 제작된 KBS

---

[34] 이는 다른 말로 하면, 민족주의가 가진 2차성이다. 즉 민족주의는 어떤 이데올로기와 결합하느냐에 따라 그 성격이 판이하게 달라진다는 것이다. 그래서 (대부분 시기 면에서 근대화보다 앞서는) 민족주의가 불러오는 집단적 각성은 근대화의 성격을 가늠하는 중요한 변수가 된다.

의 휴먼다큐멘터리 "인간승리"에서 발견된다. 이 다큐멘터리의 "카메라는 작품 내용을 이끌어가는 '지배자'적 태도를 취할 뿐만 아니라 이데올로기적 성격까지도 지니게 된다. 당시의 국가적 목표였던 근대화를 지향하는 화면 구성이나 내용 그리고 정당성의 위기에 몰린 정치 관료들이 의도적으로 주도한 민족문화 복원 내용 등은 이를 충분히 증명해준다"(이창호·정수남, 2002, 268쪽).

발전주의 못지않게 민족주의와 연계된 또 하나의 측면은 그것의 저항성이다. '때늦은 것'으로 간주되기도 하는 이 민족주의는 대외 의존적 종속체제·분단체제의 극복을 내세우면서 연대의식과 자결의식의 강화를 불러와 권위주의의 몰락을 앞당겼다. 캘훈(Calhoun, 2007)은, 민족이 민주주의적 사회참여를 불러일으킨 기본적인 장이며, 계급이나 종교를 넘어서는 공적 책임을 권장한다고 주장했는데, 민주화에 민족통일을 연계시킨 한국의 저항적 민족주의(김수자, 2006)는 이 주장에 잘 어울리는 한 예가 된다. 그러나 이 민족주의 역시 1980년대 후반에 들어서서는 반자유주의적인 민족지상주의에 매몰되면서 다른 측면에서 이중성을 드러내게 된다(김동춘, 2000).

한국 방송의 민족주의는 민주화된 이후에는, 'IMF 사태' 같은 위기나 스포츠 같은 국가 대항의 게임, 역사를 다루는 드라마 등에서 나타나는 일상적이면서 간헐적인 형태로 변화되었다.[35] 이는 개별 정권의 안보와 관련되지 않는 만큼 이전과는 다른 나름의 정당성을 가진다고 할 수 있다. 민족주의는 수평적으로 동등한 '개인'을 직접 사회에 참여시켜, 반식민주의, 반제국주의, 반글로벌주의를 구현할 수 있는 가장 효과적인 집단 정체성의 원천이자

---

[35] 이러한 민족주의는 비민주정부에 국한된 것은 아니다. 국난 드라마 "불멸의 이순신"에서도 외로운 투쟁을 보여주는 이순신의 영웅적이고 인간적인 됨됨이는 크게 부각되었지만 전쟁의 피해를 직접적으로 입은 양국 민중의 시각, 국제적이면서 인도주의적인 시각은 찾아보기 어려웠다.

힘을 앞세우는 지금의 국제구도에서는 가장 현실적인 대안이기 때문이다(Calhoun, 2007). 그러나 이러한 민족주의가, 특히 한국의 경우 집단 - (일)종족 - 통합 - 특수를 부추겨 그 반대(개인, 시민, 다양성, 보편)를 억압한다는 점 역시 분명해 보인다(임지현, 2002). 이 점에서 민족주의는 여전한 이중성을 가진다고 할 수 있다.

이 점과 관련해, 특히 부각되는 과제는 공영방송과 민족주의의 관계이다. '국가 기간 공영방송'에게 (민족과 일치된)국가는 "설사 적(enemy)이라 할지라도, 공영방송 자신의 정당성을 위해 의존하지 않으면 안 되는"(Curran & Seaton, 1997, p.314) 존재다. 공영방송은 궁극적으로는 국가의 '창조물'이므로 정권의 개별 이익과 분리된 민족주의나 국익, 국민통합을 거리를 두고 바라보기는 쉽지 않다. 이에 대한 하나의 해결책은 민족주의의 이중성을 직시할 수 있는, 그래서 그것의 폐쇄성과 배타성, 맹목성을 극복하면서도 그것이 불러오는 아래로부터의 자발적 연대는 놓치지 않는 사고이다. 이를테면 이는 '촛불 시위' 같은 것에서 나타나는 자발의 열기를 어떻게 하면 고양된 시민의식으로 연결시킬 수 있을 것인가의 문제다. '매개된 시민적 민족성'(mediated civil nationhood)(Frosh & Wolfsfeld, 2006) 개념은 이 문제의식에 가까운 것으로, 방송이 "(혈연이 아닌 추상적) 민족성을 일상에서 어떻게 구체적으로 표현하느냐"를 주목한 것이다. 만약 "민족주의의 주된 성격이 '민족' 구성원들의 혈통적·역사적·문화적 '동일성'에 대한 고안·정전화(正典化) 및 대중적 주입, 그리고 '민족적 자아'와 '민족적 타자 구분의식'의 보편화"(박노자, 2004, 199쪽)에 있다면, 이는 가장 경계해야 할 자민족중심주의가 될 것이다. 이 점에서 그간 관행적으로 보편화된 우리와 타자를 나누는 구태의연한 방식들, 예를 들어 '단일민족' 같은 용어들, 표현들, 카메라 시선 등은 재검토가 절실하다 할 수 있다. 결국 이는 민족주의의 특수성을 자인하면서 개인의 권리와 평등(자유주의), 집단적 자기표현과 자결(민주주의) 같은 보편성에 입각해 민족적 과제를 해결하고자 하는 것과 다르지 않다.

(4) 포퓰리즘

지금까지 한국 방송에 대한 비판은 대부분 크게 두 측면, 앞에서 살펴본 정치적 편파성과 이 장에서 살펴볼 오락프로그램 위주의 상업적 향락주의에 기인했다. 이 부분에 대한 비판은 서구에 비해 더 극심했다고 볼 수 있는데, 그 이유는 첫째, 한국의 포퓰리즘이 척박한 시장 탓으로 더 말초적인 것이었고, 둘째는 반 권위주의적 관점조차 포퓰리즘에 대해 비판적이었기 때문이다. 이러한 비판의 근저에는 이러한 오락의 '기회비용'이 매우 컸다는 인식이 자리하고 있다. 이들의 가정은 구체적 내용이 무엇이던 관계없이 진지한 '교양' 프로그램이 중요하고, 교양이 없는 이유는 오락프로그램의 만연 때문이라는 것이다. 흔히 (구 방송법에 있었던) '보도 - 교양 - 오락'처럼 장르 또는 영역으로 프로그램을 구분해 방송을 규제하는 의도도 이러한 사고에 기인한다.

그러나 이는 포퓰리즘 자체에 대한 거부나 부정으로 이어지기 쉬워 포퓰리즘 나름의 긍정적인 두 측면, 첫째, 그것에 담긴 대중의 가치관, 세계관, 취향 등이나 둘째, 권위에 대한 부정이 가지고 있는 급진적 측면을 무시하는 잘못을 범하기 쉽다.[36] 이는 설사 그 원인이 '상업방송의 시청률 경쟁'이나 '상업적 일탈'에 있다 하더라도 방송이 "성 표현의 경계를 확장해가는 촉진제

---

[36] 자본 지배 및 생산의 중심성, '근대적 공중'의 중요성을 강조하면서 오락 또는 저급 대중문화를 체제 비판적 메시지와 대립시키는 (영국의) 정치경제학은 이런 인식의 대표적인 경우가 될 것이다. 물론 이런 인식은 나중에는 ITV의 포퓰리즘을 인정하는 형태로 좀 더 유연한 형태로 바뀌었다(Murdock, 2005).

역할"(백미숙·강명구, 2007, 155쪽)을 했다는 점 자체는 중요하게 간주해야 한다는 뜻이다. 그리고 이는 한걸음 더 나아가 시장가치도 높았고 질적 평가도 우수했던 한국 방송 역사의 여러 자산들—드라마로 예를 들면, 양질 모두에서 높은 평가를 받았던 "여명의 눈동자"나 "모래시계"에서부터 여러 일일극, 특히 MBC의 휴먼다큐멘터리 "인간시대" 등에 이르기까지—을 포퓰리즘과 별개로 사고하지 않음으로써 양질의 방송과 대중의 기호 사이의 공감대를 확장할 수 있는 길이다.

역사적으로 볼 때, 이러한 포퓰리즘은 1960년대 초 라디오드라마에 대해 숱한 비판이 쏟아지는 와중에서 나온 다음과 같은 긍정적인 평가 속에서 발견할 수 있다.

제각기 제 일에 골몰하는 이 대중을 위한 공동의 그리고 무변(無邊)의 광장을 어디서 발견해야 하나? 그리고 그들을 일단 이 광장에 안내한 뒤에 어떤 방법으로 …… 그들을 오래 그곳에 머물러 있게 할 것인가? 그리고 이 광장을 어떻게 하면 각양각색의 많은 사람이 올라서도 …… 사회적으로나 도덕적으로나 견고하게 구축할 수 있을 것인가(오영진, 1964).

라디오드라마의 내용 역시 청취자의 대중심리와 좋은 일치를 이룬다. 그래서 우리 라디오드라마에선 눈물이 많다. 이별, 고뇌, 체념 …… 그러다가 종료에 가서 '오싹'하고 '찡'하고 '뭉클'하게 끝나는 그 '감칠 맛'—이것이 우리 라디오드라마의 가장 중요한 특질이다(정완재, 1963, 9쪽).

이 관점은 지금까지 한국 방송을 논하는 자리에서 가장 많이 언급된, '교양'이 '오락'보다 푸대접을 받는 것에 대한 '식자들'[37]의 불만과 비판을 상대화시키는 것이다. 주지하다시피 이러한 (사실상 권력자들의) 수많은 비판에도 불구하고 한국 방송에 '교양시대'는 없었고, 이로만 보면 이 비판은 방송에 큰 소용을 주지 못한 셈이다. 적어도 민주화 시기 이전까지는 권력에 맹종했다고 해도 과언이 아닌 방송이 이처럼 '자율성'을 발휘할 수 있었던 데에는 여러 이유가 작용했을 터인데, 위 인용문은 그것이 '각양각색의 많은 사람' 또는 '청취자의 대중심리'라고 말하고 있다. 대중의 욕구를 충족시켜야 할 필요성[38]이 그 어떤 권력에 못지않게 방송에 영향력을 발휘했다는 것이다.

이 점으로 미루어 볼 때, 한국 방송과 권력의 관계는 정치·경제 '체제'를 통해 쉽게 추론될 수 있는 단순 종속의 관계가 아니었다. 이 점은 한국 방송, 더 크게는 한국 대중문화의 포퓰리즘에 '대중조작'이나 '이윤 동기'로 환원될 수 없는 나름의 자율성, 대중의 문화적 창조성 또는 진정성이 담겨있음을 의미한다. 이를 강화시켜 주는 것은, 상업주의의 외양 속에서도 세대집단 나름의 문화적 표현을 담고 있었던 1970년대의 청년 문화나 1990년대의

---

[37] 이 '식자들'은 정부, 신문, 장년층, 지식층. 보수층, 남성층 등 다양한 구성을 보이는데, 각각은 다음과 같은 포퓰리즘을 즐기는 피 계몽대상, 또는 비판대상을 지닌다. 정부는 국민, 신문은 독자와 방송사, 장년층은 청소년층, 남성은 여성, 지식층은 교육수준이 낮은 층, 체제에 비판적인 층은 순응적인 층, 유림 같은 보수층은 여권운동층 등이 그것이다. 이 점에서 당시의 권위주의 정부는 적어도 오락방송의 비판에 관한 한 의외로 많은 원군을 갖고 있었다. 그 단적인 예 중의 하나는 1970년대 당시 대학언론이 '외래풍조의 무분별한 모방'을 이유로 청년문화를 배척했다는 점이다(주창윤, 2006 참조). 또 이들은 누구 못지않게 '불온'이 아닌 '퇴폐'(신현준, 2004)를 적어도 의식적으로는 거부했다.

[38] 이 필요성을 앞서 나온 시청률 부분과 연결시키면, 이는 대중을 끌어들이고 만족시켜야 하는 방송의 권력적·숙명적 자기 목적이 된다. 여기에 포퓰리즘의 핵심인 대중의 진정성이나 창조성이 더해지면 다시 방송에는 정치권력이나 자본 같은 위로부터 주어지는 거시적 규정성 못지않게 방송과 대중이 벌이는 욕구의 표현과 충족의 미시적 게임이 중요해진다.

신세대 문화 같은 하위 문화 또는 취향 문화의 존재다. 1970년대의 청년 문화에는, 당시 체제의 지배이념이었던 민족적 근대화주의와 그 대척지점에 서 있던 민족적 민중주의가 사실상 공생하면서 만들어낸 점이지대(송은영, 2005)가 가진 일탈의 활력39)이 있었다. 반면, 1990년대의 신세대 문화에는 "명증(明證)한 정치적 억압과 경제적 불평등이라는 뜨겁고 절대적인 사안"(서동진, 1994, 105쪽)이 중심이 된 1980년대의 저항담론으로는 결코 소화할 수 없는 새로운 문화적 열기가 있었다.

이 점은 체제의 권위주의적 가부장성이 시장을 또한 지속적으로 억압하면서 오히려 일부 대중의 취향에 저항성을 부여했다는 점을 의미한다. "(노래가) 그냥 좋아서 불렀다. 애초에는 (저항) 의식 같은 것이 없었다. 부르지 말라니까 의식이 생겨 불렀다"(이혜림, 2005, 31~32쪽; 괄호는 원저자)는 1970년대 한 대학생의 체험담에 표현되어 있는 것처럼 체제의 개입은 적대적 관계가 아닌 것을 적대의 것으로 몰아갈 수 있는 잠재성을 가진다. 억압적 국가주의는 가장 말초적인 상업주의로 치부되는 1970년대의 섹스 영화에서도 "개인의 정체성에 대한 자의식과 사적 욕망"(유선영, 2007, 42쪽)을 추구하게 하기 때문이

---

39) 이 활력에는 '현실세계와 분리된 낭만적 세계의 환상', '예술작품의 향유와 지식의 습득이 가능한 인간적 삶에 대한 욕망'이 '허영심 가득한 대학생들의 자기 과시'와 '젊은이들다운 치기어린 방식'으로 반영되어 있다(송은영, 2005). 교육의 의무화와 경제발전의 최초 수혜자로서, 기성세대와는 사뭇 달랐던 이 청년의 허영, 치기, 자기과시는 그 자체로 정치적 저항은 아니었어도 "'침묵하는 다수'를 위반하고 통일과 응집의 원칙에 도전하며, 합의의 신화를 반박"(Hebdige, 1979, 37쪽)하는 효과를 지녔다. 당시 이 문화는 다양한 주변의 억압에도 불구하고 시장의 지지를 받았으며 그 과정에서 포퓰리즘과 시장이 맺는 역학으로 볼 수 있는 일정한 '협상의 과정'이 나타나게 된다(주창윤, 2006). 일례로 대중음악에서는 시장의 반작용으로 '트로트 고고' 같은 변형 장르가 등장하는 것이다(신현준·이용우·최지선, 2005).

다. 특히 이러한 하위문화적 포퓰리즘은 방송에서는 텔레비전보다 상대적으로 검열이 약한 라디오의 심야시간대에서 더욱 번성했다. 1970년대 라디오의 심야음악프로들은 이러한 청년문화를 반영하면서 일부 진행자(DJ)들을 당시의 문화적 아이콘으로 키우기도 했으나 텔레비전에서는 권력의 개입과 특유의 매체적·수용자적 특성 때문에 이러한 흐름이 거의 나타나지 않았다(박용규, 2007).

둘째, 한국 사회에서는 포퓰리즘 비판의 근거와 대안이 상응하지 않는다. 즉 오락보다 교양이 중요하다는 비판에 앞서야 하는 것은 일반 국민을 문화적 '망명자'로 만들지 않을 수 있는 교양 프로그램의 평균성과 대중성이다. 여기에 더해 문제가 되는 것 또 하나는 권위주의의 이데올로기 조작의 역사적 잔재로 비판받는, 교양에 첨가된 짙은 정치색의 문제다. 적어도 민주화 이전의 한국 방송의 교양 프로그램에서 요즘의 '교양'이 가지는 진정성과 다원성, 비판성을 찾아보기 어렵다.

이 점과 관련해서 1985년에 처음으로 방송된 "인간시대"가 갖는 포퓰리즘적 가치는 포퓰리즘이 역사적 조건에 따라 단순히 '상품'에 머무르지 않고 얼마든지 다른 가치와 결합할 수 있는 것임을 잘 보여준다. 김균과 전규찬(2003)은 이 다큐멘터리와 1980년 후반 당시 '동요'하던 텔레비전을 "제5공화국 집권 말기로 접어들면서 나타나는 권력 자체 내의 변화, 억압적이고 비민주적인 사회구조에 대한 사회적 저항의식의 형성과 확산, 이와 같은 정치적 상황변화에 대한 방송의 본능적 대응, 그리고 국가권력의 일방적 담론생산 공간인 텔레비전을 대안적 담론 생산의 의미 투쟁 공간으로 전환하고자 하는 노력의 확산 등"(158쪽)의 맥락 속에서 이해할 수 있다고 주장한다. 이에 따르면 "인간시대"는 정치적 주체로 형성되고 있는 보통 사람들의 삶을 보여주면서 그들이 역사의 전면에 나서는 과정의 일단을 보여주는 프로그램이다.

그러나 이 프로그램은 결국 낮은 시청률(시장다수주의)에 의해 없어지게 되므로 시장과 포퓰리즘의 긴장 또한 방송 내에서는 시민과 소비자의 긴장 못지않게 중요한 것이 된다.

셋째, 그럼에도 포퓰리즘은, 1990년대 이후 지금까지 집중적 비판의 대상이 되었던 노골적인 10대 대상 연예인 중심 게임쇼 등의 가치를 스스로 주장할 수 없는 것에서 볼 수 있듯이, "소비자들이 왜 그 상품을 선택하는지, 그들이 실제로 이를 즐겼는지 아닌지 또는 그것을 가치있다고 여기는지에 대한 어떤 증거도 제시하지 못했다"(Frith, 1996, p.15). 또 "구체적인 텍스트 분석을 통해 뒷받침된 신중한 주장이 대부분 결여되어 있다"(Curran, 2002). 그렇다고 한다면, 극단적인 시장·상대주의에 빠지지 않기 위해서 포퓰리즘은 기존 미학과의 관계 설정을 통해 자신의 근거를 만들고 이를 정립해야 하는 숙제를 안고 있는 셈이 된다. 이와 관련해, 최근 들어 활발해지고 있는 장르 간 혼합은 포퓰리즘이 시장과 (고급 문화의 전유물로 스스로 주장하는 문화적 가치인) 질의 양 극단 가운데서 자신의 미학을 차별화할 수 있는 가능성을 보여준다. 이론적 차원에서는, 정치 영역에 집중되어 있는 기존의 공론장에 대비되는 정서적·미학적 차원의 '문화적 공론장'(McGuigan, 2004)에 대한 주목이 이와 밀접한 관련이 있다. 이 또한 텔레비전의 대중성을 비교적 온전하게 포착할 수 있는 방안이 된다.

(5) 페미니즘

방송에서 페미니즘 또는 여성의 부상은 다양한 층위에서 엿볼 수 있는데 특히 주목할 필요가 있는 것은 여성의 사고나 가치, 생활리듬이나 취향 등에 대해 남성의 폄하가 보여주는 각 나라의 다양한 면모다. 이러한 폄하는 문화적 측면에 앞선 여성의 정치사회적 지위와 밀접한 관련이 있는데, 이 과정에 대한 이론적 해명을 위해서는 먼저 근대의 시대적 특성이 가진 '여성 억압성'(Felsky, 1995)을 살펴볼 수 있고, 특수하게는 한국사회의 경우, (탈)식민지 민족주의가 가진 심화된 남성성(최정무, 1998), 남존여비의 유교적 전통에 대한 의존 및 여성 배제가 상대적으로 더 컸던 압축적 근대화 과정(김은실, 1999),[40] '자궁 가족론'(uterine family)[41] 등에서 볼 수 있는 공식적 가족 내부의 여성적 가족관계 등을 고려할 수 있을 것이다.

이 점은 한국 방송의 경우 특히 일일극의 역사에서 잘 드러난다. 1970년 "아씨"와 이후의 "새엄마", "여로" 이래 일일극은 한국 방송의 최고 인기 프로그램이 되어 가장 많을 때는 한 채널에서 5개까지 편성된 적도 있다. 그러나 이에 대한 집중적인 비판과 정책 당국의 개입으로 일일극은 큰 수난도 겪게 된다. 장르적 특성으로 볼 때, 일일극은 사적이고 개인적 관계를 주제로, 이성보다는 감정이 등장인물들의 행위 기준이 되며, 주로 여성 주인공이 가족이나 이웃관계를 중심으로 이야기를 벌여 나가는 전형적인 여성 장르로서 솝오페라나 멜로드라마와 유사하다.[42] 홈드라마가 내러티브의 중심에

---

[40] "서구의 물질과 한국의 정신/전통을 강조하는 한국의 근대화프로젝트는 …… 남성 경험에 관해서는 서구성을 취하되 서구의 근대 체험에서 여성적이라고 간주되는 경험은 철저하게 억압하고 주변화 시키고 일탈시켰다. 대신 그 자리에 '한국적'인 '전통적' 여성성을 물질적 근대화와 결합시켰다"(김은실, 1999, 89쪽)는 주장은 이를 잘 보여준다.

[41] 울프(M. Wolf)가 대만의 농촌 가족에서 추출한 이 개념은 가부장제라는 공식적 가족제도 내에 어머니(와 아들 사이의 모성적 관계)를 중심으로 하는 비공식적 가족이 있고, 이 가족이 나름의 자율적인 세계를 구축하고 있는 것을 가리킨다. 이 개념이 한국 텔레비전드라마와 맺는 연관은 그것이 남성과 여성 사이의 관계와는 다른 한컨에서 한국 드라마가 자주 다루어 온, (고부갈등처럼 여성에게는 매우 중요한) 여성들 사이의 권위와 권력다툼, 사랑과 미움, 존경과 자존을 설명해주기 때문이다(조혜정, 1998 참조).

[42] 장르로서의 솝오페라나 멜로드라마에 대한 자세한 것은

가족이 있고, 등장인물이 가족의 일원이며, 가정사가 사건의 중심이 되고, 가족 이데올로기가 주제가 되어 젠더·세대 문제와 여성 캐릭터가 중시되는 장르라면 (Valaskivi, 2000), 일일극은 홈드라마와도 큰 친화성이 있다.

그러나 이러한 장르의 여성적 특성과 앞서 언급한 한국 사회의 여성억압성을 감안한 연후에 1970년대 한국의 일일극에 가해진 신문과 지식인들의 비판[43]을 재고해본다면, 이 비판이 젠더적 차별과 장르에 대한 몰인식에 크게 기인하고 있음을 알 수 있다. 즉 이 비판들 중에서 적어도 비생산적·비도덕적 소재의 문제나 취향에서의 통속·여성 취향, 갈등 심화 등은 이 장르가 가진 여성적 특성과 관련된 기본적인 문제로 볼 수 있고, 형식에서의 무절제나 일부 소재의 남용(식상) 등은 방송연속극이 지닌 기본적인 특성이라는 것이다.

그리고 이 점은 멜로드라마 장르에 담긴 사적 정치성의 의도적 폄하와도 깊은 관련이 있다. 이미 1960년대 초반부터 극 전개상의 무리[44]와 소재의 비사회성 등으로 많은 비판을 받은 멜로드라마이지만 실제 그것이 가진 정치성은 당시만 해도 전혀 주목받지 못했고 오히려 그것 때문에 비판을 받기도

6장을 참조하라.
43) "혼외정사·혼전임신 등의 비도덕적 소재(퇴폐적), 질질 끈다·진전 없이 맴돈다(무절제), 천편일률·겹치기 출연(식상), 주제의식의 빈곤·신변잡기·통속적 애정행각·삼각관계·울고 짜는 퇴영적 여성취향(비생산적), 현실과 거리가 멀다(비현실적), 드라마 수가 많다(과다), 등장인물 간의 갈등 심화(화합 저해), 도시 중심(농촌 소외), 상류층 소재(계층간 위화감), 고증이 안 되어 있거나 빈약하다(사극의 고증 부재), 암투·모략·음모 투성이(역사의 희화화) 등"(오명환, 1994; 조항제, 1994)을 들 수 있다.
44) 당시 KBS는 드라마의 문제점이 "인과적이고 논리적인 상호연관과 질서아래 이루어지지 않고 극의 결말이 인위적이고 플롯의 해결이 무리하게 조작되는 데 그 큰 원인이 있다"("방송" 1965.10.23)고 보고 있었다.

했다. 그러나 "멜로드라마가 대부분인 (1970년대 초기 라디오드라마가) 지금까지 강조되어 온 인습적인 사회규범을 재확인시켜주는 역할보다는 오히려 그것을 부인하거나 그것에 의문을 제기하는 것"이라는 허육(1972, 60쪽; 괄호는 인용자)의 지적이나 당시의 라디오 단막극에서 "불완전한 가정에서 파행을 거듭하며 파편화 되어가는 인물들의 비극적인 이야기"를 발견하는 윤석진의 연구(1999)에서 볼 수 있는 것처럼 일부 멜로드라마는 상당한 정치성을 지니고 있었다.45) 또 "남편에게 불만이 있는 아내나 그 반대 경우의 남편이 간통을 해서 실컷 놀아나는 과정을 29회 동안 그려놓고 마지막 1회인 30회에 그 주인공들이 몰락하거나 후회하는 모습을 그리고는 건전한 가정윤리를 주창한 듯이 시치미를 뗀다"는 김기팔(1969, 313쪽)의 비판에는 오히려 당시 드라마들이 주었던 '위반을 통한 대리 쾌락'의 즐거움과 비판의식을 엿볼 수 있다. "오로지 …… 시가의 가계를 계승할 아들의 생산과 시집의 생활에 필요한 기계로서의 역할 만을 담당"(최재석, 1965, 33쪽)하도록 강요받았던 당시의 주부들에게 방송드라마는 안전하고 손쉬운 도피처였을 것이다.

이렇게 볼 때, 1980년대 이전 드라마에 대한 비판은 상대화될 필요가 있다. 즉 취약한 저변하에서 양산되면서 많은 문제점을 노출했지만,46) 정치적

---

45) 이 정치성의 의미는 결코 작다 할 수 없다. 당시 부계 중심의 성별 위계질서는 공동체 의식과 집단 지향성 같은 한국 전통의 밑바탕에 깔려 있는 가족주의적 '조화'의 최상의 상징이었다 (문숭숙, 1998). 따라서 방송의 문제제기는 결코 사소한 것이 아니다.

46) 다음의 상대적으로 성숙한 지적들 역시 그 자체로 틀렸다고 볼 수는 없지만, 당시의 척박한 저변으로는 해결할 수 없는 것이었다고 보아야 한다. "멜로드라마의 구조가 어떤 정형에 빠져 있다는 것은 별로 흠이 될 수 없다. 정형에 따라 조립되는 것은 멜로드라마의 가장 큰 특징인 것이다. 스토리가 정형에 따르되 그것이 발표되는 현실에 감각적으로나마 일치되어야 한다. 그리고 멜로드라마는 고도의 테크닉이 요구되어져 어느 의미에서는 필력이 본격 드라마보다 더 강해져야 하는 것이다"(김기

인 것을 포함해 지극한 표현의 한계에 갇혀 있었고(오명환, 1994의 수난사를 보라), 다른 미학적 기준(리얼리즘)47)이나 다른 예술장르(특히 단막극 형식의 연극)의 가치에 저촉되면서 부당하게 평가받았던 부분이 작지 않다는 것이다. 따라서 가부장적 서사 내의 한계와 공공적 문제 및 현실에 대한 무관심, 양산에 따른 미성숙과 얄팍한 상혼, 또 이에 대한 당시 시청자들(주로 여성)의 습관적 소비 등은 충분히 비판 받을 이유가 되지만, 다른 기준에서의 정당성은 재검토될 필요가 있다.

일일극에 쏟아진 젠더적 비판은 "헌법에는 남녀가 평등하도록 되어 있지 부부가 평등하도록 되어 있지 않다"(권순영 판사; 장미경, 2005, 172쪽에서 재인용)는 1960년대의 '역설'이 단적으로 보여주는 것처럼 '근대화와 전통적 가부장제의 병행'이라는 당시 상황의 이율배반적 논리와 깊은 관련이 있다고 보여진다. 따라서 이는, 첫째, 근대적 공사분리로 진행되지 않으면서 여성의 삶의 영역을 더욱 사적 가족으로 제한한 한국 근대화의 '가부장제의 유지 또는 강화' 현상(황정미, 1999), 둘째, 당시의 국가적 동원형태가 지닌 지극한 '남성성',48)

팔, 1969, 313~314쪽). 또는 "연속극은 일단 다음 호를 기다릴 수 있게끔 그 당회(當回)가 우선 재미가 있어야 하고, 또 다음 회로 넘어가는 매듭이 분명하면서도 전체적으로 조화의 묘를 발해야 하고 또 당회는 전체의 부분적인 과정의 하나이면서도 그 한편은 또 독립적으로 드라마투르기를 형성할 수 있도록 구성되어야 한다"(유호석, 1971, 128쪽).

47) 리얼리즘과 멜로드라마가 다른 미학적 기준을 갖고 있다는 최근의 지적에 관해서는 제로티(Geraghty, 2005)를 참조하라.

48) 다음과 같은 박정희의 글은 이를 잘 보여준다. "한국의 비극은 서구 유럽의 비극과 근본적으로 다릅니다. 서규 유럽의 비극은 운명하고 맞붙어 싸우다가 영광스럽게 죽습니다. 우리는 서구의 남성적 비극의식을 갖고 있지 못합니다. 우리는 감상적인 동정만을 원하고 있습니다. 감상적인 동정만을 원하는 이 심약한 욕망은 대중 속에서 진정한 인간의 용기를 육성할 수 없으며 인생에 있어서의 참된 개척정신을 낳을 수도 없습니다"(박정희, 1962, 75쪽). 이는 체념과 자학 같은 신파 속 여성의

셋째, 억압하거나 피하고 싶은 것을 직접적으로 다루는 것(리얼리즘)은 너무 위험해 가족·애정관계 같은 사적 일상과 감정적 대응을 비유로 사용함으로써 사회와 역사에 대한 권력과 지식인, 남성의 '추상적'이고 '이론적'인 이해에 저항하는 성격을 가진 멜로드라마의 '정치성'(Elsaesser, 1987; Gledhill, 1994), 넷째, 기존의 공식과 익숙한 상황에 의존해 따로 설명할 필요 없이 이야기를 쉽게 전개하는 상업적 멜로드라마의 플롯 원리인 '다중성 원리'(Thorburn, 1976), 편성, 제작비·시설 등에서 당시의 일일극이 가진 '최적성'(조항제, 2003) 등에 기댈 때, 더 적절한 해석이 가능하다.

이를 통해 하나의 가설을 세워보면, ① 1960년대 후반~1970년대 초반은 매우 급속도로 (남성적) 근대화가 이루어진 시기였다. ② 그러나 이는 전통적 공사분리를 오히려 강화해, 여성과 가정이 주체가 되는 근대화의 소비적 측면을 크게 억압했다. ③ 여성의 (피)억압/소외는 여성이 주 청취자인 방송에 투영되었고, 그 결과는 공공문제를 거의 다루지 않는 멜로물의 창궐로 나타났다. ④ 가정과 결혼제도를 주로 다루는 멜로는 주부들의 욕구와 일치했으며 이들의 소외는 규범의 부정과 위반을 은유적으로 다루는 멜로의 정치성으로 나타났다. 이들에게 멜로는 정치적 '언어'에 가까운 것이었다. ⑤ 멜로일일극의 양산은 경제적·문화적 측면에서 당시의 조건에 최적이었다. ⑥ 결국 이러한 관행은 한국 방송문화의 한 전형이 되었다.

물론 한국의 경우는 이 장르의 주시간대가 서구(낮)나 일본(아침)과 달리 온 가족이 모이는 저녁(프라임타임)이었다는 점 때문에 여성(적 정치)성이나 상업성에 대한 비판이 더 심해진 측면이 있다. 또 당시의 정치적 환경이나 사회적 인식, 척박했던 저변49)이 소재나 주제 등에서 다양한 드라마를 만들

정서(이영미, 2003)와 정반대에 있는 것이다.
49) 이 저변의 하나로 드라마 제작에 영향을 미쳤던 관련시장을

지 못하게 했던 탓도 작지 않다. 그러나 지금도 자주 등장하는 비판들—소재의 중복·상투성, 멜로드라마의 편중 등—을 차치한다해도 당시의 일일극에 대한 비판은 젠더 면에서 매우 편파적이었다.

따라서 커런(Curran, 2002)은 페미니즘이 젠더적 차별을 다른 차별, 특히 계급적 차별과 연관시켜 사고할 줄 모른다고 비판했지만(물론 이는 계급주의로 반비판 받을 수 있다), 젠더적 차별이 좀 더 심한 한국의 경우에는 페미니스트적 관점의 텍스트 비판(이를테면, 김훈순·김명혜, 1996)과 프로그램에 대한 사회적 평가에서 나타나는 젠더적 차별을 이론적으로 변별하는 것이 더 시급하다. 즉, '정서적 리얼리즘'에 대한 여성의 지지를 질적 차원으로 승화시키는 것이 중요하다는 것이다. 달리 보아 이는 일일극을 즐기는 여성을 지지하면서도 그들을 변화시키려고 하는 이념 사이의 쉽지 않은 균형(Gripsrud, 1995)의 필요성을 말한다. 즉 사회적 평가의 젠더적 차별을 걷어내더라도 여전히 한국의 드라마는 양산으로 인한 상투성과 안이성, 반여성성을 후련히 떨치지 못하고 있는 것이다.

4. 논의: 재성찰의 필요성

한국에서 공영방송이 정당성을 얻고 나름의 정착을 꾀할 수 있었던 근저에는, 공정성이나 자율성 같은 정치적 측면과 더불어 상업방송이 보여준

> 꼽을 수 있다. 즉 드라마를 집필하는 작가를 비롯한 제작인력들은 대부분 영화나 연극 같은 관련 부문에 더 깊게 연계되어 있었고 이의 영향이 방송사의 필요보다 때로는 더 컸다. 예컨대, 영화가 상업성에 쫓기다 보니 방송드라마는 영화작법에 더 큰 영향을 받았다(6장 참조).

극단적인 '시청률 경쟁'과 '상업주의' 같은 문화적 폐해도 크게 작용했다. 그러나 그렇다고 이러한 폐해를 규정하는 기준, 다시 말해 방송의 문화적 품질을 판단하는 가치나 기준이 충분한 논의를 거쳐 어떤 합의를 얻었다고 말할 수는 없다. 물론 유럽을 무대로 하면, 대체로 1960년대까지는 어느 정도 이러한 합의가 있었다는 것이 확인된다. 한국에서도 합의까지는 몰라도 어떤 '질서'가 없었다고는 말할 수 없다. 그러나 공영방송의 미래적 가치를 두고 자카와 간햄 사이에 벌어진 논쟁(Jacka, 2003; Garnham, 2003)이 잘 보여준 바대로 이러한 합의·질서에 대한 포퓰리즘이나 페미니즘, (소극적) 자유주의의 문제제기는 나름의 정당성이 있고, 이 정당성은 기존 합의에 대한 재성찰, 새로운 합의의 필요성을 일깨운다.

이러한 필요성은 한국의 방송사에도 동일하게 적용될 수 있다. 이제껏 살펴본 한국 방송사에 대한 관점들 사이에 가장 크게 대립하는 부분 역시 크게 보면 '근대적 공중성'과 '탈근대적 다양성' 사이에서 벌어진 것으로 볼 수 있기 때문이다. 지금까지 한국의 방송이 받았던 주요 비판을 살펴보면, 방송이 사회 내부의 필요에 의한 것이 아니라 일부 권력집단의 정치적 의도에 따라 졸속과 강제에 의해 도입되었다는 태생적 한계와 권위주의 정치권력의 잦은 개입에 따른 자율의 훼손 및 구조의 왜곡, 논조나 정보 선택에서의 편파, 배타적 민족주의의 일상화, 거기에 시장조차 크게 제한받으면서 나타난 문화의 통속화와 향락주의, 전문직주의가 가진 성장 지체 및 왜곡 가능성 등을 들 수 있다. 이는 단적으로 방송이 규범적 근대화─근대적 비판공중의 형성, 공중의 높은 주권의식과 활발한 참여로 이루어지는 민주적 정치사회, 문화의 고급화 및 평등화 등─에 제대로 역할하지 못하거나 오히려 걸림돌이 되었다는 점을 말해준다.

그러나 탈근대적 다양성의 관점에서 볼 때, 이러한 비판에는 한국 근대화의 압축성과 왜곡을 극복할 수 없는 '본원적'인 것으로 만드는 서구 중심적 사고, 지역적 다양성이나 세대적 다양성을 억압하는 통합 일변도의 민족주의, 방송의 장에서의 대중 참여를 거부하거나 엄격하게 선별하는 엘리트주의, (교육적) 교양과 (소비적) 오락을 이분화해 전자에 특권을 부여하는 교양주의, 유교 문화나 남성적 근대화 과정, 정서적 민족주의를 통해 더욱 심해진 여성의 문화 소비나 취향에 대한 젠더적 차별, 시장 내부에서 발견되는 사적 정치성·하위 문화적 실천의 무시, 멜로드라마·솝오페라 장르에 대한 이해의 부족과 편견 등이 내재되어 있다. 이 점으로 미루어 보면 앞서의 비판은 새삼 재검토나 재성찰이 필요하다.

이러한 재검토는 넓게 보아 우리의 근대화를 근본부터 돌이켜보는 '재귀(再歸)'의 성격을 강하게 지닌다고 할 수 있는데, 이러한 재귀에는 다음과 같은 고민이 뒤따라야 한다고 생각한다. 첫째, 방송 비판의 기준이 되는 가치나 규범체계, 비교준거에 대한 성찰이다. 대체로 이 기준은 근대적·비판적 공중성에 근거함으로 정치적·서구적·남성적·교양(육)적·고급 문화적 편견을 갖고 있어 일정한 상대화의 과정이 불가피하다. 물론 이 상대화는 일례로 앞서 언급한 반여성적 드라마의 여성성을 즐기는 현실의 여성과 그들을 변화시키려는 이념 사이의 균형을 목표로 함으로써 근대성의 일방적인 폐기로 귀결되어서는 안 된다. 다소 거창하게 말하자면, 정치적 공론장에 대응하는 문화적 공론장의 수립, 탈근대적 다양성을 소화하려는 방향으로 근대성을 수정하는 노력이 필요하다고 할 수 있다.

둘째, 이의 다른 일환으로, 제3세계 방송의 발전과정에 대한 비교 시각의 필요성이다. (반)식민지 상태를 거치면서 득자적인 근대화 능력을 갖추지 못했던 대부분의 제3세계에서 방송이 도입되는 과정은 문제는 많았다 해도 '선도의 전횡'이 어느 정도는 불가피하게 작용할 수밖에 없는 현상이었다.

따라서 더 큰 숙제는 이후의 정착과정에서 애초의 선도와 전횡을 얼마나 대중화, 민주화 시킬 수 있느냐에 있었다. 한국에서는 앞서의 자유주의나 민주주의 관점에 미루어 볼 때, 공영방송의 정착이나 편파성의 극복 같은 외형적·양적 모양새는 이룩했으나 방송에 대한 사회적 신뢰의 제고나 상업주의의 중화, 뉴스 질의 고도화 같은 질적 내실화의 문제는 여전히 남아 있다고 할 수 있다.

셋째, 지금까지 방송에는 상호모순되는 두 가지를 모두 추구하려는 이중적 사고가 지배해왔다. 소극적 자유와 적극적 자유, 더 많은 자유(율)와 공공적 통제, 더 많은 선택과 공익 서비스, 재미와 교양, 유익함과 더 높은 시청률 등이 그것이다. 오랜 권위주의체제와 척박한 시장을 갖고 있는 한국의 초기 방송에 이는 매우 버거운 숙제였다. 그러나 지금까지 방송은 이러한 비교적 뚜렷한 목표를 향해 움직여왔고 지금 상태 역시 불충분하지만 방향성에서는 이와 그렇게 멀지 않다고 사료된다. 물론 비정상에서 정상으로 가고 있는 지금 같은 '탈희소성의 시대'에도 양적 풍요가 질적 다양성(사회적 균열부문의 다양성, 이를테면 계급적·지역적·세대적 다양성 등)을 자동적으로 겸비하지 않는다는 점에서 과제는 여전히 계속되고 있다고 할 수 있다. 다른 한편으로 방송과 시청자, 정부와 민간, 엘리트와 대중, 시장과 공중, 자본과 소비자 등 방송에 대한 힘의 작용/반작용의 과정도 이와 유사한 어떤 균형을 향해 나아간 것으로 보인다. 이 점 등은 역사가 어느 한편에 치우치지 않으면서 이러한 이중성이나 힘의 균형, 과제를 염두에 두고 조망·서술될 필요가 있다는 것을 의미한다.

5. 결론

 만약 자유주의, 민주주의, 민족주의, 포퓰리즘, 페미니즘 중에서 어느 하나의 관점으로만 한국 방송사가 서술된다면 각각 한 부면은 두드러지게 보일 수 있겠지만, 역사 전체를 온전하게 조망하기는 쉽지 않을 것이다. 이는 각 관점들이 주목하는 측면이 제각기 다르기 때문이기도 하지만, 방송이 그만큼 다양한 성격을 갖고 있어 역사 자체가 이러한 관점들이 공존하기를 오히려 원할 것이기 때문이다.
 이러한 관점들은 다음과 같은 한국 방송사의 여러 다양한 특성들을 조명·지적한다. 이를테면 한국 방송의 그간의 발전을 '정치권력으로부터 자유'를 얻는 과정으로 서술하는 자유주의는 방송 지배의 목적으로 만든 전일적 공영제의 민주화 이후의 대안이 민영방송이 되지 않고 실질적 공영제로 지향되는 과정, 그 과정에서 소유와 운영이 일치되지 않는 '공적 상업주의'라는 혼합적 모델이 조성되는 과정, 규제기구와 한국식 정당제도, 시민사회가 맺는 코포라티즘적 관계로 인해 부정적 연합 및 겸임독재가 형성되는 과정, 비판적 전문직주의의 의의 및 한계, 시장화의 과정 등에 주목한다.
 민주주의 관점에서는 방송이 정보미디어로서 영향력을 확대해가는 과정, 수없이 비판을 받아 온 '편파'와 '왜곡'을 벗어나는 과정, 토론 프로그램·사회고발 프로그램 등을 통해 민주주의 교육에서 나름의 역할을 수행하는 과정, 그러나 단순 나열된 의제를 피상적으로 다루는 '한국형 도식'의 표준화된 뉴스 등으로 그 발전이 답보에 처해지는 과정, 균열과 적대가 다양해지고 복잡해지는 과정에서 '평등한 참여'를 구현해야 하는, 새로이 던져진 숙제 등이 주요 의제다.
 민족주의 관점은 저항적 민족주의와 분단 민족주의, 국가주의적 민족주의, 통일 민족주의 등의 역사적 변화 과정에서 겪은 자유주의, 민주주의, 페미니즘과의 결합·갈등관계, 외부(특히 미국이나 일본 등)의 영향과 내외부의 역학, 민주화 이후의 일상화·문화화의 과정 등에 주목한다. 특히 새로이 탈분단 민족주의를 지향하면서 내부적으로는 다민족사회를 준비해야 하는 시점에서 지금까지의 방송이 보여준 동원과 통합 일변도의 행태의 비판적 극복이 중요한 과제로 제시된다.

그간의 한국 방송에서 잘못 설정된 이분법―고급 문화와 대중문화, 시민과 소비자, 교양 프로그램과 오락 프로그램 등―을 극복하고 방송의 대중성이 가진 긍정적 측면을 보다 온전하게 포착하고자 하는 포퓰리즘은 그간 대중적 호응도 컸고 질적 평가도 좋았던 여러 프로그램들을 중심으로 그 미학적 위치와 수용자의 정서구조를 해명하고, 청년 문화나 신세대 문화 같은 시장 내부의 하위문화적 실천을 제대로 평가하는 과제를 수행한다.

여성의 부상과 여성 가치의 상승을 다룬 페미니즘에서는 주로 1970년대의 일일극에 대한 젠더적 비판을 반비판적으로 고찰하는 가운데에서 페미니즘이 지니는 가치를 제시한다. 한 시기를 주로 서술했지만 그 일일극이 남긴 유산이 워낙 크고 이후에도 드라마의 성격이 크게 바뀌지 않았다는 점에서 이 시기를 돌이켜보는 의의가 재확인될 수 있다고 생각한다.

또한 각각의 관점은 나름대로 한국 방송에 역사적 숙제를 남긴다고 보았다. 자유주의 부분에서는 시장화의 급격한 추세 속에서 기왕의 혼합적 모델 또는 현재의 부정적 연합을 극복할 수 있는 '사회적 책임과 미디어의 어카운터빌리티' 체제를, 민주주의 부분에서는 복잡한 균열과 적대 속에서 다양성을 구현하면서도 참여를 통한 민주적 의사결정을 위한 새로운 '방송 아고라'의 형성을, 민족주의에서는 그 이중성을 적시하면서 통합 일변도의 전체성을 극복하고 탈분단이라는 시대적 과제에 다가가기 위한 준비를, 포퓰리즘에서는 기존의 이분법으로는 포착하기 어려운 대중적 감수성의 미학적 가치를 옹호하면서 이를 기초로 하는 새로운 '문화적 공론장'의 정립을, 페미니즘에서는 현실의 여성 수용자를 지지하면서도 이들에 상투적 멜로드라마에 대한 비판적 능력을 심어주어야 하는 숙제를 제기했다.

 이러한 차이는 대부분 관점에서 비롯된 것으로 반드시 그 차이를 좁혀 어떤 정해진 합의로 가야할 이유가 있지는 않다. 오히려 이런 여러 관점과 해석들이 충분히 개진되면서 하나가 아닌 다양한 색을 지닌 역사, 단면적인 것을 넘어 입체적인 것이 되는 역사가 더 큰 의미를 가질 수 있다. 물론 이 관점들은 주장의 근거·동원된 자료의 재확인 같은 방법상의 문제, 관점 자체의 적실성 및 비전의 타당성 같은 이넘의 문제 등을 놓고 서로 경쟁하면서 수정·대체되는 과정을 겪을 것이다. 이러한 관점의 개발, 경쟁, 수정 그리고 대체·합의야말로 역사 연구를 풍부하게 하는 필수적인 도정이기 때문이다.

■ 참고문헌

강명구 외 (2005).『방송이념으로 공익 개념의 형성과 건전한 국민의 형성: '동원형 국가주의'를 중심으로』, 방송문화진흥회.
강형철 (2007).「탐사보도프로그램의 내용 다양성에 관한 연구」,『한국 방송학보』 21-1, 7-45쪽.
강형철·양승찬 (2003).「공영방송의 위기: 한국에서의 대응」,『한국언론정보학보』 통권 22호, 7-38쪽.
김경모 (2004).「텔레비전 뉴스의 성 역학구도 재생산 보도관행과 저널리스트의 성 차: KBS, MBC, SBS의 저녁종합뉴스 내용분석」,『한국 방송학보』 17-3, 197-238쪽.
김균·전규찬 (2003).『다큐멘터리와 역사』, 서울: 한울.
김기팔 (1969).「방송극은 왜 매일 우나?」『월간중앙』 10월호, 308-315쪽.
김동춘 (2000).『근대의 그늘: 한국의 근대성과 민족주의』, 서울: 당대.
김보현 (2006).『박정희 정권기 경제개발: 민족주의와 발전』, 서울: 갈무리.
김상호·김병선 (2006).「방송 뉴스 분석을 통해 살펴본 양극화의 사회적 구성」,『언론 과 학연구』 6-3, 99-140쪽.
김수자 (2006).「민주화 이후 한국 민족주의 담론의 전개」,『사회과학연구』 14-2, 44-78쪽.
김용호 (1993).『공·민 양분법의 붕괴와 한국 방송의 과제: 소유구조론에서 정보화론 으로』, MBC방송정보자료실.
김은실 (1999).「한국 근대화프로젝트의 문화논리와 가부장성」,『당대비평』 통권 8호, 79-100쪽.
김창남 (2003).『대중문화의 이해』, 서울: 한울.
김훈순·김명혜 (1996).「텔레비전 드라마의 가부장적 서사전략」,『언론과사회』 12호, 6-50쪽.
문승숙 (1998).「민족 공동체 만들기」, 일레인 김·최정무 (편), 박은미 (역),『위험한 여성』, 서울: 삼인.

문지영 (2005). 한국에서의 자유주의와 자유주의연구: 문제와 대안적 시각의 모색. 『한국 정치학회보』 38집 2호, 73-94쪽.

문화방송노동조합 (1990). 「시청자운동 조직화 안」, 조항제 (편), 『방송사사료집』, 방송위원회.

박노자 (2004). 「고명섭의 '민족주의론'에 질문한다」, 『인물과 사상』 통권 79호, 188-204쪽.

박용규 (2007). 「1970년대의 텔레비전과 대중음악: 청소년 대상 대중음악 프로그램을 중심으로」, 『한국언론학보』, 51권 2호, 5-29쪽.

박정희 (1962). 『우리 민족의 나아갈 길』, 서울: 동아출판사.

『방송』(주간) 1965.10.23.

백미숙·강명구 (2007). 「'순결한 가정'과 건전한 성윤리: 텔레비전드라마 성표현 규제에 대한 문화사적 접근」, 『한국 방송학보』 21권 1호, 138-181쪽.

서동진 (1994). 「대학문화와 저항문화」, 『경제와 사회』 21권, 92-110쪽.

서중석 (2004). 『배반당한 한국의 민족주의』, 서울: 성균관대학교 출판부.

송은영 (2005). 「대중문화 현상으로서의 최인호 소설: 1970년대 청년문화/문학의 스타일과 소비풍속」, 『상허학보』 15집, 419-445쪽.

신현준 (2004). 「실종된 1970년대, 퇴폐 혹은 불온?」 『당대비평』, 28호, 49-68쪽.

신현준·이용우·최지선 (2005). 『한국 팝의 고고학 1970』, 서울: 한길아트.

오명환 (1994). 『텔레비전 드라마 사회학』, 서울: 나남.

오영진 (1964. 8. 12). "방송극작가 입장에서", 『조선일보』.

엄민형 (1994). 「방송환경 변화와 언론노조운동의 대응방안」, 『한국사회와 언론』 4호, 181-203쪽.

원용진 (1998). 『한국 언론민주화의 진단』, 서울: 커뮤니케이션북스.

유선영 (2007). 「동원체제의 과민족화 프로젝트와 섹스영화: 데카당스의 정치학」, 『언론과사회』 15권 2호, 2-56쪽.

유재천 (1988, 가을). 「공영방송체제의 당위성」, 『방송연구』, 41-53쪽.

유호석(1971, 7/8월호). 「TV연속극의 한계성」, 『월간 방송』, 127-128쪽.

윤석진 (1999). 「1960년대 라디오단막극 연구」, 『한국극예술연구』 10호, 55-92쪽.

이영미 (2003). 「신파 양식의, 세상에 대한 태도」, 『대중서사연구』 9집, 7-30쪽.

이윤진 (2004). 「텔레비전 고속도로: 시각화된 촉각성」, 임상원 외 (편), 『매체·역사·근대성』, 서울: 나남.

이재현 (1997). 「방송편성의 합리화와 일상생활 패턴의 동시화」, 『언론과사회』 18호, 54-80쪽.

이준웅·황유리 (2004). 「한국형 방송뉴스 도식의 발견: 뉴스의 내용적이며 구성적 특성과 뉴스 제작시스템」,『한국 방송학보』19-2, 378-418쪽.
이창근 (1994). 「미디어경쟁시대 공영방송의 위상과 역할」,『방송학연구』통권 5호, 233-260쪽.
이창호·정수남 (2002). 「텔레비전다큐멘터리에 나타난 근대적 시선과 재현의 정치: 1960년대 텔레비전다큐멘터리에 관한 역사 및 영상인류학적 연구」,『한국문화인류학』35권 2호, 233-274쪽.
이혜림 (2005). 「1970년대 청년문화구성체의 역사적 형성과정: 대중음악의 소비양상을 중심으로」,『사회연구』제2호, 7-40쪽.
임종수 (2006). 「방송미디어와 근대적 시간의 구조화에 관한 연구」,『언론과 사회』14권 3호, 4-34쪽.
임지현 (2002). 「다시 민족주의는 반역이다」,『창작과 비평』통권 117호, 183-201쪽.
장미경 (2005). 「1960-70년대 가정주부(아내)의 형성과 젠더정치:『여원』,『주부생활』잡지 담론을 중심으로」,『사회과학연구』15집 1호, 142-182쪽.
정용준 (2006). 「시민사회와 국가/시장의 관계 분석: 김대중/노무현 정부의 방송정책 갈등을 중심으로」,『언론과학연구』6-2, 356-379쪽.
정완재 (1963). 「방송극의 본질」,『방송문화』12월호, 7-9쪽.
「조선일보」1973. 1. 20
조항제 (1994).『1970년대 한국 텔레비전의 구조적 성격에 관한 연구』, 서울대학교 박사학위논문.
조항제 (2003).『한국 방송의 역사와 전망』, 서울: 한울.
주창윤 (2006). 「1970년대 청년문화 세대담론의 정치학」,『언론과사회』, 14권 3호, 73-105쪽.
최장집 (1996).『한국 민주주의의 조건과 전망』, 서울: 나남.
최장집 (2002).『민주화 이후의 민주주의: 한국민주주의의 보수적 기원과 위기』, 서울: 후마니타스.
최장집 (2006).『민주주의의 민주화』, 서울: 후마니타스.
최재석 (1965/1994).『한국인의 사회적 성격』, 서울: 현음사.
최정무 (1998). 한국의 민주주의와 성(차)별구조, 일레인 김·최정무(편), 박은미(역),『위험한 여성』, 서울: 삼인.
한국방송공사 (1987).『한국 방송60년사』, 서울: 한국방송공사.
허 육 (1972).『한국 라디오연속극의 내용에 관한 연구』, 서울대학교 석사학위논문.
황정미 (1999). 「발전국가와 모성: 1960-70년대 '부녀'정책을 중심으로」, 심영희 외 (공편),『모성의 담론과 현실: 어머니의 성·삶·정체성』, 서울: 나남.
Ang, I. (1985). *Watching Dallas: soap opera and the melodramatic imagination*.

London: Routledge.

Baker, C. E. (2002). *Media, markets and democracy.* NY: Cambridge Univ. Press.

Bardoel, J. & d'Haenens, L. (2004). Media meet the citizen: Beyond market mechanism and government regulations. *European Journal of Communication,* 19(2), pp.165-194.

Bennett, A.(1999). Subcultures or neo-tribes? Rethinking the relationship between youth, style and musical taste. *Sociology,* 33(3), pp.599-617.

Born, G. (2006). Digitising democracy. *Political Quarterly,* 76(s1), pp.102-123.

Calhoun, C. (2007). Nationalism and cultures of democracy. *Public Culture,* 19(1), pp.151-173.

Castelló, E. (2007). The production of television fiction and nation building. *European Journal of Communication,* 22(1), pp.49-68.

Costera Meijer, I. (2005). Impact or content? Ratings vs quality in public broadcasting. *European Journal of Communication,* 20(1), pp.27-53.

Curran, J. (1998). Crisis of public communication: A reappraisal. In T. Liebes & J. Curran(eds.), *Media, Ritual and Identity* (pp.175-202). London: Routledge.

Curran, J. (1996). Mass media and democracy revisited. J. Curran & M. Gurevitch(eds.), *Mass media and society* (pp.81-119). London: Arnold.

Curran, J. (2002). *Media and power.* 김예란·정준희(역)(2005), 『미디어파워』, 서울: 커뮤니케이션북스.

Curran, J. (2005). Media and cultural theory in the age of market liberalism. In J. Curran & D. Morley(eds.), *Media and cultural theory* (pp.129-148). London: Routledge.

Curran, J. & Seaton, J. (1997). *Power without responsibility,* 5th ed., London: Routledge.

Dirlik, A. (2000). *Postmodernity's histories: The past as legacy and project.* 황동연(역)(2005), 『포스트모더니티의 역사들』, 서울: 창작과 비평.

Eco, U. (1987). *Über Gott und die Welt.* 조형준(편역)(2005). 『철학의 위안』, 서울: 새물결.

Edensor, T. (2002). *National identity, popular culture and everyday life.* Oxford: Berg.

Elsaesser, T. (1987). Tales of sound and fury. In C. Glehill(ed.), *Home is where the heart is* (pp.43-69). London: BFI.

Felsky, L. (1995). *The gender of modernity*. 김영찬·심진경(역)(1998), 『근대성과 페미니즘』, 서울: 거름.

Ferree, M. Gamson, W. Gerhards J. & Rucht, D. (2002). Four models of the public sphere in modern democracies. *Theory & Society*, 31, pp.289-324.

Frith, S.(1996). *Performing rites: On the value of popular music*. Oxford: Oxford Univ. Press.

Frosh, P. & Wolfsfeld, G. (2006). ImagiNation: News discourse, nationhood and civil society. *Media, culture & Society*, 29(1), pp.105-129.

Garnham, N. (2003). A response to Elizabeth Jacka's "Democracy as Defeat." *Television & New Media*, 4(2), pp.193-200.

Geraghty, C. (2005). Discussing quality: Critical vocabularies and popular television drama. In J. Curran & D. Morley(eds.), *Media and cultural theory* (pp.221-232). London: Routledge.

Gledhill, C. (1994). Speculations on the relationship between soap opera and melodrama. In N. Browne(ed.), *American television: New direction in history and theory* (pp.123-144). NY: Harwood Academic Publisher.

Gledhill, C. (1997). Genre and gender: The case of soap opera. In S. Hall(ed.), *Representation: Cultural representations and signifying practices* (pp.337-386). London: Sage.

Gripsrud, J. (1995). *The Dynasty years: Hollywood television and critical media studies*. London: Routledge.

Hallin, D. & Mancini, P. (2004). *Comparing media systems: Three models of media and politics*. NY: Cambridge Univ. Press.

Hebdige, D. (1979). *Subculture: Meaning of style*. 이동연(역)(1998), 『하위문화: 스타일의 의미』, 서울: 현실문화 연구.

Hebdige, D. (1996). The impossible object: Towards a sociology of the sublime. In J. Curran, D. Morley & V. Walkerdine(eds.), *Cultural studies and communications* (pp.66-95). London: Arnold.

Hennnion, A. (2005). Pragmatics of taste. In M. D. Jacobs & N. Weiss(eds.), The *Blackwell companion to the sociology of culture* (pp.131-144). Malden, MA: Blackwell.

Hermes, J. (2005). *Re-reading popular culture*. Malden, MA: Blackwell.

Jacka, E. (2003). "Democracy as defeat": The importance of arguments for public service broadcasting. *Television & New Media*, 4(2), pp.177-191.

Jacka, L. (2004). Doing the history of television in Australia: Problems and challenge. *Continuum: Journal of Media & Cultural Studies*, 18(1), pp.27-41.

Kelly, D. & Donway, R. (1990). Liberalism and free speech. In J. Lichtenberg(ed.), *Democracy and the Mass Media* (pp.66-101). NY: Cambridge Univ. Press.

Kuhn, T. (1996). *The structure of scientific revolution*. 김명자(역)(2000), 『과학혁명의 구조』, 서울: 까치

Kuipers, G. (2006). Television and taste hierarchy: The case of Dutch television comedy. *Media, Culture & Society*, 28(3), pp.359-378.

Lichtenberg, J. (1990). Foundations and limits of freedom of the press. In J. Lichtenberg (ed.), *Democracy and Mass Media* (pp.102-135), N.Y.: Cambridge Univ. Press.

McGuigan, J. (1992). *Cultural populism*. London: Routledge.

McGuigan, J. (2004). The cultural public sphere. *European Journal of Cultural Studies*, 8(4), pp.427-443.

McQuail, D. (2003). *Media accountability and freedom of publication*. London: Oxford.

Murdock, G. (2005). Public broadcasting and democratic culture: Consumers, citizens, and communards. In J. Wasko(ed.), *A companion to television* (pp.174-198). Malden, MA: Blackwell.

Napoli, P. (2001). *Foundations of communications policy*. Cresskill, NJ: Hampton Press.

Peters, J. (2001). Mass communication: Normative frameworks. In N. Smelser & P. Baltes(eds.), *International encyclopedia of social & behavioral science* (pp.9328-9334). Oxford: Pergamon.

Schudson, M. (2006). The trouble with experts - and why democracies need them. *Theory & Society*, 35, pp.491-506

Shin, Gi-Wook (2006). *Ethnic nationalism in Korea: Genealogy, politics, and legacy*. Stanford, CA: Stanford Univ. Press.

Shunya, Y. (2003). Television and nationalism: Historical change in the national domestic TV formation of postwar Japan. *European Journal of Cultural Studies*, 6(4), pp.459-487.

Sloan, D. (1991). *Perspectives on mass communication history*. Hillsdale, NJ:

Lawrence Erlbaum Associates.

Startt, J. & Sloan, D. (1989). *Historical methods in mass communication*. 권중록(역)(2005), 『커뮤니케이션의 역사 연구 방법』, 서울: 커뮤니케이션북스.

Stein, L. (2004). Understanding speech rights: Defensive and empowering approaches to the First Amendment. *Media, Culture & Society*, 26(1), pp.103-120.

Street, J. (2000). Aesthetics, policy and the politics of popular culture. *European Journal of Cultural Studies*, 3(1), pp.27-43.

Syvertsen, T. (1991). Public television in crisis: Critiques compared in Norway and Britain. *European Journal of Communication*, 6, pp.95-114.

Syversten, T. (2003). Challenges to public television in the era of convergence and commercialization. *Television & New Media*, 4(2), pp.155-175.

Thorburn, D. (1976/2000). Television melodrama. In H. Newcomb(ed.), *Television: The critical view*, 6th ed.(pp.595-608). NY: Oxford Univ. Press.

Tosh, J. (1995). *The pursuit of history: Aims, methods & new directions in the study of modern history*. 2nd. edn. London: Longman.

Valaskivi, K. (2000). Being a part of the family? Genre, gender and production in a Japanese TV drama. *Media, Culture & Society*, 22(3), pp.309-325.

van Cuilenberg, J. & McQuail, D. (2003). Media policy paradigm shifts: Toward a new communications policy paradigm. *European Journal of Communication*, 18(2), pp.181-207.

van Zoonen, L. (2004). Popular qualities in public broadcasting. *European Journal of Cultural Studies*, 7(3), pp.275-282.

Wallerstein, I. (1995). *After liberalism*. 강문구(역)(1996), 『자유주의 이후』, 서울: 당대.

Willis, P. (1990). *Common culture: Symbolic work at play in the everyday cultures of the young*. Milton Keynes: Open Univ. Press.

Willis, P. (2000). *The ethnographic imagination*. Cambridge: Polity.

Winston, B. (2003). How are media born and developed? In M. Hilmes(ed.), *Connections: A broadcast history reader* (pp.3-18). Belmont, CA: Wadsworth.

6장
한국 방송의 근대적 드라마의 기원에 관한 연구
_ "청실홍실"을 중심으로50)

1. 한국 방송 최초의 근대적 드라마 "청실홍실"

　한국 방송의 특징을 단적으로 보여주는 장르를 하나 들라고 한다면 많은 사람이 드라마, 그중에서도 멜로드라마를 꼽을 것이다. 이렇게 멜로드라마를 선택하는 가장 큰 이유는 아마도 자신을 포함해 많은 시청자 대중이 멜로드라마를 좋아하고, 또 실제 편성에서도 멜로드라마와 가까운 애정·가족 소재 드라마가 많았기 때문일 것이다(최선열·유세경, 1999). 그러나 '한국 드라마들이 정말 원래의 말뜻 그대로의 멜로드라마인지', '(멜로드라마라면) 왜 한국에서 그렇게 인기가 있는지', '한국 멜로드라마의 기원이나 태생은 어떠한지, 어떤 내외의 영향을 받았는지, 어떤 경로를 통해 발전해왔는지, 그 성격이 어떠한지, 다른 나라에 비해 특징이 무엇인지' 같은 분석적인 질문과 관련된 연구는 거의 전무하다 해도 과언은 아니다. 심지어 자주 쓰이는 멜로드라마라는 용어에 대해서도 학문적 논의가 없다.1)

---

50) 이 글에 도움을 준 익명의 심사자와 귀중한 증언을 해준 성우 고은정 님, 김소원 님에게 감사한다.

아마도 한국 방송학에서 멜로드라마(그냥 멜로로 쓰이기도 하는)의 개념은 "애정관계 혹은 도시 풍속도의 단면을 그려 청취자들의 흥미를 이끌어 나가는"(한국방송공사, 1977, 311쪽) 장르라는 구래(舊來)의 정의, 더 단순하게 말하면 '통속적 애정극' 개념을 크게 벗어나지 못한 것 같다. 물론 이 점은 서구의 학계도 형편이 크게 다르지 않았다. 그러나 서구의 경우에는 멜로드라마로 분류될 수 있는 드라마 자체가 많지 않아서 그 이론이 중요해질 계기 자체가 없었다는 큰 차이가 있다. 서구에서도 전형적인 멜로드라마인 "달라스"(1980년)가 인기를 모은 1980년대부터는 멜로드라마와 방송을 연결 짓는 연구들이 크게 증가했기 때문이다(Ang, 1985, 1990; Feuer, 1984; Gledhill, 1992/1994; Gledhill, 1997; Gripsrud, 1995; Williams, 1992). 이들은 대부분 영화에서 멜로드라마를 연구하다가 텔레비전으로 영역을 확장한 경우로, 브룩스(Brooks, 1976)에 의해 재조명된 멜로드라마론과 1950년대 할리우드의 멜로 영화, 특히, 서크(D. Sirk)의 영화에서 이론적·경험적 기반을 확보하고 이를 텔레비전에 적용했다. 물론 한국의 경우에도 영화학계로 범위를 넓히면, 일부 멜로드라마 연구를 발견할 수 있으나 방송드라마와 영화가 방송과 영화 만큼이나 차이가 있다는 점에 유의하지 않으면 안 될 것이다.

이 차이들 중 먼저 주목해야 할 것은 역시 방송드라마의 연속성이다. 솝오페라, 미니시리즈, 에피소드시리즈 같은 방송드라마 장르의 일일·주간 단위의 연속성이 지닌 특성은 방송드라마를 영화와 다르게 만드는 가장 큰 요인이다. 이중에서도 특히 한국의 맥락에서 중요한 것은 '닫힌 시리얼 솝오페라'

---

1) 서간체로 쓰여진 오명환(1994)의 멜로드라마론은 예외로 하자. 『애인』 같은 종합적 드라마 연구서에서도 이러한 질문은 중심 주제로 제기되지 않았다. 굳이 찾는다면 김훈순·김은정의 연구(2000)를 들 수 있으나, 이는 방송 연구가 아니라 영화에 대한 연구다.

다. 연속물은 형태에서 시리얼과 시리즈로 나뉘는데, 한국 드라마는 대부분 하나의 줄거리가 계속 이어져가는 '시리얼'인 반면, 회별로 에피소드가 종결되면서 주요 등장인물과 세팅, 비슷한 줄거리 형식이 반복되는 '시리즈'(한때, 시추에이션드라마로 불렸던)는 매우 적다. 또 한국에서는 주부 대상의 낮 시간대 드라마인 솝오페라가 없었던 대신(이와 유사한 아침드라마는 1990년대 초에 생겼다), 프라임타임대에 이에 견줄 수 있는 드라마가 많았다(그러니까 서구와 비교할 때 시간대와 시청자 범위가 달랐다). 그리고 한국 드라마는 뚜렷한 결말이 있는 '닫힌 형태'를 취한다. 이 점은 미국의 낮 시간대 솝오페라의 '열려 있는' 또는 '결말 없음'과 가장 크게 다른 점이다. 요컨대 한국의 맥락에서는 '애정·가족 소재의 닫힌 프라임타임대 솝오페라' 형태가 보편적이라는 것이다. 만약 앞서의 멜로드라마에 대한 대중적 쓰임이 맞는다면 한국 드라마는 솝오페라·멜로드라마가 대종을 이루는 셈이다.

형태면에서 이러한 드라마가 첫 선을 보인 때는, 6·25 이후 전쟁을 대상으로 한 단막·계몽 드라마인 이른바 '목적극'(目的劇)이 나름의 수명을 다한 1956년이다. 1956년 10월 7일에 시작, 매주 일요일 오후 9시 15분부터 45분까지 30분간 30회에 걸쳐 방송되어 1957년 4월 28일에 종료한 KBS의 라디오 드라마 "청실홍실"(조남사 작, 이경재 연출)이 한국의 첫 창작·장편 시리얼이다. 이 드라마는 장래가 촉망되는 엔지니어를 가운데 두고, 전쟁 때 남편을 잃은 미망인과 부유한 집안의 처녀가 벌이는 사랑의 삼각관계를 다룬 성인 대상 드라마다.

이 "청실홍실"은 1957년 2월 10일자 한국일보가 이를 '붐'으로 불렀을 정도로 대중에게 큰 인기를 모았다. 당시 라디오는 수신기의 보급대수가 1948년 수준의 18만 5000대(추산)[2]에 불과해 이 드라마가 요즘처럼 대중적 반향을 일으켰다고 말할 수는 없다. 그러나 "청실홍실" 이후 같은 시간대에 그와 성격이 유사한 "꽃피는 시절"(박진 작, 김규대 연출)과 "봄이 오면"(이서구 작, 연출) 등이 계속 편성되면서 처음으로 드라마시간대가 생겨나고, 바로 그 해에 같은 작가의 애정 소재 드라마인 "산 넘어 바다 넘어"(조남사 작, 이보라 연출)가 최초의 일일극으로 방송되는 등 바야흐로 '연속극의 시대'가 열리는 점은 결코 간과될 만한 것이 아니다. 더구나 이러한 드라마의 경향성이 나중의 텔레비전까지 그대로 이어져 한국 방송에서 가장 중요한 장르로 정착되는 점은 "청실홍실"을 하나의 역사적 계기로 만든다고 할 수 있다.

이에 따라 이 글은 "청실홍실"을 한국 방송의 근대적 숍오페라·멜로드라마의 기원으로 볼 것을 제안하면서 서론에 약간의 근거를 밝혀놓고자 한다. "청실홍실" 이전에도 성인 대상 드라마가 많았고, 당연히 멜로드라마로 분류될 수 있는 내용의 작품도 있었다. 그러나 이전의 드라마들이 근대적 의미의 기술 수준이나 극적 완성도를 갖추고 있지 못했다는 의미에서 "청실홍실"은 이와 뚜렷하게 구분된다. 그리고 대중적으로 성공하여 이후 수많은 아류를 낳았다는 점에서 "청실홍실"은 일종의 창작 '원본'의 의미를 지닌다. 또 멜로드라마로는 처음이 아니지만, 근대적 방송드라마의 보편적인 형태인 장편·연속으로는 "청실홍실"이 처음이다. "청실홍실"이 멜로드라마이냐의 여부는 서론에서 자세하게 살펴보기 어려운 사항이지만 소재·주제 등으로 보아 장르를 설정한다면 멜로드라마가 가장 먼저 검토될 수 있는 유력한 장르임에 틀림없다.[3]

2) 이러한 보급대수는 1957년부터 수신기 제조업체가 만들어지면서 1959년 31만 6000대, 1961년 89만 대로 비약적으로 증가한다(한국방송공사, 1977).
3) 멜로드라마의 개념은 일반적으로 스타일로서의 멜로와 장르로서의 멜로로 구분된다. 전자의 멜로는 과잉의 한 양식으로

다음으로 광고주 없이 프라임타임대에 여성 주부만이 아닌 일반 성인을 대상으로 방송된 이 드라마를 숍오페라로 부르는 것은 적절치 않다는 지적이 있을 수 있다. 그러나 숍오페라라는 이름이 광고주와 목표 시청자 때문에 붙여진 것이기는 해도 이것만이 필요조건인 것은 아니며, 더 중요한 것은 이 숍오페라가 여성을 대상으로 하는 방송 연속극의 특징을 아우르는 대표적인 이름이라는 점이다. 따라서 "청실홍실"이 이러한 특징을 가진다면 첫 숍오페라가 될 수 없는 이유가 없다.

이러한 기원적 성격으로 미루어 "청실홍실"은 여러 모로 연구의 의의가 큰 대상이지만, 이에 대한 연구는 전혀 없다. 이 드라마가 현재 작품은커녕 극본조차 남아 있지 않기 때문이다. 이러한 "청실홍실"을 분석하는 데 목적을 두고 있는 이 글 역시 이러한 난관을 고스란히 안고 있다. 그러나 다행히 "청실홍실"의 줄거리와 주변의 이야기들은 작가의 말이나 기자, 성우 등의 글로 일부 남아 있고, "청실홍실"과 밀접하게 영향을 주고받았을 것으로 짐작되는 주변 장르들, 이를테면 신파 연극, 멜로 영화 등에 대한 기록은 지금도 있어 이 드라마의 분석을 도와준다.

이 연구는 이러한 자료들을 통해, 첫째, '청실홍실'의 내러티브 및 등장인물의 특징은 무엇인가? 둘째, "청실홍실"은 어떤 주변 장르들과 (피)영향관계를 맺었으며, 이 관계로 미루어 어떠한 나름의 특징을 지니는가? 셋째, 이들에서 추출될 수 있는 "청실홍실"의 특성은 무엇이고, 이는 한국 드라마

모든 장르에 적용될 수 있으며, 후자의 멜로는 이 글의 여러 곳에서 지적되는 양식적 특징(Brooks, 1976)을 가진 장르다(이 글의 멜로 개념은 물론 후자다). 이에 따르면 멜로가 애정·가족 소재와 맺는 관계는 밀접하다. 물론 이 용어의 대중적 쓰임은 20세기 들어 달라진 것이며, 그 이유는 멜로드라마가 여성에게 더 많은 공간을 제공해 주었기 때문이다. 여성의 전유가 그만큼 쉬운 장르였다는 것이다(Gledhill, 1992/1994).

역사에서 어떤 의의를 지니는가? 라는 질문들에 답해보고자 한다.

그리고 이러한 목적을 위해 이 글은 두 가지의 이론적 자원을 설정한다. 하나는 앞서 언급한 숩오페라와 멜로드라마 이론이며, 다른 하나는 신파 연극이다. 숩오페라와 멜로드라마 이론은 방송과 영화·연극 장르에서는 세계적 보편성을 가진 가장 기본적인 분석틀로, "청실홍실"의 사회·문화적 의미를 잘 드러내주는 장점 외에 비교문화 측면의 특성도 같이 볼 수 있게 해준다.4) 그리고 이의 고찰은 공통점과 차이점을 중심으로 살펴보고자 한다. 그 이유는 양자가 상당한 차이점이 있음에도 혼용되는 사례가 많고, 그 차이를 보여주는 것이 양자의 이해를 더 심화시킬 수 있다는 판단 때문이다.

앞서의 숩오페라·멜로드라마 이론이 공시적 차원에서 설정된 것이라면, 신파 연극(이하 신파)은 통시적 차원, 즉 한국적 맥락에서 살펴볼 수 있는 이론적 자원이다. 특히 1930년대에 성행했던 '후기 신파'는 당시 관객과 이후의 세대에게 대중극에 대한 일종의 시청 관습을 형성시킴으로써 후속 유사 장르들에 하나의 표준적 준거 역할을 했다. 물론 신파는 미숙성이나 상투성, 통속성 같은 드라마투르기의 부정적 측면을 지적하는 지표로 자주 사용되었다. 그러나 이 점은 역으로 그만큼 신파적 토포스들이 대중적으로 친숙했고 또 많이 쓰였다는 반증이기도 하다(이를테면, 강영희, 1990). 따라서 이 토포스들의

---

4) 같은 명칭으로 불리기는 하지만, 숩오페라는 나라별로 변이가 작지 않다. 텔레노벨라는 다른 이름으로 또 다른 원본이 된 라틴아메리카의 숩오페라를 비롯해, 같은 유럽 내에서도 숩의 형태는 매우 다양하다(Liebes & Livingstone, 1998; O'Donnell, 1999). 그러나 그 기본 얼개는 거의 변화가 없으며, 기원을 미국식 라디오 숩오페라에 두고 있다는 점 또한 같다. 따라서 숩오페라에 대한 논의의 최초 지점은 늘 미국식 숩오페라가 될 수밖에 없다.

변형과 재조합은 이후의 대중 장르에게 필수적이었고, 이와의 차별성은 얼마나 참신한가로 직결되었다. 이 점에서 "청실홍실" 역시 신파의 범위 밖에 있지 않았다.

그리고 마지막으로 꼭 언급할 필요가 있는 것은 "청실홍실" 같은 라디오 드라마에, 연극이나 영화, 그리고 텔레비전 같은 시청각 매체에서 발전된 멜로드라마 이론을 적용할 때 나올 수 있는 무리함에 관한 것이다.5) 이에 대해 필자는, 한계는 있다 해도 분석의 의의가 전혀 없지는 않다고 본다. 왜냐하면 시각 효과는 아무래도 대사와 줄거리 다음에 오는 '두 번째 텍스트'일 수밖에 없기 때문이다. 물론 서크 등의 영화에 자주 나타나는 여성의 억눌린 욕망을 표현하는 스타일화의 제재들, 예를 들면 격자 창문이나 소품, 실내장식, 여성 주인공의 표정, 의상, 장신구 등(Feuer, 1984; Gledhill, 1991)은 영화의 의미 구성에서 매우 중요한 요소다. 그러나 이를 전체적인 영화의 내러티브에 '전복적인 것'으로까지 생각하거나 읽는 것은 역시 특정 작가나 일부 엘리트 수용자들의 전유물에 가깝다(Feuer, 1984). 음성과 효과만으로도 가능한 내러티브적 특성이 먼저 분석되어야 할 일차적 텍스트라는 것이다. 물론 이 글은 그 나마도 없는 상태에서 분석하므로 매우 큰 한계를 지닌다. 그러나 "청실홍실"의 방송사적 중요성이 이러한 한계를 충분히 상쇄할 만한 가치를 지닌다고 생각한다.

---

5) 신파 역시 마찬가지이지만, 당초에 라디오로 개발된 포맷—같은 등장인물과 변하지 않는 성격, 줄거리를 이끌어가는 대화, 같은 세트 등—이 텔레비전에서도 거의 온전하게 이어진 숍오페라의 사정은 조금 다르다고 할 수 있다(Allen, 1985). 숍오페라에서 시각 효과는 역시 낮 시간을 벗어나 멜로드라마와 결합하면서 나타났다(Feuer, 1984).

2. 이론적 자원

(1) 숍오페라와 멜로드라마

숍오페라와 멜로드라마는 대표적인 애정·가족 소재 장르로 많은 점에서 친화성·공통점을 가진다. 특히 이 점은 순수 주부 대상인 낮 시간대 숍오페라보다 시청층이 넓은 밤 시간대(프라임타임대) 숍오페라, 영국식보다는 미국식에서 더 두드러지는데, '프라임타임 숍오페라'로 불렸던 미국의 "달라스"나 "다이너스티"는 이의 전형이다(Feuer, 1984; Gledhill, 1992). 이 드라마들은 브룩스(Brooks, 1976, pp.11~12)가 정리한 멜로드라마의 특징인 "강렬한 감정주의에의 탐닉, 도덕적 양극화와 도식화, 극단적인 상태의 심성·환경·액션, 명백한 악당, 선자에 대한 박해, 선의 최종적 승리, 부풀려지고 과장된 표현, 어두운 플롯, 서스펜스, 극적인 반전 등"의 특징을 갖고 있다.

숍오페라와 멜로드라마의 공통점과 차이점[6]은 대중 여성장르가 가지는 특징을 잘 드러내준다. 특히 공통점은 많은 나라의 프라임타임대를 점유하고 있는 숍오페라·멜로의 보편적 특징을, 차이점은 일반적 통념과는 다른 숍오페라의 여성성과 장르적 특징을 보여준다. 먼저 공통점을 살펴보면 대체로 다음과 같다.

첫째는 두 장르가 공통적으로 사적·개인적 주제와 소재를 주로 다룬다는 점이다(Ang, 1990). 그래서 두 장르의 무대는 대부분 가정(족)이 되며, 전체적인

---

[6] 이 글의 초고가 발표된 이후에 나온 글에서 제로티(Geraghty, 2006)는 영국의 숍오페라 "EastEnders"가 최근 들어 멜로드라마로 바뀌고 있다고 지적하면서 이를 이전의 전통적 리얼리즘의 양식과 비교하고 있는데(그의 주장은 멜로드라마를 리얼리즘의 질적 기준으로 판단해서는 안 된다는 것이다), 필자의 것과 비교대상만 다를 뿐 그 문제의식이나 내용은 거의 같다.

이야기 역시 여성 주인공이 이끌고 간다. 로맨스, 결혼, 부부관계, 이혼, 재혼, 자녀 교육, 부모와 자녀의 갈등 등은 이 두 장르의 주요 소재이며, 이로 인해 이 두 장르는 젠더 또는 여성과 직접적인 관계를 맺는다(Geraghty, 1991). 홈드라마를, 내러티브의 중심에 가족이 있고, 등장인물들이 가족의 일원이며, 가정사가 사건의 중심이 되고, 가족 이데올로기가 주제가 되어 젠더·세대 문제와 여성 캐릭터가 중시되는 장르라고 본다면(Valaskivi, 2000 참조), 궁극적인 지향점이 '가정사의 재정돈'에 있는 이 두 장르는 홈드라마와 매우 가까운 거리에 있다. 홈 멜로나 숩 멜로 같은 복합어가 자주 쓰이는 이유가 여기에 있다.

둘째는 이성보다는 감정이 등장인물들의 행위 기준이 되며, 숨겨진 욕망과 충동(더 나아가 꿈, 무의식; Williams, 1992)에 대한 심리 표현이 스타일화 된다는 점 또한 중요한 공통점이다. 이 점을 앵(Ang, 1985)은, 멜로드라마의 반 리얼리즘적 성격(Gledhill, 1992)에 대비시켜, 인물이나 설정보다 격앙된 감정 표현이 '현실 같음'을 불러일으킨다는 의미에서 '정서적 리얼리즘'으로 불렀다. 로벨(Lovell; Gledhill, 1997, p.369에서 재인용)이 이 장르의 '정상 질서'라고 지적했던 여러 과잉적 소재들[7]—유괴, 혼외정사, 혼전관계, 기억 상실, 수뢰, 시한부 인생 등—에 이 장르들의 무대가 (인간에게 가장 원초적 집단인) 가정인 점은 등장인물에게 퇴영을 불러와 직설적 언어와 단순한 심리상태를 낳는다. 이렇게 체현된 인물은, 현실에서는 경험하기 어려운 "판타지 속에서 시청자들이 동일시하는 여성적 주체를 상징적으로 현실화시켜놓은 것"(Ang, 1990, p.83)이고, 이 판타지는 "모든 난관과 곤경을 극복하고 사랑의 영원한 승리를 쟁취하는 로맨스"(Cawelti, 1976, pp.41-42)가 되기도 한다. 판타지야말로 과잉을 과잉이 아닌 것으로 소화시켜주는 공간인 것이다.

---

[7] 평소에는 숨겨져 있던 욕망과 충돌은 이러한 소재를 통해 표출되며, 그래서 멜로는 욕망의 금기인 터부와 관련을 맺는다.

셋째는 이 두 장르가 모두 여성 관객·시청자와 여성을 목표하는 광고주를 대상으로 해서 만들어진다는 점이다. 상대적으로 프라임타임대 솝오페라는 이 정도가 작다고 볼 수 있으나, 주 시청자가 여성이라는 면에서는 여전히 솝오페라의 범주를 벗어나지 않는다. 또 여러 나라에 수출되면서 많은 변용[8]을 거친 미국식 솝오페라 포맷에 변하지 않은 것이 하나 있다면, 이 역시 여성을 대상으로 한다는 측면이다. 이 장르가 여성 시청자의 관심을 끄는 멜로드라마의 레퍼투어(Brooks, 1976)—운명적 우연이나 기회의 상실, 잃어버린 친지나 알려지지 않은 과거 인물의 재등장, 가문이나 혈통에 관한 미스터리, 갑작스런 반전, 마지막의 구원 등—를 즐겨 사용하는 이유도 여기에 있다. 또 여성이 상대적으로 교육수준이 낮고, 사회경험이 적으며, 가정이 활동의 주 무대이고, 관심사가 가족 내의 것으로 제한된 점 등으로 솝오페라와 멜로드라마를 비롯한 여성과 여성문화는 남성·남성문화와 대중문화(여성) 대 고급 문화(남성)로 대조되었으며(Gledhill, 1997), 여성·대중문화는 그 단순성이나 협소성 때문에 질 낮은 문화로 취급받았다. 이는 문화적 질에 대한 판단에 젠더적 편견도 일부 들어있음을 잘 말해준다.

넷째, 앞서의 사적, 감정적, 여성적, 가정적인 측면이 상대적으로 공적, 이성적, 남성적, (노동) 현장적인 것을 다루지 않거나 도외시한다는 점을 말해주지만, 그렇다고 해서 이 장르들이 비사회적인 것은 결코 아니다. 왜냐하면 이 장르들은 때로 사회적인 이슈나 쟁점을 적극적으로 다루기도 하며, 또 역으로 제작과정 등에서 사회적 통제를 크게 받기도 하기 때문이다. '솝오페라 리얼리즘'으로 불리는 영국의 솝오페라가 상대적으로 더 사회적·계급

---

8) 리브스와 리빙스턴(Liebes & Livingstone, 1998)은 유럽의 솝오페라가 미국의 그것과 다른 이유를 유럽의 가족구조와 이데올로기체제, 일상문화, 젠더 관계와 계급 맥락 등이 영향을 미쳐 변형을 가져왔기 때문으로 본다.

적 이슈에 민감하지만, 미국의 '숍오페라·멜로' 역시 사회적 문제를 개인적인 것으로 치환시킨다는 일부의 비판과는 다른 측면이 있다. 즉 이러한 비판은 경제적·정치적·사회적 권력을 주인공들의 일상적인 욕구들과 관련시켜 보다 내면적이고 비유적 차원에서 제기하는 멜로드라마 특유의 표현상식을 무시한다. 엘새서(Elsaesser, 1972)의 주장대로 멜로드라마에서 (개인 차원의) 성적 착취와 강간은 (사회적 차원의) 계급 갈등의 다른 표현인 것이다. 또 멜로드라마의 과잉은 사회적인 것이 내면화되면서 내면의 심리를 바깥으로 표출시키는 외면화 과정(Gledhill, 1991), 풀어 말해 사회 문제를 가정이 떠맡으면서 부부나 가족으로서는 해결할 수 없는 높은 갈등 수위 때문에 생겨나며, 멜로드라마의 능력은 "리얼리즘식으로 하면 너무 위협적이어서 피하거나 억압하게 될 수밖에 없는 것을 간접적으로 표현할 수 있게 해주는 것"(Gledhill, 1992, p.138; 괄호는 인용자)에 있다.

다섯째, 결말보다 과정이 중요하다는 점 또한 빼놓을 수 없는 공통점이다. "끝이 보이지 않고, 오래전에 시작도 잊어버려 끊임없이 중간만 이어지는 (extending middle) 내러티브인"(Gledhill, 1997, p.368) 숍오페라는 말할 것도 없고, 멜로드라마의 '명백한' 결말(해피엔드) 역시 불가능한 것 또는 모순적인 것이다(Nowell-Smith, 1977). 이들이 중시하는 것은 과정이다. 일상적이면서도 과잉된 소재가 다루어지는 과정에서 스타일화된 등장인물의 내면과 대사(화), 동시대적 호흡이 시청자들에게 어필한다는 것이다. 이 점에서 홉슨(Hobson; Storey, 1996, p.22에서 재인용)은 도피주의로 숍오페라를 비판하는 이들을 일축한다. 중요한 것은 문제의 제기 그 자체이지 그것에 대한 숍오페라의 해결 방식이 아니라는 것이다. "전통적인 도덕이 승리하고 악역은 벌을 받거나 사라지지만, 멜로드라마로의 변화가 가지는 진정한 효과는 '억압 속의 사회'를 표현하기 위해 이전보다 더 어둡고 불확실한 세계를 제시하는 것"(Geraghty, 2006, p.227)이다. 요컨대 숍오페라가 당시의 역사적·사회적 맥락에서 저항적이냐 도피적이냐 여부는 강조점이 결말의 해피엔드에 주어지느냐 아니면 과정의 이데올로기적 갈등(또는 실패)에 주어지느냐에 달려있는 귀납적 문제다. 이 점을 앞서의 넷째 부분과 연관시켜 보면, 숍오페라나 멜로드라마는 결국 '양가적'(ambivalent)인 장르라고 할 수 있다. 이들은 금지된 문제를 비유적으로 제기하나, 그에 대한 해답 또한 바로 그 제기의 방식 때문에 모순적이거나 현실 긍정의 수준에 그칠 수밖에 없다.

물론 차이점도 적지 않다. 차이점 중의 많은 부분은 숍오페라의 포맷적 특성인 연속성과 수용환경(가정에서 이를 시청하는 여성 시청자의 노동 및 생활리듬 등)에 연유한다. 숍오페라에 비해 멜로드라마는 플롯이나 등장인물의 특성, 정형화된 '과잉', 낙관적 결말, 음악이나 미장센의 높은 비중 등 주로 내용이나 스타일에서 나오는 양식적 특성(Lacey, 2000)을 가지고 있다. 따라서 숍오페라가 가진 특징—반복, 일상성, 다층적 갈등구조, 분산된 스토리라인, 느슨한 전개, 시청자와의 동시대적 호흡, 연대기와 순환(chronology and cycle)9)의 혼재, 여러 번의 (미니) 클라이맥스, 잠정적 결말 또는 결말의 불가능성 등—이 멜로에는 없다.

둘째, 두 장르의 발전과정에서의 차이로, 숍오페라가 처음부터 라디오매거진이나 남성 중심의 어드바이스 칼럼 등을 대체하기 위해, 연속의 포맷을 제공한 여성 잡지, 가정 소설 등의 특성을 이어 받은 여성용 (상업) 장르로 '개발'된 것(Allen, 1985)임에 비해, 멜로드라마는 처음 등장한 19세기에는 전혀 여성용 장르가 아니었다. 여성 장르로서의 멜로드라마의 정체성은 19세기 후반에 문화가 '중간 계급·지식인·엘리트·남성·리얼리즘·비극·모더니즘'과

9) 시간이 흐르면서 등장인물이 늙고 새로운 세대가 등장하면서 이전 세대의 삶을 반복·변형하는 것.

'노동자 계급·여성·어린이·멜로드라마·(나중의) 숍오페라'로 양분되는 과정에서 확립되었다(Gledhill, 1992). 따라서 가정이 무대가 되는 방식에서도 이 두 장르는 차이가 있다. 세속화된 사회에서 신을 대체하는 도덕적 힘(곧 권선징악)의 일상적 존재를 보여주고자 하는 멜로드라마(Brooks, 1976)는 그 기본요소가 되는 열망, 개인적·도덕적 정체성, 이데올로기적 갈등에 접근하기 위하여 가족 관계를 이용하는 데 비해 숍오페라는 가족관계 자체가 하나의 주제이자 소재가 된다.

셋째, 첫째의 연속성과 관련이 있는 것으로, 멜로드라마가 명백한 (그래서 뻔한) 결말이 준비된 '닫힌 텍스트'인 것에 비해, 숍오페라 특히 낮 시간대의 숍오페라는 특정한 결말이 없는 '열린 텍스트'의 형태를 가진다(Allen, 1995). 이 점은 대부분의 이 분야 연구자들이 숍오페라의 가장 큰 특징 중의 하나로 꼽는 것이고(Gripsrud, 1995), 또 숍오페라의 반 할리우드적 또는 페미니즘적 가능성을 보여주는 것이기도 하다(Feuer, 1984; Geraghty, 1991; Modlesky, 1982). 물론 멜로드라마의 논리적 인과를 결여한 해피엔드가 가진 모순이나 불충분함을 감안한다면, 멜로드라마의 '닫힘'도 사실상 '연속'으로 볼 수 있지만("멜로드라마의 결론은 끊임없이 재쟁취 되어야 한다"; Gledhill, 1992, p.133), 아무래도 숍오페라처럼 수십 년을 이어가는 한 작품 속의 '결말 없음'과는 차이가 있다고 보아야 한다. 열린 텍스트적 성격을 갖는 숍오페라는, 구성이 느슨해 일상처럼 친숙하고, 시청자와 호흡을 함께 하며, 그래서 그 스토리는 "배우와 시청자, 그리고 사회적 맥락이 모두 한 역할을 담당하는 상호텍스트성에 의존한다"(Lozano, 1992, p.212).

넷째, 멜로드라마가 주로 영화의 매체적 장점을 살린 미장센이나 의상 같은 스타일화 등을 표현 수단으로 삼는데 비해 숍오페라의 그것은 토크다. 그래서 텔레비전 숍오페라에서 가장 전형적인 샷은 대화하는 두 사람을 잡은

클로즈업 투샷이다(Gledhill, 1997). 이 점이 바로 앞서의 연속성과 더불어, 솝오페라가 멜로에 비해 훨씬 더 사실적이고 여성적이라는 평가를 받는 이유다. 왜냐하면 솝오페라에서 토크는 "사회적 행동의 다양한 방식, 곧 대화, 가십, 개인적이고 도덕적인 이슈의 토론, 그리고 위기 때에는 말다툼"(Gledhill, 1997, p.371) 같은 것이며, 여성들이 사회 현상을 이해하는 하나의 방법과 기술이기 때문이다.

다섯째, 희생자인 여성 주인공을 중심으로 외부의 힘에 불가항력으로 휘둘리면서 무력감과 피학증을 조장하는 (일부) 멜로드라마의 정서(Ang, 1990; Neale, 1986)와 달리, 솝오페라, 특히 초기의 라디오가 가정 소설로부터 이어 받은 솝오페라에는 홀로 된 여성이 주변의 적대성을 극복하고 자수성가하는 '홀로된 여성' 이야기가 많고(Cantor & Pingree, 1983), 여성 캐릭터들이 전문 직업을 가지고 있다거나 가정의 외부에서도 강하게 그려진다는 점(Brown; Fiske, 1987, p.180에서 재인용)이 특징적이다. 이 점이 바로 솝오페라가 가진 '반 멜로적 여성성'의 한 부분이다. 또 이와 관련해, 멜로드라마의 정서가 상대적으로 비극적인 데 비해, 솝오페라는 낙관적이라고 볼 수 있다. 특히 미국식 솝오페라의 낙관적 정서는 소비를 일상 문제의 해결책으로 제시하는 광고주의 요구(Lavin, 1995)와 긴밀하게 맞물려 있다.

이와 같은 솝오페라와 멜로드라마의 비교는 상대적으로 솝오페라의 여성성과 반지배성을 부각시키고, 멜로드라마에 대해서도 기존의 통념과는 다른 해석을 제시하고 있지만, 이에 대한 반론도 사실 적지 않다. 이 반론은 무엇보다 솝오페라(특히 미국의 그것)가 광고 논리에 의해 만들어진 상업방송의 산물이라는 점(Gripsrud, 1996), 이 광고 논리가 솝오페라의 열린 결말이나 삶에 대한 낙관적 태도, 단순하고 반복적인 대사, 전형화 된 인물, 느린 전개 같은 솝오페라의 비지배 이데올로기적 장점을 만들었다는 점(Allen, 1985; Lavin,

1995; Meyers, 1997), 열린 결말이 이데올로기나 관점의 개방성과 같은 것이 아니라는 점(Allen, 1985), 프라임타임대 숍오페라의 경우, 단순성과 예측가능성, (상업적 인기의) 보장성, 계획된 진행, 관행의 준수 등 제작과정에서 상업적인 관행을 그대로 따른다는 점(Himmelstein, 1997), 적은 제작비로 시청자의 높은 충성도를 낳는다는 점(Wittebols, 2004) 등이다.

이러한 비판을 감안할 때, 멜로드라마와 숍오페라의 공통점과 차이점은 잠정적으로 다음과 같이 정리할 수 있다. 첫째, 숍오페라의 일상·연속·다층적 형식은 가족적·여성적이면서 비멜로적이다. 그렇지만 프라임타임대 숍오페라의 경우는 상대적으로 멜로적 성향이 강하다. 둘째, 숍오페라와 멜로드라마의 강조점은 결말보다 과정에 있지만, 상대적으로 숍오페라가 과정을 더 중시한다. 셋째, 숍오페라의 유형은 크게 영국식 리얼리즘과 미국식 멜로드라마로 나눌 수 있는데, 이는 그 나라나 사회의 특성, 방송의 상업주의에 의해 결정된다. 넷째, 사적·도덕적 차원이 꼭 비정치적이거나 비사회적인 것은 아니다. 넷째, 양가적 가치를 지닌 멜로드라마가 더 성행할 수 있는 정치체제가 있으며, 멜로드라마에 대한 질적·정치적 판단은 개별적·귀납적으로 이루어져야 한다. 다섯째, 내면과 감정을 드러내는 직설적 언어와 토크는 여성적 형식들의 대표적 특성이다. 여섯째, 숍오페라는 배우와 시청자, 사회적 맥락이 어우러진 상호텍스트성에 의존한다. 일곱째, 숍오페라·멜로드라마는 상업적으로 유효한 장르다.

(2) 신파 연극

"사랑에 속고 돈에 울고"(임선규 작), "어머니의 힘"(이서구 작) 등의 대표작으로 잘 알려져 있는 1930년대 동양극장의 후기 신파 연극(이하 신파)은 한국의 대중 장르, 특히 여성 관객을 대상으로 하는 대중 드라마의 연원을 분석할 때 빠지지 않는 준거 중의 하나다.10) 특히 최근 들어 신파에 대한 인식은 기존의 부정 일변도에서 중립 또는 긍정적인 것으로 바뀌어, 가장 통속적이고 질 낮은 드라마의 대명사라는 오명을 벗고 식민지 대중과 애환을 함께 한 전통적 '대중극'으로 바뀌고 있다. 이는 '미학적으로 실패한 양식'에서 '대표적인 여성 장르'로 탈바꿈한 서구의 멜로드라마에 대한 인식 변화와 궤를 같이 하는 현상이다.

기존의 신파 연구는 신파를 인간적 무력감을 달래는 아무 의미 없는 눈물로 식민지 대중의 의식을 잠재우며, 사회·역사의식이 결여되어 민족의 현실을 외면하는 전근대적인 것으로 파악했다. 그러나 최근의 연구는, 신파가 관객에게 체념과는 정반대인 울분과 통한(痛恨), 각성의 효과를 불러일으키며, 은유적으로 식민지 시대의 현실을 다루고 있다고 보거나(김용수, 1999), 비록 그 표출 방식이 지배적인 질서와 이데올로기, 곧 가부장제에 순응할 것을 요구하나 금기에 대한 욕망과 비관적 현실을 비유적으로라도 드러내는 이율배반적 성격을 가진다고 한다든지(이승희, 2002), 또는 신파를 현실의 세태적 요소들을 한국인의 원형적 심성("춘향전" 같은 것에서 잘 나타나는)과 잘 결합시킨 관중 본위의 전문 창작극이라고 주장한다(장혜전, 2002).

그런데 동원된 논리로 보아 이런 신파에 대한 새로운 인식에는 앞서 언급한 (서구의) 멜로드라마에 대한 인식 변화도 들어 있다. 신파를 멜로와 비교한 연구는 이전부터 있었지만(예를 들면, 김방옥, 1983; 서연호, 1982), 당시 그 유사점은 신파에 대한 비판의 근거로 쓰였다. 그러나 나중의 멜로드라마 이론(특히 앞서 본 Brooks, 1976)은 오히려 신파에 대해 새로운 해석을 가능케 하는 준거가 된다

---

10) 영화에서는, 이영일(1968), 유지나(1999), 방송드라마에서는 차범석(1991), 여러 장르에 두루 적용하고 있는 글로는 강영희(1990) 등을 예로 들 수 있다.

(김용수, 1999; 신아영, 1995; 이승희, 2002; 홍재범, 2002). 11) 그러니까 초기 연구에서 신파는 멜로드라마와 유사하다는 점에서 통속적이고 질 낮은 장르로 비판 받았지만, 최근 연구에서는 신파가 멜로드라마를 닮았다는 점에서 '사회 문제와 금기에 대한 욕망을 비유적으로 표현하고, 인간의 내면과 감정을 표현한 한 양식'으로 재평가 받는 것이다. "사실주의 희곡과 멜로드라마(곧, 신파)는 본질적으로 다르지 않다"(이승희, 2002, 234쪽; 괄호는 인용자)는 주장은 이러한 판단을 극대화한 것이다. 물론 다음처럼 한계점 또한 공유한다. 신파는 "현실의 타자(他者)를 세계의 주인공으로 등장시켜 한줌의 진실을 보여주기는 하지만, 결국 그 타자는 …… 지배적인 이데올로기가 허용한 범위 내에서 일정하게 구성된 상상적 타자였을 뿐이다"(이승희, 2002, 235쪽). 양식적 특징의 측면에서 찾아낸 신파의 핵심적 '정체'는 "(외부세계에) 스스로 굴복하면서 …… 이로부터 발생하는 복잡한 정서를 특유의 눈물과 탄식으로 자기표현 하는 것"(이영미, 2003, 21쪽)일 뿐이다.

1950년대의 라디오드라마 "청실홍실"을 분석할 수 있는 이론적 자원을 위해 신파를 재검토하는 이 글이 이러한 이론적 논쟁에 깊이 관여할 이유는 없다. 이 자리에서는 양자에 공통되면서 당대의 문화적 조건과 연관된 다음의 몇 가지 잠정적 결론을 도출하면 되는 것이다.

첫째, 신파는 당시의 식민지 대중에게 큰 호응을 얻어, 한 달에 3~4편

11) 새로운 자료의 발견이나 뚜렷한 근거의 제시 없이, 다른 이론을 동원해 해석의 방향만 돌려놓았다는 (물론 이는 처음부터 의도한 것이다) 느낌을 주는 이러한 변화의 심층에는 대중문화에 대한 미학적 평가와 기왕의 젠더적 편견에 대한 재검토에서 비롯된 나름의 큰 '반전'이 있었다고 여겨진다. 즉 이들은 대중, 특히 여성이 신파를 좋아하고 즐겨 소비했다는 사실을 중시하면서 기존의 고급 문화적 리얼리즘론 대신 대중미학에 기반한 멜로드라마론을 새로운 분석의 틀로 제안하는 것이다. 물론 이러한 논의는 아직 초보적인 상태다.

많을 때는 5편씩 양산되었고(김미도, 1992), 영화 등의 주변 장르에도 큰 영향을 미쳤다(유지나, 1999). 그런데 그러한 신파는 멜로드라마와 양식적 특성이 크게 다르지 않다. 이 공통점은 사적·개인적 영역의 소재와 주제, 감정의 과잉, 취약한 논리적 인과, 우연의 남용, 인물의 도식화와 도덕적 양극화 등을 말하는데, 이는 신파의 정치·사회적 함의나 그 비교·문화적 의미가 멜로드라마 이론의 영향권 내에 있을 수 있다는 점을 말해준다. 더불어 당시의 신파에서 반복해 쓰인 토포스, 예를 들면, 여성 주인공의 헌신, 악역으로서의 사채업자·시어머니, 미국 유학, 자살 기도, 자선사업에의 투신, 우연적 반전 등이 관객에게 익숙한 관습이 되었다는 점도 아울러 일러준다(유지나, 1999).

둘째, 이러한 유사성은 역으로 신파의 반대 장르인 리얼리즘이 대중에게서 외면을 받았거나, 또는 검열 등으로 아예 불가능했다는 점을 말해준다. 그 표현은 예를 들면, 봉건적 온정주의를 탈피한 근대적 합리주의의 고취, 사회적·공적 소재와 주제의 설정, 인과성 높은 내러티브, 감정 표현의 절제, 내면의 구체적 표현, 개연성 있는 반전, 상투적 관습이나 표현(눈물 같은)의 극복 같은 것이다. 이러한 것의 대척점에 서 있었던 신파는 식민체제의 엄격한 검열 속에서, 대중의 기존 사고를 크게 거스르지 않고, 변화하는 세태, 그중에서도 특히 여성적 현실을 감성적·도식적으로 반영하고자 했던 검열적·통속적·여성적 양식이었다.

셋째, 멜로드라마와 신파의 차이점도 '신파의 유산'이 중요한 이 글에서는 반드시 짚고 넘어갈 필요가 있다. 신파를 멜로와 비교하는 대부분의 연구들은 앞서 보았듯이 멜로의 양식적 특징을 신파와 단순 비교해 유사성을 끌어낸다. 그러면서 차이점도 같이 거론하는데, 그 가장 큰 차이는 신파가 멜로드라마와 달리 선악의 구분이 분명하지 않아 브룩스 멜로드라마 이론의 핵심

중의 하나인 '도덕적 비학'(moral occult)[12]이 적용되기 어렵다는 점이다(강영희, 1989).[13] 이는 그 자체로 매우 중요한 지적이지만, 신파의 유산에 초점을 맞추어 볼 때 이러한 차이는 앞서의 유사성과 교차시켜 볼 때 더욱 큰 의미를 가질 수 있다고 생각한다.[14] 즉 멜로드라마와 신파의 유사성에서는 신파의 양식화가 내포하는 정치적·젠더적 의미를 부각시킬 수 있고, 그 차이점에서는 (멜로드라마 장르 내에서의) 신파의 강약점을 더욱 세밀하게 변별할 수 있다는 것이다. 이 점과 관련해 이영일(2002)처럼 영화에서의 신파적 양식화를 '의도적 과장'에서 찾는 것도 용어의 혼용 면이나 양식 면에서는 의미가 있는 것으로 보인다.

이를 종합해 볼 때, 한국 신파는, 전통에 잇댄 대중성을 지니고 있었지만, 졸속과 취약한 저변이 상업적 의도와 결합하면서 나온 '양식 자체의 과잉과 미숙'에 더해, 이에 어떤 정치적 표현을 부여할 만한 사회적·계급적 존재가 없었던 특징이 있다. 다른 방식(예를 들어, 리얼리즘)이라면 억압당할 수밖

---

[12] 도덕적 비학이란 현실에서는 가능하기 어려운 도덕적 원칙의 실현을 뜻한다. 브룩스는 신이 사라진 세속적 현실에서 선의 승리는 멜로드라마에서나 가능한 것(그것이 과잉이다)으로 보아 멜로드라마의 우회적 급진성을 지적했다(Brooks, 1976).

[13] 이후의 연구자들 역시 대체로 이에 동의하지만 강조점을 어디에 두느냐에 따라 신파가 가지는 의미가 달라진다(이승희, 2002; 이영미, 2003; 장혜전, 2002).

[14] 이 점과 관련해 이영미의 주장은 신파와 이후의 대중적 장르와의 차별성을 강조하는 의도가 강해 이승희가 보여준 멜로드라마와의 유사성에 기댄 신파에 대한 새로운 의미 부여나 신파 이후에도 '신파 같다'고 느끼는 대중의 정서에 대한 해명(이는 양식에서 추출한 좁은 의미의 신파 정의로는 해명하기 어렵다) 등에 대해서는 상대적으로 소홀한 감을 준다. 특히 신파와 멜로드라마와의 차별성의 근거가 되는 도덕적 비학은, 지나치게 강조되면 당초의 의도와는 달리 신파가 가진 멜로드라마와 유사한 측면들, 이를테면 여성성이나 나름의 정치성에 대한 필요한 주목을 막을 수 있다.

에 없는 것을 표현하게 해주는 수단으로서의 멜로드라마를 가장 적극적인 것이라고 한다면, 신파와 그의 유산은 이보다 소극적인 것, 그러니까 비유의 대상이 없거나 약하면서 목적이나 의도 자체가 비애적 정서를 조장하거나 관객에 대한 말초적 자극으로 치우쳐버린 멜로드라마인 것이다.

넷째, 신파와 여성성의 관계에 대한 것이다. 신파가 여성에 더욱 어필했다는 점은 앞서의 멜로성 등으로 미루어 쉽게 알 수 있는 것이다. 그러나 바로 그 점 때문에 신파는 지나치게 체념이나 자기 학대 같은 퇴영적 정서를 조장한다는, 여성 비하가 깔린 비판을 받아왔다. 물론 이에는 앞서 본대로 설득력 있는 반론이 제기되고 있다. 그러나 그 근거는 대부분 일부 대표적 텍스트에 대한 새로운 해석이며, 신파의 영향을 받은 이후의 대중 장르가 신파의 유산을 그 장르의 근대적 발전에 자양분으로 삼았다는 주장은 제기된 바 없다. 신파에 대한 부정적 평가에 젠더적 편견이 일조한 점은 틀림없지만, 신파가 한국의 여성 장르에 끼친 영향에 대한 전반적 평가는 아직은 부정적이다. "어머니의 힘"이나 "미워도 다시 한 번"의 '모자관계'와 미국의 여성 멜로영화 "스텔라 댈라스(*Stella Dallas*)"의 '모녀관계'는 여성성 측면에서 보면 크게 다른 것이다.15) 따라서 신파의 여성성은 여러 모로 주목할 만한 가치를 지니지만, 대중의 정서를 그대로 따라가는 한계 또한 뚜렷하다고 볼 수 있다.

---

15) "어머니의 힘"의 모자관계의 가부장제적 특성은 신아영(1995), "미워도 다시 한 번"의 '모자관계'와 (원작 솝오페라가 3번이나 영화화된) "스텔라 댈라스"의 '모녀관계'의 차이에 대해서는 서인숙(2000)을 참조할 수 있다.

3. 내러티브 구조 및 등장인물의 성격

서론에서 언급한 대로 "청실홍실"의 라디오 작품은 남아있지 않다. 그러나 그 줄거리는 다이제스트 형식으로 1959년 『방송』지 겨울호에 실려 있고, 개별 등장인물의 특징은 작가인 조남사의 후기(1957a, 1957b)를 통해 엿볼 수 있다. 이를 요약하면 다음과 같다.

6·25 전쟁 이전에 신애자를 사랑했던 나용복은 전쟁 이후 자신이 기술부장으로 있는 동방화학의 여비서 채용시험장에서 이제는 미망인이 된 신애자를 발견하게 된다. 당시 애자는 홀시어머니를 모시면서 고아원을 운영하고 있었다. 그런데 그 시험장에는 나용복을 사랑하는 또 다른 여인인 동방화학 김 사장의 친구 딸인 한동숙도 있었다. 애자를 잊지 못하고 있었던 용복은 처녀로 위장하고 있었던 애자를 여비서로 뽑았고, 이 관계를 우연히 알게 된 김 사장은 이 둘을 같이 출장 보내 인연을 맺어주려 한다. 그러나 우연으로 나용복은 동숙과 같이 마산에 가게 되었고, 동숙은 용복에게 사랑을 고백하지만 용복은 이를 거절한다. 자신이 거절당한 이유가 애자에게 있음을 알게 된 동숙은 애자를 찾아가 용복을 포기할 것을 종용한다. 그러다 동숙의 아버지인 한 사장이 뇌일혈로 쓰러지고 그가 운영하던 기업 또한 사채업자에게 넘어가면서 동숙은 실의 끝에 자살을 기도하나 생명을 잃지는 않는다. 그 사이 용복과 애자의 사랑은 깊어가지만, 여전히 애자는 주위의 눈 때문에 괴로워한다. 그 때 마산에서 요양 중이던 김 사장의 부인이 죽으면서, 자신에게 도움을 준 김 사장에 대한 도덕적 부채로 애자의 괴로움은 더욱 커진다. 김 사장의 권유로 애자가 김 사장 집으로 들어가는 날, 애자를 잃을지도 모른다는 위협을 느낀 용복은 만취하여 경찰서 신세를 진다. 다시 건강을 회복한 동숙은 애자와 같이 고아원을 운영했던 윤철을 따라가 그와 결혼하게 되고,

미 국무성의 초청을 받아 미국으로 가는 용복의 송별연에서 용복과 애자는 장래를 굳게 맹세한다.

이렇게 "청실홍실"은 첫째, 선형성이 비교적 분명하고 극적 단계가 고루 갖추어져 있는 플롯에, 둘째, 역경을 뚫고 사랑에 성공하는 로맨스 주제와 미망인의 욕망과 사랑, 매력적인 처녀의 적극적 구애 같은 금기적 소재, 그리고 셋째, 운명적 우연과 반전, 해피엔드(결혼) 등을 내러티브의 기본 구성으로 망라한 전형적인 멜로드라마다. 그리고 중심 사건이 느슨하게 진행되면서 여러 가지 에피소드와 미니 클라이막스가 산발적으로 배치된 다층적 구조의 형태를 띠고, 일상을 청취자와 함께 하며, 선악이 분명하게 구분되지 않는 캐릭터에, 미망인 같은 당시로서는 큰 사회적 이슈를 다루고 있어 숍오페라와도 닮아 있다. 물론 뒤의 판단 일부는 현재 작품이 남아 있지 않아 쉽게 단정하기 어렵다. 왜냐하면 산만한 구성은 첫 시도의 미숙성 탓일 수도 있기 때문이다. 일례로 당시 원희(1957, 37쪽)는, "청실홍실"이 "방송극계에서나 나아가서 방송발전에 크나큰 공헌을 했다는 것은 인정하는바"라고 하면서도 처음 얼마까지는 배역이 너무 자주 변하는 등의 진통16)을 거듭했고, "너무 사건이 산재되어 불안을 조성"한다고 평가했다. 치밀하지 못한 구성이 몰입을 방해했다는 것이다.

한편, 이 "청실홍실"과 나중의 멜로·숍오페라의 가장 큰 차이는 가족,

---

16) 당시 동숙 역을 한번 맡았던 고은정의 기억에 따르면, 동숙 역의 경우 1회와 2회는 윤미림이, 3회는 정은숙이, 4회는 고은정이 했으며, 5회부터 정은숙으로 고정되었다. 나 기사 역 역시 김수일, 심영식 등 성우들이 하다가 나중에 배우인 장민호로 바뀌었다. 한국일보 1957년 2월 10일자에는 나용복 역으로 안일석이 인터뷰를 하고 있어 용복 역은 중반까지도 확실히 정해지지 못했던 것 같다. 연출도 처음에는 작가인 조남사가 함께 했으나 나중에는 이경재로 바뀌었다.

특히 남자 주인공의 가족과 가부장제적 모성(바꿔 말해, 남자 아이)이 등장하지 않는다는 점이다. "청실홍실"의 이 부분은 매우 특징적인 것이고 의도적인 것이다.17) 왜냐하면 이 점이 애자와 용복의 결합을 가능하게 해주기 때문이다. 만약 아이가 있었다면, 모성에 대한 강력한 사회적 통제로 "청실홍실"의 스토리는 나중에 살펴볼 시청자 수기드라마인 "인생 역마차"와 비슷해졌을 것이다. 또 용복의 가족을 등장시켰다면 용복에 대한 사회적 통제는 훨씬 더 커졌을 것이다. 이는 "청실홍실" 이후에 같은 작가가 유사 소재를 변주한 "동심초"에서 잘 드러난다. "동심초"에서 애가 딸린 미망인 주인공은 사회적 통념과 상대 남자의 가족의 압력에 굴복해 결국 사랑을 포기한다. 이 드라마에서 가장 강하게 주인공을 체념하게 하는 사람은 남자 주인공의 여자 가족(누나)이다. 그리고 "청실홍실" 이후 양산되기 시작한 나중의 라디오드라마들 역시 "청실홍실"보다는 "동심초"에 훨씬 더 가까운 선택을 한다.18)

또 다른 한편으로 "청실홍실"의 특징적인 부분은 청취자들이 관심을 기울였던, 홀아비가 된 김 사장과 애자의 관계(조남사, 1957b)를 더 이상 발전시키거나 질질 끌지 않고 6개월 30회, 용복과 애자의 결합으로 끝을 낸 점이다. 처음부터 요양 중에 있었던 김 사장의 부인에 대한 설정으로 보아 김 사장과 애자의

17) '의도적'이라고 보는 근거는, 물론 추측이지만, 앞서 나온 영화 "자유부인"이 소설과 다르게 아이를 등장시켜 신파적 해결책을 시도한 것을 조남사가 모를 리 없었다는 것이다.
18) 총각과 (애가 딸린) 미망인 외에 연상 여자와 연하 남자라는 금기가 추가되어 "청실홍실"과 같은 선택을 더욱 어렵게 한 "동심초"의 내러티브에 대해서는 윤석진(2004)을 참조할 수 있다. "동심초"는 여 - 여의 갈등과 협조관계를 리얼하게 그려 필자가 보기에는 여성드라마의 요건을 모두 갖춘 또 하나의 '원본'격 드라마다. "동심초"에서 여주인공의 좌절은 다른 도식화가 되어 '신파조 눈물 드라마'의 범람을 낳는다.

관계는 더 진전될 수도 있었지만 "청실홍실"은 더 길게 이 부분을 끌고 가지 않았다. 이 점 역시 양산된 나중의 드라마와 크게 다르다. 그 드라마들은 인기도에 모든 것을 의존하여 당초 계획된 줄거리나 횟수, 시간을 어기기 일쑤였기 때문이다.

"청실홍실"에서 주로 나 기사로 불리는 용복은 흔들림 속에서도 자신의 사랑을 추구하는 일종의 '로맨스 영웅'이다. 총각인 그가 미망인을 사랑하기 때문에 사회적 통념은 그의 사랑을 방해한다. 더구나 그에게는 적극적으로 구애하는 발랄한 처녀 동숙도 있었다. 따라서 그는 원래는 "인간적 본능을 현지(賢知)로서 누를 줄 아는 사색적인 젊은 과학자"로 "(셰익스피어) 햄릿형의 심각성이 없는"(조남사, 1957a, 167~168쪽; 괄호는 인용자) 인물이었으나, 애자를 만난 이후부터는 "사색과 회의에 빠진", "거세된 현대인"(이는 동숙의 대사다; 한국일보 1957. 2. 10)이 된다. 그에 비해 애자는 자신의 전통적 도덕관과 소극적 애정관, 사회적 통제와 후견인(김 사장)과의 관계 등으로 용복에 대한 욕망과 체념 사이에서 크게 흔들리나 끝내 사랑을 쟁취한다. 그녀는 자신에게 용복을 포기하라고 종용하는 동숙을 향해, "한 여자가 한 남자를 사랑하는데 무슨 자격이 필요해요!"(조남사, 1957a, 169쪽)라고 반발하기도 하지만 주로 자의식과 체념 속에서 무력감과 피학증을 조장하는 멜로드라마의 전형적 주인공이다.

좋은 가정 배경과 학력을 가진 동숙은 적극적인 성격의 소유자로 용복을 두고 애자와 경쟁한다. 당시 "청실홍실"의 인기는 동숙이 좌우했다고 해도 과언이 아닐 정도로 동숙은 매력적인 캐릭터였다. 그러나 동숙은 아버지가 갑자기 죽는 등 계속된 불행을 만나 자살까지 기도한다. 이 점은 상당히 특이한 부분이다. 왜냐하면 멜로드라마나 신파극의 '공식'에 비추어볼 때, 이러한 불행은 주로 주인공에 집중되어 비애의 정서를 고양시키거나 아니면 마지막의 해피엔드에서 (주로 우연을 통해) 징악(懲惡)의 한 수단으로 자주 쓰이기 때문이다. 당시 동숙은, 작자의 의도와는 관계없이 전후의 "방종한 처녀들에게 부여되는 대명사"(조남사, 1957b, 68~69쪽)인 '전후파'(戰後派)19)로 자주 불려 청취자들은 이러한 수난을 권선징악의 하나로 받아들인 것처럼 보인다. 통속적 신소설이나 신파 이래 전형적인 악역에 익숙한 청취자들은 이 드라마에서 애자의 라이벌인 동숙과 동숙의 어머니, 그리고 동숙에 접근하는 사채업자 등을 악역으로 취급했을 것이기 때문이다.

그러나 극 전체로 보아 '착한 여자' 동숙의 수난은, 처음 등장할 때의 세속적 강자로서의 동숙이 뭇사람들의 사랑을 받는 인간적 약자로서의 동숙으로 바뀌는데 필요한 장치로 설정된 것 같다.20) 따라서 작가는 용복과 결합하지 못한 동숙의 미래를 오히려 긍정적인 것으로 설정해 계몽적인 결말을 맺었다. 즉 그녀는 마침내 인간적으로 성숙하여, "내 마음 속의 나 기사는 하나의 환상에 불과했다"(『방송』 편집부, 1959, 44쪽)고 하면서 자신의 집착을 반성하고, 윤 철과 함께 고아원 사업에 투신하는 것이다. 물론 이러한 투신이 앞서 언급한 대로 신파적이지 않은 것은 아니나 한 사장과 윤철이 처음부터 연결되어 있었던 점으로 미루어 일정한 인과성은 확보하고 있다.

이들 외에 윤철이나 김 사장 등의 등장인물은 일방적으로 주인공에 대한 도움의 기능만 설정되어 있는, 기호로도 대체가 가능한 추상적인 인물들이다. 특히 "청교도적인 인격의 소유자"(조남사, 1957b, 69쪽)인 김 사장은 부인이 죽고 난 이후에도 애자를 용복에게 보냄으로써 마지막 반전의 주인공이 된다.

---

19) 전후파는 흔히 '아-프레 걸'(apré-guerre)로 불리면서 기존의 통념으로부터 자유로운 여자 특히 성적인 부분에서 분방한 여자를 가리키는 말로 통용되었다.
20) 이의 다른 효과는 '돈이냐 사랑이냐'와 같은 이전의 "장한몽"식 운명의 기로를 쉽게 벗어날 수 있게 하는 데 있다.

4. 영향관계와 독특성

　작가 조남사(1957a; 1957b)에 따르면 이 드라마는 조남사의 개인 창작물이다. 그는 방송 일을 시작한 이후부터 성인 대상의 연속극에 관심이 있었고 연속극의 최소한의 조건인 철야 송전이 가능해진 것을 미국에서 알게 되면서 "청실홍실"을 구상했다고 한다. 조남사는 6개월간의 미국 시찰을 마치고 9월 말에 귀국하였으며 10월부터 "청실홍실"의 집필을 시작했다.

　그러나 "청실홍실"을 필두로 정착·성행해 온 한국 방송의 숍오페라·멜로드라마는 그것이 담고 있는 대중 정서와 받았던 인기만큼 사회적·정치적이면서 역사적인 (피)영향 관계 속에 있었다. 이를테면, 이는 "청실홍실"의 방송과정에서 KBS가 한 역할에서도 잘 드러난다. KBS는 1956년에 들어 방송망과 스튜디오 시설을 비롯해 파괴된 시설에 대한 복구가 일단락되어가고, 또 10월 1일 해방 후 처음으로 채널을 두 개로 늘리면서(이중방송의 실시), 이를 하나의 전기로 삼는 성인 대상 현대물을 기획, 당시 연출계장이었던 조남사에게 이를 맡겼다.[21] 이 점은 KBS가 "청실홍실"의 중요한 제작주체

---

[21] 여기에서 꼭 짚고 넘어가야 할 것은 "청실홍실"이 언제 첫 방송을 했는가에 대한 기록들의 부정확함이다. 예를 들어 『한국 방송사』는 1956년 10월의 첫 일요일에 방송했다고 기술하나(305쪽), 『한국 방송 60년사』에서는 당초에는 10월 초에 방송할 계획이었으나 12월 2일로 연기했다고 하면서 작가 조남사가 9월 말에 귀국하여 준비 기간이 짧아졌다는 점을 이유로 들었다(222쪽). 같은 저자의 경우에도 시기가 다른데, 노정팔은 1968년 글에서는 10월로(노정팔, 1968, 517쪽; 이 글에서는 앞서의 방송사들과는 달리 10월 1일로 되어 있다), 1995년의 책에서는 12월 2일로 기록하고 있다(노정팔, 1995, 228쪽). 필자가 한국일보의 지면에서 확인한 바로는 "청실홍실"은 10월 7일 일요일에 시작되어 이듬해 4월 28일, 30회로 끝났다. 이 명백한 사실이 왜 이렇게 부정확하게 되었는지 이유는 알 수 없으나 이제라도 바로잡아야 할 것이다(최근의 『한국 방송70년사』 역시 이전의 『한국 방송 60년사』와 마찬가지로 잘못 기

중의 하나였고, 그 KBS가 정치(책)의 직접적 수단이 될 수 있는 국영이었으므로 "청실홍실" 역시 그 입김을 벗어나기 어려웠다는 점을 말해준다.

또 일제하부터 방송드라마에 대한 시도가 꾸준하게 이어져 (조남사 또한 일원인) 작가, 성우, 음향·효과, 음악, 녹음 등의 방송의 전문성과 기술이 꾸준하게 성장한 점도 중요하다(조항제, 2003). 자료의 결여 등으로 명백하게 입증하기는 어렵지만, 미국 숍오페라의 문화사적 기원에 대해 알렌(Allen, 1985)이 추론했듯, "청실홍실" 역시 이전에 있었던 문화 장르와 밀접한 (피)영향관계에 있었다고 할 수 있을 것이다. 역시 추측이기는 하지만, 조남사의 미국 경험(더불어 당시의 할리우드 멜로영화들) 또한 영향을 끼쳤을 것이다.[22] 다른 한편, 조남사의 말대로 철야 송전이 가능해 연속이 끊어지지 않게 된 점, 1956년이 전쟁의 혼란이 안정되어 가면서 묻혀 있던 "민중의 잠재적인 정서가 현화식물(顯花植物)처럼 피어나는"(이영일, 1969, 204-5쪽) 시기였다는 점도 빼놓을 수 없다. "청실홍실"을 방송할 수 있는 인프라가 이를 통해 마련되었기 때문이다.

요컨대 "청실홍실"의 집필은 조남사가 했으나 "청실홍실"의 방송과 성공에는 많은 사회적·정치적·문화적 요소들이 들어 있다는 것이다. 따라서 이 요소들의 해명은 한국 방송드라마의 원형을 파악하는 데 큰 시사점을 제공할 뿐만 아니라 1950년대의 한국 사회에 대한 연구에도 일정한 도움을 줄 수 있을 것으로 생각된다. 특히 대중 장르의 특징이 대중에게 익숙하면서도 새로운 것, 잘 알려진 토포스와 도식 내에 있으면서도 적절한 변용과 재조합으로 수용자의 호기심을 충족시킬 수 있는 것에 있다면(Cawelti, 1976), 이 익숙

록되어 있다).
22) 여러 면에서 조남사의 미국 경험은 매우 중요한데, 이의 분석을 위해서는 더 많은 자료가 발굴되어야 할 것으로 보인다.

한 것과 새로운 것의 확인은 해당 문화물의 성격을 밝히는 데 필수적인 것이다. "청실홍실"에서는 특히 다음의 세 가지를 검토해볼 필요가 있다.

(1) 신파의 활용과 단절

먼저 애정 문제의 중심성, 삼각관계의 통속성 같은 이 드라마의 특징 면에서 앞서의 이론적 자원에서 살펴본 신파와의 관계를 좀 더 구체적으로 검토해볼 필요가 있다. 이 필요는 당시의 일부 라디오드라마 작가들, 예를 들면 이서구, 박진, 유호 등이 일제기에 '근대 신파'를 주도한 동양극장에서 극본을 썼다는 점에서 시사받은 것이기도 하다.

이에 대해서는 두 가지의 상반된 입장을 볼 수 있다. 하나는 "청실홍실"을 마치며 했던 조남사의 다음의 언명이다. "가령 A라는 남자와 B라는 여자가 정상적인 사랑을 속삭이게 되었다 합시다. 그 사랑의 동기가 어디 있건 …… A와 B가 영위한 애정 세계는 설사 그 세계가 중단되는 일이 있다손 치더라도 '사랑에 속고 돈에 울고'식의 비극은 아닐 것입니다. A와 B는 자기들의 과거의 애정관이 정당했으면 정당했을수록 중단된 현실적 결과에 대해서 초연할 수 있을 것입니다"(조남사, 1957a, 204쪽; 밑줄은 인용자). 다른 하나는 "청실홍실"에 국한된 것은 아니지만, 당시 성행했던 라디오드라마에 대해 차범석(1960, 36쪽; 밑줄은 인용자)이, "전쟁이 남기고 간 비극이니 인간성의 상실이니 하는 것이 테마처럼 되어 있으면서도 실상은 값싼 연예소설이나 신파 연극의 재탕에 한 껍질을 입힌 것이 대부분"이라고 했던 비판이다. 전자는 "청실홍실"이 근대적 애정관으로 과거 신파식의 비극을 재연하지 않았다고 하지만, 후자는 전쟁 테마를 허울로 앞세운 신파 연극의 재탕이라고 비판하고 있다.

그런데 조남사의 글로 미루어 그는 처음부터 신파적 구성과 결말을 의식했던 것으로 보인다. 신파를 염두에 두면서, 그는 한편으로는 극중의 캐릭터들을 개인이자 주체인 근대적 인간형으로 만들어 이전의 '가정비극'적 신파와 단절한다. 앞서 살펴본, 남자 주인공의 가족과 가부장제적 모성이 등장하지 않는 점은 이의 가장 적절한 예가 된다. 또 전통적 여인상의 애자조차도 한 남자와 한 여자의 관계로 용복과의 사랑을 정리한다든지, 새 출발을 위해 모시던 전 남편의 시어머니를 먼 친척에게 보내든지 하면서 이러한 면모를 보인다. 애자와 맺어졌을 법한 김 사장의 도덕적 처신도 신파적 아버지 인물형과는 크게 다르다.[23] 비교적 개연성 있는 해피엔드, 특정하게 구분되지 않는 선악, 인물의 내면적 자각 과정 등도 "청실홍실"의 비신파적 요소다.

이러한 "청실홍실"의 차별성은 이를 모방하면서도 굴절시킨 이후의 신파적 '재탕'들과 비교해보면 더 쉽게 알 수 있다. 이후의 드라마들에서는, 역경 속에 선 가냘픈 여주인공을 둘러싸고 '미남 청년'인 남주인공과 나이가 많은 '부자 사장'이 있고, 이 사이에 '간악한 모사'와 남주인공을 짝사랑하는 교만한 악역인 '영양'(令孃)이 등장하며, 오해와 안타까운 엇갈림, 우여곡절 끝에 남녀주인공이 맺어지면서 끝난다(「조선일보」 1964. 2. 9). 동숙의 분신인 영양이 "사랑에 속고 돈에 울고"의 혜숙과 같은 전형적인 악역이 되는 점, 모사 같은 새로운 악역이 나타나고, 청교도적인 김 사장이 탐욕스러운 부자가 되는 점 등이 크게 다르다. 이는 오히려 이전의 신파보다 양식이 더 단순해지고 과장된 것이다.[24]

[23] 이는 이 글의 초고 이후에 나온 이영미(2007)의 지적이다.
[24] 이렇게 라디오드라마가 변해가는 모습은 라디오매체의 대중화와 깊은 관련이 있는 것으로 보인다. 1950년대 라디오드라마가 신파성이 약했던 이유를 당시 라디오 수용자의 특성(모두 대도시에서 많은 문화자본을 지닌 여유 있는 층)에서 찾고 있는 이영미(2007)의 주장에 따른다면 1960년대에 신파성이 다시 강화된 이유는 그만큼 라디오가 대중화되어 문화자본이 낮은

이렇게 신파와 단절하면서도 다른 한편으로 그는 신파적 상투를 이용한다. 이를테면, 여주인공의 체념 일변도 정서, 또 한 여주인공의 상투적 투신, 도미(渡美)·사채업자·자살기도·자선사업(고아원) 등의 일제 때부터 즐겨 쓰인 과잉적 소재 등을 이의 예로 들 수 있다. 물론 작품이 남아 있지 않으므로 이러한 판단에 더 중요한 대사나 형식, 드라마투르기 측면은 고찰할 수 없다. 그러나 나중의 드라마들에 비해 "청실홍실"이 훨씬 비신파적이라는 점은 분명한 듯하다.

(2) 에피소드 수기드라마의 멜로·숍오페라화

이전의 프로그램에서 "청실홍실"에 영향을 준 것으로 보이는 것은 1954년에 처음 방송되어 큰 인기를 모았던, 청취자 수기의 각색드라마 "인생역마차"다. 시기로 보아 "청실홍실"은 "인생역마차"가 인기의 고비를 넘긴 무렵에 등장했다. 당시 한국일보의 방송평을 담당했던 문윤곤(1957, 38쪽)은 이 연속극이 "인생역마차"의 '후속편'적 성격을 가지고 있다고 보고 다음과 같이 썼다. "전후에 쏟아져 나온, 개인의 문제라도 여러 청취자들의 공감을 얻어 발전한 "인생역마차"가 정리기에 들어선 국민들의 생활 심리에서 볼 때 커다란 공명을 얻지 못할 극임은 명약관화"하며, "라디오의 생명이 건재할 수 있으려면 청신(淸新)한 문제가 '시대적인 유물'과 대체되어야 한다." 이러한 문윤곤의 주장에 따르면, "청실홍실"을 비롯한 장편 멜로드라마는 시대적인 유물인 단막극 "인생역마차"를 대체하는 청신한 기호품이다.

당시의 『방송』지에 실려 있는 "인생역마차"의 소설판[25](실제 방송된 것

층까지 수용자층이 내려갔기 때문이다.
25) "애정의 기로"(권달순, 1956. 9), "미망인"(이소우, 1956. 10), "은행과 꼽추"(이석정, 1956. 11), "고모와 올케와 그이와"(이보라, 1957. 1), "돌아온 아내"(조남사, 1957. 3), "그건

도 있었다)을 참조해 이 프로그램의 성격을 유추해보면, 이 프로그램은 주로 파란의 한국 현대사를 살아간 여성들의 기구한 인생, 특히 '어찌 하오리까' 식의 선택의 기로를 드라마화한 일종의 에피소드 시리즈이다.

소재만으로 보면 "청실홍실" 역시 "인생역마차"의 한 회분으로 다루어졌음직한 것이다. 만약 이 스토리의 화자를 아이가 있는 미망인인 신애자로 했다면, 그리고 나용복과 김 사장 사이의 선택을 청취자에게 물었다면 "인생역마차"와 거의 같은 설정이라 해도 과언이 아니다. "청실홍실"에 대한 "인생역마차"의 영향을 뒷받침해주는 또 다른 증거는 작가 조남사(그리고 당시의 대부분의 작가들26))가 "인생역마차"를 각색한 경험이 있다는 점이다(한국방송공사, 1987, p.305).

물론 플롯과 구성 면에서 "청실홍실"은 "인생역마차"와 다르다. "인생역마차"는 "전부가 비극적이었고, 그 스토리의 전개 방법은 사연의 자초지종을 끝까지 들려주는 것이 아니라 극적인 위기 또는 클라이맥스를 암시한 다음 곧 끝을 맺게 하여 그 해결을 청취자의 손에 맡기"(김울, 1958, 58쪽)는 플롯을 취하고 있었다. 이에 비해 "청실홍실"은 장편의 신축성과 여유를 가지고 사건이 일정한 순서에 따라 전개되는 내러티브를 가지며, 여러 장애와 어려움을 딛고 애정의 승리를 쟁취하는 로맨스 장르의 플롯(Lacey, 2000)을 띠고 있다. 따라서 이 멜로드라마는 "인생역마차"의 설정, 시리얼의 형식, 숍오페라식 전개와 에피소드식 구성, 그리고 로맨스 멜로의 낙관적 해결로 마무리하는

억울하다"(한운사, 1957. 5), "인생요철선"(원설영, 1957. 8), "구애"(김자림 각색, 1958. 3) 등의 제목을 예로 들 수 있다.
26) 조남사를 비롯해 최요안, 이석정, 김성민, 유호, 장수철, 박홍민, 한운사, 박화목, 김자림, 박순녀, 이경재 등 이후에 활약한 대부분의 드라마 작가들이 "인생역마차"의 집필에 참여하였고, 이들 중 일부는 자신의 작품을 직접 연출도 하였다(아마도 이들을 한국의 첫 방송드라마 세대로 부를 수 있을 것이다).

형태로 볼 수 있다.

이 "인생역마차"는 1958년에 폐지되는데 한국방송공사(1977, 308쪽)에 따르면 그 이유는 "일상생활의 어두운 측면만이 과장 반복되어 전파되는 데서 기인되는 사회적 영향을 우려"했기 때문이다. "인생역마차"의 폐지에 대한 당시 KBS의 입장은 한 대담에서 박진과 최요안이 했던 다음의 발언으로 쉽게 짐작할 수 있다. 당시 박진은 "국토의 양단을 당하고 있는 우리의 처지로서 멸공으로 통일을 이룩하고 민주국가 건설을 지향하는 …… 건실한 내용의 목적을 간직한 작품"이 절실하다고 했고, 또 최요안은 "국민생활 명랑화를 근본적으로 다루며 …… 국가시책에 호응하도록 하는 의식의 고취가 은연중 내포되어 있어야"(김형근 외, 1957, 4쪽) 한다고 말했다. 이러한 성격의 '건실'과 '명랑'은 논픽션인 "인생역마차"의 사실감과 쉽게 어울릴 수 없었던 것이다. 이 점에서 멜로드라마·솝오페라의 해피엔드는 검열의 한 반영물이라고 해도 큰 무리는 아니다.27)

(3) 멜로영화의 상호영향

다음으로 살펴볼 수 있는 것은 영화와의 관계인데, 이는 크게 두 가지로 나뉜다. 첫째는 "청실홍실"과 같은 해에 영화화되어 무려 13만을 동원해 엄청난 센세이션을 일으킨 멜로 영화 "자유부인"이 끼친 영향이다. 교수의 부

---

27) 추측에 불과하지만, 이러한 "인생역마차"와 유사한 사례를 다룬 당시 신문이나 잡지의 상담란에 대한 여성들의 불만도 위의 해피엔드의 한 원인으로 볼 수 있지 않을까 한다. 주로 남성이 담당했던 이 상담란에서 상담자들은 미망인에게 생계를 책임지는 가장의 역할과 모성의 힘으로 아이들을 키우는 이중의 역할을 수행하도록 하면서 가능한 재혼을 권하지 않았다(이임하, 2004 참조). 이러한 상담에 투영된 가부장제는 힘난했던 한국 현대사의 사회적 모순을 여성에 전가시켜 비애와 패배주의 같은 대중정서를 형성시킨 큰 원인 중의 하나였다.

인이 사회에 나가 돈벌이를 하며 연하의 대학생을 비롯한 뭇 남성들과 애정행각을 벌이다가 결국 회개하고 가정으로 돌아오는 줄거리를 가진 이 영화는 근대성 - 자본주의 - 가부장제라는 가치를 축으로 전후의 새로운 풍조인 물질주의와 소비주의, 쾌락주의를 접합시킨 시도 중의 하나다. 이 작품의 전반적인 젠더 이데올로기는 주유신(2001)의 지적대로 '여성의 해방' 보다는 해방된 여성에게 가해지는 '새로운 형식의 규제'다. 말하자면 "자유부인"은 한편으로는 여성의 금기 위반의 욕망을 부추기면서 가치관의 대립과 갈등을 그리지만, 다른 한편으로는 위반에 대한 가혹한 처벌을 통해 교훈적·비근대적 가치를 설파하는 이중적이며 굴절된 모습을 보여준다(이효인, 2000). 그리고 관객 역시 한편으로는 금기를 깨는 설렘을, 다른 한편으로는 전통적 해결책에 대한 안도감을 동시에 느끼는 이중성 속에 있었을 것이다. 물론 이 이중성에서 무게중심은 뒤의 교훈이 아닌 앞의 일탈에 있다(이 영화의 높은 인기는 이를 간접적으로 말해준다). 멜로드라마가 결말보다 과정을 중시하는 점은 여기에도 적용되는 것이다.

"청실홍실" 역시 정도나 수준면에서 이에 비길 바는 아니지만 전후에 전개된 가치관의 대립상을 다루고 있다는 점에서 "자유부인"과 비슷한 맥락 속에 있다고 할 수 있다. 특히 같은 전후파로 볼 수 있는 오선영과 한동숙은 관객 또는 청취자에게 금지된 영역에 대한 답사의 즐거움을 주면서 처벌도 같이 받은 인물이다. 기혼 여성이었던 오선영의 일탈이 좀 더 큰 처벌을 낳게 했지만 동숙의 그것도 매체가 안방 대상의 방송(특히 국영방송)이었던 만큼 선영에 못지않다. 세속적 기준에서 대중과 유리된 강자이면서, 상대 남자에 대한 적극적인 구애로 전통적인 여성관을 위협한 동숙은 그녀가 모은 인기만큼 연속된 수난과 현실 순응적 자각, 자선사업에의 투신이라는 '계몽적' 처벌을 받는 것이다. 실제로 작가 조남사는 동숙이가 만약에 "한국에 태어나지 않았던들 그는 더 좀 부패된 성 세계에 돌입하고, 그러면서도 자기의 행위를 변명하고 스스로의 욕구를 타당화 시키기에 주저치 않으리라"(조남사, 1957b, 69쪽)고 하면서 동숙과 "자유부인"의 선영이 사실상 같은 캐릭터라고 말한다. 여기에서 조남사가 말한 한국은 사실 방송으로 바꿔 놓아도 아무런 무리가 없는 셈이다.

둘째는 "청실홍실"을 비롯한 라디오드라마의 상당수가 영화로 다시 제작되면서(한국방송공사, 1977, p.291), 영화와 드라마가 서로에게 미친 상호적 영향을 들 수 있다. 신문소설의 영화화와 병행되었던 1950년대 후반의 라디오드라마의 영화화 경향은 한국 영화에 상당한 영향을 미쳤던 것으로 보인다. 이를테면, 신상옥 같이 한국 영화사에 큰 족적을 남긴 감독도 라디오드라마("동심초"로 보인다)에서 자신의 멜로드라마의 원천을 찾았다고 한다(변재란, 2002).

또 이 영화들은 라디오 원작의 형식을 채 벗어나지 못해 영화의 내러티브로는 형식적 완결성이나 응집성에서 많은 문제점을 지니고 있었다. 이 영화들의 서사는, "응집성을 가지고 있지 않고 …… 분산되어 있으며 갑자기 웃음을 유발하려는 장치를 곳곳에 배치하고 있고 느닷없이 액션 장면이 끼어든다. 영화가 끝나는 지점에서 새로운 상황이 설정되면서 또 다른 영화가 시작된다는 착각이 들기도 한다. 마치 그 느낌은 6개월 분량의 라디오 연속극을 2시간이 약간 넘는 분량으로 압축해놓은 듯한 인상이다"(주창규, 2001, 196쪽).[28] 이 인용문의 필자는 당시의 영화적 서사가 이렇게 된 이유를 "라디오드라마와 경쟁하기 위함이었을 것"으로 보나 그보다는 라디오를 들으면서 이미 만들어진 대중의 상상력과 정서를 영화에서 다시 환기시키기 위한 것이었을 가능성이 더 높다. 솝오페라의 에피소드식 구성을 영화가 그대로 따를 이유는

---

[28] 이와 유사한 지적은, 이효인(2000)도 하고 있다. 이효인은 이를 비정형의 형식이라고 말한다.

사실상 전혀 없기 때문이다.

　이렇듯 라디오드라마가 즐겨 영화화된 시기는 대체로 1950년대 말부터 1960년대 중·후반까지인데,29) 가장 큰 이유는 당시 영화계의 큰 문제였던 시나리오의 부재와 흥행의 위험성을 라디오드라마가 해결해주었기 때문으로 보인다. 즉 라디오드라마는 음성(향)간으로 이루어져 있으므로 그림을 보고 싶은 호기심을 자극하는데다 방송 자체가 굉장한 홍보 효과를 몰고 와 이의 영화화는 어느 정도 흥행을 보장받는 것이나 다름없었다. 또 영화의 목소리를 라디오에서 그 역을 했던 성우가 더빙해 원래의 분위기를 더욱 쉽게 낼 수 있었다. 당시의 영화 포스터를 보면 유명한 원작자의 이름이나 원작이 라디오드라마였는지 여부를 감독의 이름보다 더 큰 글씨로 밝혀놓아 이 점이 대중에게 상당히 어필했음을 잘 보여준다.30)

29) 한국방송공사(1977, 421쪽)의 기록에 따르면, 1962년이 가장 영화화가 많이 되었던 해로 당시 KBS는 21편의 연속극 중에서 10편이 영화화되었다. 이 경향은 1960년대 중반이 되면서 차츰 줄어들게 되는데 그 가장 중요한 이유는 그림을 겸비한 텔레비전의 대중화 때문이며, 나중에 나올 "미워도 다시 한 번"처럼 영화의 방송 이용 형태가 바뀌었기 때문이다. "미워도 다시 한 번"은 라디오 드라마와 정서는 유사하지만 내용은 다르게 한 것이다.

30) 이 글의 초고 이후에 나온 글에서 이영미(2007)는 "이 시기 라디오연속극이 상당수가 짧게는 1, 2년, 길게는 5, 6년 뒤에 영화화되었다는 점"이 결코 우연이 아니라고 하면서 당시 라디오드라마가 타 분야 대중예술에 비해 비교적 여유 있는 층들의 향유물이었으므로 시대를 선취한 의미를 가지고 있었다고 주장한다. 그러나 이 주장에는 어느 드라마와 어느 영화가 그런 간격이 있고 직접적인 연계를 맺는지 구체적인 증거가 좀 더 필요하고(이를테면, 예로 든 1960년대의 '청춘영화'는 여주인공의 성격에서는 1950년대의 '전후파 여성'과 어느 정도 비슷할지 모르지만, 직접 영향을 받은 것으로는 일본의 유사영화가 꼽힐 가능성이 더 높다. 라디오드라마가 5, 6년 이후에 영화화된 사례로는 보기 어렵다), 인물과 연관된 사례 수도 너무 적다(기껏 "청실홍실"의 동숙과 "꿈은 사라지고"의 미숙 정도다). 또

그리고 이러한 영화화는 당시의 작가와 성우 등에게 상당한 부수입을 주는 효과가 있어[31] 일부 인기 작가는 처음부터 영화화를 목표해 라디오드라마를 집필하기도 해(이원희, 1963), 라디오는 '영화화(를) 위한 사전 PR'(「조선일보」 1964. 2. 9; 괄호는 인용자)로 비아냥의 대상이 되기도 했다. 방송사 역시 적은 고료로도 드라마를 제작할 수 있고 영화의 인기가 다시 방송으로 피드백되는 긍정적인 효과가 있어 내심 이를 반겼을 것으로 짐작된다.

그러나 이러한 영화화는 방송에 상당한 악영향을 미쳤다. 첫째, 영화화되는 장르가 주로 멜로였으므로 멜로가 더 많은 유인을 갖게 되어 드라마의 다양성을 저해했다(김희창·조풍연, 1961 참조). 둘째, 작가 김영수(1959)가 밝힌 바대로 시나리오의 필요조건이 지극히 상업적·도시적이었으므로 드라마 또한 이의 영향을 받아야 했다. 이 조건은 ①아기자기한 사랑을 다룰 것, ②관객이 펑펑 울어야 할 것, ③그러면서도 웃어야 할 것, ④아역을 쓸 것 등이었다. 이는 앞서 본 신파적 요소와 거의 다름없다. 셋째, 얼마 안 되는 작가마저 영화의 각색으로 더 바빠져 정작 방송드라마는 더 졸속으로 만들어지게 되었다. 당시의 일부 인기 작가들은 아예 처음부터 원고지를 쓰지 않고 등사원지에다 필경으로 썼거나, 그나마도 전부를 쓰지 못해 일부만 쓰고 방송 중에 나머지를 쓰는 기현상도 빚었다(한국방송공사, 1977). 이러한 양상들은 미국과는 상당한 대조가 되는 것으로, 미국의 라디오 솝오페라들도 상당수 영화화되

가장 많이 영화화된 해는 앞서 본대로 1962년인데 당시는 거의 간격 없이 영화화되었으므로 당시의 라디오드라마가 시대를 선취했다는 주장에 영화화와의 간격을 근거로 제시하는 것은 다소 무리다.
31) 예를 들면, 조남사는 1961년 MBC의 개국시 방송되었던 "하늘과 땅 사이"가 영화화되면서 그 원작료로 당시 조그만 집 한 채를 살 수 있었던 돈을 받았다(조남사; 문화방송, 1992, 650~651쪽).

었지만, 이러한 사례는 보고된 바 없다. 오히려 앞서 언급한 "스텔라 댈라스"는 후대의 비평가들에 의해 여성 영화의 고전으로 남았다. 어떻든 이러한 현상은 이후의, 1960년대 라디오드라마, 1970년대 텔레비전드라마의 양산 체제에 좋지 않은 선례로 남게 되었다.

5. 성격 및 의의:
근대적 솝오페라·멜로드라마의 기원으로서의 "청실홍실"

이러한 (피)영향관계는 "청실홍실"이 기존의 익숙한 토포스를 활용하면서도 방송의 연속성, 일상성, 친근성, 보수성 등에서 연유하는, 멜로드라마적 과잉과 리얼리즘적 일상을 결합하는 나름의 특성, 곧 솝오페라적 성격을 갖고 있다는 점을 잘 보여준다. 소재의 현실성, 인물의 근대성과 전형성, 청취자와 호흡을 같이 하는 일상성, 개연성 있는 결말 등은 "청실홍실"이 이전의 신파와 다른 점이다. 그러나 이후의 드라마는 영화와의 관계 등을 통해 신파·멜로적 경향을 강화해갔다는 점을 알 수 있다. 이러한 점 등을 당대의 현실, 그리고 현재의 방송드라마 문화의 특성 등을 연계시켜 볼 때, 이 드라마의 성격 및 의의는 다음과 같이 정리할 수 있다.

첫째, 이 드라마의 가장 중요한 것으로, 많은 국민들에게 공감을 불러일으킨 소재와 근대적 인간형을 들 수 있다. 최초의 현대·시리얼 "청실홍실"이 다룬 '지금 이곳의' 보편적 소재와 일상은 사극·어린이극·각색 수기에 머물러 있었던 방송드라마의 세계에 새로운 지평을 열어주었다. 그리고 착한 미망인 애자를 통해 "생계유지를 위한 미망인의 경제적 활동을 가정파괴자로, 문란한 성 행위자로 낙인찍고, 미래 사회의 파괴자로 취급했던"(이임하, 2004,

215쪽) 당대의 사회적 통념을 비판함으로써 현실에도 개입했다.32)

　당시 50만 명이 넘었던 미망인의 성을 하나의 사회적 악으로 간주하고 이를 억압하려 했던 지배 이데올로기에 애자라는 캐릭터는 그 자체로 하나의 사회 비판이 되었다. 많은 청취자들은 동숙의 발랄한 태도를 선망하면서도, 그에 좌절하지 않으면 안 되었던 애자를 동정했고, 마치 애자를 수난 당한 자신의 한 분신처럼 느꼈다. 물론 딸린 애가 없던 애자는 당시 미망인의 전형은 아니다. 그러나 바로 그 점이 상대편, 즉 용복이나 동숙과 같이 애자 또한 '가족에 메인 구성원'이 아닌 '독립적 개인'으로 만든 장치임을 무시해서는 안 된다. 이 지점에서 "청실홍실"은 이전이나 이후의 신파와 구별되는, 적극적인 형태의 멜로드라마가 된다.

　둘째, "청실홍실"의 해피엔드는 사회적·정치적·대중적 산물로 당시 한국 사회가 공유하고 있던 하나의 '꿈'이었다. 조남사가 밝힌 작의, "세상이 메마르고 거칠수록 사람들은 무엇에든 의지하려 든다. 혹은 종교에 혹은 금전에 지위에 명예에 그리고 혹은 사랑에. 그러나 의지하고 부축하는 인간사회에 있어서 가장 으뜸가는 중요 문제는 애정 문제일 것이다"(조남사, 1957b, 67쪽)로 미루어 보아 이 의지의 지지대가 되는 애정의 해피엔드는 처음부터 정해져 있던 '기획'으로 보인다. 이러한 판단에는 앞서 보았던 "인생역마차"의 폐지 이유도 하나의 방증(傍證)이 된다.

　조남사는 해피엔드의 개연성을 높이기 위해, 용복을 '거세된 현대인'인

32) 조남사는 이의 의미를 다음과 같이 에둘러 표현했다. "소위 요즘 작품들은 대개 에로에 치중해서 인간 본연의 아름다운 면을 등한하고 인간 본연의 어두운 곳만을 들춰 내 가지고 인간 심리를 역이용하려 드는 경향이 있습니다. 그럴수록 인간은 아름다움을 갈구하게 되는 것이라고 봅니다"(조남사; 김형근 외, 1957, 7쪽). 여기서의 인간은 미망인으로 바꾸어도 내용에서 차이가 없다.

로맨스 영웅으로 설정하고, 용복의 가족을 나오지 않게 했으며, 용복과 애자를 과거 첫사랑의 관계로, 김 사장을 청교도적인 인격의 소유자로 만들었고, 애자에게는 자식이 없도록 했다. 그러나 당시 사회적 필요성은 컸지만 가부장제의 극심한 통제로 인해 거의 재혼하지 못했던 미망인들의 현실(이임하, 2004)에 비추어 볼 때, 전통적 여인상의 여주인공에게 돌아간 사랑의 승리는, 이보다 훨씬 사실적인 "동심초"의 주인공 숙희의 좌절에 비하면 꿈·판타지에 가까운 결과다.[33] 이 판타지는 강자를 선호하는 현실적 가치관에 대한 대중의 자기반발 심리를 대리 실현해주면서(강영희, 1990, 151쪽), '객관적 현실'이 주는 억압성에 지쳐 있던 당시 청취자들의 정서구조를 위로해 주었다.[34] 그리고 무엇보다도 이 꿈은 생활의 '명랑화'를 추구하면서, 전쟁으로 인해 동요된 가부장제를 보수하려 했던 당시의 체제와 방송조직이 추구했던 것이기도 하다. 따라서 이 꿈은 다른 한편으로 멜로드라마가 가진 친체제성을 가장 잘 보여주는 대목이 된다. 미국 숍·멜로의 낙관적 결말이 대중광고주와 관련

[33] 실제 "동심초"에서는 남자 주인공인 상규의 꿈속에서 숙희의 숨겨진 욕망이 드러난다. 이 점에서 이런 류의 체념 드라마를 리얼리즘적이라고 말하는 것은 객관적 현실과 대비시켜본다면 그리 그릇된 것은 아니다. 물론 이를 두고 '비현실 속의 현실과잉'(이경 2002)이라는 비판적 수사를 쓸 수 있으나 현실/과잉의 양식이야말로 멜로드라마의 전형적 수법이다.

[34] "청실홍실"만은 아니지만, 1950년대 라디오드라마의 인기는 여성 주부층에 한정되지 않았다. 당시 중·고등학교 및 국민학교 교사를 대상으로 한 조사에서 "인생역마차"를 포함해 드라마는, 1위부터 6위까지 그리고 8위를 차지했다. 이 조사의 특기할 부분은 그 대상이 일정 교육수준 이상의 교사라는 점이고, 이 인기가 남녀 사이에 차이가 별로 없다는 점에 있다. 드라마는 명실 공히 전 국민적인 장르로 발돋움한 것이다(한국방송공사, 1987). 물론 이 점에는, "인생역마차"를 비롯해 대부분의 드라마가 온 가족이 접근 가능한 프라임타임대에 편성되었다는 점, 라디오 외의 레저 수단이 거의 없었다는 점 등의 요인이 작용했다고 볼 수 있다.

된 경제적 소비주의에 1차적 원인이 있었다면, "청실홍실"의 경우는 사회적· 정치적인 목적과 대중적 정서에 있었던 것이다.

셋째, 당시 선풍적인 인기를 모은 "자유부인" 등에 비해 "청실홍실"은 표현 면에서 훨씬 더 보수적이면서 통제된 것이라는 특성을 지니고 있다. 앞서 주 32에서 인용한 조남사의 말 중에서 '에로에 치중한 요즘 작품들'은 "자유부인"을 비롯한 당시의 영화들이었을 것으로 추측된다. 조남사는 이들과 다르게 인간 본연의 아름다운 면을 강조하겠다고 했지만, 다른 한편으로는 동숙이가 방송이 아닌 곳에 태어났다면 좀 더 부패된 성 세계에 들어갔을 것이라고 하면서 영화와 다른 방송의 특성을 짚고 있다. 멜로드라마에서 표현의 한계는 대체로 악역에 의해 규정되는데(Cawelti, 1976), 이 드라마에서 그런 인물은 동숙이다. 그렇지만 동숙의 캐릭터는 "자유부인"에 비해 성에 대한 시도조차 하지 않아 청취자에게는 매우 통제된 방식으로 약간의 일탈만을 허용한다. 동숙은 곧 계몽을 당하고 '착한 여자'로 돌아오는 것이다. 이와 같이 남성우위 사회에 대한 여성의 '작은 위협과 큰 처벌' 또는 '작은 일탈과 큰 교훈'과 그로 인한 해피엔드는 이후에도 방송 멜로드라마의 중요한 한계로 자리 잡게 된다.

넷째, "청실홍실"은 나름대로 연속의 장점에 대한 연구가 뒷받침된 준비된 솝오페라였다. "청실홍실"은 주간 단위이기는 하였지만, 연속이 지니는 장점, 곧 시간적인 여유를 가지고 내러티브를 전개하며, 매 회 끝나는 순간에 아슬아슬한 장면을 배치하여 다음 회에 대한 호기심을 자극하고, 청취자와 계절적 전기(이를테면, 크리스마스나 '창밖의 눈', 새해 등)를 함께 하는 등 '친숙한 이웃'으로서의 장점을 누릴 수 있었다. 물론 느린 전개와 반복적 대사, 에피소드식 구성 등은 단막극에 익숙한 비평자들에게는 낯선 것이었다.[35] 그래서 당시 김울(1958)은, "연속드라마는 충분한 시간적인 신축성을 가지고 있는 까닭에 아무래도 각 국면 전개에 있어서 이완된 느낌을 주고 있으며, …… 심한 경우에는 한 회 치를 빠뜨리고 안 들었어도 …… 큰 불편 없이 다음 치에 잇닿을 수 있는 것이다. 개개의 경우 지루해지기가 일쑤였다"고 비판했으나 이는 앞서 제시한 가정 내 여성의 지위를 반영한 숍오페라의 특성을 무시한 것으로 볼 수 있다. 그러나 이러한 비평 형태는 텔레비전에도 꾸준히 이어져 특히 1970년대 일일연속극에 대한 비판의 큰 논거가 된다(오명환, 1994).

다섯째, 등장인물의 숨겨진 욕망을 드러내는 직설적인 대사는 "청실홍실"의 큰 장점이었다. 역시 작품이 남아 있지 않아 많은 예를 들기 어려우나 남아 있는 자료에서도 일부는 확인이 가능하다. 예를 들면, "당신(애자)에게 필요한 것은 사랑이 아니라 남성 바로 그것일 거예요"(극중 동숙의 말; 조남사, 1957a, 169쪽; 괄호는 인용자), "내 앞에 애자라는 여성이 나타나지만 않았던들 나는 동숙이와 결혼했을 거야"(극중 용복의 말; 168쪽), "한 여자가 한 남자를 사랑하는데 무슨 자격이 필요해요!"(극중 애자의 말; 169쪽) 같은 대사는 이의 단면을 보여준다. 이러한 직설적 대사는 "춘향전" 같은 전래의 고전이나 신파에서도 즐겨 쓰였던 것으로 나중의 김수현에서 개화(임우기, 1998)되는 우리 드라마 나름의 중요한

---

35) 물론 예외가 있었다. 당시 윤병일은 다음의 인용문에서 보는 바와 같이 이 장르의 특성을 비교적 분명하게 알고 있었다. 그러나 이러한 인식은 보편화되지 못했다. "한 장면 한 장면의 몫이 강조되는 듯 하면서도 뚜렷한 클라이막스 없이 청취자의 흥미를 전통적인 '어째서 그렇게 되었는가?'에서 '어떠한 일이 일어나고 있는가?'로 이끌어 나아가고 있었다는 점은 분명히 초기의 연속방송극으로서 큰 성공이 아닐 수 없는 것이다. 작중 인물들의 개성과 전체적인 플롯의 대칭이 정확히 계산되어 있지 못하여 청취자가 받는 인상과 감명이 매일 매일 뚜렷하게 깊어가지 못하였다는 사실은 필연적으로 대중성을 띠어야 하는 연속 방송극에 있어서는 과히 중요하지 않은 문제로 돌릴 수도 있는 것이다"(윤병일, 1958, 31쪽).

특징이다.

이외에 드라마투르기에서도 일정한 발전이 있었던 것으로 보인다. 최요안(1959, 27쪽)은 "장면의 색채감이 뚜렷한 점", 인물의 동작과 주변의 물건을 "극의 시츄에이션과 융화시킨 점" 등을 이 발전의 한 부분으로 꼽았다. 또 서구 연구자들은 크게 주목하지 않은 것이지만, "청실홍실"을 비롯한 한국 솝오페라·멜로드라마의 인기에는 주제가 역시 한 몫을 했다. 오프닝 때의 주제가는 직전의 내용을 청취자에게 환기시켜 주고, 드라마에 몰입할 수 있는 나름의 정서를 조성한다. 이러한 주제가에서도 "청실홍실"은 크게 성공한 기원이 된다.36)

4. 결론

한국 최초의 창작·장편·솝오페라·멜로드라마 "청실홍실"은 여러 면에서 많은 유산을 남겼다. 특히 그것이 애정 소재를 다룬 멜로드라마였다는 점은 한국 방송드라마의 특성이 멜로로 형성되는 데 첫 단추의 역할을 했다. "청실홍실"은 비교적 뚜렷하게 선형적인 플롯, 로맨스 주제와 터부적 소재, 운명적 우연과 반전, 개연성 있는 해피엔드 등을 기본 구성으로 하여 성격과 역할이 확실하지만 나름의 내면을 가진 구체적이고 근대적인 개인을 주요 캐릭터로 등장시켰다. 작가 후기에서 조남사가 주로 등장인물들의 특성을 나열하면

---

36) 당시 이 노래를 작곡한 손석우는 나중의 회고에서 방송이기 때문에 품위를 생각했고 그래서 세미클래식하게 작곡했다고 말했다. 이 주제가는 1970년대에 TBC가 청실홍실을 리바이벌 했을 때에도 그대로 사용되었고, 결코 '골동품' 같은 느낌을 주지 않았다고 한다(손석우, 2004).

서 자신의 작품을 평가했던 것은 이 점에 대해 그만큼 주의를 기울였다는 방증이다.

이 프로그램은 대중 장르에서는 신파극, 방송에서는 "인생역마차", 영화에서는 "자유부인" 등에 한편으로는 영향을 받았으나, 다른 한편으로는 이들과 상당한 차별성을 보였다. "청실홍실'은 근대적 캐릭터의 등장, 개연성 있는 해피엔드, 특정하게 구분되지 않는 선악, 인물 내면의 자각과정 등에서 신파극과 달랐다. 또 "청실홍실"은 실화를 드라마화한 "인생역마차"와 기본적인 설정이 유사하나, 사건 진행적 내러티브와 로맨스 플롯을 가졌다는 점에서 차이를 보였다. 또 "자유부인"과는, 당시의 가치관의 대립과 갈등을 그리면서 금기 위반에 대한 처벌을 통해 교훈적 가치를 설파하는 이중성을 같이 보여주었지만, 표현이나 정도 면에서 훨씬 강도가 약했다. 이러한 유사점과 차이점은 "청실홍실"이 반영한 리얼리즘적 일상과 방송의 계몽적 성격에 기인하는 것이었다.

"청실홍실"이 다룬 '지금 이곳의' 일상은 사극·어린이극·각색 수기에 머물러 있었던 방송드라마의 세계에 새로운 지평을 열어주었다. 당시 큰 사회적 문제였던 미망인의 성은 다루는 그 자체로 하나의 사회비판이 되었다. 또 해피엔드는 당시 공동체가 공유하고 있던 꿈을 가상 실현해주었다. 그러나 이 꿈은 당시의 체제와 방송조직이 추구했던 것이기도 해서 "청실홍실"은 멜로드라마가 가진 친체제성을 여실히 보여준 사례가 되었다. 그리고 동숙의 수난과 계몽적 결말은 남성우위 사회에 대한 여성의 '작은 위협과 큰 처벌' 또는 '작은 일탈과 큰 교훈'의 공식으로 남게 되었다. 또 "청실홍실"은 나름대로 연속이 지니는 장점을 발휘하여 청취자와 일상을 함께 하는 등 '친숙한 이웃'으로서의 장점을 누릴 수 있었다. 등장인물의 내면을 드러내는 직설적인 대사, 드라마투르기, 주제가 등에서도 "청실홍실"은 방송드라마의 수준을 한 단계 끌어올렸다.

그러나 이후에 나온 드라마들과 1960년대의 라디오드라마 붐 등에서 "청실홍실"의 이 같은 측면은 계승되기도 단절되기도 했다. 계승의 하나는 "동심초"(조남사 작, 1959) 등의 애정 소재 드라마였고, 그 둘은 "로맨스 빠빠"(김희창 작, 1959), "박서방"(김영수 작, 1960) 등의 홈드라마였다. 이러한 드라마의 이면에는 전통과 근대의 갈등, 금기의 파괴와 복원 같은 사회적 문제가 깔려 있었다. 그러나 이 같은 계승은 1960년대의 사회적 변화―드라마의 영화화, 상업방송을 비롯해 급증한 방송(들) 사이의 치열한 경쟁, 빠른 산업화·도시화와 라디오의 대중적 보급 등―와 극심한 표현의 한계가 맞물리면서 점차 단절되어 갔다. 드라마의 상업화가 지배하면서 수준 낮은 멜로드라마, 곧 '양식 자체의 과잉', '멜로를 위한 멜로'가 성행하게 된 것이다. 이 드라마들에게도 사회적 '기의'(signified)가 없지는 않았으나, 이러한 기의는 양산의 공식 속에 묻혀 버렸다. 그리고 이러한 유산들은 텔레비전에 그대로 이어져 한국 방송 문화의 근간을 형성했다.

■ 참고문헌

강영희(1989). 「일제강점기 신파양식에 대한 연구」, 서울대 석사논문.
강영희(1990). 「김수현 문학과 대중의식의 변증법」, 『사상문예운동』 제5호, 127~155쪽.
김미도(1992). 「1930년대 대중극 연구: 동양극장 대표작을 중심으로」, 『어문논집』 제31집, 285~316쪽.
김방옥(1983). 「한국 연극사에 있어서의 신파극의 의미」, 『이화어문논집』 제6호, 181~208쪽.
김영수(1959). 「작가일기」, 『씨나리오문예』 제4호. 52~56쪽.
김용수(1999). 『한국 연극 해석의 새로운 지평』, 서강대학교 출판부.
김울(1958). 「비약의 1년」, 『방송』 12월호, 56~62쪽.
김형근 외(1957). 「좌담회: 방송문예 향상을 위하여」, 『방송』 9월호, 4~9쪽.
김훈순·김은정(2000). 「한국 멜로영화의 장르 연구: 관습의 반복과 변형」, 『한국방송학보』 제14-1호, 113~154쪽.
김희창·조풍연(1961). 「만들어서 나쁠 건 없지」, 『방송』 11월호, 38~42쪽.
노정팔(1968). 방송 부문. 문화공보부(편), 『한국의 언론』.
노정팔(1995). 『한국 방송과 50년』, 나남.
문윤곤(1957). 「연속방송극 부움의 1년」, 『방송』 12월호, 38~39쪽.
문화방송(1992). 『문화방송 30년사』.
『방송』 편집부(1959). 「연속방송극 다이제스트」, 『방송』 겨울호. 44~47쪽.
변재란(2002). 「1950년대 감독연구: 홍성기 감독의 신문소설의 영화화 경향을 중심으로」, 『영화연구』 제20호. 184~209쪽.
서연호(1982). 『한국근대희곡사연구』, 고려대민족문화 연구소.
서인숙(2000). 「멜로드라마의 여성적 독해에 관한 비판적 고찰: "미워도 다시 한 번"을 중심으로」, 『영화연구』 제15호, 115~148쪽.
손석우(2004). 구술사. http://oralhistory.arko.or.kr/oral/archive.
신아영(1995). 「신파극의 대중성 연구」, 『한국극예술연구』 제5집, 67~95쪽.
오명환(1994). 『TV 드라마 사회학』, 서울: 나남.
원희(1957). 「획기적으로 전진한 1년」, 『방송』 12월호. 36~38쪽.

유지나(1999).「멜로드라마와 신파」, 유지나(외),『멜로드라마란 무엇인가』, 서울: 민음사.
윤병일(1958, 4월호).「작품으로 본 라디오드라마」,『방송』, 36~39쪽.
윤석진(2004).『한국 멜로드라마의 근대적 상상력』, 서울: 푸른 사상.
이경(2002).「비현실적 여성드라마, 어떻게 볼 것인가?」,『여성학연구』제12권 제1호, 75~89쪽.
이승희(2002).「멜로드라마의 이율배반적 운명: "사랑에 속고 돈에 울고"와 "어머니의 힘"을 중심으로」,『민족문학사연구』제20호, 208~237쪽.
이영미(2003).「신파 양식의, 세상에 대한 태도」,『대중서사연구』제9집, 7~33쪽.
이영미(2007).「1950년대 방송극」,『대중서사연구』제17집, 105~148쪽.
이영일(1969).『한국영화전사』, 한국영화인협회.
이영일(2002).『이영일의 한국영화사 강의록』, 서울: 소도.
이원희(1963).「방송극작가에 바란다」,『방송문화』12월호, 16~19쪽.
이임하(2004).『여성, 전쟁을 넘어 일어서다』, 서울: 서해문집.
이효인(2001).「영화」, 한국예술종합학교 한국예술연구소(편),『한국현대예술사대계Ⅱ』, 시공사.
임우기(1998).「집과 밥과 말과 사랑: "사랑과 야망"에 대하여」, 김포천 외(편),『김수현 드라마에 대하여』, 서울: 솔.
장혜전(2002).「동양극장 연극의 대중성」,『한국연극학』제19호, 5~42쪽.
조남사(1957a).「방송극 청실홍실을 맺기까지」,『주부생활』7월호, 167~169, 204쪽.
조남사(1957b).「방송극 청실홍실을 맺기까지」,『방송』7월호, 67~69쪽.
「조선일보」1964. 2. 9.
조항제(2003).『한국 방송의 역사와 전망』, 서울: 한울.
주유신(2001).「"자유부인"과 "지옥화": 1950년대 근대성과 매혹의 기표로서의 여성 섹슈얼리티」, 주유신(외),『한국영화와 근대성』, 서울: 소도.
주창규(2001).「한국 영화의 힘! 멜로드라마적 상상력과 역사의 파토스」, 김소영(외),『한국형 블록버스터 아틀란티스 혹은 아메리카』, 서울: 현실문화 연구.
차범석(1960).「방송극을 해부한다」,『방송』여름호, 35~37쪽.
차범석(1991).「일본의 신파연극이 한국연극에 미친 영향」,『예술원 논문』제30호, 187~218쪽.
최선열·유세경(1999).「텔레비전 드라마의 역사성 연구: 정치적·경제적 변화 요인을 중심으로」,『한국 방송학보』제13호, 7~46쪽.
최요안(1959).「방송문예 15년사」,『방송』가을호, 24~27쪽.
한국방송공사(1977).『한국 방송사』.
한국방송공사(1987).『한국 방송 60년사』.

한국방송공사(1997). 『한국 방송 70년사』.
「한국일보」 1957.2.10.
황인성·원용진(편)(1997). 『애인: TV드라마, 문화 그리고 사회』, 한나래.
홍재범(2002). 『한국 대중비극과 근대성의 체험』, 서울: 박이정.
Allen, R. (1985). *Speaking of soap operas*. Chapel Hill: Univ. of North Carolina Press.
Allen, R. (1995). Introduction. In R. Allen(ed.), T*o be continued: Soap opera around the world* (pp.1-26). NY: Routledge.
Ang, I. (1985). *Watching Dallas: Soap and the melodramatic imagination*. London: Methuen.
Ang, I. (1990). Melodramatic identifications: Television fiction and women's fantasy. In M. E. Brown(ed.), *Television and women's culture: The politics of the popular* (pp.75-88). London: Sage.
Brooks, P. (1976). *The melodramatic imagination: Balzac, Henry James, melodrama and the mode of excess*. New Haven: Yale Univ. Press.
Cantor, M. & Pingree, S. (1983). *The soap opera*. Beverly Hills: Sage.
Cawelti, J. (1976). *Adventure, mystery, and romance: Formula stories as art and popular culture*. Chicago: UNiv. of Chicago Press.
Elsaesser, T. (1972/1987). Tales of sound and fury: Observations on the family melodrama. In C. Gledhill(ed.), *Home is where the heart is* (pp.43-69). London: British Film Institute.
Feuer, J. (1984). Melodrama, serial form and television today. *Screen*, 25(1), pp.4-16.
Fiske, J. (1987). *Television culture*. London: Routledge.
Geraghty, C. (1991). *Women and soap opera: A study of prime time soaps*. Cambridge: Polity Press.
Geraghty, C. (2006). Discussing quality: Critical vocabularies and popular television drama. In J. Curran & D. Morley(eds.), *Media and cultural theory* (pp.221-232). London: Routledge.
Gledhill, C. (1991). *Signs of melodrama*. 곽현자(역)(1999), 『스타덤: 욕망의 산업 II』, 시각과 언어.
Gledhill, C. (1992/1994). Speculations on the relationship between soap opera and melodrama. In N. Browne(ed.), *American television: New directions in history and theory* (pp.123-144). NY: Harwood Academic Publishers.
Gledhill, C. (1997). Genre and gender: The case of soap opera. In S. Hall(ed.), *Representation: Cultural representations and signifying practices*

(pp.337-386). London: Sage.
Gripsrud, J. (1995). *The Dynasty years: Hollywood television and critical media studies*. London: Routledge.
Himmelstein, H. (1997). Melodrama. In H. Newcomb(ed.), *Encyclopedia of television* (pp.1035-1037). Chicago: Fitzroy Dearborn Publishers.
Lacey, N. (2000). *Narrative and genre: Key concepts in media studies*, NY: St. Martin's Press.
Lavin, M. (1995). Creating consumers in the 1930s: Irna Philips and the radio soap opera. *Journal of Consumer Research*, 22, pp.75-89.
Liebes, T. & Livingstone, S. (1998). European soap opera: The diversification of a genre. *European Journal of Communication*, 13(2), pp.147-180.
Lozano, E. (1992). The force of myth on popular narratives: The case of melodramatic serials. *Communication Theory*, 2(3), pp.207-220.
Meyers, C. (1997). Frank and Anne Hummert's soap opera empire: "Reason-Why" advertising strategies in early radio programming. *Quarterly Review of Film & Video*, 16(2), pp.113-132.
Modlesky, T. (1982/1991). The search for tomorrow in today's soap opera. In M. Landy(ed.), *Imitation of Life: A reader on film & television melodrama* (pp.446-465). Detroit: Wayne State Univ. Press.
Neale, S. (1986). Melodrama and tears. *Screen*, 27(6), pp.6-22.
Nowell-Smith, G. (1977/1987). Minnelli and melodrama. In C. Gledhill(ed.), *Home is where the heart is* (pp.70-79). London: British Film Institute.
O'Donnell, H. (1999). *Good times, bad times: Soap operas and society in Western Europe*. London: Leicester Univ. Press.
Storey, J. (1996). *Cultural studies and the study of popular culture*. Athens: Univ. of Georgia Press.
Valaskivi, K. (2000). Being a part of the family? Genre, gender and production in a Japanese TV drama. *Media, Culture & Society*, 22(3), pp.309-325.
Williams, C. T. (1992). *"It's time for my story": Soap opera sources, structure, and response*. Westport, CT: Praeger.
Wittebols, J. (2004). *The soap opera paradigm: Television programming and corporate priorities*. Lanham, MD: Rowman & Littlefield.

03
지역방송과 지리학

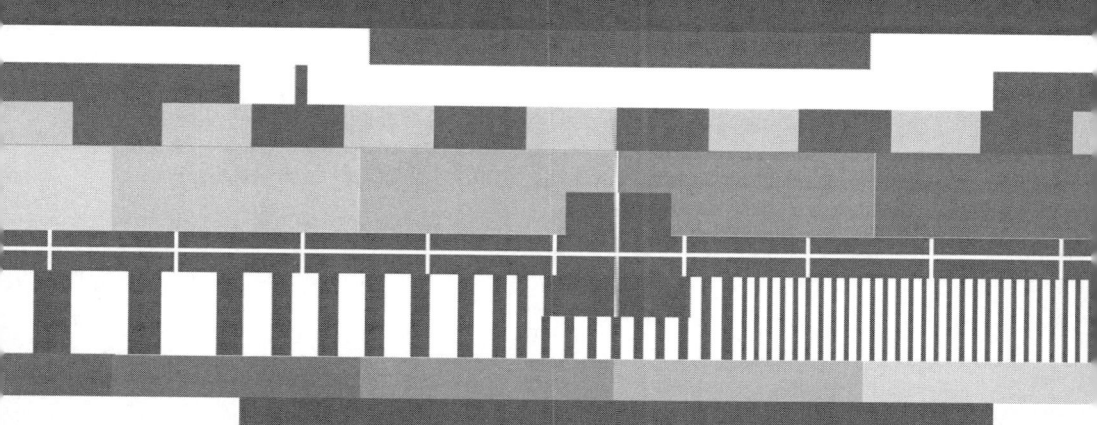

7장
지역 방송과 (탈)근대적 지리학

1. 미디어와 지리

마르크스주의 지리학자 소자(Soja, 1989)가 사회학에서는 지리학적 인식이, 지리학에서는 사회학적 인식이 없어 인간이 놓인 시공의 좌표를 온전히 이해하지 못한다고 비판한 지도 꽤 오랜 시간이 흘렀다. 그러나 지금에 이르러서도 이 주장은 퇴색되지 않고 오히려 그 설득력을 더하고 있다. 그 이유는 지역 간 불균등 발전이 변함이 없고(보기에 따라서는 더 기승을 부린다고 할 수도 있다), 오히려 새로운 형태의 불균등도 나타나 '지리의 독재'(Gillespie & Robins, 1989)가 여전한데도 사회의 이해에서 지리학적 인식이 커지지 않고 있기 때문이다.

특히 새로운 불균등은 역설적으로, 시간과 공간을 압축시켜 지구의 상대적 크기를 줄이는데 크게 기여했다는 미디어와 정보 테크놀로지(Harvey, 1989)에서 발생했다는 점에서 결코 지리의 중요성은 사라진 적이 없다. 사실 이 점은 '국가의 목소리'(national voice)로 불리면서 국민국가를 하나의 커뮤니케이션 공동체로 만들었다는 정평을 받는 방송에서는 자주 지적된 문제이기도 하다. 적어도 같은 전파 범위 내에서는 거리에 관계없이 동일한 정보와 문화를 주는 편재적(ubiquitous) 미디어인 방송도 결국 네트워크의 소재가 있는 장소와 그렇지 않은 장소의 차이라는 새로운 경계를 만들었기 때문이다. 해이(Hay, 2001)의 말을 빌리면, 국가적(또는 전국적) 방송의 역사가 실제로는 국가 전체가 아닌 '이동성의 체제'(regimes of mobility)에 따라 달라지는 도시와 도시, 지역과 지역 사이의 권력관계를 반영하는 역사였던 셈이다.

이 장은 이러한 지리적 권력관계가, 기존의 지상파 네트워크와는 비교할 수 없는 효율을 지닌 위성방송이나 공간의 구속성을 한 단계 더 무력화시킬 휴대용 TV인 DMB 등이 보편화될 시점에 이르러서도 결코 사라지지 않는다는 관점하에 지역 방송의 새로운 좌표를 읽기 위한 이론적 논의를 하자는 데 목적이 있다. 이를 위해 이 연구는 먼저 근대사회 이론에서 지리적 장소가 폄하되는 과정을 요약·설명한다(2절). 그리고 이를 유형화하여, 3절에서 살펴볼 대안적 관점과 비교한다. 3절에서는 최근 들어 이러한 장소의 중요성이 복원되는 과정, 달리 말해 미디어의 동질화(de-differentiation) 효과를 비판하는 관점을 미디어 이론에 초점을 맞춰 전개한다.

소자(Soja, 1989)는 이 관점을 가리켜 탈근대적 지리학이라고 불렀지만, 다른 많은 탈근대 이론가(로 알려진 이)들에게서도 장소의 폄하가 발견되는 것으로 미루어 사실 이 명칭은 그리 적절하지 않다. 이 점에 비추어 몰리(Morley, 1996)가 자신의 글에서 탈을 괄호에 넣은 '(탈)근대'로 표현한 것은 일리가 있어 보인다. 3절에서는 이러한 몰리의 입장에서 장소의 복원 주장을 미디어의 동질화 효과 비판에 초점을 두어 고찰한다.

4절에서는 지역 방송을 이러한 관점에 연계시켜 두 가지를 살펴본다. 첫째는 최근 등장해 호응을 얻고 있는, 내용과 장소(또는 '사회적인 것'과 '지리적인 것')를 분리·대립시켜 후자보다 전자를 중시하는 나폴리(Napoli,

2000; 2001)의 주장을 비판적으로 재검토하고 이의 대안으로 지역 방송의 공간적 좌표를 일종의 '인터페이스'(interface)로 보는 관점을 제시한다. 둘째는 시카고와 마이애미의 사례를 통해 최근에 등장한 미디어캐피탈(media capital) 개념을 재검토하고 장소(지역)와 미디어(방송)의 관계가 새로운 경계를 낳고 있음을 보여준다. 마지막으로 결론부분에서는 이러한 미디어캐피탈의 한국적 적용의 문제를 원론적 차원에서 제기한다.

2. 미디어와 장소 '폄하'

근대의 특징에 대해서는 여러 측면에서 접근이 가능하지만, 영국의 사회이론가 기든스(Giddens, 1984)가 주목한 점은 근대에 들어 나타난 시간과 공간의 새로운 조직화였다. 그에게 근대인의 '개별적 (현)존재(presence)라는 한계는 어떻게 극복 되었는가', '근대적 사회관계는 어떻게 시간과 공간을 가로질러 확장하게 되었는가'라는 물음은 근대 사회이론의 가장 중심적인 문제였다. 기든스에게 근대의 특징은 시간과 공간의 분리, 그리고 그 관계의 재조직이었던 것이다.

이 관계의 재조직에서 우선된 것은 시간이었다. 근대를 배태한 19세기의 가장 큰 강박은 역사, 곧 시간이었다는 푸코(Foucault; Morley, 1996에서 재인용)의 지적에서처럼 마르크스나 베버, 뒤르켕 등의 주요 근대 이론가들에게서 근대성의 조건은 시공에서 지리적 장소·공간이 추상화 또는 제거되는 과정이었다. 이를 하비는 그들이 "시간과 역사를 공간과 지리보다 우위에 놓았다. 거기서 그들은 공간과 지리를 결코 중요한 문제로 다루지 않았다. 그들에게 이는 고정된 배경이거나 역사적 행위를 위한 하나의 장에 불과했다. ……

공간적 관계와 지리적 구조가 만들어지는 방식은 별반 중요하지 않은 것으로 무시되었다"(Morley, 1996, p.317에서 재인용)고 주장했지만, 정작 자기 자신도 1989년 저작(Harvey, 1989)에서는 시간을 우선하고 공간을 폄하했다는 비판을 받았다(Massey, 1992). 공간이 무시되고 시간이 중시된 이 과정에서 시간은 근대의 표상인 이동성과 변화, 유연성에, 그에 대조되어 공간은 정체와 뿌리, 고착 같은 전근대적 표상에 맞추는 이분법적 사고가 생겨났다(Soja, 1989). 그리고 다음과 같은 서술은 매우 당연한 것으로 여겨졌다.

교통·커뮤니케이션·미디어가 크게 발달한 근대사회가 되면서 인간의 대부분의 것을 관장했던 '영토'로서의 장소는 계속 자신의 면모를 유지할 수 없었다. 장소와 장소 사이의 이동시간이 크게 줄어들면서 거리의 '마찰'이 작아지고(교통), 많은 사회적 관계들이 물리적 '공존'(co-presence) 없이도 가능하게 되면서(커뮤니케이션 - 미디어) '비동시적인' 두 장소의 시간적 '동시화'가 가능해진 것이다. 이는 기존의 장소 개념에 시간 차원을 도입한 것으로, 이를 통해 고정된 본질주의적 의미의 장소 개념은 동적이며 상대적인 의미의 공간 개념으로 탈바꿈하게 된다. '시-공간의 원격화'(Giddens, 1991)나 '시-공간의 압축'(Harvey, 1989)은 이러한 변화를 집약한 말이다.

이러한 교과서적 서술을 미디어와 공간(또는 장소)의 관계로 좁혀 보면 근대적 사회관계와 공간의 (재)구성에서 미디어가 가지는 위상과 그에 대한 사고를 추론할 수 있다. 이론적으로 볼 때, 미디어가 먼저 포착한 공간은 '상상된 공동체'로서의 국가였다. 앤더슨(Anderson, 1991)은 인쇄기술과 이를 이용해 생산된 신문이 서로 전혀 알지 못하는 사람들로 하여금 아침마다 마치 기도를 드리듯 같은 행위를 하게 만들었으며, 이것이 국가를 하나의 공동체로 '상상'할 수 있게 된 바탕이 되었다고 주장한다. 미디어공동체로 부를 수 있는 이 공동체는 신문에 비할 바 없이 강했던 방송(엄밀하게 말해, 국가적 방송시스템)에 이은 최근의 사이버 공동체에서 그 의미가 더욱 커진다.

이는 미디어가 장소에 구애받지 않고 집단·공동체의 정체성이나 문화를 생성시키는, 일종의 표준화 효과를 가진다는 것을 의미한다. 달리 보아 이 효과를 주장하는 사고는 장소 자체의 '물리적 다양성'보다 미디어가 재현·전달한 메시지를 통해 이루어지는 '정신적 동질화'를 우위에 놓는 것이다. 이를테면 기든스(Giddens, 1991)는, 미디어가 신문의 1면에서 잘 볼 수 있듯이 뉴스 가치 외에는 아무런 공통점이 없는 사건과 사건들을 병렬시킨 하나의 '콜라주'로서, 사건이 일어난 개개의 장소는 모두 무시하고 당시의 시간만 남긴다고 주장한다. 이는 철도나 전신을 통해 처음으로 커뮤니케이션과 교통이, 그리고 메시지가 그 용기의 물리적 운동으로부터 분리되었다고 보면서 시간과 공간의 파괴를 말하는 근대주의 일부(Carey, 1989)나 텔레비전을 통해 느끼는 소속감을 '내가 본다'는 의미에서라기보다는 '보이는 사람들 가운데 내가 있다'는 인식이 사람들 사이에 널리 공유될 때 확립되는 집단 정체성이라고 주장하면서, 단순히 TV가 지리에 영향을 미치는 수준이 아니라 아예 TV가 자신의 지리를 만든다고 주장하는 래스의 'TV지리'(Rath; Morley, 1996에서 재인용), "전자매체는 기본적으로 내용을 통해서가 아니라 사회생활의 '상황적 지리'(situational geography)를 바꿈으로써 우리에게 영향을 미치는 것"으로 보는 메이로위츠의 주장(Meyrowitz, 1985, p.6) 등과 상통하는 것이다.

특히 이후의 연구자들에게 큰 영향을 끼친 메이로위츠는 고프만(E. Goffman)과 맥루한(M. McLuhan)을 나름의 이론으로 결합해 미디어를 통한 '정보흐름의 패턴 변화가 얼마나 상황을 다르게 정의하게 하느냐'에 초점을 맞춘다. 그는 이 변화가 사회적 상호작용의 환경을 재조직해 인간의 행동에 영향을 미친다고 주장한다. 커뮤니케이션의 고도화가 가진 경계 극복의 힘이, 사람들이 전통적으로 자신이 서있는 곳이 어딘지를 깨닫게 해주는 사회적 역할과 위계(제) 또한 변화시킨다는 것이다. 그의 주장은 게토의 한 셋방이나 교외에 사는 한 소녀의 집 전화·컴퓨터가 기업 스위트룸의 전화·컴퓨터와 같은 잠재성을 갖고 있다고 하는 데서나 또는 케네디 대통령의 장례식을 시청한 수백만의 사람들은 "결코 장소가 아닌 '장소' 속에 있었으며"(Meyrowitz, 1985, p.146), 매일 저녁 텔레비전을 보는 사람들도 "벽이나 거리, 이웃이 아닌 시간적 '경험'에 의해 규정되는 장소 속에 있다"고 주장하는 데서 잘 드러난다. 우리는 장소에서 세계를 지각하지만 우리가 가진 지각은 결코 장소적인 것이 아니라는 것이다.[1] 이론적 바탕에서 다소 차이가 있기는 하지만 톰슨(Thompson, 1995) 또한 이에 동의한다. 톰슨은 미디어가 공유된 장소적 환경에 얽매이지 않은 새로운 형태의 사회적 상호작용과 권력행사 방식을 창출했다고 주장한다. 물론 톰슨은 메이로위츠와 달리 미디어의 지배 이데올로기 전파나 미디어 자원에 대한 의존도 급증 등의 부정적 측면도 함께 주목한다.

이렇게 사회관계에서 공간이 그리고 이보다 덜하지만 시간도 함께 약화되는 과정은 이른바 탈영토화(de-territorialization)로 표현되는, 이전의 장소가 가진 영토적 의미가 탈색되는 과정과 거의 다르지 않다. 이러한 주장의 성격은 공간의 차원과 개념을 '지리적/사회적', '절대적/상대적'인 것으로 나누어 2×2로 유형화한 다음의 [표 7-1]을 보면 잘 알 수 있다.

여기에서 공간을 지리적/사회적 차원으로 구분한 이유는, 이전에는 가족/가정, 공동체/지역, 국민국가/국가영토처럼 "물리적 장소로 명확하게

---

[1] 이는 공동체 생활을 구성하는 제도적 얼개나 집단 규범보다 개인의 타자에 대한 경험이나 커뮤니케이션 방식에 우위를 둔 분석으로 볼 수 있다.

[표 7-1] 공간의 차원과 개념

공간의 차원	공간의 개념	
	절대적	상대적
지리적 공간	본질·용기로서의 장소	(장소 내) 구성요소 사이의 위치 관계의 틀/ 지리적 관계와 질서 속에 배태된 (물질적) 대상의 지형
사회적 공간	인정/배제의 사회적 공간 (예: 국민-국가)	사회적 관계, 상징체 (예: 사이버공간)

출처: 프리에스(Pries, 2005, p.172)를 일부 수정.

규정된 지리적 공간이 하나의 사회적인 공간과 (일대일의 '배타적' 관계로) 일치했던"(Pries, 2005, p.171; 괄호는 인용자) 것이 지금은 달라졌기 때문이다. 또 절대적 공간과 상대적 공간의 구분은 공간 자체에 어떤 본질적 특성을 부여하는 관점과 이러한 특성을 인정하지 않고 요소 또는 물적 대상 사이의 위치 관계의 틀 또는 지형을 공간으로 보는 관점 사이의 차이에 따른 것이다. 상대적 관점에서 사회관계는 주어진 용기(적 공간)에 의해 제한받는 것이 아니라 오히려 공간을 구성한다. "사회적 실천이나 인공물, 상징 같은 요소가 없다면 사회적으로 또는 사회학적으로 유효한 공간도 있을 수 없다"(Pries, 2005, p.172)는 것이다.

[표 7-1]에서 보면, 근대주의자들은 절대적·지리적 공간인 본질·용기로서의 장소가 그 비중이나 의미를 잃고 상대적·사회적 공간인 사회적 관계와 상징체제 방향으로 대체되고 있다고 주장하는 것으로 볼 수 있다. 먼저 거리의 마찰이 약화되면서, 지리적 공간에서 사회적 공간이 분리되고(바꿔 말해 사회적 동질성이 지리적 근접성을 벗어나고), 다양하게 확장된 사회적 관계에 의해 지리적 특성이 분해되고 선별되면서 새로운 공간과 공간 인지가 나타난다는 것이다. 이는 결국 공간이 상대적·사회적인 것으로 변모해가고

있다는 뜻이다.

이에 비해 다음에 살펴볼 이를 비판하는 관점은 기본적인 공간인 절대적·지리적 공간을 포함해 공간의 개념이 다층적·다차원적으로 '확대'되고 있다는 점을 강조한다.2) 그러니까 이 관점은 장소가 사회적 공간으로 변화된다는 지적에 그치지 않고, 역으로 사회적 관계 또한 항상 공간적 형태와 내용을 가지며 그 공간이 일정한 효과, 즉 공간이 사회에 대해 일정한 반작용을 가진다는 점을 강조한다는 것이다(Massey, 1992). 그러니까 전자와 비교해 볼 때, 후자의 관점은 공간을 지리적·사회적·절대적·상대적인 것을 모두 포괄한 다차원적 개념으로 보는 것이다.

3. 미디어의 동질화 효과론 비판

이렇게 근대라는 시기와 공간의 상대화·사회화 또는 (미디어에 초점을 맞추면) 미디어의 동질화 효과를 일치시키는 주장은 그 이면에 담긴 시간 중심성과 미디어 중심성, 공간 폄하와 테크놀로지 결정론 등으로 인해 지리학뿐만 아니라 포스트구조주의 정치경제학, 탈구조주의 페미니스트 지리학, 역사고고학과 조경고고학, 생태인류학 등의 다양한 분야에 걸쳐 집중적

---

2) 그래험은 미디어(테크놀로지) 결정론을 비판하는 연구자군을, 정치경제학과 문화 연구의 주장인 '공진화' 관점과 행위자 네트워크 이론에 기초한 '재조화' 관점으로 나누고 있는데(그러나 이 둘의 차이는 그렇게 크지 않다. 이를테면 앞서 나온 하비는 양측에 모두 핵심적인 주장을 제공한다), 이중에서 공간의 다차원화를 주장하는 측은 '재조화' 측으로 이들은 물리적 장소와 사회적 공간 사이의 상호작용, 테크놀로지와 사회적 세계 사이의 고도로 조건화된 연계, 시간과 공간 사이의 밀접한 연계를 뜻하는 '시공간체제' 등에 주목한다(Graham, 1998).

인 비판을 받게 된다(Escobar, 2000). 이들은 근대주의가 모든 장소의 시간이 서구적 근대를 향한다는 목적론적·일률적 시간관에 빠져 있어 지리적 장소의 특수성이 가진 여전한 구속력, 불균등 발전을 비롯한 장소의 정치성을 보지 못하고 있다고 비판한다.

페미니스트 지리학자 매시(Massey, 1992)는 앞서 보았던 기든스식 통념에 반대해, 장소가 공동체와 동일시되는 안정된 정체성을 제공한다는 것은 '법칙'이라기보다는 오히려 '예외'였다고 말하면서 장소는 오래 전부터 "매우 다양한, 또 자주 갈등하는 수많은 공동체들이 교차하는 복잡한 현장"(p.8)이었다고 주장한다. 그녀가 내세우는 가장 큰 변수는 성(性)이다. 같은 지리적 공간이라 하더라도 이 공간은 남자와 여자에게 결코 같은 것으로 인식되지 않았다. 만약 그렇다면 근대 이전에도 이미 사회적·상대적 공간은 존재하고 있었던 셈이다. 또 무어스(Moores, 2004)는 지금의 현상을 초장소화(trans-localized)로 부르면서 근대주의의 무장소화(non-localized) 주장을 비판한다. 무어스가 보기에 장소는 고도화된 것이지 없어진 것이 아니다. 스캐넬(Scannell, 1996) 역시 미디어에 의해 장소가 무력화 된다고 하기보다는 실제의 장소와 미디어의 장소로 '이중화' 된다고 보는 것이 더 적절하다고 말한다. 그러니까 이들은 테크놀로지로 인해 장소와 장소 사이의 관계가 더 긴밀해지고 공간의 층위가 다원화·복합화될 뿐이지 그것이 없어지거나 주변화되는 것은 아니라고 주장한다.

또 같은 맥락에서 미디어의 동질화 효과 역시 비판 받는다. 매시는 미디어가 사라지게 했다는 장소는 단순한 물리적 자리가 아닌 "많은 역사들과 많은 공간들의 접합점"(Massey; Couldry, 2000, p.25에서 재인용)이며, 그 역사 또한 현재만큼이나 지속적으로 재규정되는 가변적인 것이라고 한다. 몰리(Morley, 2001) 역시 미디어가 창출하는 공간이 기존의 공간과 동떨어진 것이 아니며 오히려

"국가(또는 도시)라는 물리적 공간 속에 있는 사람들을 유형별로 분배하는 지리적 문제"(p.435)와 강한 '병행'관계에 있다고 지적한다.

예를 들면, 런던의 중심부에 있는 파이낸셜센터는 낮에는 주로 고액의 연봉을 받는 백인·남자 주식중개인들로 넘친다. 그러나 새벽 4시가 되면 유색·소수민족으로 이루어진 낮은 급료의 여자 청소부들로 채워진다. 이러한 공간과 사람의 서로 다른 밀집 현상은, 어떤 사람들이 어떤 (방송) 장르에 더 익숙한가를 반영하는 방송의 편성에서도 유사하게 나타난다. 즉 낮에는 주로 주부 대상의 솝오페라 같은 프로그램이, 밤에는 온 가족을 상대하는 시트콤, 버라이어티쇼 같은 프로그램이 편성되는 것이다. 이러한 현상은 물리적 장소가 가진 의미가 가상·표현의 공간에서도 그대로 병행·반영되며, 어느 쪽이 다른 한쪽을 일방적으로 지배한다기보다는 서로가 서로를 강화하는 방향으로 작동하고 있음을 보여준다.

근대주의자들의 동질화 주장 역시 여러 측면에서 비판받는다. 우선 이의 과도 일반화가 지적된다. 미디어가 조성하는 효과가 동질하지 않고 장소에 따라 불균등하게 나타난다는 실증적 결과들이 간과되었다는 것이다. 장소와 공간이 미디어에 의해 정복되는 단순한 지리적 장애물이 아니고, 이러한 동질화가 사실은 새로운 차별화를 낳았으며, 이 점이야말로 미디어와 그 사회적 영향을 판단하는 데 가장 중요한 부분이라는 점이 망각되었다는 것이다(Couldry, 2000). 로저스는 사이버 공동체라는 '장소'는 실재하지 않으며, 그 대신에 "자주 교차하고 각각이 사용자와 비사용자에 영향을 미치는 수많은 온-오프라인 공간이 있을 뿐"(Rodgers, 2004. p.288)이라고 한다. 이러한 인식은 최근의 글로벌화에도 적용된다. 카스텔은 "우리는 지구촌에 살고 있는 것이 아니라 글로벌하게 생산되고 지역적으로 배급되는 '작은 집'에 살고 있을 뿐이다"(Castells; Calhoun, 1998. p.389에서 재인용)라고 말한다. 커틴(Curtin, 2000)은 초국적 미디어의 동질화효과 주장에 대해 '통합'과 '동질화'가 다르며 지금 초국적 미디어는 오히려 차이를 관리하고, 이를 통해 불균등 발전과 차이·장소의 위계화를 도모하고 있다고 비판한다.

또 미디어중심성과 테크놀로지 결정론도 비판받는다. 퍼거슨은 근대주의자들의, "커뮤니케이션 테크놀로지가 시간 - 공간의 차이를 의미 없게 만드는 힘을 거의 일방적으로 행사한다"는 결정론적 주장은 이미 수많은 증거에 의해 부정되었으며, "사람들이 뉴미디어나 올드미디어에 각기 다른 접근권을 가지듯이, 다양한 문화와 다양한 사회집단, 그리고 다양한 권력의 제도적 출처들은 시간과 공간의 경계들을 각기 다르게 인식하고, 범주화하고, 강조한다"(Ferguson, 1990, p.153)고 주장한다. 캐리(Carey, 1989)나 소니(Sawhney, 1996)에 따르면 근대주의의 이면에는 '전송'(transmission)이 모든 것을 결정하는, 결정론의 관점이 깔려있다. 캐리는 단순 전송과 문화화가 전혀 별개의 것임에도 이를 같게 여기는 것이야말로 조야한 미디어 중심성의 발로라고 비판한다. 소니도 이러한 전송 관점이 인간 커뮤니케이션의 목적을 정보의 단순 전달이나 행위의 조정 차원으로 축소시킨다고 주장한다. 또 근대주의자들은 언제든지 어느 곳에서든지 모든 정보에 대한 접근이 가능하다는 '무 장소'의 유토피아를 말하나 그러한 견해는 마치 테크놀로지와 그 발전이 사회적·경제적·정치적·문화적 맥락 바깥에서 이루어지는 것처럼 실제를 호도한다. 그들은 테크놀로지 면에서 가능한 것을 사회적으로 필연적이거나 불가피한 것으로 인식함으로써 결정론의 함정에 빠진다(Gillespie & Robins, 1989).

이러한 비판은 쿨드리(Couldry, 2000)도 공유한다. 그는 "왜 우리는 미디어의 커버리지가 우리가 가진 지역에 대한 소속감을 약화시킨다기 보다는 지역 사이의 상호 연계를 더욱 증가시킨다고 생각하지 못하는 걸까?"(p.30)라고 물으면서, 미디어로 인해 공간적 경계가 없어지는 것이 아니라 새로운 경계가 생겨나고 있다고 주장한다. 여기에서 그가 말하는 새로운 경계는 미디어의 생산지와 소비지가 분리되는 지점이다. 그는 미디어 역시 공간 속에서 조직된 사회적 과정중의 하나라는 점을 환기시키면서, "우리의 지역에 대한 소속감은 미디어 메커니즘이 실제로 존재하는 곳에서, 우리가 볼 수 있는 곳에서 우리가 실제로 보고 있다고 상상할 수 있는 곳, 바로 그 생산과정이 있는 곳에서 정말로 강해진다"(p.30)고 말한다. 실제 자신의 터전에서 느끼는 사회관계와 미디어가 만드는 이미지가 일치되지 않는 곳에서는 둘 사이의 갈등과 긴장이 미디어의 동질화 효과를 매개하고 약화시킨다는 것이다. 이러한 미디어의 생산과 소비의 분리가 공간적으로 구별되는 지점이야말로 새로운 경계다. 미디어는 한편으로는 동질화를 촉발시켰지만, 다른 한편으로는 또 다른 차별화를 불러온 것이다. 더구나 현대사회에 들어 재영토화로 부를 수 있는 다양한 종류의 새로운 경계가 만들어지면서 장소·공간의 의미는 정치적·문화적인 영역으로 오히려 심화되고 있다(Couldry, 2000; Massey, 1992; Morley, 1996).

이는 현대의 도시를 하나의 상상적 '제도'로 보는 다음과 같은 로빈스의 주장에서 단적으로 볼 수 있다. 그에 따르면, 도시는 그 안에 살고 있는 도시민들에게 "하나의 범위—가능성과 한계—를 정해준다. 이 범위 안에서, 어느 특정한 시점에, 우리는 도시생활을 상상할 수 있고, 생각할 수 있고, 경험할 수 있다. 말하자면 그것은 도시가 디자인·계획·운영되는 하나의 미적이면서 지적인 영역을 (다시) 규정한다"(Robins; Anderson & Curtin, 1999, p.292에서 재인용; 괄호는 인용자). 여기에서 도시의 지역성은 지역미디어, 건축, 음악, 각종 도시개혁 프로젝트 등이 어우러져 만들어진 총합으로 "도시의 공간에 구조와 의미를 부여하고 그 공간에 살고 있는 사회집단 사이의 관계를 매개하는 담론과 관행들의 한 산물"(Anderson & Curtin, 1999, pp.291~292)로 포괄적 범위를 지닌 정체성이다.

4. 복원된 장소와 지역 방송

(1) 내용과 장소

이처럼 장소는 최근 들어 중요한 이론적 변수로 새삼 부각되고 있다. 그러나 방송 이론에서 그 궤적은 다른 사회 이론과 차이가 있다. 장소감이 없는 방송('no sense of place')에서 장소, 또는 더 구체적으로는 그 장소를 우선하는 로컬리즘은 처음부터 '보호'받지 않으면 안 되는(달리 말해, 그만큼 미디어가 악영향을 끼치는) 나름의 중요한 가치였기 때문이다. 앤더슨과 커틴(Anderson & Curtin, 1999)은 그 이유를 구조적 측면에서 찾아 "근대사회에서 (미디어가) 시간과 공간의 차원을 재조직하고, 일관되면서 응집된 방식으로 '로칼'을 이론화하기 어렵게 또는 규제하기 어렵게 사적 시간을 재구성하고 새로운 형식의 공간과 사회관계를 만들기 때문"(p.295; 괄호는 인용자)이라고 지적한다.

따라서 테크놀로지가 발전하고 방송인자가 더 늘어나자 방송에서 로컬리즘 가치를 추구하려는 노력은 더 많은 한계에 부딪힐 수밖에 없었다. 방송정책 면에서 이 점은 나폴리 등(Napoli, 2000; 2001; Silverman & Tobenkin, 2001; Stavitsky, 1994; 한국에서는 강명현·홍석민, 2005)에 의해 '지리적인 것'과 '사회적인 것'을 구분해 방송의 지리적 소재지보다 사회적 내용을 더 강조하는 입장으로 제기되었다. 구체적으로 보면 주 제작스튜디오의 장소보다 내용에서 지역적 관심사를 다루느냐, 지역민의 관심을 모을 수 있느냐를 더 우선하는 것이다.

이에 따르면 로컬리즘은 그 해당 지역에서 제작했느냐의 여부와는 아무런 관계가 없다. 그리고 이 점은 특히 정책적 규제에서 민감해진다. 이를테면 나폴리(Napoli, 2000; 2001)는 미국 FCC의 로컬리즘 정책이 실패한 이유를 로컬리즘과 전파 사이의 부조화에서 찾으면서, 장소가 전파를 구속하는 능력이 더욱 약화될 수밖에 없는 미래에는 로컬리즘을 기존의 지리적 지역성에 못지

않게 문화적 (사회적) 지역성에서 찾아야 한다고 주장한다. 특히 탈규제 이후 지역 방송이 지역의 현안을 도외시하는 경향이 뚜렷하게 나타나므로 '지역 방송의 산물이 곧 로컬리즘'이란 등식은 성립하지 않아(특히, 미국의 경우, Bishop & Hakanen, 2002 참조) 이 주장은 상당한 설득력을 가진다.

그러나 지리적 경계를 약화시키면서 사회적인 경계를 강조하는 이 입장은 자칫 매우 중요한 장소와 공간의 문제를 폄하할 수 있는 우려가 있다. 앞서 본 대로 현대에 들어 장소·공간은 물리적·지리적 측면을 넘어서는 복합성을 지닌다(초장소화). 그러나 그렇다고 해서 그 측면들이 일방적으로 약화되는 것만은 아니다. 그만큼 정체성에서 지리적 소재가 차지하는 비중이 여전하다는 것이다. 이 점에서 "(지역 방송을 포함해 지역미디어는) 뉴스와 엔터테인먼트를 생산하는 그대로 지역적 정체성도 <u>만들 수밖에 없다</u>"는 카니스(Kaniss, 1991, p.383; 괄호와 밑줄은 인용자)의 주장은 상당히 유효하다. 왜냐하면, 첫째, 뉴스가치로만 따진다면 더 강력한 경쟁자가 국내외에 많이 있으므로 지역 방송이 자신의 특장을 살릴 수 있는 방법이 이 길밖에 없으며, 둘째로는 이 길이 그 지역의 가치와 구성원에 대한 귀속의식·동질의식을 키우고 그 지역의 의사결정에 대한 참여를 높이면서 자신의 생산물인 뉴스가 가지는 가치도 같이 높이기 때문이다. 셋째, 지역 엘리트와 지역민의 이해를 반영하는 지역 발전, 특히 경제적 발전에서도 지역 미디어는 이해를 같이한다. 경제적 발전이 공간·인구를 확장시키고 광고비의 파이도 키우기 때문이다.

또 방송의 생산 및 소비의 분리가 지역을 구분하는 새로운 경계선으로 등장하고 있고, 생산에 대한 참여와 의사결정이 새로운 권한이 되고 있는 시점(Couldry, 2000)에서 내용에 대한 일방적인 강조는 자칫 오해를 부를 수 있다. 나폴리 역시도 탈중심화(곧 분권화)의 가치를 고려하려 할 때는 순수하게 소재지를 중시하는 관점도 큰 가치를 지닌다는 점을 상기시키고 있다.

왜냐하면 이 같은 가치를 중시하게 되면, "로컬리즘은 …… 내용 …… 과 관계없이, 수용자들이 보는 프로그램과 관련된 의사결정권 자체의 지역분산을 촉진하는 것이 되기 때문이다. 이것의 동인은 순수하게 구조적인 차원에 있으며 내용은 그렇게 중요하지 않다. 그래서 통제력과 의사결정의 지역분산이 정책의 중심 목적인 경우에는 로컬 편성의 지리적 정의가 더 적절한 판단의 기준이 된다"(Napoli, 2001, p.382; 밑줄은 인용자). 이 점은 지역미디어의 의의가 "개별 구성원(지역민)이 결과를 결정하거나 영향을 미칠 수 있는 일정한 수준의 힘을 갖는 데"(Pateman; Carpenter, Lie, & Servaes, 2003, p.55에서 재인용; 괄호는 재인용자) 있다는 점을 말해준다. 따라서 내용을 중시하는 관점이 필요하다는 나폴리의 주장은 기왕에 제기된 장소근본주의의 문제를 보완하는 것으로 봐야지 장소의 중요성을 부정하는 것으로 봐서는 안 된다.

이러한 '물적 공간'과 '정신적 내용'의 상호보완적 관점은 지금 같은 글로벌시대에는 카스텔이 말하는 "흐름과 장소의 공간3) 사이에서 정보의 흐름과 해석을 원활하게 하는 하나의 톱니"(Hutchins, 2004, p.584)의 필요성, 글로벌과 로컬이 만나는 인터페이스(interface)에서 양자의 관계를 해석해주고 이를 알리는 기제의 필요성으로 직결된다. 이는 인터넷 같이 테크놀로지 발전이 제공하는 지역 바깥의 정보원에 대한 단순한 접근 능력의 확대와는 다른 것이다. 지역의 관점으로 각종 지역 내외의 사안을 해석해줌으로써, 로컬화

---

3) 흐름의 공간은 카스텔(Castells, 2000)의 개념으로, 카스텔은 이를 "흐름을 통해 작동하는 시간을 공유하는 사회적 실천의 물질적 조직"(536쪽)으로 다소 어렵게 정의하는데, 풀어 설명하면 자본·정보·기술·조직적 상호작용의 흐름처럼 물질적 조직이 만드는 새로운 공간형태다(이를테면, '금융·주식거래의 공간' 같은 것을 말한다). 카스텔에 따르면 이러한 흐름의 공간은 장소의 공간에 일정하게 의존하지 않으면 안 되므로 장소는 흐름에 저항할 수 있는 기반이 된다.

로 글로벌화에 개입하고 글로벌한 사안도 주체적으로 소화하는 가능성(또는 필요성)인 것이다.4) 이 가능성이 현실화된다면 지역 방송의 사안은 지역 내에 머무르지 않으면서 더 지역화 될 수 있고, 지역 방송에 위협으로 간주되었던 미디어테크놀로지의 고도화는 오히려 지역 방송의 능력 신장에 도움이 될 수 있다.

이러한 지역 방송의 위상은 다음의 [그림 7-1]과 같이 도식화할 수 있다. 이 그림에서 지역 방송은 기존의 '장소 공간'과 새로운 '흐름 공간' 사이의 인터페이스에서 이를 중재·조정한다. 여기에서 '다층성'과 '원격성', 그리고 '다면성'·'인접성' 같은 다소 생소한 개념에 대해서는 약간의 설명이 필요하다. 시간과 공간의 압축·원격화 등을 극대화하는 흐름의 공간은 여러 공간의 층이 겹쳐진 다층성과 한 사회적 공간을 여러 개의 장소에 동시화시키는 원격성을 지닌다. 여러 장소에 산재된 다양한 영역과 계층의 사람들이 같은 시간에 화상회의를 하거나 주식거래를 한다고 보면 이해가 쉬울 것이다. 이에 비해 장소의 공간은 여러 사회적 공간이 한 장소에 함께 공존하는 다면성5)과 장소 사이의 가까운 관계가 형성시키는 사회적 공간, 즉 지리적 인접성이 낳는 동질적 공간을 지닌다. 지역 방송에서 주로 규범화되는 지역성은 주로 (상대적으로 작은) 공동체에 따르는 안정성·친근성·다면성·인접성 같은 장소적 특수성인 데 비해, 거리의 마찰이 없는 위성방송 등이 추구하는 가치는 효율성이나 다층성, 원격성 등을 포괄하는 동시간적 보편성이다. 이 그림에서 중요한 것은 어느 한쪽의 성격보다는 상호의존성을 가지는 이 둘 사이의 인터페이스의 성격과 역할, 두 공간이 맺는 갈등과 절충 등의 관계

4) 이것이야말로 로버트슨(Robertson, 1992)이 말한 글로컬화다.
5) 한 장소가 동시에 정치·사회·문화 등의 사회적 공간으로 역할 하는 것을 말한다.

[그림 7-1] 공간의 인터페이스와 지역 방송

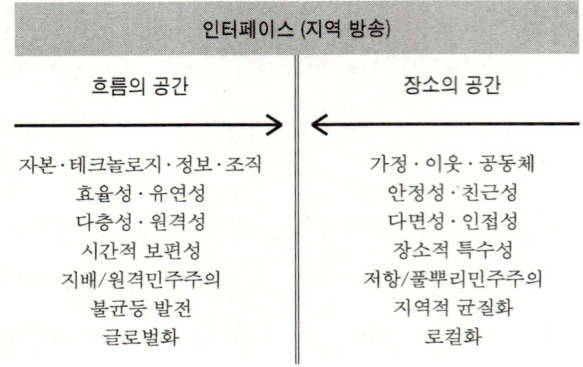

이다. 이는 지역 방송 뿐만 아니라 앞서 언급했던 여러 사회이론들이 같이 주목했던 부분이기도 하다(Moores, 1993).

 방송시장·조직이 지역적일수록 더 많이 글로벌한 공급자에 의존하지 않으면 안 된다는 로빈스와 콘포드의 역설[6](Robins & Conford, 1995)이 성립하는 지역 방송이 흐름의 공간 편에서 장소의 공간에 (악)영향을 미친다면, 중앙·글로벌의 지배를 피해 "(지역적) 삶의 양식을 유지하면서 그 삶이 시민적 상상과 융합할 수 있는 형식과 수단"(Friedland, 2001, p.383)을 개발하기 위해 노력하는 지역 방송은 그 반대편에 서 있다고 할 수 있다.

(2) 미디어캐피탈과 새로운 경계

 미디어는 주 스튜디오가 있는 장소(도시)와 불가분의 관계에 있고, 그 장소의 조건과 더불어 이를 매개하는 정치·경제·언어·문화적 조건과 긴밀하

---

6) 시장규모가 작아 스스로 제작비를 조달하기 어려울수록 싼 값에 프로그램을 공급하는 글로벌 기업에 기대기 쉽다는 것을 말한다.

게 상응한다. 이를 개념화한 것이 최근 커틴(Curtin, 2003)이 제기한 미디어캐피탈(media capital)이다. 커틴에 따르면 미디어캐피탈은 자원과 인력이 모이고 새로운 문화형식을 가진 세대가 만들어지고 그것이 순환되는 장소다.7) 미국에서는 할리우드나 뉴욕이 전형적인 미디어캐피탈이며 아시아에서는 홍콩이나 봄베이가 그러하다. 최근 들어서는 새롭게 각광받는 한류로 인해 한국의 서울 또한 미디어캐피탈로 손색이 없다.

이 개념은 해당 도시의 정치·경제적 위상과 밀접하게 맞물려 있기는 하지만 할리우드 등이 보여주는 바대로 반드시 이와 일치하는 것은 아니며, 또 절대적 규모 자체가 커야 하는 것도 아니다. 미디어캐피탈이라는 용어를 쓰지는 않았지만, 싱클레어(Sinclair, 2003)의 마이애미 분석도 같은 맥으로 볼 수 있고, 카스텔(Castells, 1999)이 말한 결절(nodes)과 허브(hubs)도 이와 깊은 관련이 있다. 다음에서 살펴볼 두 사례는, 하나는 다른 조건이 변하지 않은 상태에서 미디어캐피탈의 지위를 잃은 시카고이고(Curtin, 2003), 다른 하나는 그 지위를 얻은 마이애미다(Mato, 2002; Sinclair, 2003).

제작비가 저렴해 지역 방송과 네트워크 방송의 차이가 그렇게 크지 않았던 라디오 시절만 해도 시카고는 숍오페라와 가족코미디 같은 새로운 장르를 개발하는 등 방송의 중심지 중의 하나였다. 텔레비전의 초창기 때도 FCC가 로컬리즘 정책을 계속 장려했고 네트워크도 지역 방송과의 원활한 제휴를 원했으므로 시카고의 지위는 유지될 수 있었다. 그러나 1950년대 중반 이후 보급률이 비약적으로 상승한 텔레비전이 드디어 국가적 미디어가 되고, 대량생산/소비가 정착되면서 (지역)시장을 통합시킬 필요성이 커지자 네트워

---

7) 커틴의 정의는 장소적이지만, 필자가 보기에 이 개념은 원래의 개념으로 보이는 부르디외의 '상징적 자본'처럼 장소이기도 하면서 자본·자원이기도 한 다의적 의미를 지닌다.

크들은 자신의 통제권을 강화하기 시작했다. 당시 네트워크는 자신에게 쏟아진 큰 광고수요에 비해, 숫자도 3개뿐이고(제4의 네트워크인 두몽은 1955년에 망함), 그나마도 대부분의 광고량이 지역의 광고주와 대행사에 의해 좌우되어 자신이 보유하고 있는 양이 턱없이 적었다. 따라서 네트워크는 수요에 맞춰 공급량도 늘려야 했고 그에 따라 지역에 맡겨진 프로그램의 통제권도 회수해야 했다. 이 과정에서 네트워크는 뉴욕이나 시카고의 생방송 제작자들이 아닌 할리우드의 영화제작자들에게 눈길을 돌렸으며 그들에게 이전보다 제작비용이 훨씬 많이 들고 자신들의 지휘를 받는 텔레비전용 영화시리즈(telefilm)를 제작하도록 했다. 이러한 새로운 제휴는 네트워크가 소유한 대부분의 시카고 지역 방송에 즉각 적용되었다. 그러나 이렇게 미국의 텔레비전이 할리우드 텔레비전이 되면서 지역 편성은 네트워크의 '재미있는 것'에 끼워지는, 시청하기에 '성가신 존재'(nuisance)가 되었고, 시카고 방송을 비롯한 지역 방송은 곧 황폐화되기 시작하였다(Curtin, 2003).

이렇게 방송 로컬리즘이 황폐화되면서 일부 (지역용) 뉴스를 제외한 대부분의 프로그램은 네트워크에 의해 선별된 일부 장소에서만 생산되고 통제되었으며 방송에 등장하는 장소 역시 제한되었다. 방송이 동시에 다양한 장소의 수많은 수용자들에게 다가가면서 마치 장소를 뛰어넘은 것처럼 보였지만, 사실은 그렇지 않았고 네트워크의 소재지는 여전히 중요했던 것이다(Scannell, 1996). 미국의 경우 뉴스(와 재정, 경영)는 뉴욕에서, 기타 대부분의 프로그램은 할리우드에서 생산된다. 이 점은 방송지도가 지리적 지도나 정치적·경제적 지도와 결코 같지 않음을 잘 보여준다.

그 장소 속의 사람 역시 마찬가지였다. 방송에 등장하는 사람들은 대부분 수도권·대도시 출신, 전문직을 가졌으며, 방송에서 이들은 자신의 주장을 일반화시키는 권력(generalizing power)을 가진 '의견'을 말할 수 있었지만,

지역·비도시·일반 사람들은 재해나 사고, 범죄 등을 당해 그저 이를 '경험'할 뿐인 객체로 등장했다(Scannell, 1989 참조). 이러한 '의견'과 '경험'의 차별이야말로 지금의 체제가 가진 근본적 모순 중의 하나라 해도 과언이 아니다.

또 하나의 사례 마이애미는 할리우드를 제외하면 첫 손가락에 꼽히는 국제 장르인 텔레노벨라의 미국 내 최다 생산지이면서, 최근 크게 성장하고 있는 히스패닉 네트워크인 텔레문도와 유니비전의 본산으로 새로운 미디어 캐피탈이 되고 있다(Sinclair, 2003). 원래 마이애미는 산업자본이나 노동, 상품 이동과 같은 근대의 도시경제와는 관련 없는 플로리다 남단의 조그만 관광도시였다. 그러나 20세기에 접어들면서 가깝다는 이유로 카리브해 연안에서 값싼 노동력이 모여드는 집산지가 되었고, 특히 1950년대에 쿠바가 공산화되면서부터는 미국의 지원을 받은 쿠바 및 라틴아메리카의 자본가들이 본국과 거래하는 교역의 본거지가 되었다. 지금의 마이애미는 라틴아메리카를 상대하는 모든 다국적기업의 본부가 있고 미국에서는 뉴욕 다음으로 국제금융이 많이 이루어지며, 낮은 세금에 값싼 노동력이 갖춰진 경제 중심도시가 되었다.

이러한 마이애미를 보면 경제적 중심지로서의 현재의 면모 뒤에는 상당한 정치적 이유가 숨어 있음을 알 수 있는데, 마이애미가 경제에 더해 미디어 캐피탈로까지 성장하게 된 배경에는 다양한 인구구성과 언어가 있다(Sinclair, 2003). 마이애미에는 1950년대의 쿠바 외에도 꾸준하게 라틴아메리카에서 노동력이 유입되어 2000년 센서스로 볼 때 히스패닉이 인구 전체의 66%에 달한다. 이런 정도이니 기존의 백인과 흑인들조차 스페인어를 배워야 하는 압력이 존재하는 도시가 된 것이다. 마이애미의 이러한 분위기는 영어헤게모니가 여전한 미국 내의 전반적인 흐름과는 반대되는 것으로, 특히 히스패닉 사람들에게는 큰 친근감을 제공한다. 또 이에 맞춘 텔레비전과 음악(물론 영화는 아니다) 또한 이 도시를 미국이 아닌 라틴의 도시로 만들었으며, 다시 이 점이 또 다른 히스패닉 방송(유니비전)을 유치할 수 있는 매력으로 작용했다. 이를 통해 마이애미는 지리적 측면에서 미국의 도시이면서도 라틴 히스패닉 문화의 허브가 될 수 있었다.

이러한 미디어캐피탈은 미디어가 자신의 지리를 만드는 것 못지않게 자신도 조직화된 공간에 의해 긴밀하게 영향 받는다는 점을 잘 보여준다. 따라서 필요한 것은, 미디어의 생산과 소비의 장을 통해 "어떻게 사회적 관계가 공간적으로 조직되느냐", 그리고 "미디어가 어떻게 특정한 장으로부터 또는 장을 교차해서, 또 항상 그렇게 다른 장소와 관계를 맺으면서 생산되느냐"(Hay; Couldry, 2000, p.25에서 재인용; 원래의 영화를 미디어로 교체)를 모두 고려하는 미디어-공간적 인식이다. 이러한 인식 중에 가장 중요한 것은 역시 미디어가 만드는 새로운 경계와 차별, 억압이다. 모든 도시나 지역이 미디어캐피탈이 될 수 있는 것은 아니지만, 또 정치적·경제적 캐피탈이 자동적으로 미디어캐피탈이 되는 것도 아니지만(물론 그럴 가능성은 높다), 분명한 점은 미디어캐피탈이야말로 또 다른 불균등 발전의 한 산물이라는 점이다.

5. 결론

시카고나 마이애미가 미디어캐피탈로 각기 실패·성공하는 과정은 미디어 영역이 정치·경제 영역과 긴밀하게 상응하면서도 같지는 않은 '상대적 자율성'을 가지고 있음을 보여준다. 또 미디어캐피탈이 새롭게 지역을 구분하는 경계의 한 축을 형성하고 있음도 엿볼 수 있다. 시공간의 원격화·압축을 통해 지리적 독재를 극복한 커뮤니케이션 미디어의 고도화가 물리적 장소와 관련해 새로운 차별을 만든 것은 매시(Massey, 1992)가 말한 '권력 기하학' (power geometry)이 장소감이 없는 미디어를 통해서도 만들어지고 있음을 상기시켜 주며, 흐름의 공간과 장소의 공간이 상호작용하는 양상의 일면도 잘 보여준다.

많은 미래학자들은 미래로 가면 갈수록 미디어와 그 기반 테크놀로지인 정보통신기술이 중요해질 것으로 예측한다. 권력기하학에 비추어 볼 때, 이 점은 미디어가 정치경제에 못지않은 새로운 차별과 경계로 등장할 것임을 말한다. 최근 들어 이 점은 각 나라와 도시의 영화 '유치' 정책에 잘 반영되어 있다. 장소마케팅이 활성화되면서 할리우드의 집중성이 완화되고 있는 것이다. 또 이를 정책으로 옮기면, 분권과 지역민주주의가 비단 정치권력이나 경제현장에만 한정되지 않아야 함을 일깨워준다.

이러한 논의의 무대를 한국으로 옮겨올 경우, 우리는 자연스럽게 다음의 질문을 떠올리지 않을 수 없다. 한국의 미디어 집중은 사회에 해악을 끼치는 사회적 문제인가? 또 이 집중은 정치·경제적 집중에 비해 어떤 차별성을 가지는가? 만약 분권정책을 추구한다면 그 구체적인 방안은 무엇인가? 새롭게 등장하는 뉴미디어들은 이러한 집중을 부추길 것인가? 아니면 완화할 것인가?

또 미디어캐피탈과 관련해서는, 한국은 국제적 측면에서 미디어캐피탈을 형성할 수 있는가? 유례없는 서울 집중이 구조화되어 있는 한국사회에서 미디어캐피탈이 서울 이외의 지방에서 만들어질 수 있는가? 더 구체적으로 물어, 국제영화제의 성공을 발판으로 최근 영상산업을 특화시켜 발전을 꾀하고 있는 부산이 미디어캐피탈이 될 수 있는 가능성이 있는가? 또 미디어캐피탈과 지역 방송을 연계시켜, 현재의 지역 방송과 지역 방송의 향후 전망은 미디어캐피탈을 목표로 할 수 있는가?

이 모든 질문에 대한 대답은 물론 지금으로서는 가설적인 것조차 현실감 있게 하기 어렵다. 그러나 분명한 것은 이미 미디어가 우리 사회를 이루는 주요 얼개로 되어 있고 우리 사회의 나아갈 방향에서도 미디어의 선택과 향배가 큰 변수로 등장했다는 점이다. 따라서 이 점은 이 향배가 개별 미디어의 판단에 의존할 수도 있지만, 그렇지 않고 얼마든지 지역사회 전체가 목적의식적으로 추구할 수도 있다는 점을 말해준다.

■ 참고문헌

강명현·홍석민(2005). 「로컬리즘과 지역 방송: 사회적 로컬리즘의 개념화를 위한 시론 적 연구」, 『한국 방송학보』 19-1호. 109-141쪽.

Anderson, B. (1991). *Imagined communities,* 윤형숙(역)(2002), 『상상의 공동체』, 서울: 나남.

Anderson, C. & Curtin, M. (1999). Mapping the ethereal city: Chicago television, the FCC, and the politics of place. *Quarterly Review of Film & Video*, 16(3-4), pp. 289-305.

Bishop, R. & Hakanen, E. (2002). In the public interest? The state of local television programming fifteen years after deregulation. *Journal of Communication Inquiry*, 26(3), pp. 261-276.

Calhoun, C. (1998). Community without propinquity revisited: Communications technology and the transformation of the urban public sphere, *Sociological Inquiry,* 68(3), pp. 373-397.

Carey, J. (1989). *Communication as culture.* London: Unwin & Hyman.

Carpentier, N., Lie, R., & Servaes, J. (2003). Community media: Muting the democratic media discourse. *Continuum: Journal of Media & Cultural Stuides*, 17(1), pp. 51-68.

Castells, M. (1999). Grassrooting the space of flows. *Urban Geography*, 20(4), pp. 294-302.

Castells, M. (2000). *The rise of network society.* 김욱한 외(역)(2003), 『네트워크사회의 도래』, 서울: 한울.

Couldry, N. (2000). *The place of media power: Pilgrims and witnesses of the media age,* London: Routledge.

Curtin, M. (2000). Connections and differences: Spatial dimensions of television history. *Film & History,* 30(1), pp. 51-61.

Curtin, M. (2003). Media capital: Towards the study of spatial flows, *International*

Journal of Cultural Studies, 6(2), pp.202-228.

Escobar, A. (2000). Place, power, networks in globalization and postdevelopment. In K. Wilkins(ed.), *Redeveloping communicating for social change* (pp.163-174), Lanham, Maryland: Rowman & Littlefield.

Ferguson, M. (1990). Electronic media and the redefining of time and space. In M. Ferguson(ed.), *Public communication: The new imperatives* (pp.152-172). London: Sage.

Friedland, L. (2001). Communication, community, and democracy, *Communication Research*, 28(4), pp.358-391.

Giddens, A. (1984). *The constitution of society.* Oxford: Polity Press.

Giddens, A. (1991). *Modernity and self-identity: Self and society in the late modern age,* Standford, CA: Standford Univ. Press.

Gillespie, A. & Robins, K. (1989). Geographical inequalities: The spatial bias of the new technologies. *Journal of Communication*, 39(3), pp.7-18.

Graham, S. (1998). The end of geography or the explosion of place? Conceptualizing space, place and information technology. *Progress in Human Geography*, 22(2), pp.165-185.

Harvey, D. (1989). *The condition of postmodernity,* 구동회·박영민(역)(1994), 『포스트모더니티의 조건』, 서울: 한울.

Hay, J. (2001). Locating the televisual. *Television and New Media*, 2(3), pp.205-234.

Hutchins, B. (2004). Castells, regional news media and information age. *Continuum: Journal of Media and Cultural Stuides*, 18(4), pp.577-590.

Kaniss, P. (1991). *Making local news.* Chicago: Univ. of Chicago Press.

Massey, D. (1992). A place called home? *New Formations*, 17, pp.3-15.

Mato, D. (2002). Miami in the transnationalization of the Telenovela industry: On the territoriality and globalization, *Journal of Latin American Cultural Studies*, 11(2), pp.195-212.

Meyrowitz, J. (1985). *No sense of place: The impact of electronic media on social behaviour,* NY: Oxford Univ. Press.

Moores, S. (1993). Television, geography, and 'mobile privatization', *European Journal of Communication*, 8, pp.365-379.

Moores, S. (2004). The doubling of place: Electronic media, time-space arrangements and social relationships. In N. Couldry & A. McCarthy(eds.), *MediaSpace: Place, scale and culture in a media age* (pp.21-36). London: Routledge.

Morley, D. (1996). The geography of television. In J. Hay, L. Grossberg, & E. Wartella(eds.), *The audience and its landscape* (pp.317-342). Boulder: Westview Press.

Morley, D. (2001). Belongings: Place, space and identity in a mediated world. *European Journal of Cultural Studies*, 4(4), pp.425-448.

Morley, D. & Robins, K. (1995). *Spaces of identity: Global media, electronic landscapes and cultural boundaries*, London: Routledge.

Murdock, G. (1993). Communication and the constitution of modernity, *Media, Culture & Society*, 15(4), 521-539.

Napoli, P. (2000). The localism principle under stress. *Info*, 2(6), pp.573-582.

Napoli, P. (2001). The localism principle in communications policymaking and policy analysis: Ambiguity, inconsistency, and empirical neglect. *Poliicy Studies Journal*, 29(3), pp.372-387.

Pries, L. (2005). Configurations of geographic and societal spaces: A sociological proposal between 'methodological nationalism and the 'spaces of flow', *Global Networks*, 5(2), pp.167-190.

Robertson, R. (1992). *Globalization: Social theory and global culture,* London: Sage.

Robins, K. & Conford, J. (1995). Local and regional broadcasting in the new media order. In A. Amin & N. Thrift(eds.), *Globalization, institutions and regional development in Europe*(pp.217-238). Oxford: Oxford Univ. Press.

Rodgers, J. (2004). Doreen Massey: Space, relation, communications. *Information, Communication & Society*, 7(2), pp.273-291.

Sawhney, H. (1996). Information superhighway: Metaphors as midwives. *Media, Culture & Society*, 18(2), pp.291-314.

Scannell, P. (1989). Public service broadcasting and modern public life. *Media, Culture & Society*. 11(1), pp.135-166.

Scannell, P. (1996). *Radio, television & modern life*. Oxford: Blackwell.

Silverman, D. & Tobenkin, D. (2001). The FCC's main studio rule: Achieving little for localism at a great cost to broadcasters. *Federal Communication Law Journal*, 53(3), pp.469-507.

Sinclair, J. (2003). "The Hollywood of Latin America". *Television & New Media*, 4(3), pp.211-229.

Soja, E. (1989). *Postmodern geographies,* 이무용 외(역)(1997), 『공간과 비판사회 이론』, 서울: 시각과 언어.

Stavitsky, A. (1994). The changing conception of localism in U.S. public radio, *Journal of Broadcasting & Electronic Media*, 38(1), pp.19-33.

Thompson, J. (1995). *The media and modernity: A social theory of the media,* Stanford: Stanford Univ. Press.

8장
지역 방송의 지역성 변화
_개념적 접근

1. 방송과 지역성

한국의 사회과학에서 지역[1]은 정치적 문제 때문에라도 가장 중요한 연구 문제 중 하나일 것이다. 서구에서도 한때 스페인이나 북아일랜드 등에서 지역 독립운동이 거셀 즈음에는 지역이 중요했다. 그러나 지금은 그렇지 않다. 이를테면 소자(E. Soja)는 서구의 주요 정치적 정체성으로 지역을 뺀 성, 계급 그리고 인종 등의 세 가지를 제시했고, 카스텔(M. Castells)은 종교를 지금 시대의 가장 강력한 정체성으로 꼽았다(DeLeon & Naff, 2004). 분석의

[1] 여기에서 지역은 개인들이 일상적이고 대면적인 관계를 맺고 사는 상대적으로 작은 규모의 경계를 가진 공간을 말한다. 이러한 지역 개념은 중앙과 지방, 중심과 주변을 전제하는 특정 국가 내 공간과 달리 그 경계와 정체성이 반드시 국가와 일치하지 않으며, 분리 독립을 위한 분쟁을 낳기도 하는 특성을 가진다. 이에 따르면, 국가적 방송시스템과 네트워크에 대한 소속 성격이 강한 방송에서 지역은 '지방'으로 부르는 것이 좀 더 어울리지만, 반대로 그만큼 지역 방송 개념에는 지방에 담긴 주변적이고 종속적인 현실을 벗고 싶다는 목적의식이 반영되어 있다고 할 수 있다. 지방방송이 지역 방송으로 변모되고 있다는 주장을 펴고 있는 이 글에서는 지역 방송 개념을 사용한다.

단위를 국제적인 장으로 넓힌다면 아마도 국가성(nationality) 또는 종족성(ethnicity)이 중요 변수로 추가될 수 있겠지만, 적어도 이들 논자에게 지역은 약화되거나 사라진 변수다.

그러나 최근 들어 한국에서는 지역이 가장 강력한 정치적 변수로 떠올랐고 방송에서도 지역은 중요한 연구주제가 되었다. 1990년대 이전까지만해도 방송에서 지역변수 곧 지역 방송은 비중이 매우 낮았고, 오랜 기간 변화 없이 정체되어서 연구자들의 의욕을 사지 못했다. 1990년대의 지방자치제나 2000년대의 지역분권정책, 1990년대의 지역 민영방송 신설, IMF 구제금융 시절의 통폐합(광역화) '위협', 그리고 위성방송 등의 등장과 디지털화 등의 방송 내외적 변화가 오면서 비로소 지역 방송은 관심의 대상으로 떠올랐다.

그런데 이러한 변화는 비단 우리만의 것은 아니었다. 유럽에서도 라디오가 아닌 텔레비전의 지역분화, 탈중심화 현상은 정치적·문화적·기술적 요인에서 비롯된 비교적 최근의 현상이다. 물론 그 문제점은 이미 오래전부터 지적되어왔다.[2] 텔레비전의 중앙적 획일성 또는 반 지역적 다양성은 특히 영국을 비롯한 유럽 공영텔레비전의 가장 큰 취약점 중의 하나였다(Harvey & Robins, 1994). 그러나 지속적으로 문제가 제기되었음에도 유럽에서 방송의 로컬리즘은 쉽게 진전되지 않았다. 오히려 로컬리즘은 지역적 공간의 차이를 '무시'하는 (더 정확하게는 무시하는 것으로 간주된) 위성방송이나 인터넷 등의 등장으로 인해 버려져야 하는 구질서의 하나로 취급되기도 했고, 탈규제화의 바람으로 지역 텔레비전이 '몸 불리기'의 합병 대상으로 변질되

---

[2] 이를테면 영국의 경우, 이미 1935년에 롭슨(W. Robson)은 『The Political Quaterly』에 BBC에서 비롯되는 방송의 권력 집중화와 중앙화를 지적하면서 지역분화체제를 대안으로 제시했다(Harvey & Robins, 1994).

어 기존의 몫까지 위협받기도 했다. 더구나 유럽의 공영방송 일부는 슬림화 계획의 일환으로 지역사의 규모를 대폭 감축시키기조차 했다(Morgasa Spá, Garitaonandía & López, 1999).

이 가운데에서 나타난 희망적 조짐 하나는 지역 독립방송 및 지역용 공영방송(특히, 프랑스의 FR3)이라는 새로운 지역 방송 모델의 등장과 이들 소규모 텔레비전에 대한 시청자들의 큰 호응이었다. 그리고 미약하나마 일부 지역 방송의 프로그램이 그 지역을 넘어 소비됨으로써 지역 방송 또한 미디어의 글로벌화에 동참할 수 있는 가능성을 확인한 것이다. 또 다른 하나는 특히 유럽에서, 정치논리가 중앙집권에서 지역분권으로 바뀌면서 지역미디어가 새로운 '정치의 장'이 된 사실이다.

이 가운데서 자주 제기된 문제는 방송으로 구현되는 로컬리즘(localism)의 정체, 다른 말로 바꾸면 지역 방송의 지역적 정체성이 무엇인가 하는 것이다. 이는 미디어의 글로벌화, 테크놀로지의 고도화 등으로 지역이 가진 공간 구속력이 크게 약화되고 지역적 특이성보다 국가적·글로벌적 보편성이 더 강조되는 현실에서 '굳이 로컬리즘을 지켜야 할 이유가 있는가' 하는 힐난성 반문에 적절한 답변을 마련하기 위한 첫걸음이다. 로컬리즘은 자주 시장 통합이나 테크놀로지의 발전, 각종 공간적 경계의 철폐 등과 같은 미래의 추세에 하나의 장애로 인식되었기 때문이다(Anderson & Curtin, 1999).

그러나 이 글은 지역·장소·공간이 여전히 중요한 정체성의 요건이며, 미래의 추세는 이러한 지역의 의미를 사라지게 한다기 보다는 다차원화 혹은 입체화시킨다는 입장에 선다. 뚜렷하게 이름 있는 학문적 유파를 형성한 것으로 보이지는 않지만, 이러한 입장은 지리학에서는 로빈스(Morley & Robins, 1995), 매시(Massey, 1992), 카스텔(Castells, 1999) 등이, 미디어연구자들에서는 몰리(Morley, 1996; 2001), 쿨드리(Couldry, 2000), 스캐넬(Scanrell, 1996) 등이 주창하는 것이다. 이러한 입장에서 이 글은 다음과 같은 연구문제를 제기하고 이에 대한 대답을 찾아보고자 한다.

첫째, 지역성이란 무엇인가? 지역성은 근대에 들어 어떤 변화를 거쳐 왔고 그 변화는 어떻게 보아야 하는가? 그리고 정체성 개념에 내포되기 마련인 정치성이 지역성에서 가지는 의미는 무엇인가? 둘째, 장소의 구속력이 약한 방송에서 장소를 강조하는 로컬리즘은 어떻게 구현되거나 억압받아 왔는가? 이에 대한 방송의 최근 대응은 앞서 언급한 지역성의 변화와 어떤 관계가 있는가? 이러한 변화는 어떤 정치적 맥락 속에서 보아야 하는가?

이 글은 (필자의 능력 탓으로) 주로 미국 및 유럽의 지역 방송과 영미권 문헌을 통해 이 문제에 접근한다. 이 점으로 인해 이 글의 논증 결과가 보편화되는 데 무리가 있다는 지적이 있을 수 있으나, 미국이나 영국의 방송이 현재 여러 나라의 방송제도에 원형이 되었고 지금도 여전히 참고대상이라는 점에서 기초적 모델로서의 논의로는 이 정도로도 충분한 의의를 가진다고 생각한다.

그리고 이 글은 '로컬리즘'을 탈중심화(decentralization)와 지역적 정체성 또는 지역 문화의 특이성을 보호하는 문화다양성주의 등의 두 가지 의미를 합친 것으로 쓰고자 한다. 우리말의 '지역주의'로 쓰지 않은 이유는 이 용어가 특정 당에 대한 지역적 몰표를 가리키는 정치적 용례로 이미 보편화되어 오해의 가능성이 있다고 보았기 때문이다. '지역 방송' 개념도 용례가 다양해 다소 혼란스러운 것이 사실이지만(Morgasa Spá, Garitaonandía & López, 1999), 이 글에서는 지역 소재의 비네트워크 방송을 통칭한 것으로 사용하고자 한다. 마지막으로 지역은 기본적으로 주1에서 언급한 정의를 따르지만, 구체적으로는 이 글의 목적에 맞게 주로 지역 방송의 권역(미국 상업방송에서는 '시장'으로 통칭됨)을 가리킨다.[3]

2. 지역성의 개념적 논의

(1) 지역성의 정의

지역성이란 정체성의 하나로 개인 또는 공동체가 특정 공간 또는 장소와 연계해 가지는 일종의 사회적·집단적 정체성이다. 풀어 말하면, "주어진 지리적 공간 내에서 (지역민들이) 공유하는 경험, 유산, 이해 또는 기대에 의해 형성되는 소속감"(Scriven & Roberts, 2001, p.590; 괄호는 인용자)이다. 정체성의 일반적 뜻이 "나(우리)는 누구인가"라는 질문에 대한 대답이라면, 지역성은 "나(우리)는 어디에 있는가"에 대한 대답인 것이다. 따라서 때로 정체성은 '어떤 종류의 사회적·자연적 공간과 접하고 있다', '어떤 이웃과 만날 수 있나', '어떤 동선을 통해 어떤 유대를 가지나' 같은 지역성에 의해 결정되기도 한다.

'관계론' 또는 '재구성론'으로 부를 수 있는 슐레진저(Schlesinger, 1987)의 정체성론에 따르면, 정체성은 타자(他者)와의 '차이'에서 기원하며 이 차이에서 중요한 것은 '경계'다. 또 어떤 원초적 본질로 존재하는 것이라기보다는 서로 간 인정이나 배제, 개방과 폐쇄가 작동하는 관계와 표현의 체계다. 따라서 정체성은 고정된 것이라기보다는 동적이면서 과정적인 것이다. 슐레진저는 어떤 한 사람의 정체성은 끊임없이 재구성되는 하나의 과정이며, "이 과정에서 자기 소속감과 차이의 확인이라는 두 가지 (정체성) 구성의 요소가 계속 맞물려서 작동한다"(pp.236~237; 괄호는 인용자)고 주장한다.

이러한 정체성의 비본질주의(non-essentialism)이론[4]에서 중요한 것

---

[3] 이 점이 주로 원초적 공동체에 주목하는 인류학보다 행정제도적 지역을 다루는 정치학적 접근에 이 글을 더 가깝게 하는 측면이기는 하지만, 인류학에서도 지역을 '원초적'인 것으로 보다는 '관계적·구성적' 개념으로 보고자 하는 문제제기(Gupta & Ferguson, 1992)가 있는 것으로 보아 근본적 문제 틀에서 큰 차이가 있지는 않다고 생각한다.

은 이 경계선이 고정되지 않고 동적이며, 늘 타자의 존재를 통해 확인 또는 강화된다는 점이다. 예를 들어 최근 등장한 '유럽(적 정체)성'은 이 이론에 따르면 전 세계적 시장통합으로 나타난 '글로벌화'라는 타자의 반대급부다. 글로벌화의 위협이 유럽성이라는, 이전부터 있었지만 강하지 않았던 정체성을 재창출·강화시켜 '우리' 의식을 만든다는 것이다. 그리고 이 유럽화는 유럽의 국가·지역 간 유대와 통합을 강조하면서 유럽 내부의 다양성과 차이를 무시하는 또 다른 반대급부도 몰고 온다는 것이다. 이는 근대적 국민 국가의 정체성이 형성되는 과정과 거의 차이가 없다. 물론 모든 외부 위협에 정체성이 같은 대응을 하는 것은 아니다. 어떤 위협에는 저항적인 것이 되어 자신을 유지하려 하지만, 때로는 갈등을 줄이기 위해 자기를 변화·순응시키기도 한다.[5]

이 같은 논리를 지역에 적용하면, 지역성에서 차이의 경계는 지리적인 것, 공간적인 것이다. 지역성에서는 지리적 또는 지도의 경계를 따라 '우리'와 '그들'에 대한 포함과 배제가 나타난다. 이 경계 내에서 지역성은 "시간과 집단적 기억, 생생하면서도 공유된 전통, 그리고 공통된 과거 및 유산에 대한 의식을 통해 유지된다. 그리고 그것은 또한 영토와 경계의 복잡한 지도 그리기, 곧 '우리'와 '그들'을 정의하는 포함과 배제의 원리를 통해 공간을 가로질러 지탱되어야만 한다"(Morley & Robins, 1995, p.72). 다시 말해, 지역성은 어떤

---

4) 정체성 자체에 원초적 본질이 있다고 주장하는 본질주의와 그보다는 타자와의 관계와 재구성의 과정을 강조하는 비본질주의의 이해에 대한 자세한 것은 우드워드(Woodward, 1997)를 참조할 수 있다. 일반적으로 정체성의 형성과정에 대한 주목에서는 본질주의적 이해가 우세하고 그 해체와 변형과정에서는 비본질주의적 이해가 자주 이용된다. 물론 이러한 본질·비본질은 인식의 방법에 따른 차이일 뿐이다.
5) 정체성의 세 가지 종류, 즉 '정당화 정체성', '저항적 정체성', '투사된 정체성'에 대해서는 카스텔(Castells, 1996)을 참조하라.

공간 내의 것이 다른 공간 또는 그 둘을 합친 공간에서 축적·통용되는 것과 차이가 있다는 점에서 생겨난다. 그러니까 지역은 '차이의 지도' 속에서 같은 것을 내재화하고 이를 일종의 해석틀로 삼으면서 상징적 공동체를 형성하는 사람들이 '우리'를 이루며 살고 있는 어떤 장소인 것이다. 이 같이 지역 개념의 가장 큰 전제는 공간적 차이다.[6]

그리고 이 차이에는 우월/열등이나 지배/종속 같은 가치관계·역관계는 포함되어 있지 않다. 수직적 범주가 아니라 수평적 범주라는 것이다. 따라서 지역이 정치경제적·문화적 위계에서 '하위'가 되는 지방 또는 변방이 될 수는 있지만 처음부터 그런 것은 아니다. 또 이 차이는 고정된 것이 아니다. 정체성은 타 정체성과 차이의 인정과 배제, 개방과 폐쇄의 과정을 반복한다. 만약 이 차이가 불평등 체계인 차별로 전화되거나 강제적 동일화의 대상이 되어 인정 체계가 깨질 경우 이 정체성은 앞서 본대로 저항적인 것으로 바뀔 수 있다. 이 점이 바로 정체성들이 만나는 경계에서 정체성이 오히려 더 강해지는 이유다. 지역성도 마찬가지다. 만약 방임상태에서도 중앙·집중화 경향이

---

[6] 이 점은 자주 혼용되는 지역과 공동체의 개념 차이를 비교적 분명하게 해준다. 전통적인 공동체 개념은 친밀하면서 가까운 친족으로 정의되면서 자연과 혈연을 그 기본요소로 하였다. 그러나 교통·커뮤니케이션이 발달되고, 사회적 이해의 개념이 도입되면서 이 개념은 확장되기 시작하였다. 말하자면 공동체는 공통된 관심사를 가진 집단 일반이 된 것이다. 혈연이나 지연과는 아무런 관련이 없는 사이버공동체는 이의 가장 단적인 예가 된다. 물론, 공동체와 관련된 여러 개념적 논의들, 이를테면 공동체와 그 하부개념 및 커뮤니케이션과의 필수적 관계(Firedland, 2001), 사이버공동체와 기존 공동체의 차이(Carlhoun, 1998) 등이 공동체 개념의 무제한적 확장을 일정하게 제한하고 있기는 해도 공동체에서 차지하는 장소·공간의 비중은 약화되고 있다고 보아야 한다. 따라서 이러한 공동체의 개념 확장은 지역과 공동체가 가지는 이전의 배타적 일대일 관계를 변화시키고 있지만, 역으로 '지역' 공동체 논의에서는 장소·공간이 중요하다는 점을 다시 한 번 상기시킨다.

존재하고 있어 차이가 차별이 될 잠재성이 있다면 지역은 언제나 '저항적 공간'으로 변화될 수 있다. 이렇게 될 경우 중앙화 경향은 하나의 병폐적 현상이 되며, 차이를 유지하려 하는 지역주의는 중앙화를 극복하는 안티테제로 '규범화'된다.7)

(2) 지역성의 변화

지역성은 매우 기초적이면서 구체적인, 하버마스의 용어를 빌리면 생활세계의 정체성이라 할 수 있다. 장소의 하나로 지역은 개인의 관행적 일상과 사회화 과정의 기초적 본질에 해당하며 각종 의사결정의 밑그림 역할을 한다.8) 그래서 이 정체성의 덕목은 마치 가족 같은 기초공동체의 그것처럼 안정성, 신뢰, 편안함 같은 것이다. 이 점이 바로 지역을 논할 때 고향, 향토, 유년기의 기억 같은 것이 반드시 거론되는 이유다(윤석민 외, 2004; Morley & Robins, 1995). 특히 지역성이 다른 정체성, 이를테면 친족, 인종, 종교, 신분(계급), 정치적 이데올로기 등을 통합하고 있었던 전근대의 경우 지역성은 아예 사회화 자체와 동일시될 수 있는 전형적인 '영토'였다.

7) 한국에서 지역과 지역 방송에 대한 논의가 공존과 분권을 위한 가치 지향적 개념이 되지 않을 수 없는 이유가 바로 여기에 있다. 현실의 경향(중앙화)을 부정하지 않으면 안 되었기 때문이다. 그러나 바로 이 점이야말로 수많은 연구들이 "지역 방송은 지역 방송다워야 하며, 그것은 '지역성'을 최대한 살리는 것"이라는 동어반복을 할 수밖에 없었던 이유였다. 또 연구자들로 하여금 현실을 보다 분석적으로 직시하지 못하게 한 이유이기도 했다(임영호, 2002).

8) 구체적으로 지역성을 구성하는 유형적 요인은 기후나 바다, 산 같은 그 지역 사람들이 공유하는 특정한 자연환경, 지하자원이나 대규모 산업공단, 항만 같은 것과 관련 있는 경제적 요소, 다른 지역(또는 표준어)과 다른 언어 또는 사투리, 역시 자연환경의 산물인 음식과 상징적 의례인 축제나 풍물 등이다. 이는 귀속적 또는 지리적·물리적 지역으로 부를 수 있을 것이다.

그러나 교통·커뮤니케이션·미디어가 크게 발달한 산업사회가 되면서 지역의 면모는 달라지기 시작했다. 장소와 장소 사이의 이동시간이 크게 줄어들자 '비동시적인' 두 장소의 시간적 '동시화'가 가능해진 것이다. 이는 기존의 장소에 시간을 개입시킴으로써, 이전까지의 고정된 의미의 장소 개념을 동적이며 상대적인 의미의 공간 개념으로 탈바꿈시키게 된다. '시-공간의 원격화'(Giddens, 1991)나 '시-공간의 압축'(Harvey, 1989)은 이러한 변화를 집약한 말이다. 시기 면에서 근대는 국가가 가장 강력한 공간적 경계로 등장했을 때이다. 원격화와 압축이 아직은 국가라는 경계 내의 현상으로 제한된 것이다. 그러나 최근에는 국경조차 넘어서는 미디어, 곧 위성방송, 인터넷 등이 보편화되면서 공간의 의미는 더 확장되고 다차원적이게 되었다. 물리적 공간이 아닌 미디어의 공간 즉 가상공간과 물리적인 장소가 없고 '흐름'(flow)에 의해 위치가 규정되는 물질적 조직이 만드는 공간, 이른바 '흐름의 공간'(Castells, 1999)은 이의 예가 된다. 이처럼 지역은 이전의 단일한 형태에서 점차 복잡하고 다양한 형태로 바뀌어갔다. 이는 단적으로 탈영토화(de-territorialization)로 표현되는, 지역이 가진 영토적 의미가 탈색되는 과정과 거의 다르지 않다.

그러나 시간에 의한 장소의 대체 또는 억압을 주장하는 이러한 근대주의적(물론 일부 탈근대주의자들도 공유하는) 공간관은 많은 반발을 불러일으키게 된다. 이러한 반발은 근대주의가 서구적 근대를 모든 발전의 지향점으로 간주하는 목적론적·단선적 진화관으로 인해 장소 사이의 불균등 발전이 지닌 정치성이나 비서구적 발전의 가능성을 무시한다고 비판한다. 즉, 이들은 테크놀로지로 인해 장소와 장소 사이의 관계가 더 긴밀해지고 공간의 층위가 다원화·복합화될 뿐이지 그것이 없어지거나 주변화 되는 것은 아니라는 것이다. 더구나 현대사회에 들어 재영토화로 부를 수 있는 다양한 종류

[표 8-1] 공간의 차원과 개념

공간의 차원	공간의 개념	
	절대적	상대적
지리적 공간	본질·용기로서의 장소	(장소 내)구성요소 사이의 위치 관계의 틀/ 지리적 관계와 질서 속에 배태된 (물질적)대상의 지형
사회적 공간	인정/배제의 사회적 공간 (예: 국민 - 국가)	사회적 관계, 상징체 (예: 사이버공간)

출처: 프리에스(Pries, 2005, p.172)를 일부 수정.

의 새로운 경계가 만들어지면서 장소·공간의 의미는 정치적·문화적인 영역으로 오히려 심화되고 있다고 주장한다(Couldry, 2000; Massey, 1992; Morley, 1996).

이러한 주장의 성격은 공간의 차원과 개념을 '지리적/사회적', '절대적/상대적'인 것으로 나누어 유형화한 [표 8-1]을 보면 잘 알 수 있다. 여기에서 공간을 지리적/사회적 차원으로 구분하는 이유는, 이전에는 물리적 장소로 명확하게 규정된 지리적 공간('영토', '로컬')이 하나의 사회적인 공간(예를 들면, 하나의 공동체 또는 국가사회)과 일대일의 '배타적' 관계로 일치했던 것이 지금은 달라지기 시작했기 때문이다(Pries, 2005). 또 절대적 공간과 상대적 공간의 구분은 공간 자체에 어떤 특성을 부여하는 관점과 이러한 특성을 인정하지 않고 장소 내 요소의 위치관계가 공간을 다르게 만들 수 있다는 관점 사이의 차이에 따른 것이다. 후자의 관점에 따르면 같은 장소라도 놓여 있는 사물의 위치에 따라 다른 공간이 될 수 있다.

[표 8-1]에서 보면, 먼저 근대주의자들은 절대적·지리적 공간인 본질·용기로서의 장소가 상대적·사회적 공간인 사회적 관계와 상징체제로 대체되고 있다고 주장하는 것으로 볼 수 있다. 이에 비해 이를 비판하는 관점은 기본적인 공간인 절대적·지리적 공간을 포함해 공간의 개념이 다층적·다차

원적으로 확대되고 있다는 점을 강조한다.

(3) 지역성의 입체화

이처럼 현대사회에 들어 지역의 의미는 정치적·문화적인 것으로 확장되고 지역 간 연계 또한 복합화·고도화되었다. 이는 실재구조로 볼 수 있는 기존의 '영토'적 공간, 곧 지리적·물리적 지역과 경제적·산업적 지역이 가진 의미가 없어졌다고 보기보다는 기존의 것에 새로운 것이 더해지면서 지역개념이 입체화된 것으로 볼 수 있다. 이 점에서 시간과 공간은 "하나의 활동의 장으로 스스로 사회생활을 구성한다기 보다는 (여전히) 제도나 관행에 의해 구성되는 것"(Craib; Murdock, 1993, p.530에서 재인용; 괄호는 인용자)이며, 중요한 것은 이러한 시공간과 제도·관행이 맺는 관계다.

이러한 지역개념에서 지역은 다음과 같은 요소로 구성되어 있다. 먼저 실재구조는 이전과 비교했을 때 양·질적 면모가 달라졌다고는 해도 여전히 해당 지역의 자원 및 기회구조를 제약하는 힘을 가진다. 애그뉴(Agnew, 1987)는 이를 로컬(locale)로 불렀다. 다음으로는 이 실재 내 개인과 집단의 네트워크 구조가 있다(location). 이는 개인 및 집단의 공감대를 조성하고, 각종 제도와 조직에 대한 참여를 고무하며, 연대와 통합의 기운을 조성해 지역성(locality)을 형성시키는 기반이 된다. 그리고 이렇게 형성된 지역성은 상황에 대한 해석틀을 제공하고 의미를 부여하며 여러 관계를 원활하게 해주는 매개가 됨으로써 다시 네트워크와 실재구조에 영향을 미친다. 애그뉴에 따르면, 지역이란 이러한 '상호관계'의 산물이며, 실재구조와 네트워크가 지역성으로 통합되고 이 지역성이 다시 네트워크와 실재구조에 영향을 미치는 동적인 순환과정이다(로컬⇌로케이션⇌로컬리티). [그림 8-1]은 이를 도식화한 것이다.

[그림 8-1] 지역의 형성 및 순환

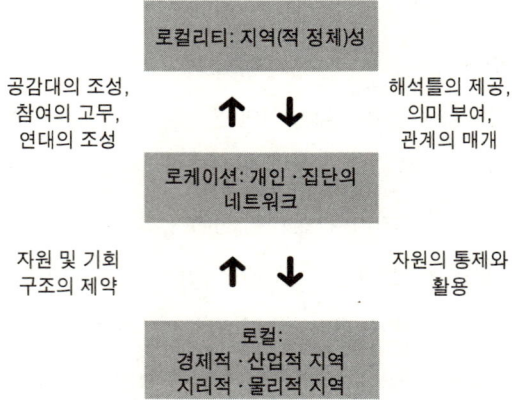

또 이러한 지역은 흐름의 공간 개념이 잘 보여주듯이 특정 경계 내로 한정될 수 없다. 이 점은 지역성 역시 일종의 다층성을 지닐 수밖에 없다는 것을 의미한다. 이러한 다층성은 가장 작은 공간인 가정에서부터 가장 큰 글로벌에 이르는 동심원의 형태를 취하면서 커뮤니케이션의 발달로 그 사이가 압축되어 있다. 이 점은 인간의 경험 공간이 중첩되는 양상과 크게 다르지 않다. [그림 8-2]는 (협의의) 지역성을 가장 작은 단위로 하여 이러한 다층성을 도식화한 것이다.

이 [그림 8-2]를 보면, 지역성은 그 상대적 무게중심이 여전히 협의의 것에 있으나(음영 부분) 글로벌한 부분에서 발생할 수 있는 이해까지도 지역성으로 포괄하기 때문에 지역성의 범위가 협의의 것보다 훨씬 크다. [그림 8-2]는 로버트슨(Robertson, 1992)이 말한 글로컬화(glocalization)의 문제의식을 반영한다. 이 문제의식은 글로벌화가 공간이나 사회관계의 지리적 확장(글로벌이 하나의 영토가 되는 관점)과 공간의 제거 또는 시공간의 압축(탈영토화의 관점)의 양면을 모두 갖고 있으므로(Brenner, 1999), 글로벌화는 이러한 재영토

[그림 8-2] 지역성의 공간적 다층성

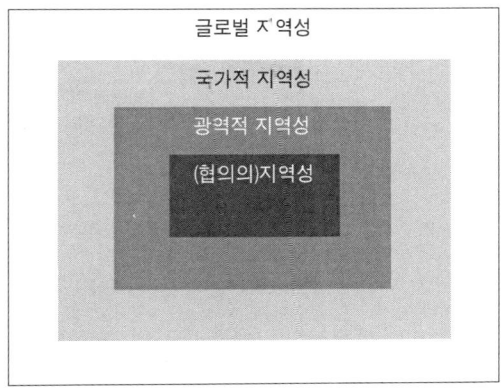

화와 탈영토화 사이의 동적 역학 또는 글로벌화와 로컬화의 변증법적 관계의 산물이라는 것이다. 따라서 이 문제의식은 글로벌화가 반드시 로컬을 억압한다고 보지 않으며, 오히려 글로벌의 로컬적 적응양상, 로컬과 이를 둘러싼 다른 단위와의 호환이 더 중요하다고 주장한다.

(4) 지역성과 정치성

이러한 지역성은 단일하지 않으며, 그 정도도 개인·집단마다 큰 차이를 보인다. 폴(Pohl, 2001)에 따르면 지역성은 양·질적 정도에서 볼 때 대체로 다음과 같은 단계로 나타난다. 가장 낮은 단계는 지역에 소속되어 있다는 막연한 감만 느끼는 수준이다. 둘째는 그 지역에 대해 애착을 느끼는 단계이고, 셋째 단계에서는 지역과 자신을 동일시한다. 가장 높은 넷째 단계에서는 그 지역의 일상사에 대해 적극적으로 연계하고 참여한다. 이 단계론은 적극적·의식적 참여를 귀속적·자연적 동정(同情)보다 높은 단계로 놓고 있는데, 그 이유는 지역을 지리적·문화적인 산물임에 못지않게 정치적 산물로 보았기 때문이다.

근대국가에서 지역을 구분하는 경계는 대부분 권력적 위계나 국토의 기능적 분할과 밀접하게 연관된 인위적 제도의 반영물이지만, 이 제도가 가진 또 하나의 측면인 민주주의는 이 지역의 "시민에게 정기적으로 공통적인 판단기준(reference)을 제공해주고, 정치적 에너지(학교, 동네 결사, 노동조합, 정당, 사회운동(체)들)를 계속 공급해준다"(Waisbord, 1998, p.394).

이 같은 정치적 에너지들은 지역에 대한 태생적 귀속감과 정서적 애착심을 정치적 참여와 자치의 효능감으로 발전시킨다. 여기에서 지역성은 소속감이나 애착 같은 '주어진' 본질적인 것에 머물지 않고, 정치제도가 그어 놓은 경계에 상응해 해당 지역의 각종 공공제도나 조직에 참여하고 발언함으로써 스스로 '형성시키는' 상대적이고 동적인 것이 된다. 이 과정에서 지역은 1차적 귀속의 자연성을 넘어 지역적 자율과 자치, 그리고 지역민주주의 등의 정치성과 깊은 연관을 맺는다.

이러한 지역의 정치성은 카스텔 등(Castells, 1999; Hutchins, 2004)이 말한 장소의 저항성도 이 맥락 속에 있는 것임을 알게 해준다. 카스텔에 따르면, 정보사회에서 자본의, 초국적기업의, 미디어의 흐름의 공간은 권력과 지배가 이루어지는 초영토적이고 비역사적인 곳이다. 반면 역사적 뿌리와 물리적 근거를 가진 장소의 공간은 대다수 사람이 경험을 공유하고 정체성을 형성하며 생활하는 곳이다. 따라서 장소는 흐름의 공간과 쉽게 어울리지 않고 때로 대립하게 되는데, 장소는 흐름이 착륙하고자 하는 공간에 자신의 권리를 행사함으로써 이에 저항한다. 카스텔은 흐름에 장소가 종속될 것이라는 처음의 목적론적 주장을 바꾸어 지금에 이르러서도 장소가 여전히 중요성을 가지며, 그 힘의 원천은 원자화된 개인이 아닌 장소에 기반한 공동체, 자치의 효능감을 가진 사회조직과 정치적 대표체에 있다는 점을 강조한다.

이상을 서두에 제기한 연구문제에 맞춰 요약하면 다음과 같다. 장소, 공간, 문화가 하나의 '동형체'(isomorphism)(Gupta & Ferguson, 1992)였던 전근대 시기에 지역성은 모든 정체성을 통합한 하나의 영토였다. 근대에 들어 이러한 영토적 지역성은 해체되기 시작했으나 이 과정은 일방적 탈영토화라기보다는 공간의 다층화와 다차원화에 따른 지역성의 입체화 과정이었다. 여기에서 지역은 동질적 이웃의 단순 군집이 아니라 정치적으로 결정된 합목적적 이해집단의 공간이기도 하며, 지역성 역시 '주어진 것'에서 벗어나 '형성하는 것'을 포괄하는 정체성으로 변화되고, 가장 높은 단계의 지역성은 지역에 대한 연계와 참여, 곧 참여적 정치성에서 얻어진다.

3. 지역성과 방송

지역성의 입체화와 다차원화는 장소가 커뮤니케이션·미디어의 고도화와 글로벌화, 흐름의 공간 등과 접합되면서 나타나는 현상으로 볼 수 있다. 이러한 현상은 통념과는 달리 미디어가 개별 장소의 특성을 무시하는 동질화(de-differentiation) 효과를 발휘하는 것 못지않게 미디어 역시 장소로부터 반작용을 받는다는 점을 의미한다. "우리의 지역에 대한 소속감은 미디어 메커니즘이 실제로 존재하는 바로 그 곳에서, 그 생산과정을 우리가 볼 수 있는 곳, 또는 우리가 보고 있다고 상상할 수 있는 곳에서 정말로 강해진다"는 쿨드리(Couldry, 2000, p.30)의 말처럼 장소와 미디어는 병행관계에 있는 것이다(Morley, 2001). 그렇다면 '장소감이 없다'(no sense of place)(Meyrowitz, 1985)는 방송에서도 과연 이 점이 나타나는가를 살펴볼 필요가 있고, 이와 관련해 방송의 로컬리즘이 어떻게 억압 또는 구현되었는지, 최근 지역 방송의 변화를 어떻게 보아야 하는지도 이러한 지역성 개념에 맞춰 재해석해볼 필요가 있다.

(1) 네트워크화와 지역성 억압

역사상의 첫 방송은 지금의 의미로 보면 물론 지역 방송이었다. 그러나 이러한 지역 방송들이 하나의 정점을 중심으로 프로그램을 공유, 비용을 분산시키는 집중의 경제, 곧 네트워크 시스템을 발견하기까지 걸린 시간은 그리 길지 않았다. 제작비가 적은 라디오 시절만 해도 네트워크화의 압력은 그렇게 크지 않았으나 텔레비전에서 네트워크는 애초부터 '선택사항'이 아니었다(Sterne, 1999). 이러한 네트워크는 커뮤니케이션 문제가 공동체의 본질과 범위에서 필수적인 것으로 되는 데 크게 기여했다. 네트워크는 적어도 방송의 범위 내에서는 거리에 관계없이 동일한 정보와 문화를 받는 공동체를 만들었기 때문이다. "전자매체는 기본적으로 내용을 통해서가 아니라 사회생활의 '상황적 지리'(situational geography)를 바꿈으로써 우리에게 영향을 미친 것"(Meyrowitz, 1985, p.6)으로, 그 결과 물리적 장소(지역)와 사회적 공간(처음에는 국가, 나중에는 더 확대된 글로벌)이 분리되기 시작했다.

이 공간은 앞서 언급한 대로 자신을 중심으로 다수의 지역을 연계시킨 국가, 더 정확하게는 국가화된 일부 지역이었다. 국가는 전파자원을 배타적으로 점유하고 방송을 적극적으로 이용해 자신의 주권적 범위를 확립했다. 이러한 방송의 효과 중 하나는 모든 가정의 시간을 표준화 시키는 것이어서 정기적 방송시청은 국민들에게 생활의 스케줄로 확립되었다. 특히 국가의 의례는 방송의 생중계 이벤트가 되어 국민적 일체감을 불러일으키는 데 큰 역할을 했다(Dayan & Katz, 1992). 적어도 위성방송 등이 나타나기 이전에 방송은 그것이 공영방송이든 상업방송이든, 또는 선진국의 방송이든 후진국의 방송이든 모두 국가적 미디어였다 해도 과언이 아니다.

그러나 다른 한편으로 보면, 이러한 국가적 체제는 지역의 차이를 부정하고 억압하는 것이기도 했다. 연방제인 미국의 경우, FCC는 방송을 규제하는 기본 원리로 로컬리즘을 천명했지만 FCC의 규제반경이나 권력 정도로는 뉴욕의 네트워크를 중심으로 하는 강력한 방송의 시장성을 제어할 수 없었다(Anderson & Curtin, 1999). 특히 텔레비전 보급이 급속히 이루어진 1950년대는 FCC의 한 커미셔너가 FCC의 '매춘시대'로 불렀을 정도로 정부와 네트워크가 밀월을 보낸 기간이었다(Baughman, 1985, p.13). 그나마 지난 기간 동안 방송의 로컬리즘을 강제했던 조치들(예를 들면, Prime Time Access Rule, SYNDEX Rule, Ascertainment 등)조차 그 실효를 입증하지 못하거나 조건이 변화되었다는 이유로 대부분 폐지되었다. 영국의 경우에도 런던을 중심으로 한 영국 중동부의 "전문직을 가진 중류계급, 특히 옥스퍼드와 케임브리지에서 교육받은 층의 가치와 기준 그리고 신념으로 구성된 지적 환경"(Burns, 1977, p.42), 단적으로 말해 백인·중류·영국 종족·런던지역이 바탕이 된 BBC 문화는 마치 하나의 기술적 표준처럼 영국 전역에 강제되었다.9) 이 표준화 과정은 비 런던지역의 많은 반발을 불러 일으켜 그것이 결코 중립적이거나 상호적인 것이 아니었음을 보여주었다.

테크놀로지와 전문성이 수도권과 대도시의 전유물이었던 이 시기의 지역 방송은 대체로 네트워크 방송의 중계에 일부 지역용 프로그램(주로 뉴스)이 끼워진 이른바 '윈도우형' 방송이 주종을 이루었다. 유럽의 경우 나라별로 그 내부에 얼마만큼 균열이 있느냐, 즉 독일 같이 정치적인 이유로 지방분권이 구축되어 있는 경우나 벨기에나 스위스처럼 여러 언어를 가지고 있는 경우 등에 따라 형태의 차이가 있기는 하지만, 대체로 기본형은 이러한 윈도우

---

9) 이에 대한 평가에는 BBC가 중류계급의 문화에 모든 계층이 평등하게 접근할 수 있게 했던 문화적 민주주의의 바탕을 만들었다는 긍정론(Scannell, 1989)도 있으나 중앙의 집중적 통제는 독점 BBC의 가장 핵심적인 부분이었다(Creeber, 2004). '지방(화)'과 BBC는 처음부터 어울리지 않았던 조합이었던 셈이다(Harvey & Robins, 1994).

형태를 띠었다. 아마도 공영방송에서 예외는 미군정의 입김하에서 지역 텔레비전의 연합으로 네트워크를 구성해 이른바 '연방제 텔레비전'(federated television)을 정착시킨 독일일 것이고, 상업방송으로는 BBC를 의식해 스테이션을 지역에 산재시킨 영국의 ITV정도일 것이다(Morgasa Spá, Garitaonandía & López, 1999).

이렇게 방송 로컬리즘이 주변화 되면서 일부 (지역용) 뉴스를 제외한 프로그램은 대부분 네트워크에 의해 선별된 일부 장소에서만 생산·통제되었으며 방송에 등장하는 장소 역시 제한되기 시작했다. 방송이 여러 지역의 다양한 수용자를 대상으로 하면서 마치 장소를 뛰어넘은 것처럼 보였지만, 사실은 그렇지 않았고 네트워크의 소재지는 여전히 중요했던 것이다(Scannell, 1996). 미국의 경우 경영과 뉴스는 뉴욕에서, 기타 대부분의 프로그램은 할리우드에서 제작됨으로써 시카고를 비롯한 많은 지역들이 방송 권력에서 배제되었다10)(Curtin, 2003; 2005). 이 점은 방송지도가 지리적 지도나 정치적·경제적 지도와 결코 같지 않음을 잘 보여준다.

이러한 방송지도는 더 많은 텔레비전 시청이 더 시청자들을 동질화시키는, 달리 말해 시청자들이 텔레비전을 통해 지역적 다양성을 잃는 현상을 반영한다(Morgan, 1986). 따라서 만약 어느 한 곳이 정점이 되는 강력한 집중화가 발생하고 있었다면, 국가적 방송은 이 집중을 반영하는, 정점과 개별 지역의 관계로 모든 국토를 재배치하는 새로운 지도를 만들고 이를 강제했던 것이다.11) 바로 이 점이 텔레비전이 경계를 없앤 것이 아니라 새로운 형태의

---

10) 이 과정에 대한 자세한 것은 7장을 참조하라.
11) 이의 대표적인 예 중의 하나가 지역 방송의 권역지도가 그리는 경계다. 이 경계는 지역 방송 사이에서는 넘어서는 안 되는 중요한 선이지만 지역 방송과 네트워크 사이에서는 아무런 의미를 갖지 않는다. 방송의 네트워크지도에서 중요한 것은 오로

지역관계와 차별을 만들었다고 주장하게 된 이유다.

(2) 지역 방송의 수직적 심화와 수평적 확장

1980년대 들어 유럽에서는 독립 지역 방송에 대한 관심이 높아지기 시작했다. 그 이유는 첫째, 정치체제 측면에서 정치 - 행정적 지역분권화가 진전되고 지역 엘리트의 정치적 비중이 커졌으며, 둘째, 문화·언어 측면에서 소수민족과 소수어의 자치권이 인정되었고, 셋째, 테크놀로지의 발전으로 채널 희소성이 와해되고 디지털화가 도입되면서, 마지막으로 방송시스템 부문에서 탈규제화가 광범위하게 이루어졌기 때문이다(Morgasa Spá, Garitaonandía & López, 1999). 1980년대 초중반에 법령도 마련되지 않은 상태에서 출범해 '비 법적'(alegal)이라는 말을 들은 스페인의 지역 방송이나 BBC에 대해 수신료 거부운동까지 펼쳐가면서 네트워크인 채널4 대신 새로운 웨일즈 지역용 독립방송으로 만들어진 영국의 S4C, 1980년대 후반 들어 새로이 정비된 프랑스 F3과 이태리 RAI 3의 지역용 공영방송, 일부 대도시를 중심으로 하는 독립 메트로폴리탄 상업방송 등은 이 지역 방송의 사례들이다.

이러한 (준)독립방송들의 등장은 다매체화와 글로벌화에 대비해 지역 방송이 할 수 있는 두 가지 경우의 수, 즉 수직적 심화와 수평적 확장 중에서 수직적 심화로 볼 수 있다. 이를 도식화한 [그림 8-3]을 보면, 수직적 심화는 지역 방송이 네트워크로부터 독립성을 강화해 지역의 관점과 시각을 조성하고 지역의 이해를 대변하며 지역민의 참여를 독려하는 것이다. 구조적인 측면

지 네트워크와 배급처 사이의 일방적 관계뿐이기 때문이다(이를 통해 보면, 한국사회에서는 수도권과 지방 두 단위 밖에 없다). 이 점이야말로 방송의 생산에 대한 참여와 결정권이 새로운 권력이 되면서 방송의 생산지와 소비지의 분리가 지역을 차별하는 새로운 경계로 등장한다는 주장(Couldry, 2000)의 전형적인 예이다.

[그림 8-3] 지역 방송의 변화 방향

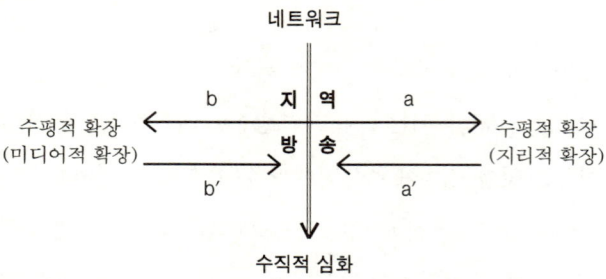

에서 볼 때 기존 지역 방송은 네트워크의 수직적 통합구조의 말단에 해당한다. 이는 지역 방송을 중계소 역할에 머무르게 함으로써 네트워크의 규모의 경제를 달성하게 해준다. 그러나 이 점은 지역 방송의 활동반경을 협소하게 해 지역문화(더 좁게는 지역 정보원)에 대한 방송의 기여를 저하시킨다. 따라서 지역 방송의 지역적 심화는 네트워크로부터의 일정한 자율을 전제할 수밖에 없다. 이럴 때 지역 방송은 하버마스식으로 표현하면 생활세계적 공동체, 지역 민주주의, 지역 공론장에 보다 가까워지게 된다(Friedland, 2001).

최근 스페인과 프랑스의 연구자들에 의해 개념화된 '이웃 텔레비전'(télévision de proximite)은 이러한 지역 공론장의 한 전형으로 볼 수 있다(Morgasa Spá, Garitaonandía, & López, 1999). 이 텔레비전 중의 하나인 프랑스의 FR3은 설립 이후부터 방송사와 수용자 사이의 광범위한 지역적 공감대에 기초해 지역과 관련한 다양한 뉴스 콘텐츠를 개발했다. 이것이 크게 성공해 FR3의 저녁시간대의 지역뉴스(19:10~19:30)는 시청률이 계속 높아져 1997년에는 무려 42%를 달성할 수 있었다. FR3은 시사프로그램, 토크쇼, 다큐멘터리 등도 제작해 이를 다른 장르에도 확산시켰다. 또 같은 시기에 스페인의 카탈루냐 텔레비전도 그전까지 네트워크의 전유물이었던 숍오페라를 제작했으며, 웨일즈의 S4C 역시 같은 전략으로 성공을 거두었다.

이에 비해 수평적 확장은 지역 방송이 최근의 글로벌화와 융합 추세에 적극적으로 동참해 기존의 지리적 권역이나 활동영역을 넓혀나가는 것이다. 이는 크게 두 가지로 나눌 수 있는데 하나(a)는 광역화나 케이블·위성의 수퍼스테이션이 되어 방송의 지리적 권역을 확대하는 것이다. 물론 이러한 권역 확대는 프로그램의 공동제작·배급 등을 통해 사실상 시장을 확장하는 행위를 포함한다. 또 이러한 확장의 일종(a')으로 지역 방송이 취재 범위를 확대해 지역과 관련있지만 그 지역 내에서 벌어지지 않는 사안에 대해 지역의 시각으로 조명해서 지역민에게 보도하는, (끌어들인다는 면에서 화살표 방향은 다르지만) 취재 범위를 넓히는 의미에서의 확장도 있다. 다른 하나(b)는 산업구조면에서 다른 지역 방송이나 미디어와 연계하여 활동영역을 넓히고 시너지를 얻으려는 것이다. 이의 가장 적극적인 형태는 영국 사례가 잘 보여주는 인수·합병이다. 영국의 ITV는 이러한 인수·합병을 통해 4개의 그룹으로 재편성되었고 1997년에는 스코틀랜드TV가 그램피언TV를 합병하고 울스터TV의 지분을 늘렸으며, 신문과 방송의 교차소유 또한 크게 증가되었다(Cormack, 1999). 이러한 확장은 새로운 투자자금을 끌어들일 수 있다는 장점이 있다(b').[12]

---

[12] 물론 이러한 투자 유인에 위험이 없는 것은 아니다. 자칫 지역성이 외부의 자본에 의해 휘둘릴 가능성을 말한다. 그러나 이는 앞서 누누이 지적한 대로 장소가 가진 나름의 저항성을 경시한 우려다. 재미있는 것은 천정환(2007)이 지적한 대로 연구자가 처한 중심으로부터의 거리에 따라 이 부분에 대한 우려가 엇갈린다는 점이다. 즉 중심에 가까운 사람일수록 이 우려를 더 짙게 표명한다는 것이다. 물론 이 점이 주장의 진위를 가리는 기준이 될 수는 없다. 그러나 글로벌⇌국가⇌지역(방)으로 이루어지는 최근의 글로컬화 추세에서 지방이 가지는 위상을 폄하하는 '중심 연구자'는 의외로 적지 않다.

a'의 취재 범위 확대는 특히 지역의 중요한 결정이 지역(민) 스스로에 의해 이루어지지 않는 곳, 이를테면 한국사회처럼 중앙 정부의 결정력이 강한 곳에서 더욱 절실하다. 왜냐하면 중앙정부에 대해서는 거리의 문제나 네트워크와 로컬의 취재영역 문제 때문에 지역미디어의 관찰이나 감시가 거의 불가능했으므로 지역민은 그 결정에 저촉되면서도 정작 자신의 정치적 판단은 개입시키기 어려웠기 때문이다. 이러한 필요성은 지역 방송의 지역성이 네트워크에 의해 주어진 배급의 경계, 곧 권역에 머무르지 않을 것임을 예고한다.

앞서 본대로 지역성은 국민·국가화에 의해 저해 받았고 최근에는 글로벌화가 강력한 원심력을 발휘하면서 지역성을 해체하고 있다. 그러나 앞서의 [그림 8-2]의 글로벌 지역성에서 볼 수 있듯이, 역으로 이는 광역이나 국가, 그리고 국제·글로벌한 것에서 지역에 영향을 줄 수 있는 사안들이 더 많이 발생하며 이에 대한 지역 방송 스스로의 관찰·감시·해석의 필요성이 더 늘어난다는 것을 의미한다. 특히 지역관점에 의해 각종 지역 내외 사안을 해석해주는 능력은 단순히 정보에 접근만 가능한 기술적 능력과는 완전히 다른 것이다. 이를 따르면 지역 방송은, "흐름의 공간과 장소의 공간 사이에서 정보의 흐름과 해석을 원활하게 하는 하나의 '톱니'"(Hutchins, 2004, p.584)가 된다.[13] 물론 이를 모두 지역 방송이 혼자서 해야 한다는 뜻은 아니며, 모든 지역 방송이 그래야 한다는 것도 아니다. 그래서 전략적 제휴와 연계라는 수단이 필요하며 (적어도 일부) 방송에서라도 이것이 가능할 수 있어야 한다는 것이다.

이러한 수직적 심화와 수평적 팽창의 전제는 지역 방송의 네트워크로부

---

13) 이에 대한 자세한 것은 이 책의 7장 참조.

터의 일정한 독립, 곧 자율성이다. 그러나 많은 나라가 정치원리 면에서 로컬리즘을 주창하고 또 제도적으로 이를 보장하고 있다 해도 이를 쉽게 달성하지 못하는 이유는, 지역보다 더 큰 단위(국민국가/글로벌)로 통제·운용되면서 지역의 경계를 준수하지 않는 시장 때문이다. 단적으로 말해 정치제도와 이를 뒷받침하는 경제적 인프라 사이에 괴리가 발생하는 것이다. 프라쳇(Pratchett, 2004)에 따르면 이 괴리는 크게 두 가지 상반된 결과를 낳게 되는데, 하나는 지역이 사실상 자율성을 잃어 지방자치제가 제도적 외피만 남게 되는 경우다. 다른 하나는 지역이 자신의 (주로 경제적) 이익에 기초해 기존의 국경을 넘나드는 협력을 추구하는 신로컬리즘이나 여기에서 한걸음 더 나아가 지역의 이익을 위해 때로 중앙정부의 정책 등을 비판하는 저항적 로컬리즘을 보여주는 경우다. 지역 방송이 로컬리즘에 실패하는 이유 역시 이 같은 정치제도와 시장 사이의 괴리 때문이고, 전파의 국가적·군사적 성격 때문에 후자가 불가능했던 방송에서 로컬리즘의 실종은 처음부터 예정된 것이나 다름없었다.14) 따라서 글로벌화 등이 더해진 더 큰 압박에 대한 반발 속에서 새롭게 나타나기 시작한 로컬리즘은 후자의 신로컬리즘과 유사한 방향으로 나아갈 수밖에 없다. 이 글에서 제시한 수직적 심화와 수평적 팽창 역시 모두 네트워크의 활동 반경을 제한하므로 사실상 저항의 형태를 띠고 있고, 과거의 수직-종속형 네트워크보다는 새로운 수평-협조형 네트워크를 지향함으로써 로컬리즘의 새 모델을 창출하고자 한다.

14) 미국의 경우, 2차 대전 이후에 전국 단위의 소비재 시장이 형성되면서 로컬리즘이 쇠퇴하게 된 시카고는 이의 전형이라 할 만하다(7장 참조).

(3) 지역 방송의 민주성

지역 방송의 수직적 심화가 필요한 가장 큰 이유는 앞서 본대로 지역 방송이 민주주의에 기여하기 때문이다. 민주주의 정치체제에서 지역이 가지는 심대한 의미는 정치적 참여에 있다. 가까운 장소에서 이웃과 친숙한 의제를 가지고 논의를 통해 집단적으로 의사를 결정하는 풀뿌리 민주주의는 민주주의 교육의 최적의 모델이다. 그러나 이 모델이 지역 방송의 권역에 적용되기 위해서는 그 권역의 크기가 문제가 될 수 있다. 일반적인 방송의 권역은 참여가 용이한 인구밀도 및 공간보다 그 범위가 훨씬 넓기 때문이다. 프리드랜드(Friedland, 2001)의 분류에 따른다면, 한국의 경우에 그 권역은 적어도 메트로폴리탄과 (소)공동체의 중간 이상인 매크로-메조(macro-meso) 정도는 된다. 그렇다면 이는 '동질적 이웃'의 자연 군집이 아니라 경제적·정치적·문화적 경계가 서로 일치하지 않는, "매우 다양한, 또 자주 갈등하는 수많은 공동체들이 교차하는 복잡한 장소"(Massey, 1992, p.8)가 된다.

상황이 이렇다면 이 지역의 성격은 단적으로 규정할 수 없고, 의사결정도 정해진 절차, 곧 제도의 도움이 없이는 이루어지기 어렵다. 또 주가 되는 미디어 역시 원거리용이거나 적어도 면대면 커뮤니케이션에 원거리용이 합쳐진 것이어야 한다. 지역을 억압한다고 여겨졌던 방송이나 인터넷이 이 지점에서는 오히려 효과적인 미디어가 되는 것이다.[15] 이 점은 이 권역을 통합시키는 인위적·제도적 수단 곧 정치체제 및 그 주민적 대표성이 지역미디어에서도 큰 비중을 차지하고 있음을 말해준다. 방송의 로컬리즘이 면대

---

[15] 이 점이 바로 란타넨(Rantanen, 2005)이 강조한 미디어의 또 다른 역할, 곧 지역 내에서의 상호연계성(interconnectivity)을 높여주는 측면이다. 지금까지 공간이론가들은 멀리 떨어져 있는 타 지역과의 접촉과 연결을 원활히 해주는 측면만을 일방적으로 강조해 이 부분을 소홀히 해왔다.

면 커뮤니케이션 공동체를 회고하는 '군화주의'를 넘어 '민주주의의 공론장'으로 가야한다는 주장(Anderson & Curtin, 1999)은 이러한 맥락에서 타당성을 얻는다. 재론할 것도 없이, 카스텔이 주장한 장소의 저항성도 장소를 억압하는 각종 흐름에 대한 정보를 주고 이에 대한 대응을 공론적 논의와 민주적 절차를 통해 집약시키는 장이 없다면 의의도 효력도 갖기 어렵다.

그러나 지역 방송이 민주적 미디어로 적절하게 역할하고 있는지는 쉽게 단정하기 어려운 문제다. 예를 들어, 이 분야에 대한 연구가 상대적으로 많은 미국의 경우, 지역미디어에 대한 잦은 접촉이 공동체적 유대를 돕는다는 연구(Emig, 1995)도 있지만, 신문과 달리 지역 방송은 범죄 뉴스 위주의 선정주의 관행을 보이고 있다거나(Gilliam & Iyengar, 2000), 지역 엘리트와의 유착이 가져오는 비민주주의성이 심각하다는 지적(Gibson, 2004)도 이에 못지않다. 깁슨은 도시 재개발계획 같이 주민과 개발 자본 사이에 이해가 엇갈릴 수 있는 사안 등에서 지역 미디어가 이를 정당한 '논쟁'의 영역이 아닌 '합의'의 영역으로 몰아넣어 비판 자체를 제기하기 어렵게 만든다고 지적한다. 브라이스도 지역민의 지역분권에 대한 지지가 자율성을 바라는 규범적 입장보다는 지역엘리트의 정치적 사익을 강화하기 쉽다는 주장을 펴고 있다(Vries, 2000). 이에 따르면, 방송의 로컬리즘 역시 시청자보다는 방송을 정치적 도약대로 삼는 지역엘리트와 지역 방송 소유자의 이해에 더 크게 좌우될 수 있다(Anderson & Curtin, 1999).

그러나 그렇다고 해서 지역 방송이 엘리트에서 또는 네트워크에서 하향식으로만 내려오는 커뮤니케이션의 수단만은 아니다. 프리드랜드(Friedland, 2001)는 이러한 하향적 커뮤니케이션이 지역 방송의 전부라거나 지역이라는 '상상의 공동체'(imagined community)를 형성시키는 지배적 힘이라고 성급하게 결론내리는 것을 피할 필요가 있다고 지적하면서, 문제는 지역의 삶이 이러한 지배를 피해 구성될 수 있을지, 만약 그렇게 될 수 있다면 관건은 결국 "(지역적) 삶의 양식을 유지하면서 그 삶이 시민적 상상과 융합할 수 있는 형식과 수단"(p.383)에 있다고 주장한다. 즉 지역공동체는 위에서 내려오는 압력에 대해 상당한 반작용을 가지며 시민적 상상과 융합할 수 있는 적절한 형식과 수단이 있다면 지역 미디어 또한 반작용의 미디어가 된다는 것이다.[16]

이러한 시민적 상상은 지역 방송이 가지는 본질적 의미의 장소성과 지역 방송의 이해를 결정하는 다양한 '흐름의 공간'들—네트워크, 지역 엘리트, 방송소유자, 광고주 등—이 만나는 인터페이스(interface)의 성격을 결정한다. 그리고 같은 맥락에서 앞서 언급한 지역 방송의 수평적 확장이 가지는 위험성, 이를테면 미디어 집중이 가져오는 폐해나 초국적 자본의 유입 등을 조절하는 힘도 발휘한다.

서두에 제시한 연구 문제를 중심으로 이상의 내용을 요약해보면 다음과 같다. 규모의 경제에 충실했던 텔레비전의 네트워크화는 네트워크의 소재지와 나머지 배급지역을 '중심'과 '주변'으로 나누는 새로운 경계를 만들었다. 네트워크가 지배하는 구조에서 방송의 로컬리즘은 비록 일부라도 정책적 강제가 아니면 구현될 수 없었다. 그러나 민주주의가 심화되고 분권화가 촉진되면서 상황은 점차 달라지기 시작했다. 미국이나 유럽의 예에 미루어 볼 때 최근 지역 방송의 변화는 크게 두 가지, 수직적으로 지역민의 이해와 기호에 더욱 깊이 파고드는 '심화'와 수평적으로 방송의 지리적 권역을 확대하거나 타 미디어 영역으로 활동반경을 넓히는 '팽창'의 과정으로 볼 수 있다.

16) 이 점의 일례는 지역미디어가 "사회체제 내의 부조리를 폭로하고 (시민운동) 집단에 대한 참여를 독려하거나 일신할 때"(Nicodemus, 2004, p.166)이다. 예를 들면 미국의 경우 인종차별이나 기업의 환경파괴 등에 대한 공분을 얻으려 할 때, 그리고 지역 문제에서는 특정 지역에 대한 차별과 불평등 처우를 폭로할 때 또한 커진다.

이는 지역 방송이 분권화와 참여 같은 정치적 가치를 중시하면서 글로벌화로 나타난 지역성의 다차원화와 입체화에 적응한 결과로, 양자 모두 네트워크와의 관계를 수평적·협조적 관계로 만드는 공통점이 있다. 이러한 변화의 성패는 결국 지역 방송이 얼마만큼 지역에 대한 귀속감과 정서적 애착심을 정치적 참여와 자치의 효능감으로 발전시킬 수 있는가, 얼마만큼 지역 방송이 글로벌화와 로컬화 사이에서 효과적인 인터페이스로서 기능할 수 있는가, 얼마만큼 지역 방송이 시민사회와 융합될 수 있을 것인가에 달려 있다고 할 수 있다.

4. 결론

페미니스트 지리학자 매시(Massey, 1992, p.3)는 전통적인 사회에서도 장소가 공동체와 동일시되고 안정된 정체성을 제공했다는 것은 자명한 사실이었다기 보다는 일부에 국한된 예외적 현상이었다고 말한다. 그만큼 장소는 복잡한 공간이었다는 것이다. 그러나 교통·커뮤니케이션·매스미디어가 발달한 근대사회에 들어 장소가 가진 '영토적' 의미가 이전에 비해 약화되고, 현대인의 정체성이 다중적인 것이 되었다는 주장은 충분한 근거가 있다. 물론 그렇다고 해서 장소의 의미가 사라졌다는 단언은 사이버공간을 실제 공간과 동일시하는 것만큼이나 극단적이다. 이 점에서 장소의 복원 주장이 새롭게 나오고 공간의 파악 또한 고도화되는 것은 근대사회에서도 물리적 공간의 의미를 작지 않게 보는 이들에게는 매우 환영할 만한 현상이다.

그간 지역 방송 연구에서도 지역이 가진 공간적 의미보다는 그 안의 사회성·정치성을 더 중시하는 주장이 여러 차례 나온 바 있다. FCC 정책의 비일관성을 비판하면서 지리적 소재보다는 사회적 내용이 더 중요하다고 주장한 나폴리(Napoli, 2000; 2001)나 미국 라디오의 로컬리즘 변화를 분석한 스타비츠키(Stavitsky, 1994), 로컬리즘이 추구하는 "고향에 대해 느끼는 유다르면서 친밀한 감정"보다 민주주의적 참여를 더 강조한 앤더슨과 커틴(Anderson & Curtin, 1999) 등이 그 예이다. 특히 앤더슨과 커틴은 '장소감이 없는' 전파 미디어가 더 보편화될 미래에는 로컬리즘에 대한 노력이 원칙으로조차도 살아남을 수 있을지 의문이라고 하면서, "오늘날 로컬리즘의 일차적 옹호자들은 방송사의 소유자들인 것처럼 보인다 …… 그들은 로컬리즘보다는 지금 그들이 갖고 있는 프랜차이즈를 보호하는 것에 더 치중하고 있다"(p.305)고 비판한다.

그러나 이들이 마냥 비공간적 특성만 강조하는 것은 아니다. 앤더슨과 커틴은 미국의 방송 로컬리즘이 실패한 가장 큰 이유로, 여러 주에 걸쳐 방송을 복수로 소유하는 정책 때문에 특정 지역에 대한 지역 방송의 '헌신'이 없다는 점을 들었다. 자신의 주장에 제한을 두기는 나폴리도 마찬가지다. 나폴리에게 사회적 내용은 로컬리즘의 한 측면, 즉 문화적 특이성 또는 다양성 때문에 중요하다. 그러나 탈중심화라는 로컬리즘의 다른 한 측면을 위해서는 내용보다는 오히려 권력 분산이나 지역의 자율성이 반영된 주 스튜디오의 지리적 소재가 더 중요해진다. 카스텔이 제기한 장소의 저항성 역시 이와 추상수준은 다르지만, 장소의 공간과 흐름의 공간을 대비시켜 정치·민주주의·공론·장소가 시장·효율성·지배·흐름에 대해 대항할 수 있는 힘을 보여준 것이다.

"어떻게 매스커뮤니케이션이 민주주의적 참여의 위기를 만들고 또 동시에 해답도 제공할 수 있는가?"(Anderson & Curtin, 1999, p.294)라는 반문에서처럼 로컬리즘에서도 방송은 모순된 위치를 갖고 있다. 장소감이 없어 '상상의 공동체'에 가장 어울리는 방송이, 그것도 최근 관련 테크놀로지의 비약적 발전으로 더욱 '거리의 마찰'을 줄이고 있는 방송이 지역적 특수성을 오히려 권장해야 하기 때문이다. 그러나 나폴리의 주장대로 분권화는 네트워크의 소재지와 비소재지 사이의 차별을 극복하려는 장소적 방안이므로 테크놀로지 특성과는 큰 관련이 없다. 또 적응을 위한 다차원적 노력을 부추긴다는 점에서 테크놀로지는 지역성에 변화를 즈기는 하지만 장소를 위협하는 근본적 요인이 될 수는 없다. 앞의 질문에 대한 대답이 결국 공공제도와 결합된 미디어, 곧 "면대면 상호작용을 뛰어넘는 비판적 공공담론의 미디어와 이를 매개하는 수준의 제도"인 것처럼, 방송과 로컬리즘의 모순 또한 지역 방송과 공공제도의 결합, 지역 방송의 시민성과 이를 장려하는 제도가 그 해답이 된다.

지역성은 장소적 특성과 그 차이에서 비롯되는 정체성이다. 이 장소는 커뮤니케이션·미디어가 고도화된 근대에 들어 다면성·다층성·정치성을 갖추면서 입체화된다. 달리 보아 이 장소는 실체가 있는 본질적인 것이기도 하고, 타자와의 관계 속에서 나오는 상대적인 것이기도 하다. 장소 자체의 성격에서 유래한 것이 전자라면 후자는 지역 사이의 권력 배분이나 교류형태 같은 것에서 온다. 이러한 지역성에서 중요한 것은 분권, 다양성의 존중, 타지역성과의 공존과 활발한 교류이며 또 '중심성'이나 '전국(가)성'과의 원활한 호환이다. 이 점에서 기존 방송의 수직종속형 네트워크는 수평협조형으로 하루속히 바뀌어야 한다. 또 "지역이 미디어를 만들고 미디어가 지역을 만든다"(Musso; Negrine & Eyre, 1998, p.43에서 재인용.)는 의식하에 지역 방송이 스스로 민주성과 시민성을 조성하는 데 우호적 조건을 창출할 수 있어야 한다. 관건이 되는, 지역 방송의 장소성과 지역 방송의 이해를 결정하는 다양한 흐름의 공간들—네트워크, 지역 엘리트, 방송 소유자, 광고주 등—이 맺는 관계는 결국 이 민주성과 시민성에 의해 결정되기 때문이다.

■ 참고문헌

윤석민·김희진·윤상길·문태준(2004). 「방송에서의 이념형적 지역주의와 그 현실적 전개」, 『언론과 사회』 12권2호. 121-156쪽.
임영호(2002). 「공간이론을 통해 본 한국 방송학의 정체성 문제: 지역 방송 관련 연구를 중심으로」, 『한국 방송학보』 16권2호, 275-303쪽.
천정환(2007). 「지역성과 문화정치의 구조」, 2007 국제한국문학/문화학회 제3회 국제 학술대회, 98-120쪽.
Agnew, J. (1987). *Place and politics: The geographical mediation of state and society,* Boston: Allen & Unwin.
Anderson, C. & Curtin, M. (1999). Mapping the ethereal city: Chicago television, the FCC, and the politics of place. *Quarterly Review of Film & Video,* 16(3-4), pp.289-305.
Baughman, J. (1985). *Television's guardian: The FCC and the politics of programming, 1958-1967,* Knoxville: Univer. of Tennessee Press.
Brenner, N. (1999). Beyond state-centrism? Space, territoriality, and geographic scale in globalization studies, *Theory & Society,* 28, pp.39-78.
Burns, T. (1977). *The BBC: Public institution and private world,* London: Macmillan.
Calhoun, C. (1998). Community without propinquity revisited: Communications technology and the transformation of the urban public sphere, *Sociological Inquiry,* 68(3), 373-397.
Carey, J. (1989). *Communication as culture.* London: Unwin & Hyman.
Carpentier, N., Lie, R., & Servaes, J. (2003). Community media: Muting the democratic media discourse, *Continuum: Journal of Media & Cultural Studies,* 17(1), pp.51-68.
Castells, M. (1996). *The power of identity,* Malden, MA: Blackwell.
Castells, M. (1999). Grassrooting the space of flows, *Urban Geography,* 20(4),

pp. 294-302.
Cormack, M. (1999). United Kingdom: Political devolution and TV decentralization, In M. Morgasa Spá, C. Garitaonandía. & B. López (eds.), *Television on your doorstep: Decentralization experiences in the European Union*(pp. 413-442), Luton: Univ. of Luton Press.
Couldry, N. (2000). *The place of media power: Pilgrims and witnesses of the media age.* London: Routledge.
Creeber, G. (2004). "Hideously white": British television, glocalization, and national identity, *Television & New Media*, 5(1), pp. 27-39.
Curtin, M. (2003). Media capital: Towards the study of spatial flows. *International Journal of Cultural Studies*, 6(2), pp. 202-228.
Curtin, M. (2005). Media capitals: Cultural geographies of global TV. In L. Spigel & Olsson, J. (eds.), *Television after TV: Essays on a media in transition* (pp. 270-301), Durham, NC: Duke Univ. Press.
Dayan, D. & Katz, E. (1992). *Media events: The live broadcasting history,* Cambridge, MA: Harvard Univ. Press.
DeLeon, R. & Naff, K. (2004). Identity politics and local political culture: Some comparative results from the social capital benchmark survey, *Urban Affairs Review*, 39(6), pp. 689-719.
Emig, A. (1995). Community ties and dependence on media for public affairs. *Journalism & Mass Communication Quarterly*, 72(2), pp. 402-411.
Escobar, A. (2000). Place, power, networks in globalization and postdevelopment, In K. Wilkins(ed.), *Redeveloping communicating for social change* (pp. 163-174). Lanham, Maryland: Rowman & Littlefield.
Ferguson, M. (1990). Electronic media and the redefining of time and space. In M. Ferguson(ed.), *Public communication: The new imperatives* (pp. 152-172), London: Sage.
Friedland, L. (2001). Communication, community, and democracy. *Communication Research*, 28(4), pp. 358-391.
Gibson, T. (2004). Covering the world-class downtown: Seattle's local media and the politics of urban redevelopment, *Critical Studies in Media Communication*, 21(4), pp. 283-304.
Giddens, A. (1991). *Modernity and self-identity: Self and society in the late modern age,* Standford, CA: Standford Univ. Press.

Gilliam, F. & Iyengar, S. (2000). Prime suspects: The influence of local television news on the viewing public, *American Journal of Political Science*, 44(3), pp.560-573.

Gupta, A. & Ferguson, J. (1992). Space, identity, and the politics of difference, *Cultural Anthropology*, 7(1), pp.6-23.

Harvey, D. (1989). *The condition of postmodernity*, 구동회·박영민 역(1994), 『포스트모더니티의 조건』, 서울: 한울.

Harvey, S. & Robins, K. (1994). Voices and places: The BBC and regional policy. *Political Quarterly*, 65(1), pp.39-52.

Hutchins, B. (2004). Castells, regional news media and information age, *Continuum: Journal of Media and Cultural Stuides*, 18(4), pp.577-590.

Massey, D. (1992). A place called home?, *New Formations*, 17, pp.3-15.

Meyrowitz, J. (1985). *No sense of place: The impact of electronic media on social behaviour,* NY: Oxford Univ. Press.

Morgan, M. (1986). Television and the erosion of regional diversity, *Journal of Broadcasting & Electronic Media*, 30(2), pp.123-139.

Morgasa Spá, M., Garitaonandía, C. & López, B. (1999). Regional and local television in the digital era: Reasons for optimism, In M. Morgasa Spá, C. Garitaonandía. & B. López(eds.), *Television on your doorstep: Decentralization experiences in the European Union*(pp.1-29). Luton: Univ. of Luton Press.

Morley, D. (1996). The geography of television, In J. Hay, L. Grossberg, & E. Wartella(eds.), *The audience and its landscape* (pp.317-342). Boulder: Westview Press.

Morley, D. (2001). Belongings: Place, space and identity in a mediated world, *European Journal of Cultural Studies*, 4(4), pp.425-448.

Morley, D. & Robins, K. (1995). *Spaces of identity: Global media, electronic landscapes and cultural boundaries,* London: Routledge.

Murdock, G. (1993). Communication and the constitution of modernity, *Media, Culture & Society*, 15(4), pp.521-539.

Napoli, P. (2000). The localism principle under stress, *Info*, 2(6), pp.573-582.

Napoli, P. (2001). The localism principle in communications policymaking and policy analysis: Ambiguity, inconsistency, and empirical neglect, *Poliicy Studies Journal*, 29(3), pp.372-387.

Negrine, R. & Eyre, R. (1998). News and current affairs in regional television broadcasting. In B. Franklin & R. Eyre(eds.), *Making the local news: Local journalism in context* (pp.36-50), London: Routledge.

Nicodemus, D. (2004). Mobilizing information: Local news and the formation of a viable political community, *Political Communication*, 21(2), pp.161-176.

Pohl, J. (2001). Regional identity, In Smelser, N. & Baltes, P. (2001). *International encyclopedia of the social & behavioral science* (pp.12917-12922), NY: Elsevier.

Pratchett, L. (2004). Local autonomy, local democracy and the 'new localism', *Political Studies*, 52. pp.358-375.

Pries, L. (2005). Configurations of geographic and societal spaces: A sociological proposal between methodological nationalism and the 'spaces of flow', *Global Networks*, 5(2), pp.167-190.

Rantanen, T. (2005). *The media and globalization*, London: Sage.

Robertson, R. (1992). *Globalization: Social theory and global culture*, London: Sage.

Robins, K. & Conford, J. (1995). Local and regional broadcasting in the new media order, In A. Amin & N. Thrift(eds.), *Globalization, institutions and regional development in Europe* (pp.217-238), Oxford: Oxford Univ. Press.

Rodgers, J. (2004). Doreen Massey: Space, relation, communications, *Information, Communication & Society*, 7(2), pp.273-291.

Scannell, P. (1989). Public service broadcasting and modern public life, *Media, Culture & Society*, 11(1), pp.135-166.

Scannell, P. (1996). *Radio, television & modern life*, Oxford: Blackwell.

Schlesinger, P. (1987). On national identity: Some conception and misconception criticized. *Social Science Information*, 26(2), pp.219-264.

Scriven, M. & Roberts, E. (2001). Local specificity and regional unity under siege: Territorial identity and the television news of Aquitaine, *Media, Culture & Society*, 23(5), pp.587-605.

Sinclair, J. (2003). The Hollywood of Latin America, *Television & New Media*, 4(3), pp.211-229.

Stavitsky, A. (1994). The changing conception of localism in U.S. public radio, *Journal of Broadcasting & Electronic Media*, 38(1), pp.19-33.

Sterne, J. (1999). Television under construction: American television and the problem of distribution, *Media, Culture & Society*. 21(4), pp.503-530.

Vries, M. de (2000). The rise and fall of decentralization: A comparative analysis of argument and practices in European countries, *European Journal of Political Research*, 38, pp.193-224.

Waisbord, S. (1998). When the cart of media is before the horse of identity, *Communication Research*, 25(4), pp.397-398.

Woodward, K. (1997). Concepts of identity and difference, In K. Woodward(ed.), *Identity and difference* (pp.7-62). London: Sage.

■ 원고출처

1장 민주주의 미디어체제의 유형화
『언론과사회』 13권4호, 7-38쪽.

2장 공영방송의 질과 미학
『방송문화 연구』 19권1호, 195-225쪽.

3장 한국의 비판언론학에 대한 비판적 성찰: 문화 연구와 정치경제학을 중심으로
『한국언론정보학보』 43호, 7-46쪽.

4장 방송의 역사적 지식체계의 한계와 대안적 접근
『언론과사회』 14권4호, 2-36쪽.

5장 한국방송사의 관점(들)
『언론과사회』 16권1호, 2-48쪽.

6장 한국 방송의 근대적 드라마의 기원에 관한 연구: "청실홍실"을 중심으로
『언론과사회』 13권1호, 6-45쪽.

7장 지역 방송과 (탈)근대적 지리학
『언론과정보』 11호, 1-25쪽.

8장 지역 방송의 지역성 변화: 개념적 접근
『한국언론정보학보』 34호, 275-305쪽.

찾아보기

ㄱ

가부장제　　253, 284, 291, 297, 301, 307
가치재merit goods　　95
간햄N. Garnham　　17, 76, 102, 103, 107, 174, 256
감시 시민monitorial citizen　24, 37, 44
거버넌스　　76, 225, 226, 229
고급 문화　　81, 91, 98~106, 110, 197, 220, 221, 249, 257, 260, 278
공간
　절대적·지리적 공간　324, 325, 354
　상대적·사회적 공간　324, 354
　장소의 공간　21, 332~339, 358~372
　흐름의 공간　21, 333~339, 353~359, 366~373
공영방송　　5, 13~28, 37, 38, 47, 48, 61, 63, 69, 76~101, 105~111, 126, 127, 139, 140, 154~158, 171, 199, 217~219, 225~233, 238, 243, 255~258, 347, 360~363
공동체
　사이버 공동체　322, 327
공동체주의　38, 42
공론장public sphere
　문화적 공론장　154~157, 249, 257, 261
공약(불)가능(in)commensurability 94, 106, 146
공적 상업주의　　228, 234, 259
공정성　　139, 140, 156, 255

공화주의　18
교양 시민informed citizen　23, 38, 44, 95
과잉　　239, 277~280, 286~287, 298, 305, 312
과잉해석　　193, 195
관음주의voyeurism　96, 97
구성주의constructionism　50~59, 103, 123, 150
구체로의 상승　　130, 149
국면주의conjuncturalism　136~138, 148~156
권위주의
　권위주의적 민중주의authoritarian populism 137
그람시A. Gramsci　　122~124, 137
근대(주의)/모더니즘　16, 18~28, 37, 57, 98, 99, 107, 122, 133, 135, 142, 144, 151~157, 169~175, 185, 195, 200, 210, 214, 218~220, 223, 240~242, 247, 250, 253~257, 272, 280~288, 296, 297, 301, 305, 310, 312, 319~321, 324~328, 330, 337, 348~359, 373
그레샴의 법칙　　85
글로벌화　　13, 20, 120, 148, 327, 333, 347, 350, 356~371
글로컬화glocalization　　356
기호학적 민주주의　　19, 122, 128

ⓝ

내러티브　　6, 22, 24, 52, 93, 169, 171,
　　　　　　179~181, 184~189, 195, 201,
　　　　　　212, 250, 273~279, 286, 290,
　　　　　　299, 302, 308, 311
네트워크　　21, 91, 126, 130, 171, 182, 186,
　　　　　　199~201, 319, 335~337, 348,
　　　　　　355, 360~373
노동조합　　231, 358
뉴스표준
　충분뉴스 표준/도난경보 표준
　　　　　　Full news standard/burglar standard
　　　　　　37, 38, 42, 56, 65, 67

ⓓ

다원주의/다양성　　34, 40~52, 57~69,
　　　　　　77, 81, 93~95, 107~109, 139,
　　　　　　158, 184, 193, 225, 237~243,
　　　　　　256~260, 304, 322, 346~350,
　　　　　　362, 372~373
담론　　　　50~61, 102, 103, 128, 135~137,
　　　　　　143, 148, 169, 177, 182, 185,
　　　　　　189, 209, 211, 213, 247, 248,
　　　　　　329, 373
담론주의　　50
대중매체와 사회　　119
대사　　　　275, 279, 282, 298, 308, 309, 311
대화　　　　16, 50~58, 91, 97, 110, 132, 146,
　　　　　　191, 193, 281, 282
도덕적 비학moral occult　　26, 287
도피주의　　279
동심초　　　291, 302, 307, 312
동질화de-differentiation　　69, 198, 319, 322,
　　　　　　325~329, 359, 362

ⓡ

랩rap　　　　133
로맨스　　　277, 290~299, 307~312
로컬리즘localism　　200, 239,~336, 346~348,
　　　　　　359~362, 367~373
록rock　　　136
리얼리즘
　비판적 리얼리즘　　149
　정서적 리얼리즘　　223, 255

ⓜ

마르크스(주의)　　23, 62, 122~127, 135, 137,
　　　　　　142~151, 168, 318, 320
문화로의 전환　　169
문화·미디어제국주의론　198
문화 연구　　18, 19, 81, 119~157, 191
문화회로　　127
멜로드라마　　5, 6, 25, 26, 108, 250~261,
　　　　　　269~312
미디어캐피탈　　320, 335~339
미국 라디오 방송의 기원　191
민족주의
　국가주의(적)/남한/분단 민족주의　218,
　　　　　　219, 239, 241, 247, 259, 260
　매개된 시민적 민족성mediated civil nationhood
　　　　　　243
　저항적/통일 민족주의　218, 239, 242, 259,
　　　　　　260
민주주의
　엘리트(주의) 민주주의　40~43, 50, 61, 79,
　　　　　　93, 109, 123, 257
　숙의민주주의　40
　슘페터 민주주의　43~45, 56~57, 65, 69
　시장민주주의　40

찾아보기　381

실질민주의 42
절차 민주주의 39~44, 67
참여 민주주의 38~50, 58, 216~217
행동주의 민주주의 42, 52, 59

㈂
발전론 187, 196, 210~214
보완적 경쟁 87
복합적 민주주의complex democracy 18
복합적 합의complex consensus 18, 19, 152, 153
본질주의/비본질주의 20, 136, 144, 152, 323, 351
부르디외P. Bourdieu 15, 97~105
부정적 연합negative alliance 28, 227~234, 259, 260
북대서양형 자유주의 65
북중부유럽형 민주주의 코포라티즘 65
분권(화) 331, 363, 370~373
배제 6, 27, 51~56, 69, 89, 94, 130, 141, 145, 223, 239, 250, 349~351, 362
베트남전쟁 190
비결정·구체론 21
비교연구 5, 13~15, 33~36, 59, 65~69, 199
BBC 47, 65, 78, 85~99, 221, 224, 234, 361~363
비판언론학 5, 10, 19, 118, 119

㈅
4이론 10~13, 33~35, 68
사회운동 43, 50~55, 59~69, 358
사회적 미학social aesthetics 16~18, 27, 100, 101, 109, 110
사회적 시장 61, 63, 64
상상의 공동체 369, 372

'상식'에 따른 접근 181
상업방송 77~100, 108~110, 196, 220, 228, 244, 255, 282, 312, 348, 360~363
상품화 127, 128
상황적 지리situational geography 322, 360
생산
  생산문화 154, 157
서발턴 공론장들subaltern public spheres 18
소수자
  소수자문화운동 145, 154
소비 19, 44, 63, 77, 83, 87, 96~101, 106, 122~128, 135, 154~157, 177, 198, 200, 220~223, 249, 253~260, 282, 301, 308, 329~338, 347
솝오페라soap opera 16, 107, 223, 250, 257, 270~283, 290, 294, 295, 299~310, 327, 335, 364
수직적 심화 363~368
슘페터J. Schumpeter 43, 50, 56, 63
시공간의 원격화 338
시공간의 압축 356
시너지 86, 365
시리즈/시리얼series/serial
  미니시리즈 270
  에피소드시리즈 270
시민사회 14, 50, 63~68, 178, 230, 234, 259, 371
시청률(경쟁) 25, 80~86, 95~97, 198, 211, 232, 233, 244, 249, 256~258, 364
식민(주의) 18, 142, 143, 151~153, 195, 218, 224~242, 250, 257, 284~286

신보수주의　136
신세대문화　247
신수정주의　121~125, 135
신자유주의　12, 84, 85, 136, 146, 156, 216, 217
신파(연극)　273~275, 283~311

ㅇ
아씨　198, 240, 250
양가성　215, 238
안티조선운동　138
어카운터빌리티accountability　68, 234, 260
언론기본법　225
언론통폐합　224~227
언론전쟁　156
역사적 지식　168~175, 184
역사사회학　189
역사언론학　196
영토　20~21, 321~323, 329, 350~359, 371
FCC　330, 335, 360, 361, 371
욕망　134~139, 197, 247, 275~277, 284, 285, 290~292, 301, 309
외부효과　95
유럽중심주의　143
이념의 자유로운 시장　216
이산가족을 찾습니다　241
이웃 텔레비전　366
인정　10, 14~18, 43, 52~55, 76, 79, 81, 94~98, 108, 110, 133, 146, 150, 156, 157, 211, 218~220, 233, 290, 324, 349, 351, 354, 363
인포테인먼트infortainment　87, 96
인생역마차　291, 298~300, 306, 311

인터페이스interface　320, 332, 333, 370, 371
일일극　240, 245, 250~255, 260, 272

ㅈ
자궁가족　26
자유부인　300~302, 308, 311
자유주의
　냉전자유주의　217
　대의제 자유주의　50~53, 55
　자유 다원주의　46~48, 57, 59~69
　참여자유주의　50~53, 55
자유의지론　187, 212, 223
저널리즘 문화　13, 14, 47
전문직주의
　비판적 전문직주의　66, 231, 232, 259
정체성
　지역적 정체성(지역성)　178, 329~333, 347~352, 355~359, 366, 371, 373
'정책 - 미디어 상호작용' 모델　191
정치경제학　17, 19, 20, 120~131, 135, 144~157, 325
정치 병행성political parallelism　57
절충주의　18, 147
접합articulation　136, 144, 150, 301, 326, 359
제3의 길　80
조남사　271, 272, 289, 294~310
지역/지방
　지역미디어　21, 329~332, 347, 366~369
　지역 방송　6, 21, 171, 319, 320, 331~339, 346~348, 359~373
지중해형 극화된 다원주의　65
질quality
　대중적 질　84, 95, 100~102, 109, 110

ㅊ

청년문화　220, 248
청실홍실　26, 271~275, 285, 289~311
취향(문화)　15, 16, 82, 87, 91, 92, 98~111, 128, 133, 197, 222, 223, 244~251, 257
촛불 시위　243

ㅋ

칸트I. Kant　15, 98~107
캐릭터　251, 277, 282, 290~292, 297, 302, 308
커런J. Curran　24, 36, 61~68, 93, 121~125, 175~177, 182~187, 212~216, 221, 255

ㅌ

타블로이드tabloid　17
탄핵보도　139
탈근대(주의)/포스트모더니즘
　인식론적 탈근대주의　154
　경험론적 탈근대주의　154
탈중심화　148, 331, 346, 348, 372
테크놀로지결정론　215

ㅍ

페미니즘feminism　6, 99, 120, 152, 153, 187, 212, 223, 249, 255,~261, 281
피콕/피콕위원회　81, 84
포르노그래피　108
포퓰리즘populism
　문화적 포퓰리즘　221, 248
푸코M. Foucault　14, 18, 151, 322
프라그마티즘　99
프라임타임primetime　271~273, 276, 283
프레임frame　44
프리스S. Frith　16, 100~106

ㅎ

하버마스J. Habermas　17, 18, 22, 23, 49, 51, 146, 188, 189, 235, 352, 364
하위문화　248, 257, 260
한류　195, 232, 233, 335
할리우드　25, 154, 201, 270, 281, 295, 335~339, 362
해피엔드　279~281, 290, 293, 297, 300, 306~311
행동주의　42, 52, 59, 187
협약　94
홀S. Hall　18, 21, 122, 147, 150
홈드라마homedrama　198, 250, 251, 277, 312
휘그 역사whig history　169, 185, 209, 210